Ne dites pas à Dieu ce qu'il doit faire

Du même auteur

L'espace, terre des hommes
Tchou, 1969

La Lune est à vendre
Denoël, 1969

En danger de progrès
Denoël, 1970

Le bonheur en plus
Denoël, 1974

La France et ses mensonges
Denoël, 1977

Scénarios du futur
Denoël, 1978 et 1979 (2 tomes)

Le système EPM
Grasset, 1980

Toujours plus !
Grasset, 1982

Tous ensemble
Seuil, 1985

Le pari de la responsabilité
Payot, 1989

La grande manip
Seuil, 1990

Tant et plus
Grasset-Seuil, 1992

Le bonheur d'apprendre et comment on l'assassine
Seuil, 1996

Le compte à rebours
Fayard, 1998

L'imposture informatique
Fayard, 2000

La dernière liberté
Fayard, 2001

FRANÇOIS DE CLOSETS

Ne dites pas à Dieu ce qu'il doit faire

ÉDITIONS DU SEUIL
27, rue Jacob, Paris VIe

ISBN 2-02-063883-5

www.seuil.com

Remerciements

Marier le roman d'une vie et la rigueur d'une œuvre, c'est le pari de ce livre. Ne jamais sacrifier le plaisir de la lecture à l'exactitude scientifique, ou l'inverse, ce fut la difficulté de l'exercice. Je n'aurais pu le mener à bien sans la double caution du savant et de l'ignorant.

Comment aborder le personnage d'Einstein sans être soi-même physicien ? En bénéficiant de la science d'une autre tout simplement. Physicienne, spécialiste de mécanique quantique et enseignante à l'université Paris-VII, Françoise Balibar a dirigé l'édition critique en six volumes des œuvres choisies d'Einstein en français. Elle a, en outre, publié différents ouvrages destinés à un plus large public. Elle est reconnue comme la meilleure « einsteinienne » de France. J'ai donc soumis mon travail à son jugement critique. Ligne à ligne, version après version, elle s'est attachée à rectifier mes approximations, mes ambiguïtés, voire mes erreurs. Elle a su comprendre les attentes des lecteurs non scientifiques auxquels ce livre est destiné. Qu'elle reçoive ici l'expression de ma profonde gratitude. Sa patience, son attention, sa compréhension me permettent de présenter un ouvrage qui met la physique à la portée de tous sans pour autant la trahir.

Ce livre n'est pas consacré à la science, mais à un homme : Albert Einstein. Il raconte le combat d'un héros qui après avoir forgé son destin doit affronter les ruses de l'Histoire, les ambiguïtés de sa nature, les décrets de son Dieu. Une trame, ô combien romanesque, que l'odyssée scientifique accompagne en contrepoint. Un siècle à traverser, le bonheur du récit en plus.

Mes amis, mes proches ont accepté d'être les cobayes de cette aventure. Ils ont éclairé ma démarche de leurs conseils bienveillants, de leurs critiques parfois sévères avec une seule exigence, celle du plaisir. Plaisir de lire, de découvrir, de comprendre. C'est ainsi que, du premier manuscrit à cette ultime version, ce livre est allé vers son public.

Que soient donc remerciés ces merveilleux lecteurs d'une œuvre en devenir que furent Alain, Paul, Michel et, en tout premier lieu, les membres de ma famille. Merci encore aux équipes du Seuil qui m'ont guidé dans ces phases ultimes où l'écrivain se perd dans son livre. Grâce aux uns et aux autres, je me suis donné mon Einstein, en espérant qu'il devienne aussi le vôtre.

« Dieu ne joue pas aux dés ! »
« Qui êtes-vous, Einstein, pour dire à Dieu ce qu'il doit faire ? »

Dialogue entre Einstein et Niels Bohr.

CHAPITRE I

La lettre

« Mais où est passé Einstein ? » Question absurde. Tout le monde connaît son adresse : Institut des études avancées, Princeton, New Jersey. Lorsqu'il s'est réfugié aux États-Unis en 1933, la presse a suivi pas à pas les péripéties de son exil : « Le savant chassé par les nazis », « La maison d'Einstein saccagée par les SS », « Quel exil pour le père de la relativité ? », « Le choix de Princeton ». Le maire de New York est même venu en personne le saluer à la descente du paquebot. Accueil raté, car le héros a filé dans une vedette rapide laissant à quai l'édile, la foule et, surtout, la meute de journalistes et de photographes en embuscade. La presse dépitée l'a baptisé : « l'ermite de Princeton ».

L'histoire d'Einstein, Eugène Wigner la connaît par cœur. À l'Institut Kaiser Wilhelm de Berlin, il a été son élève, puis il est devenu physicien comme lui, a fui l'Allemagne nazie comme lui, car il est juif, comme lui. Pour finir, il s'est établi à Princeton, auprès de son maître, et peut aller chez lui les yeux fermés. Mais Einstein est parti en vacances. Sans crier gare et sans laisser d'adresse, à son habitude. Son téléphone ne répond pas et la maison de Mercer Street, style colonial, péristyle à colonnades et arbres centenaires, reste obstinément fermée. Ni sa belle-fille Margot, ni sa sœur Maja, ni sa secrétaire-gouvernante Helen Dukas ne sont là. Il y a gros à parier qu'on ne le reverra pas avant septembre.

En d'autres temps, Wigner aurait attendu. Un mois, un an, qu'importe ! Les physiciens ne sont pas pressés de rencontrer le plus illustre d'entre eux. Ils auraient même une fâcheuse tendance à l'oublier. Les aventuriers de la matière sont impitoyables et leur verdict est sans appel : « Einstein est fini. » Il y a vingt ans, ils célébraient le père de la relativité, le génie qui avait remis leur discipline sur les rails. Depuis lors, le train de la physique a beaucoup roulé, mais le sexagénaire à la crinière blanche est resté en gare. « Le plus grand savant du monde » n'est aux yeux de la communauté scientifique qu'une idole pour les commémorations ou bien encore un secours pour les exilés.

Il y a belle lurette que Wigner ne parle plus de physique théorique avec son glorieux voisin et, s'il veut l'entretenir, c'est pour une tout autre affaire qui, elle, ne saurait attendre. En cet été 1939, l'histoire est devenue frénétique. Les Américains ne s'en soucient guère, mais les réfugiés savent que le destin du monde se joue là-bas en Europe, qu'une machine infernale s'est mise en marche. Chaque jour compte. Pour parer cette menace, Wigner a besoin d'Einstein. Ici, maintenant. Par malheur, les gens de l'Institut, ceux du moins qui gardent la maison dans la torpeur de juillet, ne connaissent même pas son adresse de vacances !

Wigner ne s'autorise que de rares irritations. Il préfère voir dans les contrariétés des problèmes qu'il a pour habitude de résoudre avant les autres. C'est ainsi que, sans jamais se mettre en avant, il arrive toujours en tête. Il est même promis à un prix Nobel, mais, cela, il ne le sait pas encore. À l'approche de la quarantaine, il reste ce bon élève discret à la mise soignée, l'accent corrigé, les manières étudiées, qui, sur sa bonne mine, obtiendrait le paradis sans confession. Le temps de s'informer à bon escient, il a localisé l'illustre vacancier. Einstein a loué la même maison que celle de l'année précédente dans une station balnéaire perdue de Long Island. Il doit être possible de le joindre, lorsqu'il ne navigue pas sur son voilier. C'est Léo Szilard qui s'en chargera.

Szilard fut le premier à sonner le tocsin au début de 1939. Ce matin-là, au téléphone, il avait sa voix rocailleuse des mauvais jours. « Eugène, c'est terrible, on a trouvé les neutrons. » D'une seule traite, il avait décrit ses expériences, donné ses résultats, tiré les conclusions : la réaction en chaîne est possible et, par conséquent, la bombe atomique aussi. Sans reprendre son souffle, il avait enchaîné : c'était le jour le plus sombre de sa vie, le péril était extrême et tous les physiciens devaient se mobiliser. Il était comme cela Léo : éruptif, tempétueux, un taureau qui charge lorsque la passion l'emporte. Inutile de résister. Cela pouvait durer dix minutes, dix minutes de monologue, avant qu'il ne s'apaise et commence à discuter. Ce torrent d'explications était bien inutile entre eux. Szilard avait parlé des neutrons et Wigner avait traduit « bombe atomique [1] ». Ça allait de soi : la découverte des neutrons secondaires signifiait que la bombe atomique serait tôt ou tard une réalité. Quant aux conséquences, elles étaient évidentes pour l'un comme pour l'autre. Physiciens, Allemands, Juifs et tous deux d'origine hongroise, ils avaient fui l'Allemagne nazie en laissant derrière eux des atomistes de première force. Ainsi, quand ils disaient « bombe atomique », ils pensaient « bombe atomique nazie ». Depuis ce premier appel de janvier 1939, toutes les informations confirment la réalité du danger. Si le monde occidental tarde à réagir, les nazis n'auront même pas besoin de la Wehrmacht et des SS pour dominer le monde. L'arme atomique suffira.

Terrible mois de janvier 1939 ! En quelques jours, leur monde bascule de la théorie à la réalité. En tant que juifs, ils sont les victimes désignées de la fureur nazie ; en tant que physiciens, ils deviennent les arbitres de la guerre à venir. Les laboratoires vont se transformer en arsenaux, les chercheurs en mercenaires et la physique théorique en discipline stratégique. Qui donc aurait imaginé cela ? Qui, sinon Léo Szilard. Depuis cinq ans, il annonce ce retournement, il multiplie les mises en garde que personne ne prend au sérieux. Un grand esprit a toujours une marotte. La sienne, c'est la bombe. Maintenant, quand il en parle, il n'est pas plus écouté que le berger de la fable ayant trop souvent crié « au loup ! ».

En cet hiver 1939, combien sont-ils à mesurer ce péril ? Une centaine de physiciens ont prêté attention à ces neutrons secondaires, une dizaine ont compris qu'ils annoncent l'avènement de la bombe atomique et l'on compte sur les doigts de la main ceux qui en mesurent les implications stratégiques. Jamais le monde civilisé n'a

1. Dans les années 1930-1960, le qualificatif « atomique » a été systématiquement utilisé à la place de « nucléaire ». On parlait ainsi de « bombe atomique », d'« énergie atomique », etc., alors que les phénomènes ne concernent pas l'atome dans son ensemble, mais seulement son noyau. Le qualificatif approprié est donc « nucléaire » et non pas « atomique », c'est celui qui prévaut aujourd'hui. Pour éviter un anachronisme, je parle ici d'« atomique » et d'« atomistes », mais, dans le langage contemporain, il faut appeler les choses par leur nom : « énergie nucléaire », « explosion nucléaire »...

été confronté à une telle menace et jamais, non plus, il n'a poussé aussi loin l'inconscience.

*
* *

Tandis que Léo Szilard s'agite entre deux imprécations, trois calculs et quelques expériences scientifiques, Eugène Wigner va droit au but : « Il faut mettre le gouvernement américain au courant. » Fort bien, mais comment faire ? C'est une chose d'appartenir au club très sélect des grands physiciens, c'en est une autre d'intéresser les maîtres de l'Amérique. Ce continent d'exil n'accorde aux nouveaux arrivants que la liberté de l'indifférence et l'écoute du silence. Au reste, quelle peut être la crédibilité de savants étrangers annonçant la découverte de l'arme absolue ? Bien faible en vérité, ils en ont fait l'expérience.

Parmi les physiciens réfugiés sur le sol américain, le plus célèbre, après Einstein bien sûr, est Enrico Fermi. En 1936, sa décision de quitter son Italie natale pour s'établir aux États-Unis avait fait sensation. Le régime fasciste, qui récupérait sa renommée au service de sa propagande, en était fort mécontent. Songez que Fermi s'était vu confier la chaire de physique théorique à l'université de Rome en 1934, alors qu'il était dans sa vingt-cinquième année ! Il s'était très vite imposé en expliquant l'un des trois modes de désintégration radioactive : la désintégration béta. Aussi bon théoricien qu'expérimentateur, il était nobélisable, tout le monde le savait, mais il était aussi démocrate dans l'âme et juif de cœur par son épouse Laura qui souffrait de brimades antisémites. Il avait laissé là sa patrie et son Duce pour s'établir à l'université new-yorkaise de Columbia.

Le charme latin de Fermi tranche dans le monde de la physique, plus souvent germanique que méditerranéen. Petit homme énergique, au crâne dégarni, Enrico a toujours la malice dans le regard et le sourire au coin des lèvres. Pour ajouter à son charisme, le prix Nobel de physique 1938 l'a auréolé de son prestige. Léo Szilard, son collègue à l'université de Columbia, voit en lui le parfait messager de la mauvaise nouvelle. À force de persuasion, une force qui ne lui fait jamais défaut, il a convaincu l'intéressé. Puis il a obtenu un rendez-vous pour Enrico Fermi avec l'amiral Hooper et ses conseillers, le 17 mars 1939.

Szilard et Wigner ne doutent pas que l'état-major sera impressionné par ce haut dignitaire de la science, qu'il s'en remettra à son autorité. Une illusion que Fermi est loin de partager. Il mesure la difficulté de l'exercice. Plus que tout, il redoute de passer pour un illuminé, un savant de science-fiction, qui prend ses désirs pour des réalités et ses calculs pour des machines. Le jour venu, il se lance dans un exposé de physique nucléaire que son anglais plus qu'approximatif rend à peu près incompréhensible. Ses interlocuteurs l'écoutent poliment – un prix Nobel, tout de même ! –, puis se font plus précis : quel type d'arme pourrait-on mettre au point et à quelle échéance ? Fidèle au personnage qu'il s'est imposé, Fermi précise que tout cela reste hypothétique, que l'on ne possède aucune certitude et, qu'à plus forte raison, on ne peut se prononcer sur les délais. Les amiraux le remercient sans envisager un instant d'ouvrir un budget pour la recherche atomique, ce qui était pourtant le premier objectif de cette entrevue. Les physiciens ont fait chou blanc, l'Amérique ne manifeste pas le moindre intérêt pour l'énergie atomique.

*
* *

Cette déconvenue prouve qu'il faudra beaucoup de temps pour surmonter l'inertie américaine. Faute de mieux, il reste à freiner la progression des Allemands. C'est alors que les complices pensent à Einstein. Son nom ne leur était pas venu à l'esprit, car ils ne raisonnent pas en termes de popularité, mais de crédibilité. Or tout le monde, le monde des physiciens s'entend, sait qu'Einstein, à la différence de Fermi, ne suit que de très loin la physique nucléaire. Il est plongé dans une théorie globale de l'univers qui n'a aucun rapport avec la fission du noyau atomique. C'est à lui pourtant qu'ils vont faire appel, un choix justifié par... la reine-mère Élisabeth de Belgique.

L'avènement de l'ère nucléaire a fait du minerai d'uranium une matière stratégique. Jusqu'à la découverte de ces neutrons qui ont mis en émoi Léo Szilard, l'industrie minière n'y voyait qu'un sous-produit encombrant. Elle en extrayait le radium utilisé pour ses propriétés radioactives et récupérait ce métal sombre et lourd, tout juste bon à colorer la faïence ou le cristal de Bohême. L'atome d'uranium est le plus gros, le plus lourd de tous ceux qui existent dans la nature. À ce titre, il intéresse les physiciens qui en ont fait la cible idéale de leurs expériences. Un usage d'un grand intérêt scientifique, mais qui ne représente pas un véritable débouché commercial. À force d'être ainsi bombardé, l'énorme noyau a fini par se briser en libérant de l'énergie et des neutrons. Une fission explosive dont il détient, à ce jour, l'exclusivité. En se cassant, l'uranium a changé de catégorie. Le métal encombrant est devenu un métal stratégique. Aucun autre élément n'est capable de libérer ainsi l'énergie du noyau atomique, l'énergie nucléaire. Que l'on veuille produire de l'électricité ou provoquer des explosions, il faut en passer par lui. Or les mines sont rares, leurs productions limitées et les stocks peu importants. La nouvelle découverte a provoqué la ruée, les premiers à s'emparer des réserves disponibles seront aussi les premiers à mettre au point la bombe. Voilà ce que Wigner et Szilard ont tout de suite compris. Pour parer au plus pressé, ils entendent couper aux nazis la route de l'uranium. L'urgence est d'autant plus grande que le Reich, en s'emparant de la Tchécoslovaquie, vient de mettre la main sur la seule mine européenne, celle de Joachimstahl, et s'est empressé de placer sa production sous embargo. Preuve de son intérêt pour l'énergie atomique.

Dans la guerre de l'uranium, les nazis ont remporté une première victoire et la seconde, décisive celle-là, est à portée de main. Les mines tchécoslovaques ne sont rien à côté de celles du Congo belge qu'exploite la Compagnie minière du Haut Katanga. Cette entreprise dispose, sur le sol de la Belgique, de 1 200 tonnes de minerai d'uranium. Un banal dépôt que les progrès de la physique viennent de transmuter en tas d'or. À partir du printemps 1939, la Compagnie minière a vu les Britanniques, les Français mais aussi les Allemands tourner autour de son trésor. Si les nazis le veulent, ils en paieront le prix, n'importe lequel. À supposer que la guerre n'ait pas éclaté d'ici-là, ce qui permettrait à la Wehrmacht d'envahir à nouveau la Belgique et de s'emparer du stock sans autre forme de procès.

Pour les Blake et Mortimer du noyau atomique, il va de soi que les Belges doivent refuser leur uranium aux Allemands et le mettre de toute urgence à l'abri. Mais comment pourraient-ils alerter le gouvernement de Bruxelles à 8 000 kilomètres de distance alors qu'ils sont incapables d'intéresser les autorités américaines pourtant si proches ? C'est alors qu'ils ont pensé à un célèbre violoniste amateur : Albert Einstein. Sur de nombreuses photos, le physicien est apparu avec son instrument, de sorte que le violon d'Einstein le dispute en célébrité au violon d'Ingres. Cette passion tient une grande place dans ses rapports humains et ses meilleurs amis sont bien souvent ceux avec lesquels il joue de la musique. C'est ainsi qu'entre sonates et fugues, il a noué une amitié très profonde avec la reine-mère, Élisabeth de Belgique. Voilà le lien que Szilard et Wigner ont trouvé avec les autorités de Bruxelles. Ils souhaitent mettre à profit cette relation pour transmettre le message. La barrière qui coupera aux Allemands la route de l'uranium passe par l'archet d'Einstein. L'idée peut sembler étrange, mais, étant la seule, elle est aussi la meilleure.

*
* *

C'est donc Léo Szilard qui joint Einstein dans sa retraite estivale. Comme Wigner, il a été son élève, il a fait son doctorat avec lui, il est même devenu son assistant pendant quatre ans. Mais il y a plus. Une sorte de complicité unit les deux hommes. Ils ont d'ailleurs inventé, il y a une dizaine d'années, un nouveau type de réfrigérateur dont ils ont déposé en commun le brevet... un appareil très astucieux qui pourtant n'a jamais été commercialisé. Faute de les enrichir, cette paternité commune les a rapprochés. Einstein éprouve une sympathie teintée d'étonnement pour l'imprévisible Szilard. À chaque rencontre, il se souvient de l'exclamation : « Mais, c'est idiot ! » C'était... bien avant ! Il écrivait au tableau, le dos tourné aux étudiants, quand il entendit cette remarque incongrue. Pas la peine de se retourner pour en connaître l'auteur. Il n'y avait que Szilard pour se permettre une réflexion pareille ! Pour la lancer à bon escient. Car le professeur Einstein l'entendit comme un cri de raison et non pas de rébellion. Il invita le jeune Léo à développer ses arguments, puis reconnut benoîtement que la démonstration de l'élève valait mieux que celle du maître. Il ne restait qu'à prendre l'éponge et changer les calculs au tableau. Sacré Szilard ! À vingt ans de distance, le professeur s'en amuse encore.

Szilard n'est pas moins attaché à ce maître qui lui ressemble si fort. Car, au très digne Institut Kaiser Wilhelm, le plus célèbre savant du monde était aussi le plus indiscipliné. Il ne pouvait se conformer ni à une mode vestimentaire ni à un usage universitaire. Plus que tout, il détestait la distance et la discipline qu'instaurent les cours magistraux et préférait, pour la formation des jeunes esprits, le mode socratique au mode germanique. C'est pourquoi il entretenait avec ses étudiants de longues discussions ouvertes, dans l'amphithéâtre ou bien autour d'une bière ; on parlait de physique, mais aussi de politique. Or le remuant Szilard a toujours entendu la vie scientifique comme un mélange chaleureux et désordonné de convivialité et de compétition, de controverses et d'engagement. Bref, à la mode einsteinienne.

Il est donc de plain-pied avec Einstein et, passé les premières civilités, il en vient à la situation internationale comme s'il reprenait la discussion de la veille. Ils sont convenus avec Wigner de ne pas évoquer, dès cette première conversation, l'affaire belge. Szilard s'en tient à la menace nucléaire allemande et capte aussitôt l'attention et même l'émotion de son interlocuteur. Pour Einstein, la montée du nazisme s'est transformée en une obsession cauchemardesque. Il est constamment sollicité par des Juifs, scientifiques ou autres, qui ont fui le Troisième Reich et lui demandent assistance. Il leur fournit ces documents administratifs par lesquels il certifie que l'intéressé présente toutes les qualités requises pour s'établir aux États-Unis, des affidavits. Chacune de ces rencontres apporte son lot d'informations et de témoignages sur la violence nazie envers les Juifs. Et lui, l'intellectuel qui n'a cessé de s'engager dans les bonnes causes, se trouve désarmé face à la plus juste de toutes : le combat contre l'horreur nazie. Comme tous les Juifs exilés, il a été scandalisé par les accords de Munich. Il attend maintenant l'ouverture d'un conflit qu'il n'ose plus condamner, dont il redoute l'issue. Cette impuissance lui est insupportable. Aussi, lorsqu'il s'entend dire qu'il pourrait intervenir utilement, il n'en écoute pas davantage. La première date proposée est la bonne. Le 15 juillet, Szilard viendra avec Wigner, car il n'a pas de voiture et ne sait pas conduire.

*
* *

Cette histoire nous entraîne vers Hiroshima. Une fin, connue de tous, qui fausse notre vision. Avec le recul, la trajectoire suivie semble nécessaire, évidente ; le monde était en marche vers l'apocalypse nucléaire. L'éclairage rétrospectif est toujours trompeur, il peut même rendre incompréhensible le comportement de ceux qui furent embarqués dans cette histoire sans en connaître le dernier chapitre.

Certes, en 1939, nul ne pouvait s'opposer à l'enchaînement des découvertes qui entraîna l'humanité dans l'ère nucléaire. En revanche, rien n'était joué quant à l'issue du conflit, au rôle que pourrait y tenir l'arme atomique. Plusieurs scénarios étaient également vraisemblables. L'Allemagne nazie pouvait disposer de la bombe dès 1944 et lancer au monde un ultimatum, mais l'Amérique pouvait aussi bien la devancer et vitrifier Berlin. À l'inverse, la mise au point aurait pu se révéler beaucoup plus longue et le conflit se terminer avant toute explosion nucléaire. Entre ces futurs possibles, ces *futuribles* comme disait Bertrand de Jouvenel, l'histoire a hésité tout au long de ces années et les acteurs n'ont découvert qu'au dernier acte l'issue du drame dans lequel ils étaient engagés.

Il est facile aux historiens de constater que : « La Première Guerre mondiale avait été la guerre de la chimie, la seconde sera celle de la physique[2] », mais, en 1939, ce n'est pas l'arme atomique qui fait peur, c'est l'arme chimique. Les états-majors vivent dans la hantise des gaz asphyxiants et n'ont pas le temps de spéculer sur des armes de science-fiction. Quant aux « atomistes », ils ne savent trop si leurs premières réalisations seront civiles et/ou militaires.

Les pionniers du nucléaire s'engagent dans un monde inconnu qui ne laisse jamais deviner la route à suivre. Ils cherchent, hésitent, tâtonnent et n'avancent qu'à l'aveuglette. À chaque stade, ce sont des détails d'apparence insignifiante, des concours de circonstance, des malentendus, qui font prendre une direction ou bifurquer vers une autre.

2. Peter Pringle et James Spigelman, *Les Barons de l'Atome*, Paris, Seuil, 1982.

Albert Einstein ne peut rester étranger à cette traque de l'énergie atomique. Sa trop fameuse équation $E = mc^2$ n'en est-elle pas le point de départ ? Pourtant, il doit se déguiser en violoniste pour entrer dans une histoire qui est la sienne.

Deux comptes à rebours se déroulent simultanément, d'un côté celui de la guerre, de l'autre celui de l'atome. Et l'un dépend de l'autre. Le premier qui maîtrisera l'arme atomique gagnera le conflit et tout se joue à quelques années, à quelques mois. Depuis le début de cette histoire, le hasard tire les ficelles. En imposant, d'abord, un très long temps d'arrêt.

*

* *

En 1913, l'atome est décrit par le physicien britannique Ernest Rutherford sur le modèle du système solaire avec son espace vide, ses électrons périphériques et, tout petit, au centre, le noyau. C'est un coffre-fort bourré d'énergie, comme un ressort fortement comprimé, voire une grenade, une énergie emprisonnée qui pourrait aussi se libérer. Rutherford pense tout naturellement au colosse de l'infiniment petit : « Si le noyau d'uranium était brisé, il est certain qu'une quantité considérable d'énergie serait libérée. » Les journalistes dressent l'oreille et oublient le « si ». Est-ce la corne d'abondance pour l'humanité, l'arme absolue pour les militaires ? Le physicien chasse d'un revers de main ces « contes à dormir debout » et juge, en 1932, que les prophètes de l'énergie nucléaire « rêvent à la Lune ». Il se trouve qu'à la même époque un jeune ingénieur allemand, Werner von Braun, rêve à la Lune et n'a rien d'un utopiste, passons... Les gens sérieux n'ont pas à être plus atomistes que le père de l'atome. Au reste, Einstein est tout aussi sceptique. La cause est entendue.

Que le noyau d'uranium ne puisse pas se briser n'empêche pas de tirer dessus. C'est la plus grosse cible, donc la meilleure. Or, à partir de 1932, les physiciens disposent des projectiles parfaits qui devraient faire mouche à tous les coups. Ce sont les neutrons que l'on vient de découvrir et que crachent certains atomes radioactifs. Pour aller droit au but, les chercheurs tirent le plus fort possible avec des neutrons de très grande énergie qui filent à toute vitesse. Et qui ratent immanquablement l'uranium. Plus ils vont vite, plus ils passent à côté. L'astucieux Enrico Fermi, dans son laboratoire romain, prend le parti inverse. Puisque les microbolides manquent la cible, il va les ralentir. Il suffit pour cela de les faire cheminer dans l'eau et non pas dans l'air. Le projectile perd son énergie dans le liquide, il en sort à petite vitesse et va tranquillement taper sur sa cible. Visant l'uranium avec des neutrons fatigués, Fermi l'atteint à tous coups.

Le projectile est deux cents fois plus petit que sa cible et, en outre, il n'a pas beaucoup d'énergie. Ce n'est plus une balle, rien qu'une fléchette. Celle-ci peut se ficher dans la cible ou bien l'ébrécher, mais certainement pas la casser en deux. Dans le premier cas, le noyau d'uranium avale le neutron et grossit, dans l'autre, il perd un petit morceau. Dans tous les cas, il doit rester énorme.

Voici ce qu'on attend et voilà ce qu'on a découvert. Ces microcollisions ne produisent pas de l'uranium gonflé ou ébréché mais un incompréhensible fatras atomique. L'expérience refaite au Collège de France à Paris par Irène et Frédéric Joliot-Curie ou à Berlin par Lise Meitner associée au chimiste Otto Hahn donne toujours ce résultat bizarre. Le noyau obèse semble disparaître lorsqu'il est heurté par un neutron poussif. Disparition inexplicable ! Celui qui donnera la bonne réponse est assuré d'aller à Stockholm chercher son prix Nobel.

Dès 1934, la fission de l'uranium est réalisée. Elle est là sous le nez des physiciens qui sont incapables de la reconnaître. Ils ont en tête le modèle d'atome conçu par Rutherford qui, lui, est incapable de se briser. Pour eux, un noyau peut perdre une particule, deux au grand maximum, mais pas davantage. Celui d'uranium en contient de 235 à 238 ; après bombardement, il pourrait donc monter à 240 ou descendre à 230, or les débris que l'on trouve semblent correspondre à une centaine. Inconcevable pour un physicien.

C'est une chimiste allemande, Ida Noddack qui, dès cette époque, propose la bonne explication. Elle suggère que le noyau d'uranium s'est brisé en deux parties égales. Avec un frisson rétrospectif, Bertrand Goldschmidt évoque cet épisode : « L'idée était si révolutionnaire et Noddack si éloignée du club des bâtisseurs d'atomes qu'elle fut rejetée sans plus d'examen et que son auteur se contenta de la publier sans tenter de la vérifier. L'histoire du monde aurait peut-être été changée si la fission de l'uranium avait été découverte quatre ans plus tôt, car l'arme atomique n'aurait peut-être pas été réalisée dans le même pays et peut-être même pas dans le même camp, lors du conflit mondial[3]. »

Imaginons cela, la fission de l'uranium correctement interprétée en 1934, puis la réaction en chaîne dans la foulée. La course à la bombe démarre aussitôt. On sait qu'elle prend trois ou quatre ans. En 1939, l'arme atomique figure dans les arsenaux. Pure spéculation ? Sans doute, mais comment oublier que, lorsque la fission sera enfin découverte en 1939, tous les « atomistes », les Joliot-Curie, Rutherford, Niels Bohr se frapperont le front en se disant : « Mon Dieu, que nous avons été stupides ! » ; et, de Berlin à Chicago, en passant par Paris, ils confirmeront le résultat dans le mois qui suit. Pendant cinq ans, le hasard a donc joué les temps morts. Maintenant il relance la partie et chaque jour compte. Pour le monde et pour Albert Einstein.

*
* *

Il vient de fêter, le plus discrètement possible car il déteste les célébrations, son soixantième anniversaire. Quelle vie que la sienne ! Le monde entier connaît son nom, sa célébrité dépasse celle des hommes d'État, des stars du cinéma. Il a tout réussi, mais il n'est pas dupe de son triomphe. Ce personnage d'Einstein qu'il a mis tant de soin à construire lui a échappé, voilà la vérité. C'est en pleine conscience, en toute maîtrise, qu'il a refusé la nouvelle physique et s'est coupé de la communauté scientifique, une rupture qui lui lance un défi : prouver qu'il a raison contre tout le monde. Cette démonstration, il n'a jamais pu l'apporter. Il a préservé sa liberté d'esprit, son indépendance de jugement, sa souveraineté, mais il ne jouit plus de cette autorité sans égale, cette admiration déférente qui l'ont

3. Bertrand Goldschmidt, *in* Paul-Marie de La Gorce (dir.), *L'Aventure de l'atome*, Flammarion, 1992.

entouré pendant une vingtaine d'années. Une régression pénible mais qui préserve l'essentiel : sa propre estime.

Dès sa plus tendre enfance, il a prétendu ne dépendre que de lui-même. Il a maintenu le cap contre vents et marées. N'en faisant qu'à sa tête, bravant les autorités, ignorant les conformismes, poursuivant sa recherche en solitaire, il est devenu Albert Einstein. Puis, en 1919, la tourmente s'est abattue, la tourmente et la gloire mêlées pour se jouer de lui. Le voilà acclamé par les ignorants et dédaigné par les savants. Puis persécuté par les nazis. Il a perdu le contrôle de son existence et cela lui est intolérable. L'appel de Szilard, au cœur de l'été, sonne comme le rappel à l'ordre du destin. Après avoir satisfait sa passion dans la physique triomphante de la relativité, il va subir sa passion dans la physique pervertie de la bombe.

*
* *

Le 15 juillet 1939, les deux physiciens doivent traverser New York pour passer de Princeton dans le New Jersey à Long Island qui se trouve à l'est de Manhattan, juste de l'autre côté. Avant de partir, Wigner a rapidement jeté un œil sur la carte. Il devra traverser la pointe de Manhattan, s'engager dans le Queens et faire une bonne centaine de kilomètres dans Long Island jusqu'à l'extrémité puisque c'est là-bas, au bout du monde, qu'Einstein est allé chercher sa retraite estivale. Il faut compter une heure et demie, voire deux heures de route. Ils ne connaissent pas Long Island mais ne prêtent aucune attention au paysage. Tout est plat, désespérément plat, hormis les dunes qui marquent au loin l'approche de la côte. On devine aussi dans cette direction d'opulentes résidences, des villégiatures balnéaires pour les asphyxiés de Manhattan. À l'intérieur des terres, la nature est domestiquée, fonctionnalisée, réduite à l'état d'espace cultivable. De-ci, de-là, quelques bâtiments surveillent les récoltes. Vraiment rien qui puisse les distraire de leurs préoccupations.

En dépit de la chaleur accablante, Eugène Wigner conduit avec son flegme coutumier tandis que son passager fait la conversation. Bertrand Goldschmidt décrit Szilard comme « un homme petit et rond, impétueux et débordant d'idées [...], le prototype du Juif errant[4] ». De fait, celui-ci est marqué depuis toujours par l'antisémitisme. Dans sa Hongrie natale, la chasse au Juif se pratiquait sous couvert de « magyarisation ». Avant même sa naissance, ses parents ont abandonné leur nom de Spitz, trop reconnaissable, pour celui de Szilard. Ils s'imaginaient que ce nouveau patronyme les mettrait à l'abri. Léo s'est même converti au protestantisme en 1919. Peine perdue ! Les persécutions reprennent l'année suivante avec le régent Horty. Redoutant le pire, Szilard quitte Budapest sans attendre. Il a vingt ans et cherche refuge à Berlin.

Pour un jeune scientifique, rien n'est plus naturel : l'Allemagne des années vingt est une terre d'élection de la physique. C'est ici que naissent la relativité, les quanta, les particules, toutes ces idées qui enivrent les esprits des chercheurs avant de bouleverser la vie des hommes. Einstein lui-même n'a pu résister à l'attrait de la science allemande. En dépit de ses préventions contre le militarisme germanique, il s'est établi à Berlin en 1914. Szilard, non moins passionné de physique, succombe à son tour. Le catéchumène croise tous les géants : Einstein, Planck, Heisenberg, Bohr, Schrödinger, Meitner... et devient grand prêtre à son tour. En 1930, il saute le pas et prend la nationalité allemande. Comme s'il suffisait de changer de nom, de religion, de pays et de nationalité pour échapper à la folie antisémite...

Le tocsin sonne à nouveau pour les Juifs. Beaucoup ne l'entendent pas. Szilard lui-même ne se ressaisit qu'à la dernière minute. En 1933, il s'enfuit avec deux valises et quelques billets de banque cachés dans ses chaussures. Le lendemain, en arrivant à Londres, il apprend que le Reich referme ses frontières sur ses victimes.

Mais, à la différence d'Eugène Wigner qui a sagement organisé son exil à l'université de Princeton, il part dans une errance tumultueuse. Il traîne à Londres, cherchant sa voie, lorsqu'il se trouve frappé par une évidence. « Je me souviens, a-t-il raconté des années plus tard, que je m'étais arrêté à un feu rouge à l'intersection de Southampton Row. Tandis que j'attendais le feu vert pour traverser, il m'apparut soudain que, si l'on pouvait trouver un élément qui soit brisé par des

4. Bertrand Goldschmidt, *Les Rivalités atomiques 1939-1966*, Paris, Fayard, 1967.

neutrons et qui puisse émettre deux neutrons lorsqu'il en absorbait un, alors cet élément, assemblé en une masse importante, pourrait entretenir une réaction en chaîne [5]. » Processus diabolique. Un neutron solitaire a donné naissance à des triplés. Qui vont provoquer autant de fissions, libérant autant de neutrons. C'est l'escalade. Les 3 projectiles deviennent 9, puis 27, puis 81. Les fissions se multiplient au fil des générations et les générations se succèdent au millionième de seconde. En un instant, des milliards de noyaux ont explosé, minuscules grenades qui, toutes ensemble, provoquent un formidable dégagement d'énergie. Une illumination : Szilard a vu la réaction en chaîne, qui fait passer l'énergie nucléaire du microscopique au macroscopique. On est en 1934, il a tout compris.

Il retourne dans sa chambre d'hôtel, traduit, fébrile, sa vision en termes scientifiques et constate que le calcul recoupe ses intuitions. La réaction en chaîne n'est pas un rêve de science-fiction, c'est une réalité inscrite dans les équations. Il ne reste qu'à trouver le noyau qui peut tout à la fois se briser et cracher deux neutrons. À la seconde où cet oiseau rare sera en cage, l'humanité disposera d'une fantastique source d'énergie qui remplacera tout à la fois le pétrole, le charbon et, aussi hélas !, la dynamite. Il est à ce point assuré de son idée qu'il s'empresse de rédiger les brevets correspondants.

Reste le plus difficile : trouver cet élément dont le noyau se brise en libérant de l'énergie et des neutrons. Il cherche, mais il n'est qu'un physicien en chambre, coupé de tout laboratoire. Il mise sur le mauvais cheval, un métal très léger, le béryllium. Il tente en solitaire quelques expériences qui ne donnent rien. Le béryllium refuse absolument de reproduire son schéma. Qu'importe, Szilard est certain que son intuition est juste. Tôt ou tard, les hommes découvriront l'élément qui libère l'énergie atomique et produit les neutrons secondaires et, ce jour-là, ils disposeront du feu nucléaire. L'humanité est à la veille, ou à l'avant-veille, d'un nouvel âge aussi riche d'espérances que lourd de menaces. Mais elle ne le sait pas.

Depuis lors, Szilard ne tient plus en place. D'ailleurs il n'a pas de place. Princeton, Londres, Chicago, il bouge tout le temps. Il peut, dans la même journée, conduire une expérience, lancer une pétition,

5. Spencer R. Weart et Gertrud Weiss Szilard, *Leo Szilard : His Version of the Facts*, Cambridge (Massachusetts), MIT Press, 1978.

déposer un brevet, fonder une association et contacter une dizaine de personnes. La communauté scientifique est bousculée par ses intuitions fulgurantes, ses initiatives dérangeantes. Szilard est en campagne. Obsédé par la bombe allemande, il ne parle que de cela. Einstein représente son ultime espoir, sa dernière cartouche pour secouer l'insouciance congénitale des démocraties.

*
* *

Encore faudrait-il qu'il parvienne jusqu'à lui et les deux physiciens ne semblent pas en prendre le chemin. Voilà deux heures qu'ils sont partis, plus d'une heure qu'ils roulent dans Long Island, la chaleur a eu raison de la volubilité de Szilard. Le silence s'installe dans la voiture. Chacun plonge dans ses souvenirs, ses pensées. À quoi bon parler, ce sont les mêmes. Nostalgie. Dieu que la physique était belle dans les années vingt ! Une fête de l'intelligence. Deux théories s'affrontaient, mieux ! deux mondes. Vivait-on dans celui de Niels Bohr ou bien dans celui d'Albert Einstein ? Lors des congrès, les objections de l'un répondaient aux démonstrations de l'autre. Sublimes joutes intellectuelles, presque spirituelles. Les physiciens refaisaient le monde, ne se souciant ni de politique ni de puissance. Seule importait la vérité scientifique, leur commune divinité. Pourquoi fallait-il que la nature ait tendu aux hommes ce piège diabolique : l'uranium ? Un élément fissile, un seul, et le monde s'en trouve bouleversé. Sans lui, $E = mc^2$ n'aurait jamais été qu'une équation magnifique, une décoration sur la poitrine d'Einstein, et le noyau, un coffre-fort inviolable refermé sur sa prodigieuse énergie. Mais l'atome d'uranium s'était brisé et la folie allait s'emparer des hommes.

Ils ont suivi pendant une demi-heure la route littorale, traversant de tristes cités. À Patchogue, Wigner arrête la voiture. Il ne sait plus où aller. Il a téléphoné la veille à Einstein pour confirmer leur venue, a noté le nom de la localité. Maintenant, il ne le trouve plus. Il tente de se renseigner sur les stations balnéaires de Long Island. Ses interlocuteurs lui parlent de Great Peconic Bay. « Peconic », le nom réveille sa mémoire. Il en est sûr, c'est celui qu'a donné Einstein. Ils repartent vers l'est, en longeant le golfe de Long Island. Une demi-heure plus tard, ils sont à Peconic. Reste à trouver la maison du docteur Moore louée par Einstein. Nouvelle déception, personne n'a entendu parler de ce médecin.

« Eugène, je crois qu'il va falloir retourner à New York », se désespère Szilard.

Wigner, le flegmatique, explose. Il refuse de faire demi-tour sans avoir vu Einstein, car il part la semaine prochaine pour la Californie. Or Szilard ne conduit pas et n'a pas les moyens de se payer une voiture avec chauffeur. C'est aujourd'hui ou jamais. Fasciné par l'absurdité de la situation, Léo philosophe. Comment peut-on trouver les secrets cachés au cœur de la matière et n'être même pas fichus de résoudre ce problème enfantin : trouver l'homme le plus célèbre du monde ? Justement, il avise un garçon qui passe et lance par dérision : « Et toi, tu connais Einstein ? » « Le professeur Einstein ? » Szilard est décontenancé par la réponse : « Oui, un vieux monsieur avec plein de cheveux blancs sur la tête et une moustache aussi. » « Oui, répond l'enfant, c'est le professeur Einstein, il est ici. » « Sais-tu où il habite ? » « Bien sûr ! C'est là-bas, à Nassau Point. »

Cinq minutes plus tard, la voiture s'arrête enfin devant la maison.

*
* *

Aux naufragés de Long Island, Einstein fait un accueil chaleureux, une vraie fête du cœur, mais pour l'allure... La barbe mal rasée, les cheveux ébouriffés, le tricot informe, le pantalon fripé relevé sur les mollets, pieds nus dans des sandales, il aurait tout du sauvage ou, pire, du clochard, n'était la bonté de son regard malicieux. Szilard et Wigner ne sont pas surpris. Il n'y a qu'Einstein pour être aussi mal attifé.

Il salue traditionnellement ses visiteurs avec une boutade terminée par un énorme éclat de rire : « Alors, vous vous êtes perdus ! C'est ma faute, j'aurais dû vous envoyer un plan. Mais non, ça aurait été pire, on dit aujourd'hui que les physiciens qui suivent Einstein font fausse route. » Il adore s'esclaffer de ses propres blagues.

Modeste, rustique, la maison du docteur Moore s'ouvre de plain-pied sur la baie, elle est faite pour le bateau. D'ailleurs, le vieux dériveur est là, à quelques mètres, amarré au ponton. Einstein l'a baptisé *Tinef*, un sobriquet pour signifier « sans valeur et sans importance ». Tous les jours, il s'en va faire de longues promenades en mer, cabotant au gré des vents et revenant à pas d'heure. Ses visiteurs, qui connaissent ses habitudes, ont craint de devoir attendre en guettant au loin la voile d'Einstein. Mais non, le sujet du jour lui tient trop à cœur, il a sacrifié la sortie en mer et laissé son bateau au mouillage. Car la voile est, avec la physique et la musique, l'une des trois passions de sa vie. Tout au long de son existence et de ses pérégrinations, il s'est arrangé pour avoir un plan d'eau et un voilier à disposition. Ce n'est ni un passe-temps, ni un sport, ni une distraction, mais un besoin, dont, à l'image d'une drogue, il ne peut se passer.

Pendant son séjour à Berlin, il naviguait sur un lac, le Havel, peu propice à la voile et, lorsqu'il était trahi par le vent, il devait remplacer l'énergie éolienne par l'énergie musculaire, à grands coups d'aviron qui le laissaient épuisé. Efforts inconsidérés, mauvaises habitudes de fumeur ? Toujours est-il qu'à l'âge de quarante-neuf ans, il fait un accident cardiaque et se voit imposer par la Faculté un repos complet. Le malade part en villégiature mais il se révèle incapable de renoncer, ne fût-ce qu'un temps, à ses chères escapades nautiques. Il les poursuit en cachette, pour le plus grand mal de sa santé jusqu'à ce que son médecin, ayant découvert ses incartades, lui enjoigne de remiser son bateau.

*
* *

C'est dans sa jeunesse, sur le lac de Zurich, qu'Einstein contracta le virus de la voile. À l'époque, il empruntait le bateau de ses propriétaires, les Markwalder, car il aurait été bien en peine d'acheter le sien. Il emmenait la jeune fille de la maison dans ses paisibles navigations. Une amitié de cinquante ans naquit sur l'eau, une amitié qui, jamais, ne se transforma en idylle. La dame, qui avait pris de l'âge, se souvenait que, lorsque le vent tombait, il abattait la voile et sortait de ses poches un carnet de notes et un crayon qui ne le quittaient jamais. Il se plongeait alors dans ses pensées et ses calculs.

« Et, lorsqu'un souffle de vent se faisait sentir, il remettait aussitôt la voile[6]. » Il n'eut jamais que des bateaux de petite taille sur lesquels il naviguait seul ou avec deux ou trois passagers et ne s'attacha vraiment qu'à une seule embarcation, baptisée *Tummler*, un sept-mètres que ses amis lui avaient offert pour son cinquantième anniversaire et qu'ils avaient discrètement équipé d'un petit moteur pour lui éviter de prendre les rames quand le vent faisait défaut. Il n'aurait voulu s'en séparer pour rien au monde. Mais les nazis ne lui laissèrent pas le loisir de l'emporter lors de son exil en 1933.

Dans la navigation, il apprécie d'abord la communion avec la nature, l'eau, le ciel, le vent, une recherche de symbiose et d'harmonie. Il ignore le moteur, d'ailleurs il ne saura jamais conduire une voiture et n'utilise pas de boussole. Il n'est pas à proprement parler un navigateur, rien qu'un vagabond du vent, qui n'a jamais pris de leçon, jamais consulté un manuel, ne connaît pas le jargon de la marine, ignore le code nautique, n'emporte qu'un matériel de sauvetage très insuffisant et ne prête qu'une attention distraite à la météo. Il part pour de longues balades, sans but précis et navigue à l'instinct, avec des résultats incertains.

Pendant cet été 1939, à Peconic, il avait décidé un jour de rendre visite à David Rothman, un ami qui possédait une maison au bord de l'eau. La navigation prendrait quelques heures, c'est pourquoi, parti aux aurores, il avait annoncé son arrivée pour la fin de matinée. Le soir venu, Rothman, ayant vainement attendu son visiteur, se faisait un sang d'encre lorsqu'il reçut un appel téléphonique. Les policiers l'informaient qu'ils avaient trouvé, errant sur une plage, un drôle de type qui, précisaient-ils, aurait besoin d'une bonne coupe de cheveux, et qui prétendait chercher David Rothman ! À de nombreuses reprises, Elsa Einstein, décédée en 1936, connut ces heures interminables, entre le bord de l'eau et le téléphone, à guetter le retour de son imprévisible mari.

Le physique du savant n'est pas vraiment celui d'un loup de mer, pas même celui d'un marin. « Je n'aime pas les exercices physiques, reconnaît-il, je suis trop paresseux et la voile est le seul sport qui me convienne. » Avec ses épaules frêles, son dos voûté, son ventre relâché, on l'imagine plus volontiers lisant dans une bibliothèque

6. John Vigor, « Prudence : génie à bord », *Cruising World*, octobre 1992.

que tenant la barre d'un navire. C'est la réflexion que lui avait faite, il y avait bien longtemps déjà, Marie Curie, alors qu'il l'avait emmenée en promenade sur le lac de Genève : « Je ne savais pas que vous étiez un bon barreur », lui dit-elle. Pince-sans-rire, il répondit : « Moi non plus. » Vaguement inquiète, elle reprit : « Qu'est-ce que je vais faire si on dessale ? Je ne sais pas nager. » Imperturbable, le capitaine répondit : « Moi non plus. » Car Einstein ne sut jamais nager et n'avait pas de bouées à bord.

Quel est donc ce marin de folie douce qui a jeté par-dessus bord les règles de la navigation et mène sa barque selon sa fantaisie ? Un trompe-la-mort de la voile ? Sans doute, car, à plusieurs reprises, son inconscience faillit lui coûter la vie. Un jour qu'il naviguait à Watch Hill dans l'État de Rhode Island, un jeune garçon le surprit en difficulté. D'emblée, il pensa qu'il s'agissait d'Einstein car précisa-t-il par la suite : « Vu la façon dont il barrait, nous nous attendions à ce qu'il ait des difficultés un jour. Il était sur un petit bateau de location à un mât, sans hauban. Il s'était échoué sur des rochers. Une tempête arrivait et la marée montait. Il y avait une femme avec lui. Il n'était pas en forme. Il ne s'en serait pas sorti sans nous. Il aurait pu se noyer[7]. »

Ses compagnons de mésaventures furent toujours étonnés par sa sérénité dans les pires situations. Il ne craignait pas la mauvaise mer et semblait même prendre plaisir à l'affronter. « Quand il était sur le voilier, raconte sa belle-fille, il y avait en lui quelque chose de si naturel et de si fort, qu'il faisait lui-même partie de la nature. [...] Il naviguait comme Ulysse. » Tard dans sa vie, il cache encore, sous l'apparence benoîte d'un professeur en retraite, un aventurier des mers.

« Pendant l'été 1944, relate John Vigor, Einstein, qui avait soixante-cinq ans, naviguait avec trois compagnons sur le lac Saranac, en haut des Adirondack, dans des conditions de forte houle. Quand il frappa un rocher, le bateau se remplit rapidement d'eau et chavira. Heureusement que l'eau était chaude et qu'un bateau à moteur se trouvait aux environs. La voile retenait Einstein sous l'eau, et un câble enlaçait sa jambe. Sans savoir nager, il réussit pourtant à

7. Denis Brian, *Einstein, le génie de l'homme*, Paris, Robert Laffont, 1997.

libérer sa jambe et pataugea jusqu'à la surface où il reçut du secours. Eût-il été pris de panique qu'il se noyait sans aucun doute[8]. »

Imprudent, téméraire, Einstein ignorait la peur. Avec son courage bonhomme, si loin des coups de gueule chers aux marins, il bravait le mauvais temps et les situations critiques. Mais il savait aussi faire preuve d'une adresse surprenante et ses passagers furent plus d'une fois époustouflés par l'habileté avec laquelle il manœuvrait parmi les récifs. Il naviguait au près serré et riait comme un gamin en frôlant le danger.

D'Einstein, on peut faire bien des portraits. Celui du physicien, de l'humaniste, de la star, du mélomane, du sioniste, mais celui du marin n'est pas le moins révélateur. Il montre tout à la fois : cet anarchisme viscéral qui lui fait rejeter jusqu'à l'outrance l'ordre établi, les savoirs formalisés ; ce courage proche de l'inconscience qui le conduit à braver le danger, à défier les menaces antisémites, cette calme détermination fondée sur une prodigieuse confiance en ses capacités, en sa volonté, enfin ce goût de la solitude qu'il ne trouve jamais si bien qu'en mer, seul sous le ciel avec, si possible, un livre à portée de main pour attendre le vent. Mais, en ce 15 juillet 1939, Einstein le marin est resté au port. Les nouvelles sont mauvaises. Pas celles de la mer, celles de la terre.

*
* *

La brise marine rafraîchit la chaleur de l'après-midi. Mieux vaut rester dehors. Les chaises sont tirées sur le perron qu'abrite un auvent. Margot apporte les rafraîchissements. Un instant de paix suspendu entre les accolades et la conversation. Celle-ci commence *mezzo voce* par les banalités d'usage. Les difficultés du parcours, les promenades en bateau, la vie à l'université – Einstein, lui, a rejoint le saint des saints : l'Institut de Princeton et ne fait pas cours aux étudiants –, et puis quelques souvenirs. Des préliminaires qu'Einstein ne laisse pas traîner ; il en vient tout de suite au fait : la menace nucléaire nazie.

8. John Vigor, « Prudence : génie à bord », art. cit

Eugène Wigner se contente de rappeler que la fabrication d'une bombe atomique n'est plus impossible et que l'Allemagne est engagée dans cette voie. « Concluez vous-même. »

Einstein connaît la grande prudence de Wigner qui tranche sur l'impétuosité de Szilard. Il n'a aucun doute sur le sérieux de ses informations. « C'est épouvantable ! » À son habitude, il répète à mi-voix pour lui-même « épouvantable », et cède, un instant, à l'accablement. Puis il se ressaisit, s'interroge et pose des questions. La fission de l'uranium ne signifie pas qu'une explosion atomique soit possible. Les deux physiciens sont atterrés. Ainsi, Einstein ignore les derniers développements de la physique nucléaire. Il faut tout lui expliquer. Expliquer la physique à Einstein !

Wigner cite les articles de Fermi et Szilard qui sont parus dans les dernières livraisons de la *Physical Review*. À l'évidence, Einstein ne les a pas lus et n'en a pas été informé, ce qui, pour un physicien, est proprement incroyable. « Einstein était plongé dans son travail et ne suivait pas les derniers développements de la physique, expliquera par la suite Wigner. Il lui arrivait souvent de ne pas ouvrir les revues qu'il recevait, *Nature* par exemple, si aucun article ne l'intéressait directement. » *Nature* représente la Bible pour les scientifiques qui, semaine après semaine, se précipitent sur les dernières parutions. Mais Einstein est à ce point éloigné de la physique et des physiciens qu'il manque à ce rituel et laisse passer des communications qu'en d'autres temps il aurait dévorées dans l'heure.

S'il connaît la fission du noyau d'uranium, c'est à Niels Bohr qu'il le doit. Il entretient avec le physicien danois une curieuse relation mêlant une opposition scientifique irréductible et une amitié personnelle indéfectible. Il l'a fait inviter à Princeton en février 1939 et le maître de Copenhague a débarqué dans le New Jersey encore tout remué par la grande découverte dont il s'empresse de faire le récit.

Einstein en a retenu que son ancienne collaboratrice, Lise Meitner, n'a échappé que de justesse à la Gestapo. Il veut s'assurer qu'elle est bien en sécurité. Il n'est rien de plus urgent à ses yeux. Les nouvelles sont rassurantes : Lise se trouve à Stockholm et ne risque plus rien. Mais elle a commis de graves imprudences. Einstein n'est qu'à moitié surpris.

*
* *

Lise Meitner ! Une image qui submerge son esprit. Cette femme timide, effacée, est entrée en science comme d'autres en religion et l'Institut Kaiser Wilhelm est devenu son couvent. Dans les années vingt, Einstein dirige l'établissement et Lise Meitner le service de physique. Elle est à ses yeux l'égale des plus grands. « C'est notre Marie Curie », répète-t-il. « Notre », à l'époque, cela signifiait, « la Marie Curie allemande ». Oui, à l'époque ! En dépit de ses origines juives, Lise Meitner choisit de rester à Berlin après 1933. Elle veut croire que sa nationalité autrichienne la protégera. Inconscience ? Sans doute. Un chercheur lancé sur la piste d'une grande découverte peut-il rester prudent ? Or, Lise Meitner a décidé de percer au jour la fameuse expérience de Fermi, elle sait qu'il y a là une énigme dont la solution révolutionnera la physique nucléaire.

La clé du mystère se trouve dans ces substances produites par la collision des neutrons avec l'uranium. Il faut identifier ces corps que l'on n'appelle pas encore des « produits de fission ». Travail épuisant ! Les chercheurs rivalisent d'ingéniosité physico-chimique en pataugeant dans ces microgrammes de purée radioactive. À plusieurs reprises, les équipes rivales croient toucher au but. Et, chaque fois, les résultats publiés sont contestés, puis abandonnés. Meitner ne doute pas que ses talents de physicienne, couplés à la compétence chimique de son associé, Otto Hahn, lui permettront de trouver avant les autres. C'est ainsi que, obnubilée par son énigme nucléaire, elle finit par oublier le drame européen.

En mars 1938, l'Anschluss fait d'elle une citoyenne allemande, ou, plutôt, une « Juive allemande ». Pourtant, elle reste à son poste. Obstinée. Dans les mois qui suivent, les nazis la menacent, Otto Hahn prend peur. En août 1938, il lui fait quitter l'Allemagne. Juste à temps. Elle trouve refuge à Stockholm, mais n'abandonne ni son équipe ni ses recherches. L'habitude se prend d'une correspondance régulière, presque quotidienne, dans laquelle Otto Hahn et son assistant Fritz Strassmann font le point de leurs travaux, annoncent leurs résultats tandis que Lise Meitner, en retour, donne ses interprétations et ses directives. Elle guide à distance Otto dans son propre laboratoire qu'elle n'a pas eu le temps de ranger avant sa fuite. Elle lui fait retrouver et assembler les différents éléments qu'elle préparait pour l'ultime expérience.

À la fin de l'année 1938, Hahn et Strassmann viennent à bout du protocole conçu par Meitner. Le résultat est incroyable. Le bombardement de l'uranium par des neutrons produit des atomes deux fois moins gros. Au mois de décembre, les chimistes allemands jugent leurs résultats assez probants pour être publiés. Ils rédigent un compte rendu en citant Lise Meitner au passage. À l'ultime fin, ils ajoutent un paragraphe évoquant, avec la plus extrême prudence, un clivage du noyau d'uranium, mais ajoutent : « Nous publions ce résultat curieux avec une certaine hésitation. » Ils ne sont ni théoriciens ni même physiciens, et n'ont toujours pas compris ce qui s'est réellement passé. Tel est donc le texte que « la patronne » reçoit avant publication.

Le *happy end* intervient quelques jours plus tard, comme un cadeau de fin d'année. Non pas dans un laboratoire, mais en pleine forêt. Lise Meitner est venue passer les fêtes chez des amis en villégiature à Kungalv. Elle a fait inviter son neveu Otto Frisch, un physicien qui travaille à Copenhague dans l'équipe de Niels Bohr. Tous deux partent pour une grande balade à skis de fond. Le temps d'une halte, ils élisent un tronc d'arbre enneigé pour se reposer. Lise veut vérifier une idée qui lui est venue pendant qu'elle glissait dans la forêt suédoise. Elle sort de sa poche la dernière lettre de Berlin, un carnet, un crayon. Elle pense avoir débusqué le piège dans lequel les physiciens s'enferrent depuis quatre ans. Ils ont raisonné sur le modèle de noyau atomique proposé par Rutherford, un bloc monolithique qu'au sens originel du mot on ne peut diviser. Or ce modèle n'est plus de saison. Il faut raisonner avec celui de Niels Bohr. Pour le physicien danois, le noyau ne s'apparente pas à un caillou mais à une goutte d'eau ou un sac de billes dans lequel s'entassent, se repoussent et se retiennent les particules : protons et neutrons. C'est cette nouvelle image souple, informe, dynamique qu'elle entreprend de dessiner. Avant l'arrivée du neutron puis après son absorption. Elle imagine que tout l'équilibre interne se trouve perturbé par cette particule surnuméraire. D'un dessin à l'autre, elle représente le noyau qui se déforme, vibre, entre en résonance.

« Mais oui, Lise ! » Otto prend le crayon des mains de sa tante et termine la série. Le noyau s'étrangle en son milieu. Un instant plus tard, il est scindé en deux parties égales. « Voilà ! C'est comme une cellule qui se divise, ce n'est pas une explosion ou bien une cassure, c'est une fission. »

Ils sont illuminés par le sentiment d'évidence. Mais ils se ressaisissent et passent de la poésie à la physique. Meitner a tous les éléments mathématiques en tête, elle pose les équations. Elle calcule que les sous-produits sont moins lourds que le noyau originel. Voilà la preuve ! D'où vient l'énergie dégagée dans la fission ? De la matière, pardi ! Au cours de la réaction, le noyau perd une partie de sa masse, une très petite partie, qui se convertit en énergie. $E = mc^2$, l'équation[9] d'Einstein trouve sa première application. Les chiffres collent parfaitement. Pas de doute : l'uranium bombardé par des neutrons se brise en libérant de l'énergie, beaucoup d'énergie. Ils rechaussent leurs skis et rentrent avec cette prodigieuse découverte.

Le 6 janvier 1939, Niels Bohr exulte lorsque Otto Frisch lui présente son tableau de chasse. Il tient la preuve la plus éclatante que son modèle correspond à la réalité. Il doit partir quarante-huit heures plus tard pour les États-Unis. Il emporte la note de Meitner et Frisch et se fait le messager de la fission nucléaire en Amérique. Lors de son passage à Princeton, il n'est que trop heureux de raconter toute l'histoire à son pire contradicteur et meilleur ami, Albert Einstein.

*

* *

Avec ses visiteurs, celui-ci voudrait revenir sur les mécanismes scientifiques d'un tel phénomène, mais Szilard n'a pas fait le voyage pour tenir un symposium sur le modèle du noyau atomique. Il s'intéresse moins à la fission qu'à ses conséquences. Qu'un atome d'uranium se brise par-ci, par-là lorsqu'il est bousculé par un neutron, ce ne serait jamais qu'une forme nouvelle de radioactivité. Le danger

9. Cette équation, la plus célèbre de la physique, a été posée en 1905 par Einstein. Elle établit l'équivalence entre matière et énergie. D'un côté, E représente l'énergie, de l'autre, m la masse, c'est-à-dire la quantité de matière, et c^2 la vitesse de la lumière au carré. Le coefficient de conversion est donc énorme. Une très petite quantité de matière correspond à énormément d'énergie.

vient de la réaction en chaîne, ce nouveau phénomène qu'il doit maintenant expliquer à son vieux professeur. Il reprend l'histoire au chapitre même où Bohr l'a laissée à Princeton.

En quelques jours, le succès de l'équipe Meitner, Hahn et Strassmann s'est répandu dans les laboratoires. À Paris, la nouvelle est tombée comme la foudre. Les Français pratiquent une physique parisienne et héréditaire. Tout se passe au quartier Latin et, plus précisément, au Collège de France ; quant aux noms des patrons, ils ne varient guère d'une génération sur l'autre. Pierre et Marie Curie ont dominé le premier quart de siècle, le second appartient à leur fille Irène Curie et à son mari Frédéric Joliot. Les parents reçoivent le prix Nobel de physique en 1903 (Marie Curie aura même un second Prix pour la chimie en 1911), Irène et Frédéric obtiennent leur prix Nobel de chimie en 1935. Pour faire bonne mesure, l'équipe du Collège de France comprend également un tout jeune physicien, Francis Perrin, qui est le fils de Jean Perrin, lui-même prix Nobel promotion 1926.

Depuis 1934, les physiciens français sont lancés sur la fameuse expérience de Fermi. En concurrence directe avec Lise Meitner. D'un congrès à l'autre, les Parisiens annoncent des résultats que les Berlinois s'empressent de démolir. Et réciproquement. La compétition est impitoyable. Un prix Nobel est à la clé et il ne déplairait pas à Frédéric Joliot-Curie de se faire couronner à Stockholm une seconde fois, comme son auguste belle-mère.

Avec son physique à la Louis Jouvet, pommettes saillantes, nez busqué, cheveux noirs plaqués, il est tout entier tendu vers la réussite. La sienne, celle de la physique, celle de la France, peu importe, Frédéric Joliot-Curie est un « gagneur ». Lorsqu'il a épousé Irène, brillante intelligence mais physique ingrat, les mauvaises langues ont suspecté son carriérisme. Comme Pierre Curie, son beau-père, il n'a de cesse de mettre son couple en avant et, surtout, de remporter les plus éclatants succès afin de faire taire cette rumeur.

Le laboratoire du Collège de France n'est pas centré sur la recherche, mais sur la découverte. Sitôt qu'une expérience semble intéressante, c'est-à-dire intrigante, les Joliot-Curie la montent en un temps record. Mais ils ne gagnent pas toujours. D'autant que la règle du jeu est impitoyable : la gloire va tout entière au premier, le second, quels que soient ses mérites, tombe dans l'oubli. À deux reprises, avec le neutron, puis avec l'électron positif, une équipe rivale a publié juste avant eux alors qu'ils touchaient au but. Insupportable ! Leur heure de gloire ne vient qu'en 1934 avec la découverte de la radioactivité artificielle, mais, pour un homme comme Joliot, une victoire n'est jamais une fin en soi, rien qu'un défi. Une défaite aussi.

Lorsqu'ils découvrent la note d'Otto Hahn et Strassmann, les Joliot refont l'expérience dans les heures qui suivent. Le résultat est confirmé. Il suffisait de savoir ce que l'on cherchait pour le trouver ! Accablés, ils restent trois jours sans parler à leurs collaborateurs.

Mais l'équipe française ne se contente pas de ruminer sa défaite, elle prépare sa revanche. Car Joliot a tout de suite perçu la réaction en chaîne qui se cache derrière la fission. Si le noyau d'uranium crache des neutrons lorsqu'il se brise, si ces neutrons vont provoquer d'autres fissions qui projettent d'autres neutrons, alors la libération d'énergie cesse d'être un phénomène de pure physique nucléaire. C'est une découverte majeure. Peut-être la découverte du siècle ! Joliot, tout comme Szilard, y pense depuis longtemps. En décembre 1935, dans son discours de réception à Stockholm, il s'était interrogé sur les possibilités ouvertes par la radioactivité artificielle : « Des chercheurs brisant ou construisant des atomes à volonté sauront réaliser des réactions en chaîne explosives. Si de telles transmutations arrivent à se propager dans la matière, on peut concevoir l'énorme énergie utilisable qui sera libérée. » Dès cette époque, Joliot mettait les savants en garde « contre le risque de faire un jour sauter le monde par erreur ».

Il est passionné par la réaction en chaîne et conscient de ses implications. Pour savoir si la fission de l'uranium est susceptible de se propager dans la matière, il doit identifier l'agent de propagation : le neutron. Dans les laboratoires du Collège de France, les appareils sont déjà en place, il suffit de monter les expériences. Quinze jours plus tard, le résultat est acquis. La fission produit bien des neutrons secondaires. Dans la première semaine de mars, Joliot rédige un article à l'attention de la revue britannique *Nature*. Obsédé par l'idée d'être le premier à publier, il envoie son collaborateur Lew Kowarski à bicyclette jusqu'à l'aéroport du Bourget. C'est ainsi que le 8 mars 1939, en faisant remettre le précieux article au commandant de bord du Paris-Londres, il parvient à gagner une semaine sur la date de publication.

Mais ce n'est qu'une première étape. Il doit maintenant connaître le nombre de neutrons émis à chaque fission. Le calcul montre qu'il faut au minimum deux projectiles pour enclencher et maintenir la réaction en chaîne. Un mois plus tard, Joliot et son équipe font parvenir une nouvelle note à *Nature*. Elle paraît le 22 avril et donne le chiffre : 3,5 neutrons sont émis à chaque fission. La réaction en chaîne est certaine.

*

* *

Léo Szilard qui, de déconvenue en déconvenue, était sur le point de lâcher la physique nucléaire, bondit sur les nouvelles : celle de la fission d'abord, que Niels Bohr apporte en Amérique, puis celle des neutrons annoncée dans les publications de Joliot. Il veut se lancer dans ces recherches, mais il bute sur la question de l'uranium. Comment se procurer le métal nécessaire pour les expériences ? Il contacte les sociétés minières susceptibles de l'approvisionner, mais il n'a pas d'argent et, ces compagnies, Union Carbide, l'Union minière et autres refusent. Seule Eldorado Gold Mines accepte d'en prêter 200 kilos. Allez faire de la physique dans ces conditions ! Il se précipite à l'université de Columbia et persuade un Fermi, très sceptique sur ces histoires de réaction en chaîne, de refaire l'expérience des Français avec le peu d'uranium dont ils disposent.

Désormais Szilard ne relate plus à Einstein les travaux de Joliot, il raconte, avec sa passion coutumière, sa propre expérience. Notamment l'instant critique : « Tout le monde était prêt. Nous n'avions plus qu'à tourner un bouton et à regarder, confortablement installés dans nos fauteuils, un écran cathodique : si nous y distinguions des éclairs, nous saurions que la libération de l'énergie atomique sur une grande échelle était imminente. Nous avons tourné le bouton et les éclairs sont apparus sur l'écran. Nous les avons regardés quelques instants et puis chacun est rentré chez soi. Ce soir-là, professeur, j'ai été intimement convaincu que le monde courait à sa perte. »

C'est pourquoi il s'est précipité sur le téléphone pour annoncer l'abominable naissance à Wigner et à quelques autres physiciens. Einstein n'est pas loin de penser comme Szilard. Cela fait vingt ans que les journalistes lui demandent si $E = mc^2$ signifie que l'on pourra un jour fabriquer une bombe surpuissante et, depuis vingt ans, il répond : « C'est idiot. » Au fil des années, il était devenu moins péremptoire dans ses dénégations. Il préférait dire que, en tout cas, cela ne se ferait pas de son vivant. Et pourtant, il se retrouve là, bien vivant, à écouter l'annonce tant redoutée. Est-ce la bombe qui arrive trop vite, est-ce lui qui a vécu trop longtemps ? Mais il faut revenir à l'insupportable réalité. C'est maintenant l'étudiant Einstein qui veut parfaire ses connaissances. La réaction en chaîne est acquise, qu'en est-il de la bombe ? Einstein se raccroche à ce dernier espoir et discute pied à pied tous les arguments qui s'opposent à la réalisation d'un engin militaire.

Szilard explique le schéma général. D'abord, il faut éviter que les neutrons fichent le camp. S'ils vont se perdre dans l'air au lieu de casser d'autres noyaux, il ne se passera rien. La solution est connue. Il faut réunir une quantité suffisante d'uranium, une masse critique, et la rassembler dans une sphère. Ainsi, les neutrons seront piégés dans la matière et, au lieu de s'enfuir, propageront la réaction. Les premiers calculs qui ont été faits, notamment par Francis Perrin à Paris, donnent à penser qu'il faudrait réunir des tonnes d'uranium, entre 10 et 40 à vue de nez. Encore ne parle-t-on pas de ce modérateur, qui tiendrait le rôle de l'eau dans l'expérience de Fermi, et servirait à ralentir les neutrons pour accroître leur efficacité. Le dispositif serait énorme, certainement intransportable par un avion. Impossible de fabriquer une bombe aéroportée.

La communauté scientifique dans son ensemble est très réservée sur les applications militaires de l'énergie nucléaire. Les plus optimistes ne les envisagent pas avant de nombreuses années. Les physiciens préfèrent parier sur des applications civiles. Ils imaginent des centrales électriques, des navires, des sous-marins et rejettent les super-explosifs dans un horizon plus lointain et hautement hypothétique.

Wigner, impitoyable, fait remarquer que, face à un tel danger, on ne saurait s'en remettre à des probabilités. Dès lors que la bombe atomique n'est pas impossible, elle doit être tenue pour réalisable sans attendre la preuve formelle de sa faisabilité. Le jour où l'incertitude sera levée, la partie sera jouée et le pays en tête sera le vainqueur. Il faut donc « faire comme si » l'on avait la certitude de pouvoir construire une bombe, transformer l'hypothèse en postulat.

D'autant que Szilard est formel : « Nous avons l'intime conviction que les nazis essayent de mettre au point une bombe atomique. » Il fonde sa conviction sur des faits bien réels : l'embargo sur la mine tchèque de Joachimstahl, la mainmise des militaires sur le département de physique à l'Institut Kaiser Wilhelm – oui, l'Institut qu'Einstein a lui-même dirigé –, le silence que, depuis le début de l'année, tous les laboratoires allemands observent sur la physique nucléaire. Étant donné la qualité des équipes, il ne peut s'agir que d'un embargo. Bref, la physique atomique allemande a été militarisée ; ce fait, à lui seul, prouve bien l'intérêt des nazis pour l'arme nucléaire. Les Allemands se sont lancés dans la course à la bombe alors que les puissances occidentales tergiversent toujours. Pour les « Hongrois », il n'est que temps de les réveiller.

*
* *

Szilard enrage de voir les nazis classifier ces informations alors que ses collègues ne veulent rien entendre. Depuis le début de l'année, le visionnaire de la réaction en chaîne est obsédé par cette question de la publication. Après six mois de vains efforts, il ne peut cacher son amertume : dresser un paon à ne plus faire la roue serait plus facile que convaincre un scientifique de ne pas publier.

En janvier 1939, lorsque Niels Bohr annonce la fission nucléaire, Szilard en tire immédiatement la conséquence : les physiciens ne doivent pas rendre publics des résultats qui aideraient les équipes allemandes. Il prie Fermi de s'imposer le secret. La réponse tombe comme un couperet : « *Nuts.* » Foutaises ! Fermi est un scientifique de compétition qui, d'ailleurs, ne croit pas trop à la bombe, il n'entend pas se voir retirer le mérite de ses propres travaux. C'est partout le même mur d'incompréhension. « En mars 1939, aux arguments pourtant présentés avec vigueur par Szilard, d'autres savants de Columbia ripostèrent que toute tentative pour restreindre la publication serait à la fois vaine et contraire aux usages du monde scientifique[10]. » Niels Bohr, pour sa part, pense qu'il serait « impossible de cacher des résultats vraiment importants ». Conséquence : ils doivent être publiés le plus vite possible. Les physiciens n'ont toujours pas compris qu'ils ne sont plus en compétition, mais en guerre.

Sur ces entrefaites, Szilard ouvre par erreur un télégramme de Paris en provenance du Collège de France. Un collaborateur de Joliot parle « d'expériences secrètes ». Il traduit immédiatement : expériences sur la fission en chaîne. Il connaît l'équipe française, sait qu'elle est capable de sortir très rapidement les premiers résultats. Par bonheur, pense-t-il, les Joliot doivent être faciles à convaincre. Ils connaissent mieux que personne les risques de l'énergie nucléaire et savent que les recherches sur la fission en chaîne ne sont pas innocentes. En outre, ils s'affichent clairement à gauche, socialistes, certains disent même communistes. Ainsi ne peuvent-ils que partager la crainte de favoriser l'entreprise des nazis.

La démarche de Szilard aurait été grandement facilitée s'il avait pu annoncer que l'embargo avait déjà été décidé en Amérique. Malheureusement, ce n'est pas le cas. Il lui faut demander aux Français ce qu'il n'a pas obtenu des Américains. Tant bien que mal, il rédige un long texte assez maladroit, dans lequel il évoque le risque, au cas où les neutrons secondaires existeraient, de permettre « la réalisation de certaines bombes, certainement très dangereuses, tout particulièrement entre les mains de certains gouvernements ». Le pire, c'est qu'il ne peut faire aucune vraie proposition : « Jusqu'à présent ces discussions n'ont abouti à aucune conclusion nette, mais, au cas où des initiatives seraient prises, je vous enverrai un câble pour vous tenir au courant... » En vérité, il sollicite l'appui de Joliot auprès des autres physiciens : « Si vous arriviez à la conclusion que la publication de certaines données devrait être interdite, votre opinion serait prise très sérieusement en considération dans ce pays. »

L'équipe française reçoit le câble dans les premiers jours de février. Szilard ne doute pas que son engagement politique lui fera prendre la balle au bond. Il attend la réponse pendant des semaines

10. Spencer Wear, *La Grande Aventure des atomistes français*, Paris, Fayard, 1980.

et finit par la découvrir, le 20 mars 1939, en lisant la première communication française dans *Nature*. Joliot, tout comme Fermi, estime qu'il s'agit de foutaises et, bien qu'il participe à tous les comités d'intellectuels antifascistes, il n'entend pas sacrifier son orgueil de scientifique à d'incertaines précautions antinazies.

Après un silence interminable, le physicien français finit tout de même par répondre que l'interdiction de publier est irréaliste. Szilard ne se tient pas pour battu. Il revient à la charge, mais n'est payé que d'une sèche fin de non-recevoir : « Suis d'avis de maintenir la publication. Joliot. » La seconde communication à *Nature* part les jours suivants pour Londres. Elle annonce au monde entier et, en premier lieu, aux nazis, l'avènement de l'ère nucléaire.

*

* *

Einstein doit se rendre à l'évidence : tout le monde est au courant sauf lui. Il aurait préféré le contraire, mais il n'a pas le choix. Le voilà plongé dans une méditation intérieure. Ses interlocuteurs connaissent ces brusques retraits qui, depuis son plus jeune âge, lui permettent de retrouver sa chère solitude. Ils attendent qu'il sorte de son silence. Souffle retenu à l'instant du verdict.

« Vous avez eu raison de venir, il faut agir. » La réaction est sans hésitation et sans ambiguïté. En une demi-heure, Einstein a rattrapé son retard sur le cours des événements, il est à nouveau sur le front, prêt à s'engager. Faut-il lancer une mise en garde publique et solennelle ? Ils conviennent aussitôt que ce serait la dernière chose à faire. Les Allemands y verraient la preuve qu'ils doivent précipiter leur programme nucléaire. Mais Einstein sait bien que les « Hongrois » n'ont pas fait tout ce trajet à seule fin d'informer un physicien en retraite, si illustre soit-il.

De fait, Wigner et Szilard en viennent à leur proposition. Ils rappellent le rôle stratégique de l'uranium, l'importance du stock de la Compagnie minière, la crainte de le voir tomber dans les mains allemandes, la nécessité d'alerter les autorités belges. Einstein écoute, approuve et ne saisit toujours pas. C'est alors qu'ils évoquent son amitié avec la reine-mère Élisabeth, la possibilité de faire passer le message par ce canal privilégié.

Pour le coup, Einstein a compris et les interrompt immédiatement. Cette façon de mettre à profit une relation aussi privée lui est intolérable. Ce serait inconvenant et, en outre, inopérant. Le recours à la reine-mère est balayé d'un revers de main, mais la question de l'uranium belge reste posée. Ils repartent de la question première : « Comment alerter les autorités belges ? » Einstein se souvient que l'ambassadeur de Belgique le tient en grande considération et se sentirait sans doute honoré qu'il fasse appel à ses services. Il pourrait lui adresser une lettre, à charge pour son Excellence de la transmettre à son gouvernement. Les voilà partis sur la piste diplomatique. Mais Wigner soulève une objection : celle de la citoyenneté. Einstein n'a pas encore la nationalité américaine. Il n'aurait tenu qu'à lui de l'obtenir car, lors de son exil, le Congrès lui a proposé, par faveur exceptionnelle, une naturalisation immédiate. Mais il a refusé et s'est imposé la loi commune des cinq années de résidence. Son quinquennat terminé, il a négligé de présenter sa demande. Il doit le faire prochainement. C'est alors seulement que les États-Unis feront du « Citizen Einstein » un Américain. Pour l'heure, il n'est qu'un Juif suisse-allemand réfugié. Or un étranger, fût-il le grand Albert Einstein, ne saurait, de sa propre initiative, débattre d'une question politique avec un gouvernement étranger. Une telle démarche nécessite l'aval du Département d'État. Faut-il demander une autorisation en bonne et due forme ou, simplement, informer les autorités américaines ?

Un instant Einstein repense aux calculs sur la bombe. Durant son séjour à Princeton, Niels Bohr s'est associé au physicien John Wheeler pour approfondir ce nouveau phénomène. Utilisant son modèle en goutte, il a constaté que la fission du noyau ne peut concerner la totalité de l'uranium. En effet, cet élément mêle à l'état naturel deux composants, deux isotopes, l'U 238 et l'U 235. Et voici la découverte capitale de Bohr et Wheeler : seul l'U 235 subit la fission. L'U 238, lui, est stable. Or cet isotope fissile représente moins de 1 % de l'uranium naturel. Bref, l'hypothétique explosif nucléaire se trouve emprisonné dans 99 % de matière inerte.

Einstein, qui connaît ce résultat, s'interroge. A-t-on poussé plus avant les recherches ? Si l'on pouvait isoler cet uranium 235, tous les calculs sur la bombe n'en seraient-ils pas bouleversés ? Szilard doit reconnaître que les physiciens, du moins ceux qui travaillent en Amérique, n'ont pas prêté la moindre attention à la publication de Bohr et Wheeler, que les recherches sur la fission de l'uranium sont au point mort et que le mieux que l'on puisse espérer, dans l'immédiat, c'est de freiner l'avance allemande en mettant à l'abri les stocks de la Compagnie minière. Einstein est convaincu, Szilard lui remet quelques notes qu'il a préparées, l'ermite de Peconic se retire pour rédiger un projet de lettre.

Les deux physiciens sont accoudés à la balustrade face à la mer. Ils s'interrogent. Einstein les a impressionnés par sa détermination. Certes, il a repoussé l'idée de la reine-mère, mais il n'a pas hésité, ni tergiversé, il s'est d'emblée rangé à leurs côtés. Il est désireux d'agir, c'est évident. Or cette affaire de l'uranium belge, pour urgente qu'elle soit, reste secondaire. Ne devraient-ils pas engager un allié aussi prestigieux dans une bataille plus importante ?

Szilard, une fois de plus, échafaude un plan. Il en conçoit dix par jour. L'objectif ne serait plus de mobiliser Einstein contre la bombe allemande mais pour la bombe américaine. En jetant son immense notoriété dans la balance, ne pourrait-il sortir l'Amérique de sa torpeur ? Mais, à l'opposé, serait-il concevable de le transformer en avocat de la bombe atomique ? Imagine-t-on ce pacifiste militant, vantant les mérites d'une telle abomination !

Et pourtant... Les Américains sont les mieux placés pour relever le défi de l'atome nazi. Ils ont la puissance, la richesse, les centres de recherche, sans compter le renfort des « atomistes » européens. Ils ne risquent pas, comme la France et la Grande-Bretagne, de se retrouver en guerre dans les mois à venir. Ils s'engageront, c'est évident, mais plus tard. Pour l'heure, ils se laissent bercer par les illusions neutralistes et isolationnistes, ils ne veulent rien entendre et leur formidable potentiel reste inutilisé, tandis que celui des Allemands doit tourner à plein régime.

Un quart d'heure plus tard, Einstein revient avec sa lettre à la main. Elle est manuscrite, car il n'y a pas de machine à écrire dans la maison du docteur Moore, et rédigée en allemand, car Einstein maîtrise mal les subtilités de la langue anglaise. C'est donc un simple brouillon qu'il remet à Wigner. À charge pour lui d'améliorer le texte, de le traduire, de le dactylographier et de le lui faire parvenir pour signature.

Sur la baie de Peconic, la chaleur est retombée annonçant la douceur du soir. Un dernier geste d'au revoir à la voiture qui s'éloigne. Ils ne risquent pas de se perdre sur le chemin du retour, on arrive toujours à New York. Albert Einstein rentre. Ses pas suivent le chemin invisible qui le mène à son violon. C'est l'heure apaisée où, dans ses journées solitaires, la musique prend le relais de la mer. Mais non, il repose l'instrument. Mozart lui-même ne pourrait dissiper les noires pensées qui l'accablent.

*
* *

Szilard n'en démord pas : une lettre à un ministre belge pour priver les nazis d'uranium... ce n'est qu'un pis-aller. Il faut trouver mieux. D'autant que l'enjeu n'est pas seulement stratégique. À côté de la bombe, terrifiante mais incertaine, il y a toutes les applications civiles, beaucoup plus probables. L'uranium deviendra le pétrole de l'avenir, il servira à produire de l'électricité, à propulser des navires. À terme, toute l'industrie est concernée. Obnubilé par la menace nazie, Szilard a négligé les autres promesses du noyau atomique. Il a trop cherché l'oreille des militaires et oublié celle des économistes. Il en compte un parmi ses amis, Gustave Stopler, qui perçoit aussitôt les enjeux de ces découvertes et l'oriente sur Alexandre Sachs que Szilard rencontre deux jours plus tard.

Banquier chez Lehman Bros, Sachs est l'une des personnalités en vue de la communauté juive réfugiée. Il se flatte d'une amitié avec Franklin D. Roosevelt qui l'écoute et le consulte. Le banquier, qui possède quelques connaissances scientifiques, comprend vite et se lance dans des considérations sur le système bureaucratique. Seuls les services spécialisés, les états-majors en l'occurrence, auraient pu informer le Président. Mais les militaires, qui ne veulent rien savoir, ne peuvent rien faire savoir non plus. Franklin D. Roosevelt ignore donc tout d'un sujet de la plus haute importance et qui relève de sa seule autorité. « Il faut en parler au Président », conclut-il.

Mais Alexandre Sachs connaît les rouages du pouvoir et mesure les difficultés d'une telle ambassade. Un chef d'État est assailli d'informations. À longueur de journée, il voit défiler les visiteurs, tous messagers d'informations prioritaires, sans compter les notes, fiches et rapports qui n'arrivent sur le bureau présidentiel qu'avec la mention : « Confidentiel-Urgent ». Une avalanche qui écrase tout sur son passage : l'information qui survit en fin de journée est une miraculée.

À lui seul, Sachs n'a aucune chance d'emporter la conviction de Roosevelt. Dans le meilleur des cas, celui-ci transmettra à ses conseillers militaires. On connaît la réponse : « Monsieur le Président, nous étions, bien sûr, au courant et, si l'affaire avait été sérieuse, nous n'aurions pas manqué de vous en informer. » Non vraiment, il ne suffit pas d'être l'ami, voire le conseiller, du président.

Pour se faire entendre, Sachs aurait besoin d'une caution irréfutable. Szilard suggère le nom d'Einstein. Sachs reprend la balle au bond. Franklin D. Roosevelt connaît et admire le savant, ce qui n'est guère original, mais, en outre, il éprouve une réelle sympathie pour l'homme. Ils se sont même découvert une passion commune pour le bateau. Renforcé par l'autorité d'Einstein, Sachs trouverait la légitimité nécessaire. Szilard échafaude son nouveau plan : le père de la relativité écrit au président et Sachs remet la lettre en mains propres. Il en mesure aussitôt la difficulté. Le précédent de Fermi face aux amiraux prouve que les responsables politiques et militaires ne s'engagent pas sur des spéculations, ils veulent des affirmations ; il montre aussi que les scientifiques ont toujours peur de risquer leur crédibilité. Car la bombe atomique n'est rien moins que certaine. À supposer qu'elle ne soit pas réalisable, le savant qui aurait lancé de solennelles mises en garde se retrouverait couvert de ridicule. Un risque qui ferait reculer les plus téméraires. Pourtant il ne faut pas moins que la menace atomique pour emporter la conviction présidentielle.

Szilard s'interroge sur le solitaire de Peconic. Il sait qu'Einstein ignore ce genre de crainte. C'est un anarchiste qui se moque du qu'en-dira-t-on, qui prend même un certain plaisir à braver les conventions. Rien à craindre de ce côté-là. Mais voudra-t-il soutenir une telle cause ? Comment imaginer cet antimilitariste primaire mettant sa signature au bas d'un appel : « Faites la bombe atomique, Monsieur le Président ! » Szilard connaît l'homme et pas seulement le physicien. À Berlin, la politique se glissait toujours dans les conversations et le pacifisme n'était jamais bien loin. Il s'est dressé sans hésiter contre la bombe des nazis, mais ira-t-il jusqu'à soutenir celle des Américains ? Il n'est qu'un moyen de savoir, c'est d'essayer.

Deux jours plus tard, Szilard téléphone à Peconic. L'abandon de la lettre belge ne surprend pas Einstein. La démarche qu'il avait lui-même proposée ne lui paraissait guère satisfaisante. Il préfère s'adresser directement au Président.

Szilard fait observer que ce message à Roosevelt doit poser la question des recherches américaines. « Vous voudriez que j'incite l'Amérique à réaliser sa bombe atomique ? »

« À devancer les nazis, professeur. »

Dans l'écouteur, le silence est interminable. Einstein s'est mis en autodélibération.

« Nous devons parler de tout cela, Léo. »

Rendez-vous est pris pour la semaine suivante.

*
* *

Wigner étant parti pour la Californie, Szilard doit faire appel à un autre conducteur : Édouard Teller. Szilard-Teller : un couple cimenté par cette aventure atomique, deux jumeaux qui, au terme d'un même parcours, se retrouveront dans des camps opposés, sans pouvoir rompre leur amitié. Comme Léo, Édouard est juif, d'origine hongroise. Il a quitté sa patrie pour s'établir en Allemagne, est devenu un brillant physicien, puis s'est réfugié en Amérique. L'un est aussi rond que l'autre est mince. Un visage en creux prolongé par un nez immense, et, surtout, des sourcils noirs, broussailleux qui tantôt dissimulent et tantôt surlignent un regard étincelant. À la différence du calme Wigner, du volcanique Szilard, Teller est impétueux, extraverti, colérique et charmeur tout à la fois. Le physicien Art Lightman souligne l'étonnante dualité du personnage, docteur Édouard et mister Teller : « J'en suis arrivé à la conclusion qu'il existe deux Édouard Teller. D'un côté, un Teller chaleureux, vulnérable, honnêtement torturé et idéaliste ; de l'autre, un Teller maniaque, dangereux et sournois [11]. »

11. Alan Lightman, « Docteur Edward et Mister Teller », *La Recherche*, décembre 2002, nº 359.

Celui qui entrera dans l'histoire comme le père de la bombe H et le modèle du docteur Folamour peut être un ami fidèle autant qu'un ennemi hargneux, un scientifique monomaniaque ou bien un mélomane raffiné. Au même titre que Szilard, c'est un savant-politique, aussi génial dans la recherche, non moins engagé dans les affaires du monde. Le coup de téléphone lui annonçant, comme à Wigner, la découverte des neutrons, le surprit alors qu'il interprétait une sonate de Mozart. « Lorsque je me suis rassis au piano, je savais que le monde allait changer de manière radicale », se souvient-il. Un changement qui ne fait naître en lui ni indignation ni abattement, mais la volonté farouche de se battre, d'être un acteur du drame. Teller ne se noie pas dans les problèmes, il va tout de suite aux solutions. Puisque l'on entre dans l'ère atomique, il faut construire en premier la plus grosse bombe. C'est évident, Teller est un homme d'évidences.

Seule différence, mais d'importance, Szilard, tout comme Einstein, est un homme de gauche qui rejette au second plan l'horreur stalinienne, tandis que Teller poursuit de la même haine les deux totalitarismes. À terme, le second lui paraît encore plus redoutable que le premier. Son anticommunisme est d'abord une affaire de famille. Son père a été victime de l'éphémère révolution communiste hongroise de 1919. Mais, surtout, il vient d'apprendre que son grand ami, le physicien russe Lev Landau, a été jeté dans les geôles soviétiques. Il ne fait pas de doute à ses yeux que la bombe atomique devra également combattre le Troisième Reich et l'URSS. Il ne fait pas de doute non plus que cette arme est le moyen approprié pour venir à bout de ces deux menaces. Bref, il ne connaît pas les états d'âmes des pacifistes à l'heure du combat.

En revanche, Édouard n'ignore rien de la menace germanique, car il connaît par cœur Werner Heisenberg. Un génie de la physique à l'égal d'Einstein et de Bohr. N'a-t-il pas révolutionné leur discipline en 1925 avec l'invention de la mécanique quantique ? Un exploit, comparable à la découverte de la relativité, qu'il accomplit à vingt-trois ans ! Teller, qui a longuement travaillé à ses côtés, ne doute pas que cette fulgurance intellectuelle fera merveille en physique nucléaire comme en physique quantique. Avec un tel chef d'état-major, la science allemande risque d'arriver très vite à la bombe. Tous les réfugiés partagent cette admiration et ressentent cette peur, mais les sentiments de Teller pour Heisenberg vont bien au-delà. Les deux hommes ont noué de multiples complicités qui, d'ailleurs, survivront à l'épreuve de la guerre. Ils sont réalistes, conservateurs, ambitieux, et partagent une véritable passion pour la musique. Werner Heisenberg, comme bien d'autres physiciens, a hésité dans sa jeunesse entre une carrière de scientifique et une carrière de pianiste.

Teller sait que son ami est tout sauf un contemplatif et un pacifiste. Grand, droit, sportif, Werner anime des mouvements de jeunesse, se lance dans de périlleuses randonnées en montagne. Bref, il ressemblerait davantage à un officier en civil qu'à un théoricien en chambre. S'il n'a pas rejoint le mouvement national-socialiste, il est, en revanche, patriote, voire nationaliste. Nul doute qu'il mettra son génie au service de son pays. Et comme le pays s'identifie désormais au nazisme...

Les « Hongrois » sont d'autant plus inquiets qu'Heisenberg effectue, à ce moment même, un séjour aux États-Unis. Invité par les universités de Ann Arbor et de Chicago, invitations qu'il a sollicitées, le ténor de la science germanique n'est venu parler que de mécanique quantique et pas de physique nucléaire. Mais comment être dupe ? Un tel voyage à un tel moment ne peut se faire qu'à l'initiative ou, à tout le moins, avec l'accord des autorités nazies. Au reste, il n'a rencontré aucun de ses amis juifs réfugiés aux États-Unis. Trop compromettant. En revanche, il a dîné la semaine précédente avec Enrico Fermi. Szilard a eu le compte rendu. Tous deux ont évoqué la bombe atomique, en des termes moraux et généraux, Heisenberg est au courant des plus récents développements : les isotopes de l'uranium, l'enrichissement, les « modérateurs », etc. Il s'est voulu rassurant en estimant qu'un tel engin, s'il est réalisable, ne saurait intervenir dans la guerre qui s'annonce. Voilà bien l'inquiétant ! Il veut endormir les Alliés et se garde d'évoquer les recherches allemandes en cours. Comme s'il pouvait être tenu à l'écart d'un tel programme ! Les « Hongrois » en doutent d'autant moins qu'ils ont reçu un télégramme alarmant du physicien suisse Fritz Houtermans. Bien que farouchement opposé aux nazis, celui-ci poursuit une collaboration avec les équipes allemandes qui travaillaient sur la fission. Sa mise en garde est sans équivoque. « Pressez-vous. Nous sommes sur la voie. »

Heisenberg joue un double jeu. Ce n'est pas nouveau. Lorsque les nazis ont pris le pouvoir, ils ont dénoncé la « science juive » dont la relativité et la mécanique quantique étaient les deux emblèmes. En 1937, Heisenberg, « aryen » mais physicien, a été dénoncé par la presse nazie, menacé par la Gestapo. Au terme d'un compromis passé avec Himmler lui-même, Heisenberg enseigne la relativité, mais sans citer Einstein, applique les lois raciales dans l'université, coopère avec le régime, et, bien qu'il s'efforce d'aider des collaborateurs juifs, il a retrouvé sa place dans la science nazifiée.

Lors de son dîner avec Fermi, il a manifesté une telle distance vis-à-vis du Troisième Reich que ce dernier lui a proposé de s'établir aux États-Unis. Ne serait-ce pas le meilleur moyen d'échapper au régime nazi qu'il prétend détester ? Heisenberg a évoqué quantité de mauvaises raisons pour rentrer en Allemagne. Certes, il est bien tard pour émigrer, d'autant que sa famille est restée à Berlin, il n'empêche que le retour non plus ne va pas de soi. Pourtant les nazis l'ont laissé partir. Ils étaient donc assurés qu'il ne ferait pas défection. Pour Szilard, Teller et Wigner, il ne fait aucun doute qu'Heisenberg est venu s'informer en Amérique pour mieux diriger les recherches en Allemagne.

Or ils connaissent ces scientifiques allemands. Ils ont été leurs collègues à Berlin, ils ont confronté leurs résultats et leurs hypothèses dans les mêmes congrès. Ils peuvent mettre un nom et un visage sur la plupart d'entre eux. Ils n'ont aucun doute sur leurs capacités et les imaginent déjà explorant les possibilités ouvertes par la fission en chaîne.

Ils savent que, dans la compétition qui s'engage, la victoire dépend moins des chercheurs que des politiques, qu'elle va se jouer sur les moyens dont disposeront les uns et les autres. En cet été 1939, l'équipe gagnante se trouve de l'autre côté de l'Atlantique. Car les Américains se soucient comme d'une guigne de l'uranium et de ses neutrons secondaires. Ici on fait du surplace et, là-bas, on doit avancer à grandes enjambées. Voilà ce qui est insupportable.

Pour ce second voyage à Peconic, c'est donc Édouard Teller qui a pris le volant. « Je vais entrer dans l'histoire comme chauffeur de Szilard », constate-t-il sur le mode sarcastique en mettant le moteur en marche. « Oh ! l'histoire, bougonne Szilard, si elle retient quelque chose, ce sera le complot des trois atomistes juifs hongrois. » Le complot pour faire sortir de son ermitage le grand prêtre de la physique.

*
* *

Il est facile d'imaginer les idées, les sentiments d'Einstein dans l'attente de cette seconde entrevue, car il n'a cessé de les proclamer tout au long de sa vie. Il doit maintenant rompre avec ses principes, ses engagements, ses convictions, rompre pour rester fidèle à lui-même.

Albert Einstein, promoteur de l'arme absolue ! S'il est un rôle qu'il n'aurait jamais dû jouer, c'est bien celui-là. À force d'en entendre parler, il avait fini par lire *The World Free : a Story of Mankind*, le roman de science-fiction écrit par H.G. Wells en 1913 et qui avait mis en émoi le monde des physiciens. N'en était-il pas l'inspirateur ? L'auteur a pris comme point de départ la radioactivité et l'équivalence matière-énergie $E = mc^2$ formulée huit ans auparavant. Il imagine que les savants sont parvenus à libérer l'énergie colossale contenue dans le noyau d'uranium. Les nations disposent de « bombes atomiques » – il a même inventé l'expression –, armes terrifiantes qui permettent d'écraser des métropoles en une seule frappe sous le feu et la radioactivité. Elles se livrent en Europe une guerre impitoyable, une « guerre atomique », aux conséquences apocalyptiques. Le romancier veut croire à la fonction cathartique de cet enfer nucléaire et se plaît à imaginer que, la paix revenue, le monde est capable d'utiliser pacifiquement l'énergie atomique. Une pieuse conclusion pour rassurer les lecteurs. Par bonheur, tout cela n'est que de la science-fiction, de la fantasmagorie, du délire. C'est, du moins, ce que voulait croire Einstein.

Le père de la relativité était le jouet d'une étrange fatalité. Plus il se voulait raisonnable et plus il suscitait de déraison. À partir de ses théories, les uns imaginaient des voyages dans le temps, les autres jonglaient avec une énième dimension ou bien encore fabriquaient des boucliers antigravitationnels, n'importe quoi. Certes, l'humanité ne l'avait pas attendu pour libérer ses fantasmes. Mais, à cause de lui, la confusion s'était installée dans les esprits. Il suffisait de prononcer les grands mots « relativité », « espace-temps », « quatrième dimension », « courbure de l'espace », « matière-énergie » et d'ajouter « comme l'a montré Einstein » pour couvrir d'un vernis scientifique n'importe quelle sornette. Ses travaux, parce qu'ils étaient connus de tous et compris de personne, ouvraient un crédit illimité aux charlatans. Il avait bien tenté de les expliquer en langage simple, de les mettre à la portée de tous. Sans grand succès. Il avait fini par en prendre son parti : son nom permettait de cautionner les pires âneries. C'était ainsi. Il s'en étonnait, s'en amusait ou s'en irritait selon les circonstances. Mais il ne pouvait retenir la folle du logis.

Pour se rassurer, il se persuadait que tout cela ne dépasserait jamais le stade des balivernes. Il avait concentré sa réflexion sur les niveaux les plus profonds, les plus fondamentaux, à mille lieux de toute réalisation technique. Ainsi ne pouvait-il jouer l'apprenti sorcier dépassé par ses propres inventions.

Oui, il pensait que ses théories n'intéresseraient jamais que la science pure, la connaissance spéculative. Certainement pas les ingénieurs, encore moins les militaires. Jusqu'à ces dernières semaines, il vivait sur cette conviction. Et voilà que la folie des hommes allait faire naître de ses découvertes, les siennes et celles des autres physiciens, de véritables bombes. Jamais il n'aurait imaginé que cela puisse arriver aussi rapidement. Wells lui-même avait été trop timoré. Il avait situé sa « guerre atomique » en 1956. Dans quinze ans ! Et l'on se retrouve en 1939 à quelques années de l'échéance.

Enfin, rien n'est encore certain. « Qui sait ? Dieu a peut-être caché quelque part un obstacle qui va tout bloquer. » L'invocation divine lui est familière, mais elle n'a pas grand-chose à voir avec la prière des croyants. Son Dieu à lui n'a pas fondé de religion, pas investi de clergé, pas prêché de credo, il est là, à portée de raison, caché dans l'ordre cosmique, c'est un Dieu porté par la science. « Toute physique est une métaphysique », dit-il parfois. La logique de la nature, homothétique de la logique humaine, porte en elle un absolu de beauté, d'harmonie, d'unité et de simplicité. Toute sa vie, il a conduit sa recherche comme une méditation à la poursuite d'une divine perfection. Et tout cela déboucherait sur une telle horreur ! Il s'efforce de ne pas y croire. L'explosion atomique peut se révéler totalement incontrôlable, le dispositif peut être intransportable ou bien faire long feu dans toutes les configurations. Mais le Dieu d'Einstein n'est pas de ceux que l'on appelle au secours, qui se mêlent à l'histoire. Il s'offre à la contemplation des hommes. C'est tout. Et puis, comme le faisait remarquer Eugène Wigner, nous sommes condamnés à « faire comme si ». La bombe atomique est une réalité avant toute démonstration de son existence.

Certes Roosevelt n'est pas un dictateur fou, il préside la plus grande démocratie du monde. Mais que fera-t-il ? Il alertera son état-major. Et ce sont les militaires qui prendront l'affaire en main ! Les militaires ! Chez Einstein, l'antimilitarisme est viscéral avant d'être raisonné. Les petits enfants battent des mains lorsqu'ils regardent un défilé. Lui, à sept ans, trépignait de rage et se mettait à pleurer. Devenu adulte, à cinquante ans, c'est toujours la même répugnance. « Qu'un homme puisse prendre plaisir à marcher en formation au rythme d'une fanfare militaire suffit à me le rendre méprisable. » Sa nationalité suisse marque son refus de porter l'uniforme. Ce n'est même pas une opinion acquise mais une répulsion innée. « Mon pacifisme est un sentiment instinctif, un sentiment qui me possède, pour la simple raison que tuer des gens me révulse. »

En août 1914, lorsque la guerre éclate, il professe à Berlin, il est même le scientifique le plus en vue de la capitale. Seul contre tous, il tente de s'opposer à l'hystérie nationaliste. Autant se mettre en travers d'un fleuve en crue pour arrêter les eaux. Quelques années plus tard, devenu l'un des hommes les plus célèbres du monde, il ne met son immense notoriété qu'au service de deux causes : le sionisme et le pacifisme. Il accepte même d'aller perdre son temps dans un comité créé par la Société des Nations. Sa haine du militarisme grandit à mesure qu'il le voit relever la tête. Il ne se contente pas de vœux pieux, il se veut « un pacifiste militant » et prône la mesure la plus radicale : l'objection de conscience. Celui qui refuse de porter l'uniforme est à ses yeux : « un révolutionnaire qui sacrifie ses intérêts personnels pour une cause supérieure : l'amélioration de la société ».

Il ne s'agit pas de convictions qu'il garde pour lui, mais d'un combat qu'il porte sur la place publique. Il ne rate pas une occasion – et le harcèlement journalistique lui en offre de multiples – d'appeler à l'objection de conscience. « J'exhorte tous les hommes et toutes les femmes, qu'ils soient éminents ou humbles, à déclarer qu'ils refuseront dorénavant de collaborer à la guerre ou à la préparation de la guerre », dit-il encore au *New York Times* en 1931. Deux ans plus tard, les nazis arrivent au pouvoir, le Juif le plus célèbre du monde devient leur cible favorite. Il se voit interdire le sol germanique et prépare son exil aux États-Unis. Il sait maintenant que, dans cette Europe tragique, la civilisation doit se défendre les armes à la main. « Si j'étais belge, dans les circonstances actuelles, je ne m'opposerais pas au service militaire », déclare-t-il à des pacifistes belges. Terrible revirement que ses interlocuteurs ne comprennent pas. Ils n'ont pas comme lui senti le souffle dévastateur du nazisme. Ils n'ont pas eu leur maison saccagée, leurs biens confisqués, leurs livres brûlés, leur tête mise à prix. Les illusions ne sont plus de saison, lorsque l'on concentre sur sa personne toute la haine antisémite. Pourtant, il ne suffit plus d'accepter la logique des armes, il faut aller plus loin, toujours plus loin, et mettre la science au service des militaires. En faire la complice des massacres. A-t-il encore le choix ?

Une bombe américaine défendrait la démocratie, permettrait de vaincre le nazisme. Mais a-t-on jamais vu une arme disparaître au lendemain de la guerre ? Certainement pas. Seule l'apparition d'une autre, encore plus horrible, peut la mettre hors d'usage. Si l'on construit la bombe, c'est pour toujours. Elle naîtra dans un camp et se retrouvera dans l'autre, dans tous les autres. L'humanité ne s'en débarrassera plus jamais. Et c'est lui, l'homme de paix, qui va rompre les dernières entraves à la folie guerrière. Une folie dont il n'est plus le maître. Einstein n'est plus Einstein. Il a cessé d'être l'auteur de sa vie. Tout juste l'interprète.

*
* *

Sur la route de Long Island, les deux Hongrois ont tout le temps de s'interroger sur l'énigme Einstein. À vingt-cinq ans, il renouvelle la physique ; à quarante, il est reconnu comme le plus grand physicien de son temps, à soixante, il se trouve ignoré, rejeté, par ceux qui, tous les jours, utilisent ses découvertes. Certes, le génie scientifique survit rarement à la quarantaine. Mais les « trouveurs » de la veille dirigent les « chercheurs » du lendemain. Ainsi marche la science. Einstein devrait être le maître couvert de gloire et d'honneur dont on célèbre la sagesse, dont on recherche les conseils. Mais non, le voilà seul, coupé de la physique, poursuivant en solitaire une quête par tous abandonnée, refusant une mécanique quantique, par tous acceptée, et dont il fut, en son temps, l'initiateur.

Les controverses et les querelles constituent la vie même de la communauté scientifique. Hypothèse contre hypothèse, théorie contre théorie, jusqu'au jour où l'expérience, le tribunal suprême, dit le vrai et dénonce le faux. Mais il ne s'agit plus de cela. Le refus d'Einstein n'est pas scientifique mais philosophique. Il sait que cette mécanique quantique contre laquelle il ne cesse de batailler est tous les jours confirmée dans les laboratoires, que les physiciens l'ont adoptée pour cette raison décisive qu'elle marche. Que demander de plus ? Justement, Einstein veut plus, beaucoup plus. Il ne se contente pas de donner une nature divine à l'ordre cosmique, il lui confère un certain nombre d'attributs qui en sont la conséquence. « Dieu » ne peut avoir fait n'importe quel univers. Mais qui donc définit cette perfection, qui donc sinon Einstein ? Telle est la certitude qui lui a permis de faire ses plus belles découvertes, de devenir ce physicien hors du commun et qui, aujourd'hui, l'enferme dans son superbe isolement. Car cette nouvelle physique ne répond plus à ses exigences, elle lui paraît mal fichue, laide, incompréhensible, rien qui ressemble à l'ultime vérité. Nulle confirmation expérimentale ne peut aller contre ce rejet instinctif. Il sait, avant toute démonstration, que la nature cache une sublime simplicité qui reste à découvrir. Les physiciens n'en ont cure, ils trouvent des charmes irrésistibles à ces équations qui leur donnent la possibilité de prévoir et l'illusion de comprendre. L'outil leur convient, ils laissent le vieux sage, ou le vieux fou, méditer sur les fins ultimes de leurs recherches et n'ont aucune envie d'abandonner une très satisfaisante réalité au profit d'une hypothétique perfection.

Tel est le piège dans lequel Einstein s'est enfermé. Car il ne reculera pas, cela est assuré. Se convertir à la nouvelle physique, ce serait abjurer la foi de toute une vie. Il ne lui reste qu'une issue : la sortie par l'avant. Trouver la grande théorie unitaire qui dégagera la physique de son royaume d'illusions et lui fera découvrir le paradigme de l'universelle réconciliation. Mais il est seul à poursuivre cette quête par trop incertaine. La tâche est surhumaine, les difficultés insurmontables. Il n'ignore pas que sa créativité décline et que, sans doute, il ne viendra pas à bout de son entreprise. Mais il sait aussi qu'il ne devra jamais renier ses convictions et jamais renoncer à son grand dessein. La solitude est le prix de cette inaltérable fidélité, la seule qui vaille, la fidélité à soi-même.

Léo Szilard connaît bien cette solitude du chercheur au long cours, il est impressionné par cette force morale, bouleversé par ce sentiment d'une mission à accomplir. Il n'a pas besoin de croire au rêve de la théorie unitaire pour ressentir personnellement le drame d'Einstein. Teller, en revanche, est disciple d'Heisenberg, il s'est baigné dans la mécanique quantique en début de carrière et s'est illustré dans cette discipline. Les tourments du maître de Princeton lui sont assez étrangers. Quant à cette référence à « Dieu » comme caution de la physique, elle lui semble incompréhensible et, pour tout dire, choquante... Des équations n'ont pas à recevoir une quelconque bénédiction ! « À Göttingen, je ne sais plus qui avait écrit sur un papier d'Einstein : Atome-mystique. Après cela on disait que nous faisions l'atomistique en un mot et lui en deux. » Pour Teller, une théorie marche ou ne marche pas. Celles que tente d'élaborer Einstein ne sont pas encore sorties des limbes.

« En 1930, nous avons assisté avec Wigner à une conférence dans laquelle Einstein exposait ses travaux sur la théorie unifiée des champs, se souvient Édouard Teller. Je ne sais pas pourquoi en sortant de là nous sommes allés dans un parc zoologique. À un moment, nous mangions nos sandwiches devant la cage des macaques et j'ai avoué à Eugène que je n'avais pas compris un traître mot, que je m'étais senti idiot tout au long de l'exposé. Il m'a répondu en regardant les singes : "Mon cher, l'idiotie est une propriété humaine très répandue !" »

Einstein est devenu très difficile à suivre dans ses recherches solitaires, d'autant qu'il change constamment de pistes. Pour Teller, cette attitude est incompréhensible, pour Szilard elle est pathétique.

*

* *

À Peconic, les physiciens n'ont pas à plaider longtemps. Einstein a pris sa décision : puisqu'il est impossible d'arrêter les équipes allemandes, il faut les devancer. Le tout est de trouver la bonne argumentation, celle qui convaincra le président des États-Unis. L'exercice s'annonce difficile. Si difficile que Léo Szilard a longuement travaillé sur un projet de lettre en compagnie du messager désigné : Alexandre Sachs. Avec une version longue et une version courte.

Le texte se veut d'abord informatif. Il commence par un bref rappel scientifique : la fission en chaîne de l'uranium et la possible libération d'énormes quantités d'énergie nucléaire. Conclusion : « Il semble maintenant presque certain que cela puisse être accompli dans un avenir immédiat. » Ce sont alors les implications militaires qui sont évoquées. Sur ce point, les scientifiques se veulent tout à la fois prudents et inquiétants. Ils évoquent la possible construction de bombes « excessivement puissantes ». Mais ils n'imaginent pas encore les armes aéroportées qui détruiront Hiroshima et Nagasaki. « Une seule bombe de ce type, acheminée par bateau, en explosant dans un port, serait capable de détruire la totalité de ce port en même temps qu'une partie du territoire alentour. Toutefois il se peut que de telles bombes soient trop lourdes pour pouvoir être transportées par air. »

Puis ils attirent l'attention du président sur les approvisionnements de l'Amérique en uranium, notamment en uranium canadien, et font des propositions. Roosevelt est invité à créer une structure de concertation entre les physiciens et l'administration pour développer les recherches en physique atomique.

La conclusion porte sur la menace allemande. « On m'a donné à entendre que l'Allemagne a actuellement arrêté la vente de l'uranium en provenance des mines de Tchécoslovaquie, dont elle s'est emparée. Cette décision si prompte peut être comprise par le fait que le fils du sous-secrétaire d'État allemand, von Weizsäcker, est attaché au Kaiser-Wilhelm Institut à Berlin où plusieurs des travaux américains sur l'uranium se trouvent actuellement reproduits. »

Le style lourd, alambiqué, porte sans doute la marque de Sachs. Les mots sont pesés et les phrases pesantes, mais il ne s'agit pas de littérature. Après quelques légères modifications, on s'interroge sur la meilleure version, longue ou courte. Einstein se prononce pour la seconde, accompagnée de deux mémorandums techniques rédigés par Szilard. L'un sur la fission en chaîne et l'autre sur l'uranium du Katanga. En définitive, il est convenu de faire dactylographier les deux textes et de les renvoyer. Einstein choisira.

Sinistre farce de n'avoir plus de choix que la forme. Sur une page ou sur trois pages qu'importe ! En mettant sa signature au bas d'une lettre appelant le président des États-Unis à construire la bombe atomique, il commet l'irréparable. Quel est cet Einstein dont le nom vient de s'inscrire au bas de ce texte ? Certainement pas celui dont il avait rêvé, qu'il avait construit. Au jeu de la carte forcée, le destin ne lui laisse plus que la présentation.

Au moment même où la lettre fatale est postée, Werner Heisenberg monte à bord de l'*Europa* pour regagner l'Allemagne. Étrange traversée sur ce paquebot désert qui ne transporte guère que son équipage. Le trafic se fait dans l'autre sens, de l'Ancien vers le Nouveau Monde, des veilles de guerre vers les jours de paix. Comment douter qu'Heisenberg va mettre la physique au service des nazis ? Que la course à la bombe est lancée et qu'il ne s'agit plus de l'approuver mais de la gagner ? Einstein avait fait de la science sa religion, du pacifisme sa morale. L'histoire a fait de la science une arme, de la guerre un devoir et d'Einstein un exilé, non pas de son pays, il n'en a jamais eu, mais de son existence.

Comment faire le lien entre celui qu'il fut et celui qu'il est devenu, l'anarchiste des premières années, le physicien génial de la maturité et ce savant de parade tout juste bon à vendre la physique aux militaires ? Il ne fallait pas braver le destin et se prendre pour Einstein. L'échec seul peut faire pardonner de telles ambitions. Mais il a tout réussi et c'est pourquoi la foudre a frappé. Une fois de plus, une fois de trop. Car l'orgueilleuse citadelle n'était plus que l'ombre d'elle-même, le témoignage meurtri de sa splendeur perdue. Depuis vingt ans, le sage subit les assauts des barbares et doit aller de reculade en compromis. Irrépressible, la réalité gagne sur l'utopie.

Rêver sa vie n'a rien que de très banal, mais, lui, a vécu son rêve. Il n'a pas théorisé un humanisme moderne dans lequel la raison dispense des religions, dissout les particularismes, élimine la violence, apprend la tolérance, rend à l'individu la maîtrise de son destin et trace pour l'humanité la voie du progrès. Il a prêché l'exemple. Il s'est forgé un destin à sa démesure, il a tout inventé : son Dieu, sa vie, ses victoires. $E = mc^2$ en prime. C'est ainsi qu'il a conquis cette souveraine indépendance, qu'il est devenu Einstein. Puis, à l'épopée de la construction a succédé celle de la destruction. Le marin téméraire a été pris dans les vents contraires, emporté par des courants irrésistibles, secoué, ballotté, sinistré, jusqu'à l'ultime naufrage Quel roman que sa vie !

Ces espérances fracassées ne sont pas celles d'un homme, mais d'une époque. Einstein porte en lui les promesses et les aspirations du monde moderne. À l'aube du XXe siècle, des millions d'individus, célèbres ou anonymes, ont voulu croire qu'une ère nouvelle s'ouvrait, que la misère, l'oppression, le fanatisme allaient reculer, que l'humanité connaîtrait enfin la paix, la liberté, le bonheur. Einstein, plus qu'aucun autre, incarne les espérances du progrès. Une utopie dévoyée dans la barbarie. L'histoire s'est jouée de lui. Elle lui a tout donné pour tout lui reprendre. Une fable des temps modernes. Le roman de sa vie, c'est aussi le roman du siècle.

CHAPITRE II

Forte tête

Bientôt six heures que le train roule. Une heure depuis Lucerne. La pente se fait plus rude et la locomotive fume plus noir. Plusieurs tunnels ont été franchis qui annoncent la traversée du Saint-Gothard : 19 kilomètres. Les voyageurs n'abordent pas sans appréhension cette plongée au cœur de la montagne. Plus d'un quart d'heure de ténèbres ! Albert, lui, l'attend dans un grand état d'excitation. Il va découvrir le plus grand tunnel du monde, un chef-d'œuvre du génie humain.

L'adolescent connaît toutes les étapes de ce voyage qui devait être long et se révèle interminable. Tassé sur la banquette en bois de seconde classe, il ne jette que des regards épisodiques au paysage grandiose. C'est à peine s'il a remarqué la neige qui chapeaute maintenant toutes les pentes. Il voyage le nez dans son livre en prenant fébrilement des notes. Avec Kant pour compagnon, il ne s'ennuie jamais. Et, s'il veut se distraire l'esprit, il sortira de la valise l'*Encyclopédie scientifique* d'Aaron Bernstein. Un livre de vulgarisation d'une lecture plus aisée.

Que peut faire dans le train Munich-Milan ce garçon de quinze ans, sage et studieux ? Comment se fait-il qu'il voyage seul ? Est-il en fugue ? On pourrait le croire puisqu'il vient de quitter Munich sans l'autorisation de ses parents, mais ce serait une erreur puisqu'il va les rejoindre à Milan. En vérité, Albert a plaqué son lycée, le *Luitpold Gymnasium.* Un coup de tête lourd de conséquences. « Il sait qu'en ne se présentant pas dans quelques mois à l'examen de fin d'études secondaires, qu'il était pratiquement assuré de réussir, il renonce à la possibilité d'être jamais inscrit dans une université. Il sait qu'en agissant ainsi, il va décevoir et peiner ses parents qui avaient rêvé pour lui une carrière honorable [1]. »

Physicienne et spécialiste d'Einstein, Françoise Balibar ouvre sa biographie sur cette révolte scolaire. Disciple et ami du maître, Banesh Hoffmann inscrit en sous-titre de la sienne : « créateur et rebelle [2] ». Au rendez-vous d'Einstein, l'anarchiste n'est jamais loin du génie et l'adulte s'annonce également dans cette curiosité insatiable et dans cette cavale intempestive. Tout au long de sa vie, il contestera l'autorité, rejettera les dogmes, se fera seul juge des vérités à connaître et des règles à respecter. Les itinéraires balisés ne seront jamais pour lui. Cette route de l'indépendance, il la trace depuis plusieurs années déjà. Rejoignons Albert dans sa fuite en Italie.

Un élève qui plaque ses études sans même prévenir ses parents, c'est mauvais signe. Qu'il achève sa révolte enfantine ou s'engage dans une errance juvénile, le voilà, de toute façon, mal parti. Comment le jeune Albert en est-il arrivé là ? Il aime cette famille dont il a été séparé et qu'il va rejoindre. Il ne faut pas chercher de ce côté-là. Ce coup d'éclat n'est pas celui du fils, mais de l'élève. Il a rompu avec une institution scolaire qu'il ne supporte plus. Il a claqué la porte du lycée.

Pourtant le *Luitpold Gymnasium* n'est pas une maison de correction et les petits Munichois s'en accommodent faute de mieux. Certes, les maîtres ne badinent pas avec la discipline et l'enseignement vise davantage à transmettre des connaissances qu'à développer l'intelligence. Les élèves doivent se soumettre au programme avec les matières obligatoires, les exercices imposés, le bourrage de crâne, le rabâchage, les punitions. La différence est-elle si grande avec l'enseignement actuel ? Et ne voit-on pas, aujourd'hui encore, les parents cultiver la nostalgie de l'école « à l'ancienne » : rude dans sa discipline, mais tellement formatrice ! Pourquoi le jeune Albert est-il incapable de supporter ce rigide tutorat ?

Ce n'est pas à l'adolescent qu'il faut demander la réponse mais à l'adulte. Car Einstein n'a eu de cesse de s'expliquer sur ce point. Il

1. Françoise Balibar, *Einstein. La joie de la pensée*, Paris, Gallimard, « Découvertes », 1993.

2. Banesh Hoffmann, avec la collaboration de Helen Dukas, *Albert Einstein, créateur et rebelle*, Paris, Seuil, « Points », 1979.

ne plaide pas les circonstances atténuantes, il argumente sa condamnation. La cinquantaine venue, il trouve les mots les plus durs pour stigmatiser l'enseignement : « À mes yeux, la pire chose pour une école est de fonder l'essentiel de sa pédagogie sur la peur, la force et l'autorité artificielle. » Il n'hésite pas à incriminer les professeurs : « L'humiliation et l'oppression morale dont se rendent coupables des enseignants ignorants et égoïstes causent à un esprit encore jeune des dommages qui ne peuvent être réparés. » À soixante-sept ans, rédigeant une brève « biographie scientifique », qu'il baptise avec humour sa « nécrologie », il laisse tomber un verdict sans appel : « C'est un vrai miracle que l'entreprise éducative moderne n'ait pas encore complètement étouffé la curiosité sacrée [propre à l'esprit] de la recherche. Car cette petite plante fragile a besoin d'encouragements et surtout de liberté, sinon elle dépérit. » Le très jeune Einstein se sentait dépérir dans le système scolaire germanique. C'est aussi simple que cela.

Comment imaginer que l'homme présumé le plus intelligent de son temps puisse se laisser aller de la sorte ? Qu'il maintienne, l'âge venu, les jugements à l'emporte-pièce de ses quinze ans ? Ces outrances trahissent en général la stupidité de leur auteur, c'est ici tout le contraire, elles expriment le mal-être de ces élèves atypiques que l'on n'appelait pas encore les surdoués.

Pourtant, la légende einsteinienne a fait de son héros une sorte de sous-doué, un attardé de génie. Une tête trop grosse, un éveil trop lent et, surtout, ce retard de langage. Tout parent qui s'interroge sur le développement de son enfant, inquiétude générale et, ô combien légitime, s'entend rappeler : « C'est sans importance, Einstein n'a parlé qu'à quatre ans. » En vérité, le petit bonhomme parle à son heure, avec un débit très lent, une élocution laborieuse. Il prend même l'habitude, qu'il conservera longtemps, de répéter, à mi-voix, certains mots qu'il vient de prononcer. Comme s'il voulait *a posteriori* en apprécier tout le sens. Bref, il ne saura jamais « parler pour ne rien dire ». On connaît de plus graves défauts. Pour le reste, il manifeste un caractère solitaire et réfléchi, préférant les jeux de patience aux distractions bruyantes et turbulentes, ce qui ne l'empêche pas de piquer des rages terribles jusqu'à lancer des objets divers à la tête de sa jeune sœur Maja. Au total, cela donne un garçon au tempérament bien affirmé, mais certainement pas un « demeuré ».

Son développement intellectuel serait tout à fait normal n'était cette obstination à n'apprendre jamais que ce qui lui plaît. Une indiscipline qui l'écarte irrésistiblement de ce voyage organisé que les adultes appellent l'Instruction. Son école buissonnière n'est pas celle des fainéants qui ne veulent que flâner au lieu de s'instruire, mais celle des curieux qui dédaignent ce qui les rebute et dévorent ce qui les intéresse. Lorsqu'une intelligence exceptionnelle est mise au service d'un tel appétit de savoir, cela donne un élève insupportable qui dédaigne les matières au programme pour mieux dévorer celles qui n'y figurent pas. Un élève qui met sans cesse l'école en défaut.

Quel est le souvenir marquant de ses premières années ? Un cours, un professeur ? Pas du tout. Une boussole. Soixante ans plus tard, il parle encore d'un « miracle ». L'événement ne se produit pas en classe, mais chez lui lorsque son père lui fait découvrir le jeu de l'aiguille aimantée qui, obstinément, pointe vers le nord. Un amusement pour les bambins, une révélation pour lui. « Il devait donc y avoir derrière les phénomènes quelque chose de profondément caché. » Chercher la logique dissimulée sous l'apparence des choses, une leçon dont il se souviendra toute sa vie. Sans doute s'abîme-t-il dans de telles réflexions lors de ses curieuses absences. Car il lui arrive de se couper du monde et de plonger quelques instants dans une sorte de méditation intérieure. « Il dialoguait avec lui-même [3]. » Une habitude qu'il gardera toute sa vie et qui ne manquera jamais de surprendre ceux qui le voient soudain se refermer comme une huître sur les perles de sa pensée.

*
* *

L'itinéraire du jeune Albert au *Gymnasium* n'est pas celui d'un révolté, encore moins d'un cancre, plutôt d'un inadapté. L'évidence s'impose progressivement à son esprit : le lycée ne lui convient pas. Son indépendance de caractère s'est affirmée et, avec elle, cette allergie à certaines matières et, surtout, à certains modes d'ensei-

3. Charles-Noël Martin, *Einstein*, Paris, Hachette-Littérature, 1979.

gnement. Il n'apprécie guère les humanités, histoire, géographie, langues anciennes et déteste le « par cœur » qui les accompagne. « Ma grande faiblesse était le manque de mémoire, surtout pour les mots et les textes. » Était-ce une incapacité ou un refus ? Il ne cesse de le répéter : il est idiot d'apprendre ce qu'on peut trouver dans les livres. Il ira jusqu'à préférer se faire punir que se soumettre à la loi du « par cœur ». Or la mémoire a besoin de s'exercer pour progresser et ne fonctionne jamais mieux que lorsqu'elle est portée par le plaisir. Comment l'élève Einstein, qui n'apprécie ni ce mode d'apprentissage ni les savoirs qu'il transmet, pourrait-il briller dans de tels exercices ? Il traînera ces matières comme autant de boulets tout au long de ses études.

S'il rejette les disciplines de mémoire, c'est pour mieux adhérer à celles de raisonnement et, en premier lieu, aux mathématiques. Écoutons le vieil homme évoquer cette rencontre. « À l'âge de douze ans, je fis l'expérience d'un autre miracle [le premier ayant été la boussole], lorsque au moment de la rentrée scolaire je me trouvais avoir entre les mains un petit livre traitant de la géométrie d'Euclide [...]. Cette clarté et cette certitude firent sur moi une impression indescriptible. » Il ne peut être question pour lui de suivre le rythme poussif de la classe. Avec l'aide de son oncle ingénieur, il se jette sur la géométrie de manière « fébrile », c'est son mot. Il passe vite aux mathématiques supérieures et, à quinze ans, s'attaque au calcul différentiel et intégral. Il en va de même pour la physique et les sciences en général. Là encore, plus ou moins aidé par un jeune étudiant qu'hébergent ses parents, il parcourt le champ du savoir avec les bottes de sept lieues, bien loin du programme scolaire. À treize ans, il se prend de passion pour la philosophie de Kant, notamment pour ses recherches épistémologiques. De l'intelligence pure, c'est son miel. Le garçon se fabrique ainsi un double cursus. D'un côté, il s'instruit à l'école, de l'autre il se gave comme un autodidacte. Au total, il est en retard ou en avance selon les matières, mais ne peut jamais suivre le rythme de la classe. Cette incapacité de marcher au pas fonde son divorce scolaire.

Car sa détestation va bien au-delà des programmes et de la pédagogie, elle s'étend à l'institution dans son ensemble. Il ne supporte ni l'ordre, ni l'autorité, ni la discipline collective. « Les professeurs m'ont fait à l'école primaire l'effet de sergents et au gymnase de lieutenants. » Une comparaison militaire, sous sa plume, on sait ce que cela veut dire. Il rejette la discipline mais aussi les vérités que l'on assène. Car l'adolescent s'est déjà offert un parcours intérieur qui prend ordinairement une bonne vingtaine d'années. À dix ans, bien que ses parents soient incroyants, il fait une brève poussée religieuse. Il est « animé d'une profonde piété » et se plonge dans les Saintes Écritures. Einstein dévot ? Juste le temps de devenir mécréant. Deux ans plus tard, c'est le grand retournement. « En lisant des ouvrages de vulgarisation scientifique, explique-t-il dans son autobiographie, je fus bientôt convaincu qu'une bonne part des récits de la Bible ne pouvait pas être vraie. »

Ainsi les religions racontent des histoires pour embrigader les esprits ! Désormais toute autorité, toute croyance suscite en lui une légitime méfiance. Mais la même exigence rationnelle qui lui fait rejeter les dogmes religieux et l'ordre établi lui révèle un horizon radieux, le « chemin qui mène au paradis », entendez la pensée scientifique qui permet de résoudre ces énigmes cachées sous l'apparence des choses. Ainsi transforme-t-il les croyances populaires en erreurs consacrées et la recherche scientifique en quête spirituelle. Cela s'appelle une vocation. Albert se sent appelé à percer les mystères d'une nature divinisée.

Voici donc un gaillard d'une quinzaine d'années, qui dépasse de très loin ses condisciples en maths et en sciences physiques, mais qui se traîne dans les humanités. Voici surtout un contestataire qui n'admet ni les méthodes ni les enseignements de l'école. Ce pourrait n'être qu'une crise d'adolescence. Passagère par définition. Mais non, l'élève Einstein est déjà le libre penseur endurci qu'il restera jusqu'à la fin de sa vie. S'il a condamné l'école, c'est après avoir instruit son procès. Cette sentence, il ne la traduit pas dans des chahuts, des dissipations collectives. Ce n'est pas son style. À la charge ouverte, il préfère la résistance passive. Il choisit d'ignorer cette politesse déférente qui ne trouve pas de légitimité à ses yeux, de se soustraire à l'obligation d'apprendre ce qui ne l'intéresse pas, de respecter l'autorité de médiocres enseignants.

Le conflit éclate avec le professeur de grec. Le jeune Albert a pris l'habitude de suivre ses cours du fond de la classe, en affichant un ennui pesant, l'air absent, le sourire aux lèvres. Le professeur, de son côté, a pris le parti de l'ignorer, jusqu'au jour où, n'y tenant plus, il veut avoir une explication. Il lui reproche son attitude, ses mauvais résultats. Bref, il lui passe un bon savon. L'élève tient tête et demande au maître de préciser ses griefs. Celui-ci, exaspéré, finit par lancer : « Vous altérez, par votre seule présence, le respect de la classe à mon égard. » Malheureux enseignant confronté à cet insupportable génie et resté dans l'histoire pour lui avoir jeté à la tête : « Einstein, vous n'arriverez jamais à rien ! »

Un incident banal dans un parcours scolaire, rien qu'une goutte d'eau, mais qui tombe dans une coupe pleine. Albert en a plein le dos et décide de quitter un établissement qui, d'ailleurs, le verrait partir sans regrets. Encore faut-il une bonne raison. L'élève se contentera d'une mauvaise. Il consulte le médecin de famille, l'embobine si bien qu'il se fait établir un certificat préconisant le retour dans sa famille sous peine de dépression nerveuse. Seul cadeau de départ : son professeur de mathématiques lui remet une lettre fort élogieuse reconnaissant qu'il possède un niveau très supérieur à celui de la classe et n'a, somme toute, plus rien à apprendre.

Le train entre dans le Saint-Gothard, Albert repose son livre. Rien à regarder, rien que les minutes de ténèbres scandées par le halètement de la locomotive. Au sortir, ce sera le Tessin, les lacs italiens, puis Milan terminus. Avec les arrêts, cela peut faire quatre heures. Peu importe le temps, le frondeur arrive au terme du voyage, à la rencontre avec les parents, aux explications. Il reprend le procès méthodique, implacable de l'école. Le fait est qu'elle ne lui convient guère. Mais faut-il la condamner pour autant ? Est-ce l'école qui ne lui convient pas ou lui qui ne convient pas à l'école ? Il ne s'est jamais posé la question. Sa singularité va de soi, il ne doute pas que tous les enfants partagent les mêmes goûts et possèdent les mêmes aptitudes que lui. Un simple détail : rien ne lui paraît si naturel que de ne jamais laisser son esprit en repos. Comment imaginerait-il que la réflexion peut être pour la plupart des hommes un exercice imposé supposant un effort de concentration mentale, qu'elle répond à une nécessité : résoudre un problème, prendre une décision, comprendre un événement et que, le reste du temps, tout un chacun laisse sa pensée vagabonder, sautant d'une idée à l'autre, d'un air de musique à un souci quotidien, du dernier repas à la prochaine rencontre, ce que l'on appelle : « ne penser à rien ». Albert, lui, pense tout le temps, de façon méthodique, cohérente et organisée, sur un objectif précis.

Un vice caché dont il parle sans malice : « Quand je n'ai pas de problème particulier pour m'occuper l'esprit, j'adore reconstruire les démonstrations de problèmes mathématiques ou physiques que je connais depuis longtemps. Je le fais sans but, c'est simplement une occasion de me laisser aller à l'occupation agréable de penser. Penser pour le plaisir de penser, comme on joue de la musique, pour le plaisir. » Voilà le secret. Un entraînement compulsif comparable à celui des athlètes qui passent des heures dans les salles de musculation. C'est ainsi qu'il s'est doté d'une fantastique machine à penser, moins visible, il est vrai, qu'un corps d'Apollon. Il a donc tendance à oublier cette particularité et ne peut imaginer que ses condisciples ne possèdent ni ses dons, ni son intelligence, ni sa maturité. À plus forte raison oublie-t-il que le système scolaire est conçu pour eux et non pas pour lui. Tout au long de sa vie, il éprouvera la même difficulté à intégrer dans sa réflexion la distance qui le sépare du commun des mortels.

Il est une autre raison de cette fuite en Italie. Il aura seize ans le 14 mars prochain, seuil fatidique. Passé cet âge, il devra, comme tous les Allemands, faire son service militaire. Une perspective qui le révulse. Sa décision est prise. Il doit quitter le pays pour ne pas porter l'uniforme et changer de nationalité pour ne pas devenir déserteur. À quinze ans, il porte en lui la détermination de l'adulte.

*
* *

À Milan, il retrouve avec bonheur une famille qui connaît, a connu, et connaîtra bien des vicissitudes. Hermann, le père, a le goût de l'entreprise. Malhcureusement, il lui manque ce sens du commerce sans lequel les affaires ne peuvent être que mauvaises. De fait, il va de déconvenue en déconvenue. Un an plus tôt, il a dû quitter Munich et venir avec épouse et fille chercher en Italie cette fortune qui n'est jamais au rendez-vous. Mais les nuages qui lui avaient fait quitter l'Allemagne obscurcissent maintenant le ciel italien. Son affaire bat de l'aile et voilà le garçon en panne. Au pire moment.

Chez les Einstein, l'argent se trouve du côté maternel. Les parents de Pauline Koch-Einstein sont aisés et le grand-père, un gros meunier, viendra plus d'une fois renflouer les mauvaises affaires de son gendre. Hermann, au contraire, n'a pas eu les moyens de poursuivre ses études scientifiques. Il est devenu commerçant, faute de mieux. En revanche, le frère cadet Jakob a décroché un diplôme d'ingénieur. Tous deux se lancent dans les applications de l'électricité, les « nouvelles technologies » de l'époque. Ils ouvrent en 1877, à Ulm, un magasin de matériel électrique. Deux ans plus tard, le 14 mars 1879, Pauline, l'épouse d'Hermann, met au monde le petit Albert. Un heureux événement qui n'empêche pas une fâcheuse déconvenue. L'affaire périclite et, dès l'année suivante, toute la famille quitte Ulm pour s'établir à Munich où, pendant une dizaine d'années, la fée électricité répand ses bienfaits sur les Einstein. Les frères ne se contentent plus de vendre du matériel, ils entreprennent d'en fabriquer et même d'en inventer. Une petite usine est installée à côté du magasin. Du galvanomètre à la dynamo, de l'électrochimie à la soudure, du moteur à la lampe, c'est tout le matériel et toutes les techniques qui se donnent en spectacle à deux pas du domicile familial. Pour le jeune Albert, la boussole de ses cinq ans s'est transformée en un parc d'attractions. Il vit au contact même de la science avec un mentor, l'oncle Jakob, pour l'initier. C'est ainsi qu'il prend goût à la technique, un goût qu'il conservera tout au long de sa vie. Bien qu'il se soit consacré à la recherche théorique et que ses plus grandes découvertes se soient fondées sur des expériences de pensée, il a toujours aimé les laboratoires, les machines, les expériences et ne dédaigne nullement les inventions pratiques comme le fameux réfrigérateur Einstein-Szilard dont le principe fut d'ailleurs appliqué dans l'industrie nucléaire. Bref, Albert s'est entiché de la technique la plus moderne, la plus sophistiquée quand il était petit, il s'en est imprégné et tirera un avantage certain de cette familiarisation. Les mêmes principes physiques ou lois scientifiques, qui ne disent rien à ses condisciples, peuvent se matérialiser pour lui dans des mécanismes et des appareils qui facilitent la compréhension.

Mais cet heureux épisode bavarois ne dure qu'un temps. Dans les années 1890, il faut encore fermer boutique. Que faire ? Le beau-père, payeur mais aussi conseilleur, pense qu'Hermann et Jakob auraient intérêt à s'expatrier. C'est alors qu'ils se tournent vers l'Italie. Là-bas, l'électricité est encore balbutiante et les électriciens peuvent aisément faire leur trou. En outre, de riches cousins vivant dans la région de Milan donneront un coup de main aux deux frères. La faillite ne laisse guère le choix. La famille s'exile à Milan, laissant Albert terminer, seul à Munich, ses études secondaires. Il n'y reste que le temps de plaquer son lycée et rejoindre les siens.

Sa mère Pauline, aimante, autoritaire et même possessive, l'initie à la musique. Excellente pianiste, elle met son fils au violon dès l'âge de six ans. C'est elle qui décide et le garçon n'apprécie guère cet apprentissage imposé, le professeur autoritaire, le solfège rebutant, la discipline et les exercices. Jusqu'au « miracle ». « Je n'ai vraiment commencé à apprendre le violon qu'à partir de treize ans parce que j'étais tombé amoureux des sonates de Mozart. » Qu'il s'agisse de mathématiques, de physique ou de musique, il ne peut apprendre que ce qu'il aime. Jamais ce qui est au programme. C'est ce qu'il appelle « l'étude personnelle », la seule qui vaille à ses yeux. Il s'est fait l'architecte de sa personnalité et n'entend pas laisser la famille, l'école ou la société, décider de ce qui est bon pour lui. Il sera ce qu'il est, pas ce qu'il doit être.

Le voilà pris par la musique à laquelle il s'adonnera toute sa vie, devenant un interprète, amateur certes, mais d'un très bon niveau. Cette passion l'accompagne dans son travail scientifique. Lorsqu'il peine dans sa recherche, qu'il se trouve en panne dans ses calculs, il prend son violon et constate qu'il a progressé dans sa réflexion tandis qu'il se laissait porter par la mélodie.

Le jeune Albert est pourvu d'un solide bagage culturel qui n'a rien de spécifiquement juif. À un siècle et demi de distance, cette absence peut surprendre car l'horreur nazie a occulté la germanisation des Juifs, qui fut pourtant une réalité. Les ancêtres d'Einstein sont établis depuis quatre générations, tant du côté maternel que paternel, dans l'Allemagne du Sud. Plus précisément dans le duché de Souabe, niché entre Suisse et Bavière. Ils se sont toujours préservés des mariages mixtes. Hermann comme Pauline sont issus de familles juives installées à Buchau depuis le milieu du XVIIe siècle. Mais, pour la culture, c'est une autre affaire. Les Einstein ont rompu avec leur tradition. Les noms le prouvent. Einstein, *ein Stein*, qui signifie « une pierre » en langue allemande, a remplacé l'original Ainsteins. Quant au prénom choisi pour le garçon, ce n'est pas Abraham comme son grand-père, mais Albert qui n'a plus aucune consonance juive. Lui-même ne fait pas sa bar-mitsvah, car Hermann et Pauline ne voient dans la religion et les coutumes juives que d'« anciennes superstitions ». Ils ont basculé de la tradition au progrès, de la Bible à l'Encyclopédie, des prophètes à Schiller et de l'identité communautaire à l'identité nationale. Une évolution qui n'a rien d'exceptionnel dans cette Allemagne du Sud chaleureuse et industrieuse. Ici, l'on vit bien loin de la rudesse prussienne, qui pourtant s'impose à travers l'unification du pays achevée en 1871, et l'on a su trouver les voies d'un antagonisme apaisé entre les différentes communautés. L'historien Fritz Stern parle des Juifs allemands qui, ayant abandonné les pratiques religieuses et les prescriptions alimentaires, « plaçaient leur foi dans la modernité et la raison... [4] ». La famille Einstein en faisait partie. Toutefois l'abandon de la tradition juive ne fait pas disparaître les repères culturels : goût du savoir, primauté de l'instruction, respect de l'écrit, valorisation des activités intellectuelles, solidarité familiale. Pour achever ce processus d'intégration, Bismarck, en 1869, donne aux Juifs allemands une citoyenneté pleine et entière. Hermann, Pauline ou Jakob se veulent des Allemands comme les autres, qui aspirent à prendre leur place dans le nouvel empire germanique. Le jeune Albert est en total accord avec ses parents. Il ne veut qu'ignorer son particularisme juif et s'irrite chaque fois que l'administration le rappelle à son appartenance communautaire.

Lorsque Albert débarque à Milan, la joie des retrouvailles est de courte durée. Les parents, selon le témoignage de sa sœur de trois ans sa cadette, sont stupéfaits par l'audace de leur rejeton. Ils tentent de le raisonner, mais se heurtent à une détermination inébranlable. Il n'est pas question pour lui de retourner au *Luitpold Gymnasium*. Hermann est accablé : son fils abandonne ses études secondaires, renonce à devenir ingénieur et, en prime, entend rompre avec l'Allemagne, alors qu'il n'est plus en état de l'entretenir.

Car les frères Einstein, après avoir tenté leur chance sans succès à Pavie, sont venus s'établir à Milan où la déconfiture s'annonce à nouveau. La faillite pèse comme une malédiction sur cette famille très unie, très aimante. Albert est meurtri par la peur du lendemain, le sentiment de l'échec, qu'il connaît tout au long de ses jeunes

4. Fritz Stern, *Grandeur et Défaillances de l'Allemagne du XXe siècle. Le cas exemplaire d'Albert Einstein*, Paris, Fayard, 1999.

années. « Ce qui m'afflige le plus, écrit-il quelques années plus tard, c'est bien sûr le malheur de mes pauvres parents qui, depuis tant d'années, n'ont pas vécu une seule minute de bonheur. » Confidence exceptionnelle. Einstein est resté très pudique sur cette dèche financière qui a marqué toute sa jeunesse. Le silence d'un traumatisme mal cicatrisé.

D'autant qu'Albert est étroitement associé à ces déboires commerciaux. Il aide son père dans l'entreprise, se fait très rapidement une opinion sur les piètres capacités d'Hermann comme gestionnaire et voudrait le voir prendre un emploi salarié. Lors des retrouvailles de Milan, sa sœur Maja raconte qu'il ne se limite pas aux conseils pour réfréner les imprudences paternelles. « Albert décida de se rendre chez son oncle de Hechingen afin d'obtenir de lui l'assurance qu'il n'engagerait pas d'argent dans cette entreprise vouée à l'échec. » Albert est inquiet de voir Hermann se lancer dans des entreprises risquées et Hermann est consterné de voir Albert abandonner ses études assurées. Car le père, qui a reconnu les dons éclatants de son fils pour les sciences, ne doute pas qu'il réussira ce parcours que lui-même n'a pu mener à bien. Il imagine déjà l'héritier décrochant un beau diplôme et, pourquoi pas, reprenant l'entreprise familiale qui deviendrait enfin une affaire florissante. Le fils, c'est le suprême espoir, la planche de salut, l'annonce de la revanche. Comment peut-il briser un avenir aussi profitable pour lui et pour les siens ?

Albert entre tout naturellement dans le rêve de son père. Il serait tellement soulagé de n'être plus « un fardeau » pour sa famille ! Tellement heureux de rendre aux siens la prospérité. Tout au long de ses études, il donnera des leçons particulières pour n'être pas trop à charge, devenu étudiant au *Polytechnicum* de Zurich, il suit des cours de finance et de gestion avec, en arrière-plan, l'idée de redresser l'entreprise familialc. Il voudrait répondre à l'attente paternelle, mais il ne le peut pas. Dans sa hiérarchie des valeurs, il place au sommet la fidélité à soi-même. Il a son projet de vie en tête et refuse d'en dévier. Il va de l'avant, traçant son chemin, forçant le destin.

*
* *

L'adolescent ne semble pas autrement inquiet. Insouciante jeunesse ? Sans doute, mais, au fond de lui, il sait qu'après avoir brûlé ses vaisseaux, il garde une carte maîtresse : ses dons extraordinaires pour les sciences.

Pour l'instant, il découvre avec ravissement le goût de la liberté, les merveilles et les charmes de l'Italie. Il se laisse griser par les visites des musées, l'urbanité des Italiens, la gaieté des Italiennes. Pas question de reprendre le cours de sa scolarité, il termine l'année sans fréquenter la moindre école. À croire que le *Luitpold Gymnasium* l'a définitivement dégoûté des études. En réalité, le cheminement de sa pensée a largement dépassé le stade de l'enseignement secondaire pour se situer dans la recherche d'avant-garde.

Au printemps 1895, alors qu'il semble musarder dans la campagne italienne, il adresse un incroyable texte de cinq pages à l'un de ses oncles dans lequel il voit un mécène en puissance. Ce mémorandum, rédigé par un garçon de seize ans rappelons-le, s'intitule tout simplement *Sur l'état présent d'investigation de l'éther dans les champs magnétiques*. Il pose la question centrale de la physique en cette fin de siècle, non pas de la physique que l'on enseigne à l'école, mais de celle qui naît dans les laboratoires : la propagation de la lumière. Un véritable casse-tête. La science bute sur deux constatations d'apparences contradictoires. D'une part, la lumière est une onde, une onde électromagnétique en l'occurrence. D'autre part, elle se propage dans le vide. Or une onde dans le vide, c'est incompréhensible. Le son, par exemple, est un phénomène ondulatoire, mais l'onde acoustique correspond à une vibration de l'air et ne se transmet pas dans le vide. C'est parfaitement cohérent. Mais sur quoi peut bien s'appuyer la lumière lorsqu'elle se propage ? Comment peut-elle osciller sans rien à faire vibrer ? Les physiciens en viennent à imaginer que l'espace contient un « je-ne-sais-quoi » qu'ils baptisent éther et dont les vibrations assureraient la propagation de ces ondes électromagnétiques. Une hypothèse *ad hoc* qui soulève autant de difficultés qu'elle en résout. Les plus grands savants s'attaquent à cette énigme, sans en venir à bout. Et voilà qu'un élève du secondaire, non bachelier, relève le défi, qu'il envisage des interactions du champ magnétique et de l'éther ! Impossible, à l'époque, d'y voir autre chose qu'une bravade de potache. Or c'est très précisément à cette question qu'Einstein répondra dix ans plus tard avec la théorie de la relativité restreinte.

Voici une autre question qui lui trotte dans la tête : que devient l'optique pour un observateur qui file à la vitesse de la lumière ? Peut-il encore percevoir un phénomène ondulatoire ? Voit-il un rayon lumineux jaillir devant lui ? Mais alors ce rayon irait à deux fois la vitesse de la lumière. Des interrogations faussement enfantines et réellement géniales qui saisissent la physique à son niveau le plus fondamental et dont il fera l'objet même de ses recherches. Oui, l'élève en rupture d'école prépare déjà les découvertes du prochain siècle.

De telles spéculations, pour vertigineuses qu'elles soient, ne peuvent remplacer un cursus scolaire. Or Albert est en panne dans ses études. Comment le génie rebelle va-t-il rebondir ? La solution passe par l'École polytechnique fédérale de Zurich, le *Polytechnicum*, ou, plus simplement le « Poly », comme l'on dit dans la région. Dans cet établissement, dont le prestige dépasse largement les frontières de la Suisse, l'admission ne se fait pas sur titres, mais sur concours. Il suffit pour se présenter d'avoir plus de dix-huit ans, mais il faut, pour être reçu, posséder un niveau de connaissances exceptionnel. Hermann y voit la dernière chance d'Albert. Si le garçon entrait au Poly, il en sortirait ingénieur électricien et ses déboires scolaires seraient effacés. Il pourrait alors prendre en main les affaires familiales. Mais comment un élève de seize ans et demi réussirait-il un concours réservé aux plus de dix-huit ans alors qu'il ne l'a même pas préparé ? C'est effectivement impossible... à moins de s'appeler Albert Einstein.

À l'automne 1895, l'adolescent vient à Zurich en compagnie de sa mère pour affronter les redoutables barrières du *Polytechnicum*. Il échoue glorieusement. Ses mauvaises notes en langues ou bien en sciences naturelles sont rédhibitoires. Comme prévu. Le plus brillant sujet ne peut réussir sans un minimum de préparation. En revanche, ses copies de physique et de mathématiques éblouissent les correcteurs. Bien décidés à ne pas manquer un tel candidat, le directeur l'encourage à se présenter l'année suivante en l'invitant à passer son baccalauréat dans l'intervalle. Quant au professeur de physique,

Heinrich Weber, il lui propose d'assister à ses cours en tant qu'auditeur libre. Un insuccès sans doute, mais qui vaut toutes les victoires.

Étudiant virtuel du Poly, Albert n'en est pas moins condamné à terminer ses études secondaires. Ses parents trouvent un lycée situé à Aarau, petite localité à une quarantaine de kilomètres de Zurich. Le cauchemar du *Luitpold Gymnasium* va-t-il reprendre ? C'est à craindre car l'enseignement obligatoire comprend, outre du sport qu'il n'apprécie guère, la plus détestable de toutes les disciplines : l'instruction militaire. L'idée lui en est insupportable. Par bonheur, il suffit d'être étranger pour se trouver dispensé de marcher au pas et de manier le fusil. Qu'à cela ne tienne ! Voici Albert apatride. Sitôt arrivé à Milan, il a exigé l'abandon de sa nationalité allemande. Son père n'est pas empressé d'entreprendre une telle démarche. Mais le fils est inflexible : une fois pour toutes, il refuse l'institution militaire. Or il va avoir seize ans et, passé cet âge, sera considéré comme déserteur s'il ne se présente pas à l'autorité militaire allemande. La mort dans l'âme, Hermann Einstein doit accomplir les formalités. Albert échappe à l'instruction militaire. Cette hypothèque levée, il part, sans trop d'appréhension, pour le lycée d'Aarau.

Il craignait de retrouver la discipline prussienne et découvre une pédagogie moderne, moins contraignante, celle dont il rêvait sans trop y croire. C'est ainsi qu'il entame la seule expérience heureuse de tout son parcours scolaire. Mais, loin de le réconcilier avec l'école, elle ne fait que conforter ses exigences et ses préventions. En effet, il voit dans cet exemple la preuve que « la véritable démocratie n'est pas une vaine chimère » et qu'elle peut susciter une école « intelligente ». L'exception d'Aarau se trouve portée au débit et non pas au crédit de l'institution scolaire. Au terme de cette année studieuse, il décroche son baccalauréat, sa « maturité » comme disent les Suisses, et fait son entrée au *Polytechnicum* en octobre 1896. Le plus jeune de sa promotion.

*
* *

Le régime du Poly, qui rompt avec la discipline lycéenne, devrait convenir à son humeur ombrageuse. D'autant que le corps professoral comporte les scientifiques de haut niveau dont il peut rêver. En premier lieu, Heinrich Weber, illustre physicien qui a donné son nom à une loi bien connue du magnétisme et qui l'accueille à bras ouverts. Bref, l'étudiant rebelle devrait rentrer dans le rang. Mais non ! Albert reste rétif à toute normalisation et les dérapages reprennent au Poly comme au *gymnasium.* Avec le même résultat : il finit par se mettre à dos la plupart de ses professeurs. Tantôt il refuse de se plier aux marques de déférence, il ne peut se résoudre à dire « Monsieur le Professeur », tantôt il fait preuve d'une familiarité déplacée. Plus grave, il met en cause l'enseignement qu'il juge dépassé, il conteste les protocoles d'expériences, les modes de démonstration. Il en vient à redéfinir pour son compte le contenu des programmes. De sa propre autorité, il se dispense de cours obligatoires qu'il estime sans intérêt et se fait traiter de « fainéant » par son professeur de mathématiques, Hermann Minkowski. Superbe ratage ! Minkowski est l'un des plus grands mathématiciens de son temps et, surtout, un génie inventif. L'avoir comme professeur, c'est une chance inespérée. Dix ans plus tard, Einstein sera bien heureux de trouver les nouveaux outils mathématiques inventés par son ancien professeur sans lesquels, avoue-t-il, la relativité généralisée « serait peut-être restée dans les langes ». Pourtant il dédaigne cet enseignement dont il ne perçoit pas l'intérêt. Une bévue qu'il confessera par la suite : « Du temps de mes études, il ne m'était pas évident que l'accès à une connaissance plus approfondie des principes de la physique passe obligatoirement par les méthodes mathématiques les plus raffinées. » Mais l'étudiant du *Polytechnicum* entend juger de tout par lui-même. Au risque de se tromper.

Les crises qui émaillent son parcours scolaire au *Polytechnicum* sont plus troublantes que celles du *gymnasium*, car il est bien difficile d'incriminer un système éducatif trop rigide. L'étudiant porte, à l'évidence, la responsabilité principale. Il refuse de jouer le jeu, c'est-à-dire de suivre le programme et la discipline. Il apprend ce qui lui plaît, se dispense de ce qui lui déplaît. En sorte qu'après avoir « séché » toute l'année, la cigale Einstein se trouva fort dépourvue quand l'heure du concours fut venue. Par chance, la fourmi ne lui fut pas cruelle. En l'occurrence, c'est son camarade Marcel Grossmann qui le tire d'embarras en lui passant discrètement ses antisèches. Une issue plus heureuse que glorieuse.

Tout au long de ces années, l'étudiant Einstein n'en fait qu'à sa tête, rejette « tout ce fatras qui doit être ingurgité pour passer les examens, qu'on le veuille ou non ». Si encore le rebelle était, au sens ordinaire, un cancre, les enseignants ne s'en offusqueraient guère. Mais non, les dons d'Albert éclatent à chaque instant. Ses critiques se fondent sur le savoir et non pas sur l'ignorance, sa révolte est celle du dévot, pas du mécréant. Pour un corps professoral, il n'est rien de si déplaisant que la contestation des forts en thème.

D'autant que le jeune Einstein n'y met pas les formes et sa rébellion ne se limite pas aux programmes. Une fois de plus c'est la discipline qu'il ne supporte pas. Il refuse de réfréner ses allures débraillées, de se conformer à des usages dont le respect lui semble absurde mais dont la transgression est ressentie comme une marque de dédain, voire de mépris. Bref, il semble réorganiser l'établissement autour de sa seule personne. Impossible, monsieur Einstein !

Ce n'est certainement pas le meilleur de lui-même qu'il révèle dans cet épisode. Le personnage paraît imbu de sa raison, sinon de sa personne, incapable de se plier à la moindre discipline, incapable même de prendre en considération la sensibilité de son entourage et les nécessités de la vie collective. Tout ce qui ne trouve pas grâce à ses yeux devient absurde et se trouve condamné. Par aveuglement et maladresse, il se donne le mauvais rôle, celui de l'arrogant, du prétentieux, de l'indifférent, du négligent, alors qu'il se révélera un ami fidèle, un citoyen scrupuleux, un anarchiste, certes, mais d'exigence et non pas simplement de refus.

Comment ne pas voir d'abord le péché de jeunesse ? Il a vingt ans, la saison des excès, des engagements, des révoltes. Il sera bien temps, les années venues, de mettre de l'eau dans son vin puis de la tisane dans sa tasse. Si jeune, on ne compose pas. Cette outrance juvénile tempère le jugement, mais affine l'observation. Elle met en lumière une constante de la démarche einsteinienne : la certitude raisonnable. Il reconnaît lui-même, avec le recul de l'âge, que le rejet de la religion est allé bien au-delà de la crise métaphysique. « Il s'ensuivit une poussée presque fanatique de libre pensée, associée à l'impression que l'État trompe sciemment la jeunesse – impression accablante. Cette expérience fit naître en moi un sentiment de méfiance à l'égard de toute forme d'autorité et une attitude de scepticisme à l'encontre des convictions répandues dans les différents milieux sociaux, attitude qui ne m'a plus quitté depuis. »

Il a trouvé son chemin de Damas et se voue à la raison critique. C'est elle qui constitue désormais son juge-arbitre. Il n'admet plus rien dont elle n'ait reconnu le bien-fondé. Cela vaut pour les vérités scientifiques mais également pour les valeurs morales, pour les choix essentiels comme pour les détails de la vie quotidienne. La raison en vient à jouer le rôle de caution suprême, comme l'honneur ou la foi religieuse dans d'autres systèmes. L'inconvénient d'une telle attitude, c'est qu'elle pousse à la raideur et interdit les accommodements. Contrairement aux emportés qui cèdent aux passions ou aux caprices, à la fantaisie ou bien à la tentation, il ne saurait renoncer ou passer des compromis sans avoir le sentiment de se renier. Car la raison a raison. Rien n'est si difficile que de la remettre en cause, d'en mesurer les limites, les ambiguïtés lorsque, quittant la vérité scientifique, elle doit se confronter à la réalité humaine. Le jeune homme, enivré de sa découverte, ne voit pas à quel point ses raisonnements sont marqués par sa propre subjectivité. Il ne perçoit pas la part affective et symbolique, irrationnelle pour tout dire, des rapports humains. C'est ainsi que, sans en être véritablement conscient, il pratique une sorte d'agressivité douce, de harcèlement non violent, d'égotisme satisfait qui peuvent le rendre insupportable.

Les photos qui nous sont parvenues de cette époque montrent un jeune homme doux et calme, bien loin de l'anarchiste qui fait enrager les professeurs, loin aussi de l'image devenue emblématique du sage à la crinière blanche, au regard d'épagneul. Les yeux sont repoussés très en arrière par l'avancée d'un large front bombé encadré de cheveux noirs. Le regard, venu de si loin, protégé de lourdes paupières, réfléchit plus qu'il n'observe. Il est apaisé et assuré tout à la fois. Pas de doute, le haut du visage est bien celui d'un fort en thème, d'une grosse tête. Mais le bas atténue cette première impression. La petite moustache taillée mousquetaire, la bouche dessinée, le menton décidé, peuvent traduire également le cynisme et la gourmandise. La figure au total est séduisante, certainement pas celle d'un rabat-joie. Ajoutons, ce que ne disent pas les photos, que le jeune homme est de belle taille avec un mètre soixante-douze, ce qui, à un siècle de distance, le classe dans une bonne moyenne.

Albert n'est pas aussi sage que ses images, il n'a rien d'un intégriste de la science, d'un janséniste de la physique. L'humour et les farces ne sont jamais loin, prêts à surgir dans un grand éclat de rire. Il est juste que la plus célèbre photo d'Einstein le montre tirant la langue et faisant le clown, car elle illustre, mieux que toutes les démonstrations, le refus de se prendre au sérieux qui fut toujours sa marque particulière. Mais elle est plus vieille d'une quarantaine d'années. Elle témoigne d'une époque où le savant, mitraillé par les photographes, peut se laisser aller au risque de gâcher la pellicule. En ce début de siècle, au contraire, les photos sont toutes des portraits soigneusement posés. On devine même les préalables, Albert choisissant son costume, ajustant sa cravate, faisant bouffer sa pochette, se donnant un dernier coup de peigne. L'image représente une sorte de dandy que l'on imagine soigneux de ses manières. Mais il manque un personnage dans cette galerie de portraits : le potache débraillé. Ne dit-on pas que, voulant rendre visite, des années plus tard, à l'un des rares professeurs dont il avait gardé un bon souvenir, il fut éconduit par le vieil homme qui ne reconnut pas son ancien élève et crut avoir affaire à un clochard ? Tel est le jeune Albert qui peut choquer également par ses paroles et par ses silences, par son habit et par ses manières, tout en conservant le doux regard pensif des photos.

*
* *

Il fait très lentement l'apprentissage de la vie et des autres sans pouvoir jamais admettre ou, simplement, comprendre les règles du savoir-vivre. Dans les années de maturité, il semble acquérir plus de souplesse, mais, en vérité, il prend surtout de la distance. Sa position sociale rend plus facile l'exercice de sa chère solitude, moins nécessaire l'art du compromis. Pour finir, c'est la célébrité qui renverse le jeu. Elle lui permet d'imposer au monde entier un personnage excentrique dont les comportements échappent aux jugements ordinaires. Mais, au Poly, l'étudiant Einstein doit s'accommoder d'une vie en groupe dont il ne peut ni se satisfaire ni s'affranchir.

Ce porte-à-faux est aggravé par la nature même de sa réflexion. C'est un véritable chercheur qui se dissimule sous les apparences d'un étudiant, une ambiguïté source de nombreux malentendus. Il le reconnaîtra d'ailleurs par la suite : « J'ai pu mener mes recherches personnelles du temps même de ces quatre années au *Polytechnicum.* » À l'intérieur de l'établissement, il se place en invité bien plus qu'en élève accomplissant son cursus. Il ne sèche les cours que pour dévorer les ouvrages des grands physiciens Boltzmann, Maxwell, Hertz, Mach, lire avec passion les plus récentes communications, les comptes rendus des dernières expériences. Il s'est approprié la science contemporaine, y compris les plus vertigineuses interrogations, auxquelles il entend bien apporter ses propres réponses. Comment pourrait-il s'intéresser aux cours du professeur Weber alors que son esprit explore la physique très au-delà ? Car il ne cesse de penser, toujours prêt à saisir un crayon et du papier pour ne perdre aucune de ses idées. Dans une lettre à Mileva, sa condisciple et future épouse, datée de l'été 1899, c'est déjà l'inventeur de la relativité restreinte qui s'exprime. « Je suis de plus en plus convaincu que l'électrodynamique des corps en mouvement, telle qu'elle se présente actuellement, ne correspond pas à la réalité [...]. L'électrodynamique serait alors, dans l'espace vide, la théorie des déplacements d'électricité et de magnétisme en mouvement. »

À travers ses lectures, il entretient un dialogue incessant avec les plus grands savants. Il prend parti, s'enthousiasme, s'interroge, pousse plus avant le raisonnement, soulève des objections. Il fréquente moins les étudiants et professeurs du *Polytechnicum,* que la communauté virtuelle des physiciens. Au fil des lettres à Mileva, il réfute certaines théories avec l'impétuosité, voire l'arrogance, de la jeunesse, il souhaite même écrire à ses aînés pour leur montrer leurs erreurs. Comment ne sentirait-il pas, confusément et sans nulle vanité, qu'il n'est plus un élève mais déjà un physicien, et comment les professeurs pourraient-ils ne pas ressentir cette sourde revendication d'égalité ? Ses remarques, ses observations, ne serait-ce que dans leur formulation, ne sont plus celles du disciple répondant au maître, mais celles du collègue s'adressant à un autre collègue. Nul doute qu'un tel trublion puisse perturber la vie d'un établissement.

Nous avons vu Einstein au *gymnasium* s'opposer à un professeur de grec dont la discipline ne l'intéresse pas ; il réussit maintenant à s'opposer au professeur qui enseigne sa matière de prédilection : la physique. Cette brouille est d'autant plus incompréhensible qu'Heinrich Weber est un authentique savant fort bien disposé à son égard. L'étudiant commence par trouver ses cours « magistraux », « toujours brillants et profonds » et, s'il lui reproche une certaine « pédanterie », il lui reconnaît une grande autorité : « C'est un maître. » Peu à peu, les critiques l'emportent sur les éloges. L'étudiant trouve les cours de Weber classiques et, pour tout dire, vieillots. Comment peut-on, en 1898, ne faire aucune allusion aux théories de Maxwell sur l'électromagnétisme ? Pourquoi ignorer les querelles de fond qui divisent les scientifiques ? Albert se désintéresse de cet enseignement coupé de la science contemporaine, la seule qui le passionne. Il est fasciné par ce que les physiciens cherchent et non par ce qu'ils savent.

Les travaux pratiques ne lui conviennent pas davantage que les cours théoriques. Le Poly dispose de superbes laboratoires destinés à la formation des étudiants. Pour le chercheur en herbe, ce matériel ultramoderne constitue une irrésistible tentation. Il imagine une expérience très ambitieuse destinée à mettre en évidence l'existence de l'éther. Il faudrait pour cela prouver que la Terre, dans sa révolution autour du Soleil, traverse cet éther immobile comme un navire traçant sa route dans l'océan. Les expériences se sont multipliées au cours des dernières années. Elles n'ont rien donné. L'étudiant voudrait à son tour tenter sa chance. Il imagine un nouveau dispositif utilisant le matériel du laboratoire, s'apprête à le réaliser. Mais le professeur Weber stoppe net sa fièvre expérimentale. Leurs relations deviennent à ce point détestables qu'excédé, il finit par lancer à la tête de son élève : « Oui, vous êtes un brillant sujet ! Mais vous avez un défaut, vous n'acceptez pas le moindre avis, pas le moindre avis ! »

Le professeur de physique appliquée, Jean Pernet, n'est pas moins remonté contre lui. Pour l'année 1898, il lui a collé une note catastrophique : 1. Mais, plutôt que de s'emporter, il choisit de le décourager afin de s'en débarrasser : « L'étude de la physique est très difficile. Ce ne sont pas l'application et la bonne volonté qui vous manquent, mais le savoir ! Vous n'arriverez jamais à rien en physique. Pourquoi n'étudiez-vous pas plutôt la médecine, le droit ou la littérature ? Je vous dis cela dans votre intérêt. » À croire qu'aucun professeur ne pouvait croiser ce diable d'élève sans dire une énorme sottise. Einstein a coupé les ponts avec le monde enseignant. Il n'est plus, pour ses maîtres, qu'un inconnu doublé d'un gêneur.

Denis Brian, dans sa biographie extraordinairement fouillée, a retrouvé la trace d'un incident qui, à lui seul, donne la mesure de l'inimitié que Weber voue à Einstein. Les faits remontent à l'été 1900, c'est-à-dire à la veille des examens de fin d'études. « Le professeur Weber compromit les chances d'Einstein trois jours avant la date fatidique en lui demandant de réécrire entièrement un article parce qu'il ne l'avait pas soumis sur du papier réglementaire. Il y consacra une partie de son temps de révision[5]. » Einstein obtient pourtant son diplôme, mais Heinrich Weber n'a pas épuisé son pouvoir de nuisance. Au grand désespoir de son père, Albert a renoncé à la section d'ingénieur pour choisir la carrière professorale. Il a donc besoin d'un poste rémunéré d'assistant qui lui permettrait de faire sa thèse. Tous les élèves dans cette position obtiennent leur nomination. Il est le seul à se la voir refuser et le professeur Weber n'est pas le moins actif pour faire barrage à sa candidature.

*
* *

Albert Einstein a gagné son diplôme, il lui faut maintenant obtenir la citoyenneté suisse. Ce n'est pas chose facile, car la Confédération helvétique ne l'accorde qu'avec la plus grande prudence, voire la plus certaine méfiance. Elle commence par imposer cinq années de résidence sur le territoire suisse. Mais la patience ne suffit pas, elle exige ensuite des droits élevés : 800 francs. Somme considérable d'autant qu'Hermann Einstein ne peut ni ne veut la payer. Albert épargne donc 20 francs par mois pendant ses quatre années de scolarité. Cette ponction, opérée sur les 100 francs qu'il reçoit d'une cousine fortunée de Gênes, le condamne à se contenter de peu. Qu'importe, il veut échapper définitivement au militarisme allemand et, plutôt que marcher au pas, il préfère déjeuner d'un sandwich. En 1900, il satisfait enfin à la condition de résidence et pose sa demande. Il reste une troisième épreuve, la plus désagréable de toutes, une procédure inquisitoriale bien propre à rebuter l'humeur rebelle de

5. Denis Brian, *Einstein, le génie de l'homme*, *op. cit.*

l'impétrant. En effet, la Suisse ne veut accueillir en son sein que des citoyens certifiés conformes. Elle soumet donc le candidat à une enquête aussi approfondie qu'indiscrète. Il est sommé de répondre à une batterie de questions du style : « Êtes-vous alcoolique ? » « Vos parents étaient-ils syphilitiques ? » Einstein doit s'expliquer sur ses origines, sa famille, les raisons qui lui ont fait renoncer à la nationalité allemande ; nullement rebuté, il s'efforce de présenter les gages de sa bonne moralité. Il doit surtout justifier de ressources suffisantes, car la Confédération se méfie des pauvres qui se mettraient à sa charge. Le diplôme du *Polytechnicum* paraît être une bonne garantie de revenus. La suite démontrera qu'il n'en est rien, mais peu importe.

Albert se trouve mis sur la sellette par une brochette de citoyens helvétiques qui le recaleraient dans l'instant s'ils pouvaient lire dans ses pensées sa détestation de l'éducation, de l'armée, des religions, des nations et autres institutions. Car la couleur est clairement affichée : ici, on n'aime pas les esprits forts. Qu'à cela ne tienne, Einstein peut aussi se transformer en bourgeois. Il a répété son rôle de jeune homme bien comme il faut, propre sur lui – ce qui n'était pas toujours le cas –, clair dans sa tête, parfait miroir de ses examinateurs. Il sort victorieux de cet examen qui, pour lui, n'était pas des plus faciles, et obtient en février 1901 la triple nationalité de la ville, du canton et de la Confédération, une citoyenneté suisse à laquelle il ne renoncera jamais. Le jeu lui a coûté bien plus que les 800 francs de droits, mais il en valait la chandelle. Rebelle intransigeant quand l'essentiel est en cause, il sait aussi composer sur des affaires de moindre importance. Il n'a pu se résoudre à jouer les bons élèves pour satisfaire ses maîtres, mais il a fort bien composé son personnage de bon bourgeois pour obtenir un passeport. Preuve sans doute que les querelles épistémologiques ont à ses yeux une tout autre importance que les formalités administratives.

Cette citoyenneté toute neuve lui impose une période militaire. Mais une fois de plus il échappe à l'uniforme en raison de ses varices et de ses pieds plats. Une exemption bienvenue encore qu'il ressente une certaine vexation d'être déclaré inapte. Sans doute eût-il préféré s'imposer une épreuve que de se voir dédaigné.

Le jeune homme termine son apprentissage ou, plutôt, sa construction. Les vingt premières années n'ont été qu'une éducation de la souveraineté, une affirmation toujours renforcée de sa singularité. À travers ses outrances, ses maladresses, il bâtit un personnage et définit un destin. Il affirme son système de pensées, sa hiérarchie de valeurs, son projet grandiose et, plus que tout, son indépendance face à la société, aux institutions, à sa famille. Einstein est le seul maître d'Einstein.

CHAPITRE III

Le temps de l'apprenti

Au Poly, l'éducation scientifique d'Albert se double d'une éducation sentimentale. Il tombe amoureux d'une étudiante appelée à devenir son épouse et la mère de ses enfants : Mileva Maric. Son séjour en Italie a sans doute été agrémenté de rencontres et de flirts, mais la trace de ces premiers émois s'est perdue. En revanche, celle d'une idylle qui survient en 1896 alors qu'il termine ses études secondaires au lycée d'Aarau a été conservée.

Le directeur de l'établissement, Jost Winteler, linguiste raffiné, professeur d'histoire et de philosophie a mis en place une pédagogie très en avance sur son temps. Il prône la recherche personnelle, les travaux pratiques, les discussions ouvertes. Le jeune rebelle découvre un enseignement respectueux des élèves, soucieux de leur épanouissement et se laisse séduire par ce « bon prof » si différent des maîtres à férule de Munich. Il rejoint l'orchestre de chambre du collège et se réconcilie même avec la chimie, les sciences naturelles et les langues. Bref, il fait la paix avec l'institution scolaire au point d'envisager une carrière professorale et de réussir à la fin de l'année l'examen qui lui ouvre les portes du *Polytechnicum.*

Jost Winteler occupe une maison suffisamment vaste pour qu'en dépit d'une nombreuse famille, il puisse encore prendre Albert en pension et mettre une chambre et un bureau à sa disposition. Chez les Winteler, l'adolescent ne trouve pas seulement un logement, mais une famille d'accueil. Lui-même est pris d'affection pour le professeur et son épouse Pauline. Comme leurs sept enfants, il les appelle « papa » et « maman ». Toute la bande part dans de grandes randonnées organisées par Jost. C'est alors qu'ils observent et déchiffrent les ondulations du paysage, le renouveau de la végétation, le grouillement des bêtes, le vol des oiseaux. Albert suit avec passion les explications de

Jost, et se révèle aussi curieux en rat des champs qu'en rat des villes. La bonne entente Einstein-Winteler va bien au-delà de cette seule rencontre. Hermann et Pauline Einstein sont de proches amis de Jost et Pauline Winteler, une amitié consacrée par un mariage lorsque Maja Einstein épousera Paul, le cadet de la famille Winteler. Qui plus est, l'ami fidèle, presque le frère d'Albert, Michel Besso, prendra pour femme Anna-Barbara, la fille aînée des Winteler. Mais, en tout premier lieu, c'est le cœur du jeune pensionnaire qui fait naufrage dans les yeux de la deuxième fille Winteler : Marie.

Elle a l'âme sensible, le cœur en attente et se destine au professorat à l'image de son père. Albert est séducteur et séduisant, éveillé par le charme des Italiennes et désireux de partager ces jours heureux. Lorsqu'il joue du violon, elle l'accompagne au piano et la sonate se conclut en romance.

De cet amour adolescent, la correspondance échangée entre les deux jeunes gens donne une image rafraîchissante. Ce ne sont que mots doux et protestations enflammées. Voilà bien les lettres d'amour ! Si vraies pour la main qui les écrit, si bouleversantes pour le regard qui les découvre, si naïves, mais si convenues pour l'œil indiscret qui viole leur intimité. Ils s'aiment, voilà tout, c'est leur affaire. La liaison est à ce point déclarée que les parents sont dans la confidence. Les mères, les deux Pauline, qui couvent les amoureux d'un regard protecteur, seraient bien près de les marier. Quant à Marie, elle rêve de devenir Mme Einstein.

Mais, pour Albert, ce bel amour n'est qu'un fruit de saison, dont il perd le goût lorsqu'il rejoint à Zurich le *Polytechnicum*. Une issue banale et prévisible. Il ne lui reste qu'à rompre, exercice toujours difficile lorsque l'inconstant prétend consoler d'une peine sans renoncer à l'infliger. L'adolescent se dispense d'un tel effort. Plutôt que s'expliquer avec la jeune fille, il la laisse tomber sans autre forme de procès. « Incapable d'avouer la vérité à Marie, Albert s'était contenté d'arrêter de lui écrire. [...] Marie fit plus que pleurer. Elle fut émotionnellement et physiquement brisée. Einstein était compatissant, mais inflexible. Pour lui, c'était fini [1]. »

Il entretient toujours des relations affectueuses avec la famille Winteler, il ira même jusqu'à évoquer dans une lettre à Pauline :

1. Denis Brian, *Einstein, le génie de l'homme*, *op. cit.*

« [...] la douleur que j'ai causée à la chère fille par ma légèreté et mon manque de considération envers sa sensibilité », mais il ne voudra jamais revoir son amoureuse au cœur brisé. Il a tourné la page et, dès lors que l'histoire est finie pour lui, il préfère en ignorer les suites pour l'autre.

Prise isolément, l'anecdote n'a pas grande signification. Tout garçon s'est un jour conduit comme un mufle, toute fille s'est une fois comportée comme une garce, cet âge peut être sans pitié. S'agit-il d'une affaire de circonstance ou d'un trait de caractère ? La réponse est à chercher dans la suite des événements. Et la suite, pour Einstein, c'est Mileva.

*
* *

Tous deux ont été admis au Poly en 1896, tous deux ont choisi la section VI A « mathématiques et physique ». C'est la filière de l'enseignement, un peu marginale dans un établissement voué à la formation des ingénieurs. Dans la promotion 96, ils ne sont que cinq à embrasser la carrière professorale, quatre garçons et une fille : Mileva Maric.

À la fin du XIXe siècle, l'enseignement scientifique de haut niveau est masculin. Le *Polytechnicum* a créé l'événement, une dizaine d'années plus tôt, en adoptant la mixité. Rappelons, par triste comparaison, que notre École polytechnique n'admettra les étudiantes que cent ans plus tard ! Les filles sont appelées par l'Institut de Zurich, mais bien peu sont élues, car la sélection est impitoyable. Mileva est la cinquième femme à forcer les portes de l'établissement. Son exploit est d'autant plus remarquable qu'elle a rencontré sur son chemin des obstacles propres à décourager les plus ambitieuses.

Comme Einstein, elle est étrangère. Elle a débarqué l'année précédente des confins de l'empire austro-hongrois. Sans relations, sans recommandations. En dépit de cette solitude, la jeune étudiante s'éprend de Zurich et restera attachée à la ville jusqu'à la fin de sa vie. Sans doute apprécie-t-elle la quiétude suisse qui contraste avec les haines et les violences de ses terres natales. Mileva vient d'une des régions les plus tourmentées d'Europe. Elle est née à Titel, aux marges de l'empire austro-hongrois, dans la province de la Voïvodine, où la chrétienté et l'empire ottoman s'opposent depuis des siècles. Sa famille de réfugiés serbes orthodoxes a fui la Bosnie ou le Monténégro pour chercher, sur les terres impériales, une protection contre les Turcs. Populations déplacées, assujetties, toujours en conflit, toujours sur le pied de guerre. Loin, si loin de la Suisse, de ses villes paisibles, ses montagnes protectrices et ses verts pâturages.

Dans ce monde difficile, les Maric font figure de privilégiés. Milos, le père, a plutôt réussi. Autodidacte, parti de rien, il a mené une triple carrière de soldat, d'agriculteur et de fonctionnaire. Lorsque naît Mileva en 1875, il est devenu un notable et possède une belle ferme. La petite enfance est heureuse jusqu'aux premiers pas. Les parents regardent le bambin, s'interrogent, observent, s'inquiètent et doivent se rendre à l'évidence : Mileva boite. Elle souffre d'une coxalgie héréditaire, dommage irréparable à l'époque.

À mesure qu'elle prend de l'âge, la fillette compense cette disgrâce par l'éclat de ses dons intellectuels. Elle accumule des lauriers scolaires qui, hélas !, ne peuvent faire oublier ce handicap. Sa biographe, Desanka Trbuhovic-Gjuric [2], toujours disposée à prendre son parti, doit céder les armes sur ce point : « Elle savait qu'elle ne possédait aucun charme féminin et qu'elle passait pour plutôt laide. » Elle parle encore de « l'insatisfaction que lui inspirait son apparence, qui suscitait tantôt une pitié blessante, tantôt la raillerie ». Entre une mère taciturne, une sœur qui finira à l'asile et la hantise de sa propre disgrâce, l'excellente élève se renferme, timide, silencieuse, sauvage.

Son parcours scolaire étincelant est bientôt arrêté par la tradition austro-hongroise qui réserve le lycée aux seuls garçons. Qu'à cela ne tienne ! Elle convainc son père de l'envoyer étudier en Serbie et poursuit ses études au lycée royal de Sabac. À sa demande, elle se retrouve dans des classes de mathématiques et de physique totalement masculines. La seule fille devient aussi le meilleur élève. Puis elle doit suivre son père affecté à Zagreb et finit ses études secondaires au Lycée supérieur royal, l'*Obergymnasium*. Avec le prix d'excellence et les félicitations du jury comme toujours.

2. Desanka Trbuhovic-Gjuric, *Mileva Einstein, une vie*, Paris, Éditions des Femmes-Antoinette Fouque, 1991.

Mileva cache sous sa timidité une détermination farouche. Elle veut poursuivre ses études supérieures, rien ne l'en empêchera. Elle a entrepris des études médicales à Heidelberg, puis porte son choix sur le *Polytechnicum* dont elle réussit le concours. Puisque c'est en Suisse que l'on donne aux étudiantes les mêmes chances qu'aux étudiants, va pour la Suisse ! La voilà au rendez-vous d'Einstein.

Entre les deux étrangers de la section VI A, les relations s'établissent tout naturellement, encore que le garçon ait dû faire les premiers pas. Mileva l'impressionne par son intelligence et ses dons mathématiques, Albert la séduit par son savoir encyclopédique et sa passion scientifique. Puis ils se découvrent libres penseurs, musiciens, amoureux des randonnées. Mais le coup de foudre n'est pas le genre de Mileva.

Les différentes photos que l'on a conservées d'elle frappent d'abord par une absence : celle du sourire. Certes, la retenue féminine n'autorisait pas à l'époque les grands éclats de rire, mais, d'un portrait à l'autre, elle conserve son humeur triste et boudeuse sans jamais afficher un semblant de bonheur. Pas une étincelle dans le regard, pas un frémissement sur les lèvres. Elle ne souriait pas avant le déclic, elle ne sourira pas après. Et l'on retrouve cette humeur sombre dans toutes les situations. Ni la présence de son amant ni même celle de ses enfants ne peuvent apporter l'embellie. Des yeux noirs qui mangent le visage, le regard assombri de tristes souvenirs, le nez trop fort, les lèvres trop ourlées, les mâchoires trop carrées, Mileva a hérité de ces traits méditerranéens qui demandent à être illuminés par la générosité, la gaieté, la sensualité. Par malheur, elle n'exprime rien de tel sur les photos et guère plus dans la vie, au dire des contemporains. Sans doute Mileva peut-elle être souriante et charmante, mais dans la plus stricte intimité. En société, elle affiche ce visage boudeur à l'opposé de l'égérie romantique à laquelle Albert adresse des lettres enflammées.

La correspondance d'Albert et de Mileva n'a été connue qu'en 1986 lorsque l'arrière-petit-fils du savant rendit publiques soixante-cinq lettres échangées entre 1897 et 1903. Elle couvre les périodes de séparation qui, pour leur plus grand bonheur et notre plus grande frustration, furent exceptionnelles. Elle n'est pas moins instructive par ce qu'elle révèle que par ce qu'elle laisse supposer.

Entre les jeunes gens le discours amoureux ne s'affirme qu'à la fin 1898. La coquetterie n'est pas leur fort. Ni celle du cœur pour Mileva, ni celle de l'allure pour Albert. Il est négligé, jamais peigné. Le matin, il enfile, n'importe comment, le premier vêtement qui lui tombe sous la main. Bref, il ne ressemble guère au gandin que l'on a vu posant devant l'objectif. C'est ce potache mal fagoté qui aborde cette fille de Serbie toujours sur la défensive. Qu'importe ! Leur commerce est d'abord intellectuel. Ils sont passionnés de physique, ils partagent les mêmes ambitions scientifiques et les mêmes servitudes scolaires.

Détail qui n'est pas sans importance, Mileva est plus âgée que lui. Trois ans et demi, c'est peu à la maturité ; au sortir de l'adolescence, ce n'est pas négligeable. Elle est plus mûre et la sagesse de l'aînée n'est pas sans attraits pour l'étudiant fantasque et benjamin de sa promotion.

En 1899, la liaison amoureuse complète la complicité intellectuelle. Ils s'appellent par de tendres surnoms « ma chère Doxerl » pour Mileva, « mon cher Johones » pour Albert, ils passent du vouvoiement au tutoiement, ils échangent des déclarations d'amour. Mais la science ne cesse de se glisser parmi les sentiments. Dans une même lettre, le physicien s'interroge sur les théories de Mach, commente ses dernières lectures de Helmholtz, et laisse, au paragraphe suivant, l'amoureux prendre la plume pour apaiser les humeurs inquiètes de sa maîtresse. Peu à peu, le couple se construit, ils découvrent le besoin d'être ensemble, ils s'éloignent des autres.

Albert apparaît comme l'élément moteur, toujours en action, toujours en ébullition. C'est un faux solitaire. Il a besoin d'avoir à ses côtés une âme sœur, sœur d'esprit autant que de cœur, qui ne se lasse jamais de suivre les jaillissements de sa pensée. Car le bambin aux paroles tardives et rares est devenu un bavard impénitent. Un roi du monologue plutôt que du dialogue. Il réfléchit à haute voix et utilise ses proches, comme les héros tragiques leurs confidents, pour voir clair dans sa réflexion. Une habitude qu'il conservera toute sa vie. Le physicien Max von Laue disait à son propos : « Vous devez faire attention qu'Einstein ne vous parle pas jusqu'à ce que mort s'ensuive. Il adore faire cela, vous savez. »

Mileva inaugure la longue série de ces oreilles attentives, savantes et bienveillantes qu'il saura toujours se ménager. Elle devient le double, non pas semblable mais complémentaire, qui accompagne le jeune Einstein dans sa création, le rassure, l'encourage, le corrige au besoin. Son mutisme obstiné cesse d'être un défaut pour devenir une qualité. Le physicien Philippe Frank, qui a bien connu le couple, en a parfaitement perçu l'équilibre : « Pour Einstein, ce fut toujours un plaisir que de penser en société ou mieux, peut-être, d'approfondir ses pensées en les extériorisant par des mots. Bien que Mileva Maric fût extrêmement taciturne et plutôt réservée, Einstein, très appliqué à ses études, s'en aperçut à peine[3]. » La complémentarité qu'Albert trouve dans Mileva est très liée à son processus créatif. C'est sa force, mais aussi sa limite.

Albert se veut authentique, rationnel, intransigeant sur le plan personnel comme sur le plan scientifique. Il rejette les convenances conjugales avec les rôles prédéterminés de l'homme et de la femme. Il n'entend pas confiner la compagne de sa vie dans les tâches domestiques mais prétend, au contraire, l'associer à son aventure intellectuelle. Elle doit être « son égale », une perspective vertigineuse lorsque l'invitation à la parité est lancée par un génie au seuil de son éclosion, mais une invitation reçue par une Mileva qui a les capacités intellectuelles et l'indépendance d'esprit nécessaires pour devenir cette Mme Einstein-là.

Superbe projet qui se heurte à un premier obstacle : Pauline. La redoutable mère d'Albert. Sitôt informée de la liaison, elle manifeste à la nouvelle élue toute son aversion. Autant elle avait adopté Maria, autant elle rejette Mileva. Elle ne tient aucun compte de ses mérites pourtant indiscutables et ne veut retenir que ses défauts, entendons : ce qu'elle considère comme des défauts. Elle la trouve trop âgée, trop intellectuelle, trop étrangère, trop laide, trop morose, trop peu féminine pour ne pas parler des deux tares impardonnables, elle boite et elle n'est pas juive.

À l'été 1900, les deux étudiants passent le concours de fin d'études. Einstein avec une moyenne de 4,91 obtient tout juste son diplôme mais Mileva n'a que 4 et se trouve recalée. C'est alors que se produit, entre la mère et le fils, la grande scène relatée par Einstein lui-même dans une lettre à son amante.

3. Philippe Frank, *Einstein, sa vie, son temps*, Paris, Flammarion, « Champs », 1991.

Au lendemain des résultats, le jeune diplômé s'en revient à Milan auprès de ses parents. Embrassades et congratulations. Il annonce au passage l'échec de Mileva. Pauline Einstein feint de prendre la chose à la légère. « Eh bien, que devient Dockerl ? » demande-t-elle. Einstein répond du tac au tac sur le même ton badin : « Elle devient ma femme. » Comme prévu, c'est aussitôt l'explosion. « Maman s'est jetée sur son lit, a caché sa tête dans les oreillers et a pleuré comme une enfant. Quand elle fut remise du premier choc, elle est immédiatement passée à une offensive désespérée. Tu brades tout ton avenir et tu te fermes toute carrière. Elle ne peut pas entrer dans une famille convenable. Si elle a un enfant, tu seras dans de beaux draps ! À ce dernier éclat, que bien d'autres avaient précédé, j'ai à la fin perdu patience. J'ai repoussé avec la plus grande énergie le soupçon que nous aurions vécu immoralement ensemble, j'ai pesté comme un beau diable... »

De cette scène, Pauline ne retient qu'une chose : Albert et Mileva ne risquent pas d'avoir un enfant. L'essentiel est préservé, il n'y a plus qu'à gagner du temps en espérant que cette liaison ne résistera pas à une guerre d'usure. Sur ces arrière-pensées, elle s'efforce le lendemain de faire la paix : « Si vous voulez bien encore attendre ce qu'il faudra, on finira par trouver une solution. » La solution ce n'est évidemment pas elle mais Albert qui la trouvera puisqu'il termine la lettre par des protestations d'amour à Mileva.

*
* *

Ses affaires de cœur connaissent des difficultés, mais ce n'est rien comparé à ses affaires professionnelles. Le professeur Weber lui ayant refusé le poste d'assistant, il offre ses services à un autre enseignant du Poly, le mathématicien Adolf Hurwitz. Encore un professeur dont il a séché les cours et qui n'a aucune envie de l'avoir à ses côtés. Einstein doit admettre qu'il est *persona non grata* au *Polytechnicum*. Il tente sa chance auprès de plusieurs universités allemandes. Mais il lui faut citer en référence son professeur de physique. Avec les renseignements que fournit le terrible Heinrich Weber, le refus est assuré. Ce sont les portes du monde universitaire et pas seulement celles du

Polytechnicum qui lui sont fermées. Fâcheux pour un jeune homme qui se destine à l'enseignement et à la recherche.

Commence alors une triste période de vache enragée : Albert paie au prix fort ses incartades estudiantines. La cousine fortunée cesse de l'entretenir dès lors qu'il a obtenu son diplôme. Le voilà sans ressources, chômeur de surcroît, ne pouvant compter pour survivre que sur les maigres subsides, voire les colis de nourriture, qu'envoie la famille. Pour noircir encore le tableau, son père est entraîné dans une nouvelle faillite et caresse l'espoir d'un grand frère qui pourrait prendre en charge sa jeune sœur Maja !

1901 : l'année la plus noire de son existence. Toutes les démarches pour trouver un emploi se soldent par des rebuffades. Il doit quitter Zurich et Mileva pour retourner à Milan dans sa famille. La tension entretenue par les déconvenues professionnelles du père et du fils est insupportable. Pour lancer ses entreprises italiennes, Hermann Einstein s'est endetté auprès de son beau-frère dont les relances se font de plus en plus pressantes alors qu'il est incapable de rembourser. À ces tracas financiers s'ajoute le harcèlement continu de Pauline. « Maman pleure souvent des larmes amères et je n'ai pas ici un seul instant de tranquillité, écrit-il à Mileva. Mes parents me pleurent presque comme si j'étais déjà mort. » Hermann lui-même, éprouvé par ses échecs, utilise les arguments économiques. Ne faut-il pas de l'argent, une bonne situation, pour se payer une épouse ? Albert est indigné. Il s'en explique avec Mileva : « Je comprends très bien mes parents. Ils considèrent que la femme est un luxe pour l'homme [...]. Pour ma part, j'apprécie très peu cette façon de concevoir les relations entre hommes et femmes. Elle signifie, en effet, que l'unique différence entre une épouse et une putain, c'est que la première, grâce à des conditions de vie plus agréables, est capable d'extorquer à l'homme un contrat pour la vie. »

Un instant, il espère déboucher dans la recherche. Il a rédigé une étude sur la capillarité et la physique des liquides dans laquelle il renouvelle la manière d'aborder ces phénomènes. Le sujet peut paraître mineur, mais l'approche est novatrice et lui servira dans ses recherches ultérieures. À tout hasard, il l'a envoyée à la revue scientifique *Annalen der Physik*. Rien qu'une bouteille à la mer. La distance entre l'expéditeur et le destinataire ne laisse aucun espoir de retour.

En 1901, comme aujourd'hui, le monde scientifique vit au rythme des publications. Pour les idées, c'est l'acte de naissance, pour les chercheurs, le titre de reconnaissance. « Publier ou périr », la règle n'a pas changé depuis un siècle. Ce droit de faire connaître est détenu par quelques revues prestigieuses. Ce qui vient d'une autre source est *a priori* suspect, voire nul et non avenu. Dans l'épisode de la bombe atomique, ce rôle a été tenu par *Nature* et *Physical Review* au début du siècle, il revenait aux *Annalen der Physik.*

Investies de cette lourde responsabilité, ces publications exercent un véritable magistère sous le regard sourcilleux de la communauté scientifique. Le comité éditorial, composé de savants éminents, doit opérer un contrôle impitoyable sur les articles qui lui sont soumis. Il cherche moins à trouver le diamant qu'à éliminer la verroterie. Or les titres et références d'un scientifique ne certifient pas le génie, mais assurent le sérieux. La notoriété de l'auteur représente donc le critère le plus commode et le plus sûr. Par opposition, l'anonymat inspire la plus grande méfiance.

Les *Annalen der Physik,* dont le rédacteur en chef n'est autre que l'illustre Max Planck, règnent sur la physique en Allemagne et même dans le monde. Comment imaginer qu'elles puissent publier l'article d'un chômeur suisse de vingt-deux ans, ayant son diplôme du *Polytechnicum* de Zurich pour seule référence ? De nos jours, le système est à ce point verrouillé que la question ne se poserait même pas.

Par bonheur et par miracle, cet ostracisme n'a pas joué en mars 1901. Alors que les avanies et les déconvenues l'accablent, le jeune Albert reçoit la nouvelle qu'il n'osait espérer : les *Annales* acceptent son article et vont le publier. Un événement capital, car la porte qui vient de s'ouvrir ne se fermera plus. Einstein entame une collaboration avec la revue qui lui demande des comptes rendus d'ouvrages scientifiques et qui, surtout, recevra dans ses colonnes tous ses articles à venir. Sans ce coup de pouce du destin, le travail d'Einstein risquait de n'être jamais reconnu. Grâce soit donc rendue à l'audace du comité éditorial qui offre la tribune des *Annalen der Physik* au très jeune et très déroutant Albert Einstein.

Celui-ci veut tirer parti de ce premier succès. L'article serait susceptible d'intéresser le professeur Wilhelm Ostwald de l'université de Leipzig. Il le lui fait parvenir accompagné d'une lettre, révérencieuse comme il se doit, dans laquelle il salue les mérites du cher professeur et rend hommage à ses travaux de physico-chimie. Pour finir, il glisse de modestes offres de service : « Je voudrais également me permettre de vous demander si un praticien de la physique mathématique ne pourrait pas, par hasard, vous être de quelque utilité. » Il guette une réponse, elle ne vient pas, il risque une lettre de relance, sans résultat.

C'est alors qu'Hermann Einstein, désespéré par la situation, ou, plutôt, l'absence de situation de son fils prend sur lui d'écrire au chimiste allemand. Lettre pathétique qui en dit long sur l'angoisse d'Albert et de sa famille. « Mon fils est profondément malheureux d'être présentement sans poste, expose Hermann au professeur Ostwald, il se persuade chaque jour de plus en plus qu'il a raté sa carrière et qu'il ne pourra plus la continuer. En outre, il supporte mal l'idée déprimante qu'il nous est à charge, car nous ne sommes guère aisés. [...] Vous êtes de tous les grands physiciens de notre époque celui que mon fils honore et révère le plus. [...] Quelques lignes encourageantes lui redonneraient la joie de vivre et le courage de travailler. [...] Mon fils n'est nullement au courant de cette démarche tout à fait exceptionnelle de ma part. » Cette lettre fut retrouvée classée dans les papiers du professeur après sa mort. Nulle trace, en revanche, d'une quelconque réponse. Albert ne reçut aucune proposition de Leipzig. C'est plus tard, et dans des circonstances bien différentes, que de véritables relations se noueront entre Ostwald et Einstein.

Il n'obtient rien dans l'assistanat et se fourvoie également dans son doctorat. Ses sujets de thèse sont refusés et, quand ce ne sont pas les sujets, ce sont les patrons qui ne vont pas. À force d'accumuler les refus, il suspecte l'antisémitisme d'être la cause souterraine de ces échecs. Fausse piste. Ses démarches dans une Italie moins prévenue vis-à-vis des Juifs ne donnent pas de meilleurs résultats.

Face à l'adversité, les amants réaffirment leur passion : « Te posséder me rend fier et ton amour me rend heureux », écrit-il pendant ses séjours à Milan. « Sans toi je ne sais plus ce que je vaux, je n'ai plus ni goût au travail, ni joie de vivre, bref sans toi ma vie n'est pas une vie. » Le jeune chômeur laisse parfois percer son abattement, mais il se reprend bien vite et prêche l'optimisme : « Quoi qu'il arrive, nous aurons la plus belle vie du monde. » Tandis qu'il sollicite les universités étrangères, Mileva est déchirée ; d'un côté, elle souhaite que ses démarches aboutissent ; de l'autre, elle craint de le voir partir au loin. Pour elle, il n'est qu'une issue possible : « Mon Dieu comme le monde sera beau quand je serai ta petite femme ! »

Mais cette correspondance ne se limite pas à ces épanchements sentimentaux. Albert poursuit ses recherches et tient Mileva informée au jour le jour. Ainsi, dans une lettre d'octobre 1900, il conclut : « Comme je suis heureux d'avoir trouvé en toi mon égal, aussi fort et indépendant que moi. Je suis seul avec tout le monde, sauf avec toi. » Il sent qu'il risque à tout moment de s'isoler dans sa réflexion, de se couper d'elle. Il prend donc soin de lui dédier tout ce qu'il entreprend. « Même mon travail me paraît sans but, inutile si je ne songe pas en même temps que tu es heureuse de ce que je suis, de ce que je fais. » Science et amour deviennent indissociables, dans les mêmes lettres, dans les mêmes phrases. Ce n'est plus une collaboration, mais une fusion. L'amoureux contrarié veut placer sa maîtresse au cœur même de son travail pour recréer cette vie commune qu'il ne peut lui offrir. En mars 1901, il lui écrit : « Comme je serai heureux et fier, quand nous aurons tous les deux ensemble mené victorieusement à bien notre travail sur le mouvement relatif. » Le mouvement relatif, c'est, bien sûr, la relativité. Parti sur la voie de sa découverte majeure, Einstein entraîne Mileva avec lui. À la fin de 1901, il croit approcher du but : « Je travaille avec acharnement à une électrodynamique des corps en mouvement [ce sera le titre même du fameux mémoire de 1905 décrivant la théorie de la relativité restreinte], qui promet de devenir un traité capital. Je t'ai écrit que je doutais de la justesse des idées sur le mouvement relatif. Mes doutes reposaient simplement sur une erreur de calcul. Maintenant j'y crois plus que jamais. »

Texte révélateur. En dépit du chômage et de la misère, la découverte qui lui vaudra une reconnaissance universelle est en gestation tout au long de cette terrible année 1901. Son importance est parfaitement perçue. Quant à Mileva, qui le suit pas à pas, elle est bien davantage une compagne qu'une collaboratrice. Jeune physicien de vingt-deux ans, lancé sans aucune légitimité dans cette exploration solitaire, prétendant résoudre des difficultés sur lesquelles butent les plus grands savants, Einstein a besoin de ce témoin engagé, capable tout à la fois de suivre sa démarche sur le plan scientifique et de la soutenir sur le plan affectif. Toutefois, c'est lui seul qui conduit l'entreprise, qui perçoit les difficultés et qui les résout.

La relativité est en gestation, mais son auteur n'a toujours rien pour vivre. La chance revient avec le printemps, une éphémère floraison sans plus. Une école technique suisse située à Winterthur lui propose de remplacer pendant trois mois un professeur de mathématiques qui accomplit une période militaire. Rien qu'un « petit boulot », mais bienvenu. Le temps de passer un week-end avec Mileva, il prend ses fonctions professorales et s'en acquitte sans déplaisir, semble-t-il. Il peut enchaîner, grâce à l'intervention d'un ami, sur un autre poste dans un collège situé à Schaffhausen, mais l'issue est moins heureuse.

Le propriétaire-directeur de l'école, un certain Jakob Nuesch, impose le gîte et le couvert, afin de n'offrir qu'un salaire de misère : 150 francs par mois. Einstein se trouve en pension chez M. Nuesch et découvre bien vite qu'il s'agit en tout point de l'anti-Winteler. Le bonhomme et sa famille sont odieux et le convive forcé ne supporte pas de partager ses repas avec eux. Mais cela n'est rien encore. À Schaffhausen, Albert n'est pas professeur, mais précepteur. Au lieu de faire la classe, il doit prendre en charge deux élèves qui rencontrent des difficultés en mathématiques. Qu'à cela ne tienne, il applique sa pédagogie libérale pour redonner le goût des maths à ses protégés. Le docteur Nuesch, adepte de l'éducation prussienne, ne peut admettre ce libéralisme qu'il assimile à du laisser-aller. L'explication est orageuse et le nouveau précepteur, en dépit de sa situation financière critique, préfère claquer la porte que renier ses principes pédagogiques. De Schaffhausen, Einstein rapporte, outre ce mauvais souvenir, l'amitié précieuse de Conrad Habicht, un ancien camarade de collège qu'il redécouvre à cette occasion.

En cette année de vaches maigres, trois événements bouleversent sa vie. D'une part, son ami du *Polytechnicum*, Marcel Grossmann, celui qui lui a déjà sauvé la mise en lui passant ses antisèches, fait intervenir son père auprès de Friedrich Haller, le directeur du Bureau de la propriété industrielle à Berne. Il lui arrache la promesse de contacter Einstein si d'aventure un poste se libère dans son établissement. Ce n'est encore qu'une vague possibilité, mais qui lui réchauffe le cœur. D'autre part, Mileva rate, pour la seconde année consécutive, son concours de fin d'études au *Polytechnicum*. Elle ne sera jamais diplômée et ne pourra jamais mener la moindre carrière professionnelle. Elle tente en vain d'obtenir un poste d'enseignante à Zagreb et, plus tard dans sa vie, devra donner des leçons de mathématiques et de piano pour gagner de l'argent ! Comment expliquer un tel échec après un parcours scolaire aussi brillant, en dépit de la présence stimulante d'Einstein ? À l'évidence, un événement extérieur est venu perturber l'étudiante. Mileva vient de découvrir qu'elle est enceinte. Elle a présenté et raté son examen sous le coup de cette annonce catastrophique.

*
*   *

Comment Einstein accueille-t-il cette paternité pour le moins inopportune ? Sa première réaction connue se trouve dans une lettre à Mileva en date du 28 mai 1901. Il vient d'arriver au collège de Winterthur et commence par une déclaration enflammée : « Je suis rempli d'un tel bonheur, d'une telle joie, que tu dois absolument en avoir ta part. » S'agissant de leur enfant, il pourrait difficilement en être autrement, mais l'enthousiasme einsteinien a un autre objet : la production de rayons cathodiques par la lumière ultraviolette. Entre ses heures de classe, le professeur intérimaire dévore la littérature scientifique et vient de tomber sur un traité du professeur Lenard qui l'a enchanté. L'illumination est telle qu'il doit la partager toutes affaires cessantes. Après ces dernières nouvelles de la physique, il en vient à l'ordre du jour. « Aie courage, chérie, et ne te fais pas d'idées noires. Je ne t'abandonnerai certes pas et je mènerai tout à bonne fin. [...] Comment vas-tu ma chérie ? Que fait le petit ? Tu penses comme ce sera beau quand nous pourrons de nouveau travailler ensemble sans être dérangés et que personne n'ira y mettre le nez ! »

Sans doute, mais, dans l'immédiat, il doit, coûte que coûte, subvenir aux besoins de la mère et de l'enfant et cela risque de coûter très cher. Il se trouve acculé et s'interroge sur la place qu'il pourra jamais occuper dans sa nouvelle patrie. Il prend conscience de n'être qu'un Suisse de fraîche date, un « Suisse papier », comme l'on dit. Cette citoyenneté de seconde zone n'inspire guère confiance aux personnes qu'il sollicite. Au comble de la désespérance, il ne voit plus qu'une solution : sacrifier sa carrière scientifique. Puisqu'il est impossible de gagner sa vie avec la physique, il la perdra avec n'importe quoi pour vivre. Il annonce à Mileva, qui s'efforce de l'en dissuader, qu'il met de côté sa « vanité personnelle » et renonce à ses « buts scientifiques ». Il est disposé à prendre le premier emploi qui se présentera « aussi misérable, aussi subalterne soit-il ». Il en vient même à poser sa candidature pour travailler aux écritures dans une compagnie d'assurances ! Ce qui ne l'empêche pas, en attendant, de poursuivre son travail sur la relativité restreinte. Faute de s'adonner tout entier à sa chère physique, il est prêt à n'être qu'un chercheur du dimanche. Ce qu'il sera en définitive et qui ne lui a pas si mal réussi.

Il veut gagner le pain du ménage et, bien évidemment, se marier : « Dès que j'ai trouvé quelque chose, je me marie avec toi. » Mais sans le consentement maternel. Les inquiétudes de Pauline pour l'avenir professionnel de son fils ne réduisent en rien sa hargne. Elle écrit aux parents de Mileva une lettre insensée pour accuser la jeune femme d'avoir détourné son fils du droit chemin. (Ce qui n'est en rien une allusion à la grossesse dont elle n'est pas informée.) La future mère qui est partie en Hongrie pour ses couches découvre en arrivant cette lettre pleine de fiel. Elle s'en plaint à une amie : « Je n'aurais jamais cru qu'il pouvait y avoir des gens si méchants et dénués de cœur. »

Quant au futur père, il s'émerveille déjà de son rejeton qu'il appelle Hanserl, car il ne peut l'imaginer que de sexe masculin, mais il se rallie à Lieserl, le nom choisi par sa mère qui ne pense qu'à une fille. « Soigne-toi bien et sois gaie et réjouis-toi de notre chère Lieserl. [...] La seule chose qui resterait encore à résoudre ce serait le moyen de prendre avec nous notre Lieserl, je ne voudrais pas que nous nous en séparions. » Belles intentions pour une triste réalité, car cette naissance annoncée a tout d'une catastrophe. En novembre 1901, il écrit à la future maman : « Je crois que nous ne devons rien dire au sujet de Lieserl. »

Revenant de Schaffhausen, il n'est riche que d'une promesse : le Bureau de la propriété industrielle confirme son intention de l'engager... sitôt qu'une place se libérera. En attendant, il cherche son gagne-pain dans les leçons particulières. Le journal local de Berne passe une petite annonce : « Cours particuliers de mathématiques et physique pour lycéens et étudiants assurés avec le plus grand soin par Albert Einstein, titulaire du diplôme d'enseignement de l'École polytechnique fédérale, pour trois francs de l'heure. Leçons d'essai gratuites. » À Mileva, il ne peut faire que des promesses non datées.

À la fin de 1901, Albert Einstein, qui n'a toujours pas de situation, vivote à Berne en tirant le diable par la queue. À Zagreb, Mileva prépare un bien triste accouchement. À Milan, l'animosité de Pauline ne désarme pas et Hermann connaît ses premiers ennuis de santé. Albert a vingt-trois ans et aucun avenir devant lui.

*
* *

Le premier semestre 1902 est marqué par un drame qui, à ce jour, demeure incompréhensible. Le 4 février 1902, Einstein reçoit une lettre lui annonçant la naissance de la petite Lieserl. Mileva est trop faible pour écrire, c'est son père qui tient la plume. Einstein s'affole et répond aussitôt pour prendre des nouvelles. Il est submergé par le bonheur de cette paternité. « Mais, tu vois, c'est vraiment devenu une Lieserl comme tu le souhaitais. Est-elle aussi en bonne santé et crie-t-elle déjà comme il faut ? Comment sont ses petits yeux ? À qui de nous deux ressemble-t-elle le plus ? Qui lui donne son lait ? A-t-elle faim ? Elle piaille et a une petite tête toute chauve. Je l'aime tant et ne la connais même pas. Ne pourrait-on pas la photographier quand tu seras complètement remise ? » Pas question de mettre au courant la grand-mère, Pauline Einstein, qui continue comme jamais à déverser sa hargne sur Mileva jurant ses grands dieux qu'elle n'entrera jamais dans la famille.

Pourtant en ce mois de février, Einstein est sur le point d'obtenir la situation stable après laquelle il court depuis deux ans. C'est affaire de quelques semaines, quelques mois tout au plus. Il pourra alors faire vivre Mileva et la petite Lieserl dont il rêve et dont il ne veut surtout pas être séparé. Curieusement, dans la lettre suivante, écrite seulement une semaine plus tard, il ne parle plus du bébé. Une autre lettre et c'est toujours le même silence. De l'enfant, il n'est plus question.

Lieserl ne réapparaît que le 19 septembre 1903, soit dix-huit mois plus tard. Entre-temps, les amants se sont mariés et Mileva vient d'annoncer qu'elle est enceinte, une nouvelle dont, manifestement, elle appréhende les suites. Einstein répond aux craintes de la future mère : « Je ne suis pas du tout en colère d'apprendre que ma pauvre Dockerl couve un nouveau petit poussin. Cela me fait plaisir et je m'étais déjà demandé si je ne devais pas faire en sorte que tu aies une autre petite Lieserl. Après tout, tu ne peux pas te voir refuser ce qui est le droit de toutes les femmes... Cela me fait de la peine de voir ce qui arrive à Lieserl. La scarlatine peut laisser si facilement des séquelles. Si seulement cela pouvait bien se passer. Sous quel nom l'enfant est-elle enregistrée ? Il nous faut veiller à ce qu'elle ne rencontre pas de difficultés plus tard. » C'est tout. Il ne sera jamais plus question de Lieserl. Elle a disparu.

Cet enfant perdu d'Einstein n'est pas mentionné dans les plus anciennes biographies, celle de Philippe Frank ou de Banesh Hoffmann. Rien de surprenant, personne n'en avait entendu parler. Ni Einstein, ni Mileva, ni aucun acteur de ce drame n'y avaient fait la moindre allusion. Les exécuteurs testamentaires d'Einstein, Helen Dukas et Otto Nathan, avaient gardé un silence absolu et tenu secrets tous les documents qui auraient pu mettre sur la piste. Ce n'est qu'en 1987, soit quatre-vingt-cinq ans après la naissance de la petite fille, quand fut publié par l'université de Princeton le premier tome des *Papiers d'Albert Einstein*, que l'on découvrit toute l'histoire. Avec une gêne évidente. Les biographies postérieures mentionnent l'épisode en passant. Françoise Balibar parle d'« une petite fille dont on perd rapidement la trace et qui est probablement morte en bas âge », Jacques Merleau-Ponty signale « la naissance de Lieserl dont l'histoire perd tout de suite la trace », Dedsanka Trbuhovic-Gjuric, qui a davantage enquêté sur Mileva, n'est pas plus explicite : « De Lieserl, nous ne saurons plus rien. Son existence n'est jusqu'à présent attestée sur aucun registre, ni par sa naissance, ni par sa mort. »

Lieserl, c'est le trou noir de la biographie. Le fait même n'est pas discutable, mais nous ne possédons que des bribes d'informations. Comment est-ce possible ? Einstein devient par la suite l'un des hommes les plus célèbres de son temps. Rien de ce qui le concerne ne laisse indifférent. De son vivant même, certains auteurs entreprirent des biographies, ils ne se doutèrent de rien. Après la découverte de ces lettres, des chercheurs ont consulté les registres, fouillé les cimetières, ils n'ont rien trouvé. Lieserl n'a pas laissé la moindre trace.

La disparition du premier enfant est un drame qui marque les parents au fer rouge. Comment expliquer qu'ils aient pu le gommer à ce point ? Au détour d'une lettre ou d'un témoignage, un passé aussi lourd finit toujours par resurgir. Rien de tel en la circonstance, puisqu'on ne sait même pas, de façon certaine, si Lieserl est morte en bas âge ou bien a été abandonnée.

La naissance est intervenue au pire moment, c'est évident. La famille Maric voit d'un mauvais œil ce mariage, la famille Einstein n'en parlons pas, et la bonne société de Berne n'aurait pas fait bon accueil à la petite bâtarde. Tout cela est vrai, mais était prévisible. Le seul fait nouveau intervenu au cours des derniers mois, c'est la certitude qu'Einstein va sortir de son errance professionnelle. Cela devrait permettre d'éviter la séparation dont il ne voulait à aucun prix.

Denis Brian a longuement interrogé Robert Schulmann, pionnier des recherches en cours sur les papiers d'Einstein. Après avoir obtenu les fameuses lettres et découvert toute l'affaire, Schulmann s'est rendu en Yougoslavie pour mener une enquête méticuleuse autant qu'infructueuse. Il en a rapporté le sentiment que Lieserl n'est pas morte en bas âge, qu'elle pourrait même avoir survécu à son père. Ainsi, selon cette hypothèse autorisée si non confirmée, une fille inconnue d'Einstein aurait vécu dans un total anonymat tout au long du siècle.

Comment imaginer, en effet, que la mort de cet enfant ait laissé si peu de traces ? Des choses ont été écrites, pas seulement dites. Car tout s'est passé par lettres. La mère se trouve en Hongrie, le père en Suisse. Les parents se sont-ils empressés de faire disparaître ces lettres ? C'est probable mais pourquoi donc, si la mort est naturelle ?

On en revient à l'hypothèse de l'abandon, tout aussi incompréhensible. Voilà bien une décision qui demande à être délibérée. De ces interrogations, on ne trouve aucune trace et la suite de l'histoire n'est pas moins invraisemblable. Comment imaginer qu'Einstein n'ait jamais eu, par devoir, remords, curiosité, peu importe, l'envie de connaître sa fille ? Qu'il ait vécu toute son existence en sachant qu'à tout moment cette enfant pouvait surgir devant lui ? D'autant qu'il n'était pas difficile de retrouver la trace d'un tel père. Les choses sont encore plus incompréhensibles si l'on songe à Mileva. Un an après la naissance de sa fille, elle est mariée. Le ménage ne roule pas sur l'or, mais, enfin, ils décident de faire un enfant. Quant à la mère, elle reçoit des nouvelles de sa fille puisqu'elle est informée de sa scarlatine. Comment expliquer qu'elle n'ait rien entrepris pour reprendre Lieserl ? En l'espace de quelques années, le chômeur sans avenir devient un savant reconnu. En dépit de ce retournement, les acteurs de cette adoption, la famille Maric ou tout autre, n'auraient rien dit à l'enfant de cette paternité flatteuse ? Cela paraît incompréhensible.

À la fin des années quatre-vingt-dix, l'Américaine Michele Zackhein[4] s'est lancée à la recherche de la fille perdue d'Einstein. Elle a enquêté pendant cinq ans dans la Serbie. En dépit de la guerre et de toutes les difficultés, elle a remué ciel et terre, fouillé les archives et les souvenirs. De cette recherche obstinée, elle a retiré l'opinion que Lieserl aurait souffert d'un lourd handicap à la naissance et serait morte vers l'âge de deux ans. Une hypothèse qui rend la suite plus plausible mais qui laisse bien des questions en suspens, et qui n'est étayée par aucune preuve concluante. Que Lieserl ait été normale ou anormale, qu'elle ait survécu ou soit morte prématurément, il reste que l'attitude de ses parents et, en particulier, de son père est difficilement compréhensible.

« La façon dont il semble avoir abandonné sa fille ne ressemble pas du tout à Einstein », fait remarquer Denis Brian à Robert Schulmann qui donne peut-être une clé de l'affaire : « Je ne suis pas d'accord avec vous, mais cela est difficile à expliquer. C'est seulement quelque chose que je ressens. Je crois qu'il était beaucoup plus opportuniste qu'on l'imagine [...], il faut prendre ce facteur en considération, au sens neutre du mot "opportuniste". On ne le fait pas assez souvent, alors que c'est la seule façon de comprendre certaines de ses décisions[5]. »

*

* *

4. Michelle Zackhein et Michele Zackhein, *Einstein's Daughter : the Search for Lieserl*, New York, Riverhead Books, 1999.

5. Denis Brian, *Einstein, le génie de l'homme*, *op. cit.*

On ne connaîtra sans doute jamais le fin mot de cette douloureuse affaire. Mais on ne peut « faire comme si » l'on ignorait cette première grossesse de Mileva. Comment ne pas s'interroger sur ce deuil du silence qui efface jusqu'au moindre souvenir ? Sur un événement mystérieux dont le sillage se referme à tout jamais sur un enfant ? Derrière l'« opportunisme » dont parle Robert Schulmann, Einstein cache-t-il un « monstre froid » sur lequel les drames de la vie n'ont pas de prise ?

Avant de répondre, il faut prendre la mesure des épreuves qu'il vient de subir. Son père fait faillite, sa mère le harcèle, Mileva rate ses études, ses démarches échouent, ses poches sont vides, son avenir bouché. Et, pour couronner le tout, ce cadeau empoisonné : Lieserl. À un siècle de distance, il est difficile de se représenter la malédiction de ces naissances hors mariage. Pour la mère comme pour l'enfant, c'est l'assurance d'une vie ratée, d'un destin brisé. Un coup dont on se remet difficilement. Le père lui-même pouvait voir son engagement au Bureau de la protection industrielle remis en cause par l'annonce de cette naissance illégitime.

Cette suite d'avanies, sur fond de misère et de désespérance, stériliserait n'importe quel esprit, à plus forte raison à vingt-trois ans. Or elle n'a aucune prise sur Einstein. Au travers des pires épreuves, il conserve sa force de travail, sa puissance de concentration. Il s'est lancé dans une œuvre titanesque qui dépasse largement la relativité du mouvement et la redéfinition des repères dans l'espace-temps. C'est toute la physique fondamentale qu'il remet en cause. Il porte toujours sur lui ses carnets de notes et saisit la moindre occasion pour se replonger, ne serait-ce qu'un instant, dans son travail. Manifestement il n'a que ça en tête. Reprenons la lettre de décembre 1901. Mileva s'est réfugiée à Novi Sad dans sa famille, elle est sur le point d'accoucher. Il se trouve sous le coup d'un cataclysme annoncé, pourtant il écrit : « Je travaille d'arrache-pied. » Rien ne peut le détourner de sa quête. Il poursuit ses recherches seul sans être assuré du moindre résultat, de la moindre reconnaissance. Quel lien peut-on imaginer entre cet attachement surhumain à la physique et ce détachement, en apparence inhumain, de Lieserl ?

Au soir de sa vie, dans quelques pages de son autobiographie,

Einstein a peut-être fourni les clés de son comportement. La première, c'est l'illumination scientifique survenue très tôt dans sa vie. Il a redit plusieurs fois, sous différentes formes, sa formule fameuse : « Le plus incompréhensible, c'est que le monde soit compréhensible. » La correspondance quasi miraculeuse entre le fonctionnement de l'esprit humain et la logique de la nature constitue pour lui le miracle fondateur, la révélation directrice.

Elle indique pour l'homme la voie à suivre. Il doit découvrir l'ordre caché du monde. Cette quête devient le « but suprême », le « chemin qui mène au paradis », la « promesse d'une libération ». Il parle de cette contemplation du monde, contemplation active puisque vouée à la découverte, avec une ferveur empreinte de mysticisme. C'est la grande affaire de sa vie, l'équivalent d'une « vocation sacerdotale », selon Fritz Stern[6]. Car il s'agit d'une quête ontologique qui se suffit à elle-même et non pas d'une activité professionnelle qui permettrait de gagner la gloire ou la fortune.

La seconde clé que donne Einstein, c'est un certain détachement de l'existence ordinaire, de ses joies et ses peines. « Je pris vivement conscience dans ma jeunesse de la vanité des espérances et des aspirations qui poussent la plupart des hommes dans le tourbillon d'une vie effrénée. » Il entend se « libérer des chaînes d'un "univers exclusivement personnel" ». Il oppose la vie quotidienne privée ou professionnelle et la vie scientifique. « Pour un homme dans mon genre, il se produit un tournant décisif dans son évolution lorsqu'il cesse graduellement de s'intéresser exclusivement à ce qui n'est que personnel et momentané pour consacrer tous ses efforts à l'appréhension intellectuelle des choses. » Françoise Balibar, qui a étudié à la loupe tous ces textes, fait le lien entre cette passion dévorante et sa résistance à l'adversité. « Il trouvait dans l'exercice de la pensée la force de supporter les difficultés de l'existence [...]. Toute sa vie, semble-t-il, Einstein n'a cessé de chercher à se protéger à la fois contre l'insupportable cruauté du monde et l'étroitesse d'une vie entièrement gouvernée par des sentiments qu'il qualifiait de primitifs[7]. »

Einstein n'est pas indifférent, il est habité, possédé, emporté. Et

6. Fritz Stern, *Grandeur et Défaillances de l'Allemagne...*, *op. cit.*
7. Françoise Balibar, *Einstein. La joie de la pensée*, *op. cit.*

cette force qui s'est emparée de lui dépasse largement sa personne, elle en fait le serviteur ou le prophète d'un ordre transcendant, éternel, cosmique dans lequel il puise un bonheur ineffable. Dans une lettre de 1916, où il évoque ses ennuis domestiques – il est alors séparé de sa famille –, il conclut : « Ne me plaignez pas. Malgré mes problèmes extérieurs, ma vie se déroule avec une parfaite harmonie. Toutes mes pensées sont fixées sur la pensée. » Une phrase qui, à elle seule, le définit mieux que toutes les analyses. La contingence, si douloureuse soit-elle, n'a pas de prise sur son activité intellectuelle, tout est subordonné à son grand œuvre scientifique.

Albert peut être sensible, romantique même. Le fils, l'amoureux, l'ami éprouvent toute la gamme des sentiments. Mais il ne se réduit pas à ce commun dénominateur de la nature humaine. Il porte en lui ce génie qui lui permet de surmonter les aléas de l'existence, qui rend parfois son comportement si déroutant. Il peut aussi bien composer avec les inquisiteurs suisses pour obtenir son passeport que se révéler intraitable avec le professeur Weber au risque de compromettre son avenir ; tantôt il est prévenant, attentif, tantôt négligent, indifférent. Sa grille de valeurs lui est bien particulière.

N'est-ce pas la source de cet « opportunisme » qui lui permet de se préserver de la vie courante ? Nous ignorons les événements qui suivent cette naissance et cette ignorance même prouve qu'ils furent, par bien des aspects, hors normes. À titre de conjecture, nous pouvons supposer que la personnalité d'Einstein, son mysticisme scientifique n'y sont peut-être pas étrangers. Dans quelle mesure ? C'est ce que nous ne saurons jamais, à moins de retrouver un jour la correspondance manquante.

*
* *

L'emploi qu'Einstein finit par décrocher en juin 1902 au Bureau de la propriété industrielle n'est pas glorieux. Le voilà expert technique stagiaire de troisième classe aux appointements de 3 500 francs par an. Être diplômé du *Polytechnicum* pour en arriver là, rêver de révolutionner la physique et n'avoir pour sujet d'études que les trouvailles de tous les bricoleurs du dimanche ! Pourtant, il n'a pu obtenir ce poste médiocre qu'avec du « piston ». Le père de son camarade Marcel Grossmann a parlé de lui à son ami Friedrich Haller, le directeur du Bureau. *A priori,* Albert n'a pas le bon profil. Au Poly, il a tourné le dos à la science appliquée pour s'orienter vers la science théorique ; or les inventions ne sont, par définition, que de l'application. Les brevets portent sur des dispositifs, des machines et jamais sur des découvertes fondamentales ou des modèles théoriques. Mais bon ! Puisque ce jeune homme est le protégé de son ami Grossmann, M. Haller consent à le recevoir. D'autant qu'il se méfie des diplômes et veut se faire sa propre opinion sur les futures recrues. Friedrich Haller est ainsi. Un homme à poigne qui dirige tout, contrôle tout et tient l'établissement sous sa loi depuis une vingtaine d'années.

Pour le jeune chômeur, cet examen de passage n'est pas important, il est vital. Fort heureusement, il l'a préparé sans le savoir. Dans l'entreprise familiale, il a découvert toute la gamme du matériel électrique, il n'en connaît pas seulement les principes, mais également le mode de fonctionnement. Il a même l'expérience de l'invention. L'oncle Jakob n'avait-il pas conçu une nouvelle dynamo qui devait faire la fortune de la famille mais ne rapporta jamais le moindre mark ? Puis, il s'est familiarisé avec le matériel scientifique dans le laboratoire du professeur Weber au Poly. Il venait même y passer des heures délicieuses à revoir les expériences, peaufiner les dispositifs, améliorer les mesures au lieu d'assister aux cours. Bref, il a le goût de la science appliquée et c'est elle qui lui offre une planche de salut au moment où la science théorique le trahit.

Pendant deux heures, M. Haller jauge le postulant, vérifie ses compétences pratiques et pas seulement théoriques. Il est impressionné par ses connaissances dans le domaine de l'électromagnétisme. Un bon point, car les demandes de brevets sont de plus en plus orientées vers ces nouvelles technologies. Au terme de cet entretien, que Banesh Hoffmann qualifie d'« épuisant [8] », Haller juge Einstein convenable pour le Bureau de la propriété industrielle de Berne. Au bas de l'échelle.

C'est une chance, encore faut-il la saisir. Tout au long de son parcours scolaire, Albert a prouvé son incapacité à s'intégrer dans

8. Banesh Hoffmann, *Albert Einstein, créateur et rebelle*, *op. cit.*

une institution, quelle qu'elle soit. À l'exception du collège d'Aarau, c'est vrai. Mais M. Haller n'est pas taillé dans le même bois que « papa » Winteler. Au Bureau, il impose l'ordre et la discipline, tout ce que déteste le jeune rebelle. On pourrait craindre le pire, un miracle se produit.

Einstein n'est pas seulement heureux de trouver un emploi stable et de gagner la sécurité matérielle après ces deux années d'errance, il se plaît dans l'établissement, aime son travail, bref, devient un employé modèle qui est même augmenté, oh ! très modérément, puis titularisé dans les années suivantes.

Le voici donc conseiller en brevets. Il doit réceptionner les envois multiples et variés, les évaluer, puis, si le projet le mérite, préparer le brevet qui décrit l'invention et protège l'inventeur. Lorsqu'il tombe sur une idée farfelue ou sur la énième machine à mouvement perpétuel, la sélection est facile ; pour les dispositifs techniques plus élaborés, il recherche les erreurs qui pourraient invalider toute la démonstration. Einstein, qui aime tant se confronter aux mystères de l'univers, pourrait traiter par le mépris cette cuisine technico-juridique. Pas du tout ! Il voit dans ces dossiers des exercices de science appliquée et leur donne une dimension ludique. Pas un instant il ne considère cette occupation comme indigne de son esprit, il dira, au contraire, que ce fut pour lui « une véritable bénédiction ». Sans doute apprécie-t-il également le caractère fonctionnarisé de cet emploi qui n'exige aucune création originale et n'entraîne aucune tension particulière. Il conserve sa disposition d'esprit pleine et entière pour la physique.

Quand, après sept ans de bons et loyaux services, Einstein présentera sa démission pour répondre aux multiples sollicitations dont il est l'objet, son directeur, dont l'horizon ne dépasse guère les murs de son établissement, s'étonnera de le voir interrompre une carrière si bien commencée et le mettra en garde contre les regrets d'une décision prise sur un coup de tête ! Pourtant M. Haller ne figurera jamais dans la galerie des maîtres détestés d'Albert Einstein.

*

* *

Cet emploi fixe apporte au franc-tireur de la physique un temps libre qu'il consacre à ses bienheureuses recherches. C'en est fini des instants volés à droite et à gauche, il organise sa double vie : science appliquée aux heures de bureau, science fondamentale le reste du temps. Son travail gagne en efficacité. Il fait le tri dans son bouillonnement, on serait tenté de dire son « brouillonnement », intellectuel, comme dans les idées des inventeurs et balise la route de ses futures découvertes. Certes ce travail « en dehors des heures de bureau » lui interdit de fréquenter les bibliothèques et les librairies scientifiques pour trouver la documentation indispensable, mais il va son chemin en dépit de tous les obstacles. La pensée Einstein prend son envol.

Le bonheur est à portée de main, mais Einstein n'est pas quitte avec le malheur. En octobre 1902, Hermann est au plus mal, Albert se précipite à Milan. L'entrepreneur n'est âgé que de cinquante-cinq ans, mais son optimisme naturel n'a pas résisté à l'accumulation d'échecs. Il s'inquiète pour lui, pour les siens, il est rongé par les soucis et, en dépit d'une constitution robuste, épuisé avant l'âge. Il fait une crise cardiaque qui ne laisse guère d'espoir. Au chevet de son père, Einstein reçoit son accord pour son mariage avec Mileva. L'ultime adieu. Hermann ne souhaite pas que son fils l'assiste dans ses derniers instants, il préfère partir seul. Albert ne le reverra plus. Malheureux Hermann ! Il a toujours encouragé ce fils bien-aimé à poursuivre ses recherches, il a toujours eu foi en son génie, en cette revanche filiale. Et voilà qu'il part trois ans trop tôt, à la veille d'une victoire qui surpassera ses rêves les plus fous.

Malheureux Albert ! Comme tant de fils, il découvre dans ce père qui s'en va l'être qu'il aimait le plus et ne mesure la force de ce lien qu'à la douleur de sa déchirure. On connaît mal l'intimité de leurs relations. Dans la gamme des sentiments humains, celui qui unit un fils à son père est sans doute l'un des plus pudiques. Einstein porte la douleur de ce deuil pendant des années et, dans sa vieillesse encore, il parle de cette mort comme du « plus grand choc qu'il ait reçu de son existence ». La vertu consolatrice de la science est sans effets sur une telle peine.

À Berne, Albert Einstein met un peu d'ordre dans son existence.

Il prend un logement sous les combles, modeste mais décent, puis invite Mileva à le rejoindre. Ils ne se sont pas vus depuis un an mais, surmontant l'épisode tragique de Lieserl, ils reprennent la vie commune. Au début de 1903, ils se marient en très petit comité. Le marié, toujours égal à lui-même dans la vie quotidienne, perd la clé du domicile conjugal au soir de ses noces. Quant à Pauline Einstein, elle conserve toujours la même animosité vis-à-vis de sa belle-fille. « En tant que belle-mère, ma mère est un vrai démon », finit-il par reconnaître. Entre une vie de bureau bien réglée et un travail personnel plus intense que jamais, le couple Einstein prend le temps de recevoir quelques amis très proches, mais, en amitié comme en amour, les sentiments font bon ménage avec la science.

Le premier de ces amis, Maurice Solovine, a été recruté par petites annonces. Pour dire les choses autrement, il s'est présenté au jeune professeur en tant qu'élève désireux de prendre ses leçons. Étudiant la philosophie à l'université de Berne, il souhaite s'initier aux sciences. Par malheur, il est venu de sa Roumanie natale avec son immense curiosité pour tout pécule. La première « leçon » se transforme en deux heures de conversations passionnées. Ils décident de se revoir régulièrement pour refaire le monde. Les échanges avec Solovine sont essentiels pour Einstein, car ils l'entraînent sur un terrain philosophique qui a toujours constitué le sous-bassement de son travail scientifique.

Autre grand ami, l'ingénieur italien Michel Besso, un aîné du *Polytechnicum,* dont il est sorti deux ans avant Einstein avec des notes éblouissantes. Albert l'a présenté à la famille Winteler et Michel a épousé Anna, la fille aînée. Ils entretiennent des discussions sans fin sur les grands principes de la physique, conversations dans lesquelles Michel est un « touche-à-tout » d'une curiosité et d'un savoir encyclopédiques. Il renvoie la balle et stimule l'imagination einsteinienne. La correspondance intense qu'ils échangent au cours de ces années colle au plus près de sa réflexion, elle accompagne pas à pas la progression vers les découvertes de 1905.

Fidèle d'entre les fidèles, Marcel Grossmann. C'est le seul camarade qu'Albert se soit fait au Poly. Il lui doit déjà deux précieux coups de pouce. Le premier lui a permis de quitter le *Polytechnicum* avec son diplôme sous le bras, le deuxième lui a ouvert les portes du Bureau de la propriété industrielle. Le troisième viendra plus tard et ne sera pas moins décisif. Grossmann est d'abord un remarquable mathématicien et l'interlocuteur privilégié d'Einstein en ce domaine.

Conrad Habicht, ami de collège, est originaire de Schaffhausen. Son intervention fut précieuse pour décrocher ce poste de précepteur chez M. Nuesch. Les deux amis ont ri de l'éclat qui termina cette affaire. Habicht prépare à Berne le professorat de mathématiques. Mais sa curiosité s'étend bien au-delà et les discussions philosophiques ne sont pas pour lui déplaire.

Einstein vit entouré d'une équipe très amicale, certes, mais fort utile sur le plan scientifique. Car il a besoin de se confronter à des interlocuteurs de qualité. Avec Solovine et Habicht, les réunions deviennent si fréquentes que, par dérision, ils baptisent leur trio : « Académie Olympia ». Ils dînent chez l'un, chez l'autre ou, lorsqu'ils en ont les moyens, dans quelque brasserie et discutent interminablement des ouvrages qui les ont captivés. Les assemblées sont joyeuses et la musique de chambre vient parfois les agrémenter. Voici quelques auteurs dont les œuvres alimentent ces soirées : les philosophes Spinoza ou Platon, les mathématiciens Henri Poincaré ou Bernhard Riemann, les physiciens Ernst Mach ou André-Marie Ampère, mais aussi Cervantès, Racine, etc. Comme le note Jacques Merleau-Ponty : « L'Académie est un vrai groupe de travail[9]. » Ce n'est pas le fait du hasard si la plus grande attention est apportée à l'œuvre d'Henri Poincaré, le pionnier de la relativité. Se souvenant de ces soirées, Solovine parlera d'un « désir brûlant d'élargir et d'approfondir nos connaissances ». Pour sa part, Einstein est à ce point captivé par les discussions qu'il ne prête aucune attention à ce qu'il mange. Un soir, ses amis, qui avaient brisé leur tirelire pour lui faire goûter du caviar, furent tout marris de le voir enfourner les lentilles noires sans même remarquer qu'il découvrait un mets nouveau et délicieux.

*

* *

9. Jacques Merleau-Ponty, *Einstein*, Paris, Flammarion, 1995.

Mileva, devenue épouse légitime, devrait être plus proche que jamais de son génial mari. Or, curieusement, elle passe la main et ne participe plus aux disputes scientifiques. Le témoignage de Maurice Solovine est très net : « Mileva, intelligente et réservée, nous écoutait attentivement, mais n'intervenait jamais dans nos discussions. » Les qualificatifs ont leur importance, ils montrent que Solovine parle sans nulle animosité. Philippe Frank, témoin de l'époque postérieure, est plus sévère : « Quand il avait envie de discuter avec elle de ses idées – et il lui en venait toujours abondamment –, la réponse était si mince qu'il était souvent incapable de décider si sa femme était intéressée ou non[10]. » Frank ne se permettrait pas de prêter des interrogations à Einstein. À l'évidence, il fait état de confidences.

Et voici l'aveu. Dans la lettre qui annonce son mariage à Besso, Einstein évoque « la vie fort agréable que je mène avec ma femme. Elle s'occupe parfaitement de tout, elle fait une bonne cuisine et se montre toujours gaie ». Puis il enchaîne sur des considérations scientifiques manifestement réservées à son ami. C'est clair. Le mari ne voit dans son épouse qu'une « femme au foyer ».

Certes, à partir de 1904, Mileva qui doit se consacrer au petit Hans Albert n'est plus aussi disponible, car l'employé-stagiaire de troisième classe n'a pas les moyens, on s'en doute, de payer une nurse. Mais, tout au long de cette année 1903, elle ne fait que tenir le ménage. Elle pourrait suivre le travail de son mari et, plus généralement, les débats philosophico-scientifiques. Pourtant, elle semble étrangement absente. « Tout laisse penser que, dès 1902, Mileva avait cessé d'être la formidable complice intellectuelle et affective qu'Albert avait courtisée cinq ans plus tôt[11] », constatent Jürgen Renn et Robert Schulmann. Einstein, qui ne peut se passer d'interlocuteur privilégié, l'a remplacée dans cet emploi.

Comment ne pas attribuer ce retrait à la piètre opinion d'Einstein sur les capacités scientifiques des femmes ? Il les trouvait « fort peu

10. Philippe Frank, *Einstein, sa vie, son temps*, *op. cit.*

11. Albert Einstein et Mileva Maric, *Lettres d'amour et de science (A. Einstein et M. Maric)*, Paris, Seuil, 1993, introduction de Jürgen Renn et Robert Schulmann, avant-propos de Françoise Balibar.

créatives », à l'exception de Marie Curie. Exception aussitôt retournée puisqu'il trouvait Marie Curie fort peu féminine.

Peter Michelmore, qui publie une biographie peu après la mort d'Einstein, a recueilli des confidences de son fils Hans Albert. Celuici, qui ne peut évidemment pas s'appuyer sur ses propres souvenirs, explique que sa mère « broyait du noir » au point que ses proches la pressaient de questions et que Mileva refusait de s'expliquer en s'abritant derrière « quelque chose d'extrêmement personnel ». Le fils en conclut qu'« un épisode essentiel de l'histoire d'Albert Einstein fut ainsi enveloppé de mystère. Mileva s'est mariée avec lui malgré cette douloureuse expérience, car elle estimait que son amour pour lui était suffisamment solide pour résister. Elle n'avait pas prévu qu'une ombre planerait sur leur vie commune [12] ». Hans Albert faisait-il une discrète allusion à sa sœur ? On ne le saura jamais. À l'époque, Michelmore ne pouvait déchiffrer le sens de cette confidence. Un quart de siècle plus tard, Robert Schulmann estime qu'en raison de l'affaire Lieserl « le mariage était dès le début soumis à rude épreuve, il était empoisonné [13] ».

Humeur morose et perte de désir, Mileva Einstein a tout d'une femme dépressive. Pendant les années du Poly, elle trouve en elle l'énergie nécessaire pour suivre Einstein dans sa folle chevauchée intellectuelle ; elle lit, réfléchit, s'interroge. Trois ans plus tard, le ressort est brisé. Elle renonce et laisse filer son bolide intellectuel de mari. La dépression, à la suite de cette calamiteuse maternité, n'est pas seule en cause. Les échecs scolaires pèsent lourd. Mileva doit faire le deuil de sa carrière scientifique et, pour commencer, se détacher de la science. La séparation a joué dans le même sens. Elle l'a coupée pendant un an d'Einstein et de sa chaleur communicative. De la littérature scientifique aussi. Il est peu probable que les lettres, sans doute empoisonnées par l'épisode Lieserl, aient suffi à entretenir la flamme. Bref, et quelles qu'en soient les raisons, le couple Einstein a perdu sa complicité intellectuelle. Les échanges, si riches, de sa phase juvénile ont dépéri dans sa phase conjugale. Mileva

12. Charles-Noël Martin qui, comme Michelmore, doit expliquer ce changement de Mileva, sans connaître l'existence de Lieserl, en vient à l'expliquer par la jalousie ! Preuve que tous les témoignages concordent sur la rupture qui se produit alors dans les relations entre Albert et Mileva.

13. Denis Brian, *Einstein, le génie de l'homme*, *op. cit.*

s'occupe des enfants, tient le ménage, prépare la collation, mais se désintéresse des conversations philosophiques et n'intervient que pour s'offusquer des blagues « hénaurmes » dont son époux a le goût et le secret. Cet appauvrissement de leurs relations est lourd de menaces pour la suite. Dans l'immédiat, le destin a frappé les trois coups. Le génie d'Einstein arrive à maturité. Sur le théâtre de la science mondiale, il peut faire son entrée en scène.

CHAPITRE IV

Le messie de la physique

1905, l'année du miracle. À vingt-six ans, l'inconnu de Berne termine son apprentissage et présente son chef-d'œuvre. Cinq articles publiés dans l'année qui bouleversent la science. Deux découvertes majeures : la relativité, avec son joyau $E = mc^2$, les quanta avec la physique quantique en point de mire. Mais aussi des exploits qui souffrent de la comparaison alors qu'ils suffiraient à la gloire d'un bon physicien. N'en prenons qu'un exemple. En ce début de siècle, les atomes font encore antichambre. Certains physiciens contestent leur réalité. Einstein propose une démonstration aussi élégante que convaincante de leur existence. La question est tranchée, les opposants rendent les armes. En tête, un certain Wilhelm Ostwald qui, en son temps, n'avait pas répondu à la lettre du jeune diplômé et qui sera le premier à proposer sa candidature au prix Nobel.

Mécanique, optique, électromagnétisme, thermodynamique, Einstein est présent sur tous les fronts de la physique. Partout, il lance l'assaut et réussit la percée. Pour Max Born, « Einstein serait l'un des plus grands théoriciens de la physique de tous les temps même s'il n'avait pas écrit une seule ligne sur la relativité. » La communauté scientifique, éberluée, peine à suivre cet homme solitaire qu'elle ne connaît pas. Il va trop vite, il est trop en avance.

Une telle moisson pour un seul moissonneur, l'événement est inouï, unique dans l'histoire des sciences. Il ne s'apparente qu'à la grande rupture intervenue trois cent cinquante ans plus tôt : le basculement du géocentrisme à l'héliocentrisme. Avec le recul historique, la révolution copernicienne préfigure la révolution einsteinienne. Elle en propose une bonne grille de lecture.

*

* *

L'astronomie médiévale centrée sur la Terre s'accorde au mouvement apparent du Soleil, donne à l'homme une position privilégiée dans l'univers et, ce qui nous paraît difficilement concevable, décrit de façon satisfaisante le mouvement des astres. Car le géocentrisme n'est pas une croyance naïve mais une astronomie très sophistiquée. Son élaboration se poursuit tout au long de l'Antiquité et se formalise au IIe siècle avec la synthèse de l'astronome alexandrin Claude Ptolémée.

Mettre la Terre au centre du monde est une idée faussement simple qui débouche sur un casse-tête astronomique. Pour masquer cette malformation congénitale, Ptolémée construit une prodigieuse machinerie de sphères imbriquées dans laquelle chaque planète suit son mouvement particulier sur sa propre trajectoire, son épicycle. Et cela colle puisque, précisément, Ptolémée a réglé ces rouages sur les observations dont il prétend rendre compte. Par la suite, ses successeurs découvrent certains décalages entre les prévisions du calcul et le mouvement des astres. Qu'à cela ne tienne, ils fabriquent des prothèses : excentriques, équants, déférents, etc. Leur mécanique, merveille d'ingéniosité et de méticulosité, finit par compter une centaine de mouvements qui se combinent les uns avec les autres. C'est cher payé, mais le résultat est là : le manège céleste est parfaitement décrit. Preuve en est que l'astronome danois Tycho Brahé, qui naît deux ans après la mort de Copernic et dont les observations scrupuleuses serviront de base à Kepler, ne se rallie pas à l'héliocentrisme. Pendant treize siècles, le géocentrisme a donc fonctionné à la satisfaction générale et n'a jamais été remis en question.

Et voilà qu'un chanoine polonais, Nicolas Copernic, imagine d'inverser les positions de la Terre et du Soleil. Il élabore sa théorie tout seul dans son coin et dans la plus grande discrétion. Car il n'ignore pas que cette hérésie astronomique risque d'être considérée comme une hérésie tout court et punie en conséquence. Pendant dix-huit ans, il garde son chef-d'œuvre *Des révolutions des orbes célestes* dans un tiroir et ne se résout à le publier qu'à la veille de sa mort, en 1543, sous la pression de son seul disciple, Rheticus. Encore l'éditeur prend-il soin d'ajouter une préface qui réduit cette découverte au rang de simple hypothèse. Bien lui en prend, puisque trois quarts de siècle plus tard, l'Inquisition reproche à Galilée, non pas de s'intéresser au système de Copernic, mais de le présenter comme un fait avéré et non comme une pure spéculation.

Pour quelles raisons un chanoine paisible et solitaire se lance-t-il dans une telle aventure ? A-t-il constaté que le mouvement des astres ne correspond pas au schéma ptoléméen ? Certainement pas. Copernic ne fut jamais un grand observateur. Obtient-il avec sa nouvelle astronomie des résultats plus satisfaisants qu'avec l'ancienne ? Pas davantage. Les calculs ne sont pas moins conformes à l'observation dans l'un et l'autre systèmes. La démarche de Copernic est plus philosophique que scientifique. Il pense que le système de l'univers doit être « simple », « agréable à l'esprit » et il voit dans l'astronomie ptoléméenne un « monstre » dont la complication ne correspond pas à l'idée qu'il se fait de la perfection cosmique. Michel Blay parle d'une « exigence d'harmonie, d'ordre et de beauté à laquelle les anciennes théories ne semblaient plus en mesure de répondre en raison de l'introduction d'une multitude d'éléments *ad hoc*[1] ». En installant l'astre de feu en majesté avec la couronne des planètes qui lui rendent hommage, Copernic veut restaurer la splendeur de l'ordre céleste. Mais son héliocentrisme primitif reste bourré d'erreurs. Ce qui l'oblige à faire comme Ptolémée : compliquer le schéma original pour coller à l'observation. Bref, il pervertit une idée simple et grandiose dans un système compliqué et bancal.

Quelles leçons tirer de cette révolution scientifique ? Premier point, ce n'est pas l'observation de la nature qui dicte la découverte. L'héliocentrisme n'est pas inscrit dans le ciel. Bien au contraire. La science ne peut se réduire à une exploration du monde qui nous entoure. Elle se fonde sur des idées, des théories et n'affronte la réalité qu'armée d'un solide bagage conceptuel. Second point, le progrès mêle de façon inextricable la continuité et la rupture. Les chercheurs ne font pas la révolution chaque fois qu'une théorie semble démentie par l'expérience. Ils s'efforcent de l'amender, de

1. Michel Blay, « La déréalisation du monde », *Sciences et Avenir*, hors-série, octobre-novembre 2002.

la perfectionner, bref de la conserver et ne l'abandonnent qu'en désespoir de cause. Sage réaction, car les idées se complètent et s'améliorent en se confrontant à la réalité. Ainsi Copernic fait-il décrire aux planètes des orbites circulaires. Par chance, l'héliocentrisme n'est pas rejeté et Kepler vient le parfaire en remplaçant les cercles par des ellipses.

Fonctionnant en économie d'hypothèse, les scientifiques s'attachent aux idées reconnues avant de faire le saut dans l'inconnu. À ce jeu, les découvreurs risquent toujours de se figer dans leur rôle de réparateurs, de mettre leur imagination au service des idées en place et de ne plus chercher les idées nouvelles. Par malheur, l'inventivité humaine au service de l'erreur est infinie, comme le constate un certain Albert Einstein : « Il est souvent, et peut-être même toujours, possible de continuer à adhérer à un fondement théorique général en lui ajoutant des hypothèses artificielles qui lui permettront de s'adapter aux faits. »

Quel accueil la science réserve-t-elle au visionnaire iconoclaste qui s'attaque aux dogmes ? Suffit-il que les théories soient à bout de souffle pour que le nouveau paradigme remplace l'ancien ? Les choses ne sont pas si simples et c'est pourquoi la révolution copernicienne mit un siècle à s'imposer et la révolution einsteinienne une décennie seulement.

La première raison, évidente, c'est l'Inquisition. Elle s'est opposée à la première théorie et pas à la seconde. Mais il est une autre explication plus riche d'enseignements. La relativité était attendue et l'héliocentrisme ne l'était pas. L'astronomie du XVIe siècle se satisfait de sa vérité et ne se remet pas en question. En lui imposant une hypothèse concurrente, Copernic ne résout pas la crise, il l'ouvre.

Einstein, au contraire, arrive dans une physique qui est empêtrée dans ses contradictions, qui se pose des questions et cherche des réponses. Elle est en attente d'une révélation et, comme l'on sait, ce sont les temps messianiques qui font les messies.

*

* *

À la sortie du XIXe siècle, la science triomphante avait le sentiment, presque démoralisant, d'avoir tout compris. En 1892, le grand savant britannique, Lord Kelvin, annonce : « La physique est définitivement constituée avec ses concepts fondamentaux. [...] Il y a bien deux petits problèmes : celui du résultat négatif de l'expérience de Michelson [2] et celui du corps noir [3], mais ils seront rapidement résolus... » Dix ans plus tard, les « petits problèmes » sont devenus des casse-tête diaboliques qui paralysent la physique. Le néophyte qui suit avec passion les débats scientifiques a fait de ces « petits problèmes » ses thèmes de recherches privilégiés. Il est « en situation ».

En ce début de XXe siècle, la physique est donc en crise. Depuis des années, les savants s'efforcent, tant bien que mal, de corriger leurs théories mises à mal par des observations déroutantes. D'hypothèses *ad hoc* en replâtrages mathématiques, celles-ci deviennent de plus en plus compliquées, de moins en moins explicatives. La science décrit une réalité qu'elle ne parvient plus à comprendre. Elle est en attente d'un rénovateur.

Ces difficultés naissent d'un divorce. D'un côté, la mécanique s'occupe des objets en mouvement, depuis les grains de poussière jusqu'aux planètes, dans le cadre fixé par Sir Isaac Newton ; ses lois décrivent, à la satisfaction générale, le jeu des forces, des vitesses, des mouvements. De l'autre, l'électromagnétisme et l'optique prennent en charge ces différentes formes d'énergie qui se propagent dans l'espace à travers des ondes. Là encore, la théorie, couronnée par les équations de James Maxwell, remplit parfaitement son office. Une physique duale pour une nature unique. Des lois différentes pour un même monde. Ici, elles décrivent le jeu de forces supposées agir instantanément et à distance. Là, celui d'ondes qui se propagent de proche en proche portées par les champs électromagnétiques à une vitesse limitée. Le jour et la nuit.

2. L'expérience de Michelson consiste à mettre en évidence le mouvement de la Terre par rapport à l'éther immobile en montrant qu'il influe sur la vitesse de la lumière. Celle-ci ne devrait donc pas être la même selon qu'elle se propage dans le sens de ce mouvement ou à contre-sens. L'expérience prouva qu'il n'en est rien et que la lumière va toujours à la même vitesse.

3. L'expérience dite du rayonnement du corps noir vise à expliquer l'émission de rayonnement par un corps en fonction de la température. Les physiciens parlent de « corps noir » parce qu'ils placent la matière qui rayonne dans un four dont les parois sont noires. Il en sera longuement question tout au long de ce chapitre.

Pour l'instant, la physique des corps et la physique des ondes, celle de la matière et celle de l'énergie, celle du discontinu et celle du continu, refusent de marcher à l'amble. Chacune va de son côté et les cochers sont incapables de tenir l'attelage.

Les « petits problèmes » de Lord Kelvin se situent à la frontière des deux mondes, dans des expériences qui combinent le comportement de la matière et celui des ondes. Exemple : l'expérience de Michelson. Le physicien américain vient de découvrir que la lumière refuse de se conformer à la composition des vitesses, base de la mécanique. Un phénomène indiscutable et d'observation courante. Imaginez-vous roulant dans une voiture à 100 km/h et découvrant un autre véhicule en face de vous. Si cette seconde automobile fonce sur vous à 100 km/h, votre vitesse, par rapport à ce véhicule, est de 200 km/h, si, au contraire, elle va dans le même sens, alors votre vitesse relative est de zéro. Comment imaginer qu'il puisse en aller autrement ? Pourtant, lorsqu'il s'agit de lumière, les vitesses ne veulent plus s'additionner. Elles restent les mêmes pour celui qui va au-devant du rayon et pour celui qui s'en éloigne. Albert Michelson l'a prouvé : la lumière ne respecte pas le code de vitesse.

Cette lumière est une onde, cela ne semblait faire aucun doute, mais elle est produite par la matière. Un métal que l'on chauffe se met à irradier. D'un côté des atomes, de l'autre des ondes. Comment se fait le passage d'un monde à l'autre ? Les physiciens s'efforcent de le comprendre avec cette expérience sur « le rayonnement du corps noir » et se heurtent à un véritable casse-tête.

Au cas par cas, la science fabrique des réponses pour sauvegarder les grandes cathédrales théoriques qu'elle a construites au XIXe siècle. Mais les échafaudages défigurent le monument plus qu'ils ne le soutiennent. La physique a besoin d'un reconstructeur. L'heure d'Einstein a sonné.

*
* *

Que la lumière soit... C'est le premier défi lancé par Einstein à l'aube de son *annus mirabilis*. Ce qu'est la lumière, les physiciens le savent, il n'y a pas à revenir là-dessus. Le novice en est bien conscient et c'est pourquoi, s'adressant à son ami Habicht, il qualifie de « révolutionnaire » l'article qu'il s'apprête à publier sur la nature de la lumière.

Au départ, il y a le désespoir d'un illustre physicien annonçant une grande découverte. Le savant, c'est Max Planck, une sommité dans le monde des physiciens. Le 14 décembre 1900, à Berlin, il présente à la Société de physique un mémoire résumant ses derniers travaux sur ce fameux : « rayonnement du corps noir ». Pour dire les choses plus simplement, il s'agit de comprendre ce qui se passe lorsqu'on chauffe un morceau de métal et qu'il émet un rayonnement d'une certaine couleur. Nous touchons là la frontière entre les deux mondes, les deux physiques. D'un côté, la matière, de nature discontinue, de l'autre le rayonnement, de nature continue. Et voici que l'un naît de l'autre, soit que la matière absorbe le rayonnement, soit qu'elle l'émette. Nous nous trouvons sur la ligne de conflit.

La chaleur agite les atomes qui se mettent à rayonner, il suffit de regarder le filament d'une lampe à incandescence pour le constater. Mais constatation ne vaut pas explication. Les scientifiques ont minutieusement observé le phénomène. Pour des températures de quelques centaines de degrés, le métal conserve sa couleur grise, le rayonnement est invisible et se situe dans l'infrarouge. À partir de 600 degrés, apparaît une couleur rouge sombre, c'est la première lumière. En chauffant davantage, le métal vire à l'orange, puis, si l'on monte à 2 000 degrés, il devient très lumineux, éblouissant et d'une couleur blanchâtre. Pour une température encore plus élevée, un rayonnement invisible, de plus grande énergie, vient s'ajouter à la lumière visible : l'ultraviolet.

Depuis une dizaine d'années, les physiciens tentent vainement de mettre en équation cette dérive de la couleur rayonnée en fonction de la température. Aucune loi ne parvient à décrire l'ensemble du phénomène. Tel est le « petit problème » posé par le « rayonnement du corps noir ».

Et voilà que le 14 décembre 1900, Max Planck apporte la solution. Il présente des équations qui permettent de prévoir le rayonnement pour toutes les températures. L'accord est parfait entre le calcul et les mesures. C'est une grande victoire, mais, loin de triompher, il présente son travail comme « un acte désespéré ». Quel péché a-t-il donc commis pour être à ce point malheureux de son succès ? Il a quantifié l'émission du rayonnement : inadmissible transgression.

Quantification, le terme savant cache une réalité de tous les jours. La population de la France est quantifiée, c'est-à-dire qu'elle comporte un nombre entier d'individus. Il ne peut exister de dixième, de centième, de millième d'habitant. À l'inverse, l'eau qui coule sous les ponts de la Seine ne l'est pas. Il est possible d'en prélever mille litres, un millième, un cent millième de litre. L'eau du robinet n'est pas quantifiée, celle de nos bouteilles l'est. Si je monte au Sacré-Cœur par la rue Lepic, je peux faire des pas aussi petits que je veux, si je prends l'escalier, je progresse marche par marche.

Max Planck a torturé ses équations dans tous les sens afin qu'elles donnent des résultats en accord avec l'observation. Et la formule à laquelle il est parvenu, la seule qui colle à l'expérience, implique que les atomes du métal ne rayonnent pas l'énergie de façon continue. Ce sont des émetteurs pulsés, qui crachent des paquets, parfaitement calibrés et qui ne peuvent jamais en livrer qu'un nombre entier. La production d'énergie ne change que par paliers, sans jamais prendre les valeurs intermédiaires. Impossible d'avoir un quart, un dixième, un millième d'unités, seulement une, deux, trois, quatre, etc. Un mystérieux processus de « calibrage-découpage » produit la lumière par unité, par « quantum », dit Planck, et non pas de façon continue à la manière d'une source qui s'écoule.

Il semble donc exister un minimum d'énergie qui tient le rôle de la marche dans l'escalier. Celle-ci représente le quantum élémentaire de mouvement pour monter. Un promeneur qui ne pourrait pas lever le pied à cette hauteur aurait beau tenter mille fois d'y parvenir qu'il ne s'élèverait pas d'un centimètre. En revanche, il est possible de monter les marches deux à deux ou trois à trois. Mais jamais deux et demie par deux et demie. Les équations de Planck font donc apparaître que la lumière procède de même. Elle ne se manifeste qu'à partir d'un certain seuil et se découpe alors en « paquets » toujours égaux[4]. Fréquence de la lumière et quanta d'énergie se

4. Cette quantité élémentaire n'est pas la même pour toute onde lumineuse, elle se trouve liée à la couleur. La lumière étant une onde possède une fréquence et celle-ci va croissant tout au long du spectre lumineux. La fréquence augmente de l'infrarouge à l'ultraviolet, entraînant un changement de la couleur. Bref, en optique, toute fréquence est une couleur et *vice versa*. Planck découvre non seulement que la lumière procède par quanta, mais encore que ces quanta varient en fonction de la couleur. À chacune le sien.

trouvent liés par une constante de proportionnalité, la constante de Planck, appelée à devenir le régulateur universel de l'énergie et de l'action dans le monde de l'infiniment petit.

C'est un joyau de la physique, assurément l'une des plus grandes découvertes de tous les temps, qui rendra immortel le nom de Planck. Pourtant celui-ci contemple sa merveille avec l'œil dubitatif du prospecteur qui ne voit dans son diamant brut qu'un gros caillou. Il faudra que le maître diamantaire Einstein taille la pierre et en fasse jaillir mille feux pour que sa valeur soit reconnue. En 1900, son inventeur n'en comprend pas la signification. Il n'y voit qu'un artifice, une bizarrerie mathématique correspondant à une aberration physique : une émission d'énergie hachée menu, à l'origine d'une onde lumineuse étendue et continue. Bizarrerie et aberration, certes, mais qui permettent seules de mettre en accord la théorie et l'expérience. Pour un physicien du XIXe siècle, c'est impensable, et Planck ne sait que faire de cet inadmissible résultat. Les seules équations qui collent sont quantifiées, qu'est-ce que cela signifie pour la réalité ? Dans les quatre années qui suivent, aucun physicien ne revient sur cette incongruité.

Car enfin la lumière est une onde, cela ne fait aucun doute. Au XVIIIe siècle, le grand Newton avait supposé qu'elle se composait de corpuscules microscopiques. La physique du XIXe siècle n'a pas seulement prouvé que c'est faux, elle a trouvé la nature de cette onde. Il s'agit d'oscillations électromagnétiques. Comme le dit joliment le physicien britannique David Bodanis : « La lumière sera toujours ce jeu de saute-mouton effréné entre l'électricité et le magnétisme se propulsant l'un l'autre et s'échappant hors de portée de tout ce qui pourrait essayer de les rattraper[5]. » L'optique est tout entière construite sur cette théorie, c'est un acquis de la science au même titre que la gravitation universelle.

Or les ondes ne peuvent se confondre avec les corpuscules. La vague qui se propage et les billes qui roulent, ce n'est pas pareil. Il n'y a aucune place pour les quanta dans l'électromagnétisme. Max Planck ne peut y voir qu'une anomalie, un artefact mathématique. Rien de plus.

5. David Bodanis, *$E = mc^2$. La biographie de la plus célèbre équation du monde*, Paris, Plon, 2001.

Einstein s'empare du problème en partant de la théorie et non pas de l'expérience. Le passage d'un atome, de nature discontinue, à une onde continue, lui paraît une horreur conceptuelle. Il faut rebâtir une théorie d'ensemble cohérente à partir de cet assemblage disparate.

Les atomes et les électrons relèvent de la mécanique, plus précisément de la mécanique statistique qui traite des objets très petits mais suffisamment nombreux pour les rendre justiciables de la loi des grands nombres. C'est elle qui doit être utilisée. Elle fait apparaître les atomes du métal émoustillés par la chaleur comme des microémetteurs quantifiés. Leur modèle pour livrer le rayonnement ce n'est pas la fontaine mais le distributeur de canettes. La cohérence exige donc que la lumière se compose également de quanta, c'est-à-dire qu'elle puisse aussi suivre une physique du discontinu, de type mécanique, et pas seulement du continu, de type ondulatoire. « Mais, comme l'expliquera plus tard Einstein, même si la bière est toujours vendue en bouteilles d'une pinte, cela n'entraîne pas que la bière soit constituée de parties indivisibles d'une pinte chacune. »

Il entreprend de soumettre la lumière à cette mécanique statistique, de la traiter comme un gaz composé de milliards de particules, ce qui revient à unifier ce que les hommes ont disjoint. En effet, nous voyons les objets macroscopiques et pas les objets microscopiques comme les molécules, les atomes ou les quanta. Nous avons donc deux sciences pour deux réalités. La mécanique pour le discontinu, l'électromagnétisme pour le continu. Einstein prend la première et l'applique, en version statistique, à un rayonnement lumineux qui serait composé non pas d'ondes continues, mais de quanta discontinus. Formule gagnante : il retrouve les équations de Planck. Ainsi la lumière, produite par « quanta », se compose de « quanta » ou, plus exactement, se compose *aussi* de « quanta », puisque cette découverte ne saurait faire disparaître la nature ondulatoire qui lui est reconnue. Fort de ce premier succès, il s'attaque à différents phénomènes incompréhensibles en théorie ondulatoire mais qui s'expliquent fort bien avec ce nouveau modèle. La nature granulaire de la lumière n'est pas une curiosité mathématique mais la seule explication satisfaisante pour des phénomènes jusque-là inexpliqués.

Einstein présente ses idées « révolutionnaires » dans un emballage bien convenable, mais il dit clairement les choses dès la deuxième page : « lors de la propagation d'un rayon lumineux [...] l'énergie n'est pas distribuée de façon continue [...] mais est constituée d'un nombre fini de quanta d'énergie localisés en des points de l'espace [...] ». Planck a torturé les équations sans pouvoir admettre la réalité physique qu'elles recouvraient ; il lui restait un pas à franchir, large comme le Rubicon. Einstein fait le chemin inverse. Il traite la lumière comme un gaz, non pas composé d'atomes mais de quanta, en tire les conséquences mathématiques et retombe sur ses pieds. La lumière a bien une composante granulaire qui ne peut être ignorée. Et, dans la foulée, il s'attaque à l'effet photoélectrique.

*
* *

On se souvient que, dans une lettre à Mileva, Albert qui vient d'apprendre sa prochaine paternité, laisse déborder son enthousiasme pour une étude du professeur Lenard sur la production d'électrons par les rayons ultraviolets. Il s'agit de l'effet photoélectrique, aujourd'hui d'application courante. Certains métaux, frappés par un rayon lumineux, produisent un courant électrique. Si l'on coupe le rayon, le courant s'arrête. Un phénomène utilisé dans toutes les cellules photoélectriques qui commandent l'ouverture automatique des portes. Étudiant méthodiquement cet effet, Lenard a constaté que plus on éclaire le métal et plus on produit d'électrons. Rien que de très logique. En revanche, les résultats sont plus troublants pour la fréquence du rayonnement. Si l'on projette de l'infrarouge, il ne se passe rien, quelle que soit l'intensité. L'effet n'apparaît qu'avec des ondes lumineuses de fréquence plus élevée. Et l'on constate alors que la fréquence de l'onde incidente détermine la vitesse à laquelle les électrons sont éjectés. Plus elle est élevée, plus ils seront rapides.

Impossible d'expliquer cela avec des ondes. Si, au contraire, le rayonnement lumineux est fait de corpuscules, s'il bombarde le métal au lieu de le recouvrir, alors tout devient compréhensible. Imaginons les électrons comme des petites balles servant de cibles sur les stands de foire. Les « quanta » de lumière sont les projectiles lancés par les joueurs. Première constatation : le nombre des balles atteintes dépend du nombre des projectiles. Une loi banale : en multipliant les tirs, on multiplie aussi les tirs au but. Deuxième constatation : la nature de l'impact dépend de la force du projectile. Là encore, cela semble assez logique. Avec des boules de papier tirées depuis une sarbacane, il ne se passera rien. Elles ne feront que rebondir sur la cible sans la faire tomber. Avec des fléchettes, la force sera tout juste suffisante pour provoquer la chute de la balle. Le plomb d'une carabine lui fera faire un petit saut. Mais, si l'on tire avec un fusil, alors, la cible va partir comme une fusée lorsqu'elle est touchée. En termes de collision, il est naturel d'établir un lien entre l'énergie du rayonnement incident et la vitesse de l'électron éjecté.

Einstein doit donc associer les deux aspects, fréquence et énergie, en les liant par la constante de Planck. Toutes deux sont faibles pour les ondes hertziennes, plus élevées pour la lumière, encore plus pour l'ultraviolet. Aujourd'hui, rien ne paraît plus naturel. L'infrarouge chauffe et l'ultraviolet brûle, tous les amateurs de bronzage savent cela. À l'époque, on pensait, au contraire, que l'énergie transportée par les ondes électromagnétiques ne dépendait pas de leur fréquence.

Cette nature corpusculaire de la lumière et le fait que l'énergie de chaque « corpuscule » soit proportionnelle à la fréquence permettent d'expliquer à la fois la vitesse des électrons et le seuil de déclenchement. Les fréquences les plus basses dans l'infrarouge n'ont pas l'énergie nécessaire pour déloger un électron et l'extraire du métal. Dès lors, il ne sert à rien de bombarder la cible avec de l'infrarouge, si intense soit-il : le projectile n'ayant pas le bon calibre reste sans effet. Autant introduire cent pièces d'un cinquième d'euro dans un distributeur automatique qui n'accepte que les pièces d'un euro.

Cette conclusion qui bouscule les idées admises se heurte à de vives oppositions. L'un des sceptiques, l'Américain Robert Millikan, entreprend de vérifier la théorie einsteinienne de l'effet photoélectrique. Une tâche particulièrement ardue. Pendant dix ans, il bombarde des métaux avec des rayonnements de toutes les fréquences en mesurant avec le plus grand soin la vitesse des électrons émis. En 1916, il est à même de présenter ses conclusions. À sa grande surprise, pour ne pas dire à sa grande déception, les résultats sont en tout point conformes aux prévisions d'Einstein. Une éclatante confirmation pour le théoricien, un cinglant désaveu pour l'expérimentateur... qui n'en persiste pas moins à contester la réalité des « quanta », mais gagne tout de même un prix Nobel dans l'affaire.

Par l'introduction des quanta, Einstein soulage la physique de quelques irritations : rayonnement du corps noir, effet photoélectrique et autres misères que la lumière infligeait à ses observateurs. Mais il a sauté pour mieux reculer. Car cette lumière continue, faite de quanta discontinus, est contradictoire dans les termes. Il ne l'ignore pas et son article se termine en queue de poisson, laissant le lecteur sur sa faim. Que signifie la théorie corpusculaire si elle n'élimine pas la théorie ondulatoire ? Il faut qu'une porte soit ouverte ou fermée et qu'une grandeur soit continue ou quantifiée. Il introduit là dans la physique une bombe à retardement qui, vingt ans plus tard, provoquera une nouvelle révolution.

*
* *

Ainsi, l'élève Einstein démontre qu'une pensée cohérente doit étendre l'hypothèse des quanta à la lumière : celle-ci ne peut relever de la seule physique du continu, il faut également la soumettre à la physique du discontinu, de type mécanique. Il s'apprête donc à mettre sur la copie du maître Planck une appréciation fort désobligeante : « Excellente idée dont vous avez fait le plus mauvais usage. »

Celui-ci se trouve être le patron des *Annalen der Physik.* Acceptera-t-il d'être contredit dans sa propre revue ? Au moindre mot de travers, il risque de renvoyer sa copie à l'impertinent. Einstein fait relire son article par ses proches, et choisit un titre passe-partout pour désamorcer sa bombe : « Un point de vue heuristique concernant la production et la transformation de la lumière. » On pense à l'éditeur de Copernic parlant d'une simple hypothèse. L'expression « point de vue », honnête et prudente, évite de heurter les autorités par une affirmation catégorique. D'autant qu'à ce stade et quelle que soit sa conviction, il ne présente encore qu'une hypothèse. Quant à l'adjectif « heuristique », qui, selon le Littré, renvoie à « l'art de faire des découvertes », il réduit la portée de l'article à une façon d'envisager le problème.

Imaginons, un instant, la réaction de Max Planck recevant cet article destiné aux *Annalen der Physik.* La décision lui appartient. Il peut s'opposer à la publication, demander des modifications, l'assortir d'une présentation faisant les plus expresses réserves. La première raison, la plus évidente, est scientifique. À un siècle de distance, alors que le mot de « photon », un terme qui n'apparaît qu'en 1926, appartient au langage commun, il est difficile de se représenter la transgression, le scandale d'une telle hypothèse au début du siècle. L'opposition entre continu et discontinu est posée comme un absolu. C'est l'un ou l'autre, mais pas les deux. On se heurte au principe de non-contradiction, une limite infranchissable qui sépare la recherche rigoureuse des spéculations aventureuses. Cela explique la sidération de Max Planck se refusant à sauter le pas. Et voilà qu'un article prétend apporter la démonstration qu'il est passé à côté de sa découverte. Cela, au prix d'une transgression, qui reste hautement spéculative, qui n'est étayée par aucune preuve expérimentale et qui débouche sur une insupportable contradiction. Si encore cette audace était cautionnée par l'autorité d'un physicien reconnu ! Mais non elle est le fait d'un obscur expert en brevets ! Quel patron ne céderait pas à un réflexe de vanité blessée ? Et pourtant, Max Planck publie l'article d'Einstein dès le printemps 1905. Une marque de noblesse et de courage que l'on imagine difficilement venant des maîtres d'aujourd'hui.

Par cet acte incroyable, Max Planck a définitivement associé son nom à celui d'Einstein. En effet, une découverte scientifique ne saurait rester une entreprise solitaire. Pour exister, elle a besoin que la communauté scientifique la porte sur les fonts baptismaux. Faute de quoi, elle avorte sans laisser la moindre trace. C'est ainsi que, trois siècles avant notre ère, l'astronome grec Aristarque de Samos proposa un système du monde dans lequel la Terre tournait sur elle-même et autour du Soleil. Pour son malheur, l'illustre Archimède, à l'opposé de Max Planck, entreprit de réfuter le système d'Aristarque qui fut abandonné au profit du géocentrisme. L'héliocentrisme ayant raté son entrée dans l'histoire dut être réinventé un millénaire et demi plus tard.

Le scénario d'un Einstein qui ne parvient pas à se faire publier tourne rapidement au cauchemar. Poursuite de ses recherches en vase clos ? Publication dans des revues de second ordre peu valorisantes ? Hargne et coupure vis-à-vis du monde scientifique ? Récupération de ses idées par des plagiaires indélicats ? Sans nul soutien, sans nulle reconnaissance, aurait-il poussé jusqu'à la relativité généralisée ? Une seule chose est certaine : Einstein sans Max Planck n'aurait pas été Einstein. Et rien ne prouve que la différence se serait limitée à quelques années au purgatoire.

Cet article d'Einstein est doublement révolutionnaire, par la transgression qu'il opère, mais également par les perspectives qu'il ouvre. En 1905, celles-ci n'apparaissent pas encore. Bien au contraire. La quantification de la lumière laisse la physique en porte-à-faux. Situation inconfortable et même intenable. Dire qu'un phénomène peut être une chose et son contraire ressemble plus à une régression qu'à un progrès et les scandaleux quanta de lumière ne trouveront leur place et leur sens dans la physique quantique qu'au terme d'une très longue route.

*
* *

Une première découverte qui pose d'emblée la question : pourquoi Einstein ? Qu'apporte-t-il de plus que les physiciens chevronnés, quelle force secrète lui permet de trancher les nœuds gordiens ? Il n'est pas le meilleur mathématicien, loin de là, certainement pas le meilleur expérimentateur, et, pour l'intelligence pure, il n'est pas sans rival. Sa supériorité tient moins à une compétence supérieure ou des dons exceptionnels qu'à une approche singulière de la science. C'est elle qui lui permet de trouver ce que les autres n'osent même pas chercher. Entre les physiciens et lui, l'écart est du même type qu'entre Copernic le révolutionnaire et Tycho Brahé l'observateur.

Cette originalité est d'abord philosophique, pour ne pas dire morale, voire spirituelle. Elle tient au primat des idées sur les faits, de la théorie sur l'expérience. Einstein n'observe pas la nature, il la pense. « La théorie est pour lui une construction abstraite qui ne découle pas logiquement des faits, qui est inventée par la pensée, et seulement ensuite confrontée aux faits [6]. » Par opposition aux chercheurs qui vivent le nez collé à la réalité, enfermés dans leurs

6. Michel Paty, « Einstein dans la tempête », dans Stéphane Deligeorges (dir.), *Le Monde quantique*, Paris, Seuil, 1985.

expériences, il prend de la distance, s'élève à une hauteur vertigineuse : « Les concepts scientifiques sont des créations libres de l'esprit humain, ils ne sont pas, comme on pourrait le croire, uniquement déterminés par le monde extérieur. »

Avant de construire, Einstein se soucie d'abord de poser les fondations. Il n'hésite pas à repartir des principes premiers afin de n'échafauder ses théories que sur des bases indiscutables, et cela change tout. « C'est un architecte qui est à l'œuvre, et dont les principes sont les matériaux de base [...]. Les principes, ce sont des thèmes avec lesquels Einstein compose la symphonie[7] », explique Jean Eisenstaedt. Le jeune révolutionnaire donne aux principes une dimension absolue, intangible, sacrée. Ce sont les maîtres qui régissent la nature, qui détiennent la vérité. Ils doivent être peu nombreux, tout-puissants, rayonnants. Son premier critère de validité est d'ordre esthétique, c'est l'harmonie, la cohérence, « la perfection interne » de la théorie. Inutile de s'escrimer sur une construction bancale qui, de nécessité, ne peut qu'être fausse. Une lumière continue naissant d'un processus discontinu ne répond pas à ses critères d'harmonie, d'équilibre, de symétrie. Elle est donc erronée, c'est une évidence qui s'impose à lui avant toute démonstration. Tout au long de sa vie, il rejettera ainsi, par instinct, des théories qui heurtent son sens de l'esthétique scientifique. La vérité se cherche, l'erreur se flaire. Einstein condamne en se fondant sur des préjugés, s'engage sur des intuitions et construit sur la raison. Une démarche étrange qui le distingue des autres physiciens, qui lui évite de s'évertuer comme eux à explorer des systèmes dépassés, qui le précipite dans des voies inexplorées, mais qui lui jouera bien des tours. D'où lui vient cet instinct révolutionnaire qui le détourne des systèmes en place et le précipite vers les idées nouvelles ?

Il n'en a jamais fait mystère : il a toujours donné à son travail scientifique une dimension spirituelle. Il ne cesse de le répéter : « Je ne peux pas concevoir un scientifique authentique qui n'aurait pas une foi profonde. » Foi religieuse ou pas ? À chacun de répondre, car son Dieu n'a rien à voir avec ceux des grands monothéismes, il participe d'un vaste panthéisme rationaliste. « Je crois au Dieu de

7. Jean Eisenstaedt, *Einstein et la Relativité générale. Les chemins de l'espace-temps*, Paris, CNRS Éditions, 2002.

Spinoza qui se révèle dans l'harmonie de tout ce qui existe, mais non en un Dieu qui se préoccuperait du destin et des actes des êtres humains. » Cette sacralisation de l'ordre naturel fait de la recherche scientifique une sorte d'expérience mystique. « Chercher à comprendre les lois de la Nature, c'est chercher à comprendre l'œuvre de Dieu, professait déjà saint Thomas d'Aquin. » Einstein fait sienne la formule, à un mot près : pour lui, la recherche ne vise pas à comprendre l'œuvre de Dieu, mais Dieu lui-même. Car Dieu, pour Einstein, comme pour Spinoza, n'a rien créé, il est la nature elle-même. Ni Créateur, ni même Grand Architecte ou Parfait Horloger, Dieu se cache dans l'architecture ou l'horlogerie cosmiques.

Les faits expérimentaux ou même les lois scientifiques ne sauraient fournir le point de départ pour construire une théorie. Einstein émaille ses raisonnements de phrases comme « en vertu du principe... », « ce qui contrevient au principe... », etc. Dans la physique pré-ensteinienne, ces normes absolues se déduisent des lois, elles semblent, en quelque sorte, plaquées sur la réalité. Einstein prend le parti inverse : « Au début sont les principes. » Ce sont eux qui tiennent le monde, qui lui donnent son ordre et sa cohérence, qui engendrent les lois. Il faut les prendre comme guide et boussole pour chercher la vérité, pour progresser dans la connaissance.

Qu'un jeune homme de vingt-six ans remette en cause les méthodes et pas seulement les résultats de ses maîtres, voilà le miracle einsteinien. Il suppose une personnalité exceptionnelle, imperméable au conformisme ambiant. Premier trait de caractère de cet individualiste congénital. Un penchant qui se trouve renforcé par son isolement. Contrairement aux autres chercheurs, il ne travaille pas dans un laboratoire, il n'est pas entouré de collègues, il ne baigne pas dans la soupe commune des idées reçues, des dogmes immuables et des coupables pensées. Il « gamberge » seul dans son coin, avec quelques copains, sans ressentir le poids écrasant de la pensée commune. Là encore l'analogie avec Copernic est troublante.

En outre, le jeune homme ne possède pas seulement les outils, les méthodes, les savoirs reçus de ses maîtres. Il a toujours mené une double vie, d'étudiant et d'autodidacte. D'un côté, il s'est donné une formation classique, de l'autre, il s'est gavé d'un savoir encyclopédique absorbé au grand bonheur de la découverte. Au sens le plus fort, c'est un amateur qui s'est approprié toutes les disciplines, en allant chercher directement à la source, sans passer par la médiation professorale. Il ne faut pas moins que ce double savoir pour réussir de tels tours de force. L'autodidacte ne s'interdit aucune interrogation, aucune remise en cause, il laisse libre cours à son intuition, à son imagination ; le diplômé du *Polytechnicum* structure sa pensée avec les outils méthodologiques les plus rigoureux. La force einsteinienne qui dynamite les fausses certitudes, c'est le mariage explosif du questionnement sans retenue d'une curiosité enfantine et de la compétence sans faille qu'il a reçue de sa formation scientifique. Des armes qui lui ont entrouvert le monde des quanta, qui vont maintenant lui livrer celui de la relativité.

CHAPITRE V

Lumineuse relativité

Avec l'hypothèse des quanta, l'inconnu de Berne a débrouillé un des « petits problèmes » de Lord Kelvin. Il va maintenant s'attaquer au second. Ainsi, en l'espace de six mois, il sort la physique de ses ornières et donne aux physiciens leur feuille de route pour le XXe siècle.

D'un problème à l'autre, c'est toujours la lumière qui tient le rôle du sphinx, mais les questions ne sont pas les mêmes. Einstein-Œdipe ne s'y trompe pas. Il s'interroge sur la nature du rayonnement lumineux pour découvrir les quanta et sur ses fonctions pour construire la relativité. La première d'entre elles, capitale à nos yeux, c'est de transmettre l'information. En acheminant les images, elle nous ouvre le monde qui, en son absence, ne serait qu'un trou noir. Nous sommes totalement dépendants de ce service de messagerie au point de lui faire une confiance absolue. « Je l'ai vu, de mes yeux vu. » Est-ce bien assuré ? Les astronomes n'ont-ils pas été trompés pendant des siècles par le spectacle du Soleil traversant le ciel d'est en ouest ? Albert Michelson n'aurait-il pas été de même piégé par des artifices lumineux qui faussent ses observations ? Voilà le coup de génie : plutôt que de s'interroger sur le résultat de cette expérience, Einstein repart en amont et remet en cause notre position d'observateurs. La lumière, en tant que messager, ne nous réserve-t-elle pas encore des surprises que nous ignorons ? Au jeu des énigmes, c'est l'art de la question qui conduit à la réponse. En l'occurrence, il ne fallait pas s'interroger sur les faits mais sur leur observation, ne pas confondre la réalité et la perception que nous en avons. C'est ainsi qu'Einstein finira par trouver la relativité.

Non pas celle des choses, mais de leurs représentations. La relativité met en question les multiples visions d'une même réalité. Le phénomène en soi est d'observation courante. Nous le vivons tous les jours avec la perspective. Un objet nous semble grand ou petit selon la distance à laquelle nous le voyons, les rails parallèles se rejoignent à l'horizon, etc. Selon l'angle du regard, un même corps peut changer de configuration. Vu de face, le disque est une surface ronde, vu par la tranche, ce n'est plus qu'un segment de droite. Le bâton a une longueur de profil mais, dans l'axe, il n'est plus qu'un cercle. Il suffit de se rapprocher ou de s'éloigner, de tourner autour d'un objet pour qu'il nous propose des images différentes.

Loin de nous troubler, ce jeu de la perspective nous rassure. Il confère du relief à notre vision et certifie sa conformité avec la réalité. Un monde dans lequel les images seraient indépendantes des points de vue serait en deux dimensions, donc irréel. Il suffit de voir les peintures anciennes, avant l'introduction de la perspective dans l'art, pour s'en convaincre. Si nous découvrions des automobiles qui conservent leur taille en s'éloignant et des personnages qui passent à l'arrière-plan sans rapetisser, nous aurions le sentiment angoissant d'avoir quitté notre monde. Mais nul n'attribue ce changement d'image à une modification de l'objet car nous possédons dans notre cerveau l'équipement nécessaire pour les interpréter.

Einstein ne doute pas que l'information lumineuse nous joue d'autres tours, qu'elle intervient dans nos perceptions comme un messager infidèle et non pas comme un simple transmetteur qui restitue sans retouche la réalité. Observer, c'est subir les lois de l'observation. À nous de les comprendre pour en déjouer les pièges. C'est ainsi qu'il s'attaque à ces nouveaux effets spéciaux dont la lumière a le secret.

*

* *

Einstein ne cède pas à un scrupule méthodologique, il fait partir sa réflexion des bases mêmes de la science. Celle-ci ne peut pas s'accommoder de ces visions déformées. Il lui faut des faits indiscutables afin d'établir des lois intangibles, toujours vérifiées. Elle n'admet la diversité des effets que pour la fondre dans l'unité des causes. Pas de dissidence ! Pour elle, l'exception ne confirme pas la règle, elle l'infirme. Il ne peut être question de faire cohabiter des points de vue antagonistes et, pour cela, elle doit voir les choses telles qu'elles sont et non plus telles qu'elles apparaissent. Aussi longtemps que ce grand nettoyage n'est pas fait, la recherche proprement dite ne peut pas commencer.

Cette mise à nu de la réalité n'est pas naturelle à l'esprit humain. Seule une discipline rigoureuse permet de transformer le témoignage en observation. Le premier est lié au témoin avec le résultat bien connu des policiers : « autant de témoins, autant de témoignages ». La seconde dépasse les visions particulières, les mesures circonstancielles pour dégager une vision commune. Elle construit une vérité absolue à partir des vérités relatives. Telle est la recherche fondamentale, fondatrice, qu'entreprend un néophyte dont nul ne connaît le nom.

Pour l'historien des sciences Pierre Thuillier : « Le principe de relativité traduit la volonté de trouver une image du monde qui soit indépendante de la position des divers observateurs [1]. » La physique se trouve confrontée à ce problème depuis trois siècles. Elle pense même l'avoir résolu. Einstein comprend qu'il n'en est rien, repose la question et apporte la solution. Il n'invente pas la relativité, il la redécouvre. Car elle fut la fille de Galilée avant de devenir celle d'Einstein.

*
* *

La mémoire collective, toujours simplificatrice, n'a retenu de Galilée que l'image de 1633 : le savant face à l'Inquisition. Un sinistre aréopage de juges aux visages menaçants qui le contraint à renier le système de Copernic. Mais le vieil homme brisé frappe la terre d'un talon rageur et grommelle dans sa barbe : « Et pourtant elle tourne ! » La phrase, trop belle pour être vraie, a mis en lumière le persécuté et rejeté dans l'ombre le scientifique. Bien à tort. Claude Allègre lui rend sa juste place : « Archimède-Galilée-

1. Pierre Thuillier, *D'Archimède à Einstein. Les faces cachées de l'invention scientifique*, Paris, Fayard, 1988.

Newton-Einstein : la lignée d'or de la physique[2]. » Galilée n'est pas un physicien parmi d'autres, mais le premier physicien moderne.

En quarante ans de carrière, à Padoue puis à Florence, il multiplie les découvertes et les inventions, il est physicien, mais aussi opticien, astronome, mécanicien, ingénieur, mathématicien. Il devient surtout l'un des personnages les plus connus de son époque. Une position conquise de haute lutte. Ambitieux, arrogant, orgueilleux, coléreux, provocateur, disons-le, insupportable, il se fait autant d'admirateurs que d'ennemis. À ces derniers, il donne toutes les armes pour précipiter sa perte.

Sous ce personnage tumultueux et démesuré, si différent d'Einstein, se cache un théoricien qui lui ressemble énormément. Comme lui, Galilée entend poser les règles qui fondent la science. Il établit un véritable code de procédures scientifiques : conditions de l'observation, rôle de l'expérience, nécessité des mathématiques, valeur des modèles, etc. C'est ainsi qu'il en vient à poser les lois que la postérité baptisera : « relativité galiléenne[3] ».

Galilée n'en est pas encore à s'interroger sur la lumière, il bute sur la question du mouvement. Comment étudier les phénomènes, établir des lois, dans un monde où tout bouge tout le temps dans tous les sens ? À l'évidence, ce carrousel trouble l'observation. Les astronomes ont été trompés par la promenade diurne du Soleil et, nous-mêmes sommes prisonniers de telles illusions dans notre expérience quotidienne. Tout voyageur a éprouvé la sensation bizarre que son train part avant l'heure en voyant par la fenêtre la rame voisine s'ébranler. Eux ou nous, qui bouge ? Incertitude de courte durée, mais significative : notre immobilité peut être perçue comme un mouvement et inversement. Quel terrien a jamais ressenti la vitesse de sa planète ? Qui, en se couchant deux nuits de suite dans le même lit, se dit que sa chambre, vue du Soleil, est une cabine spatiale qui s'est déplacée de deux millions et demi de kilomètres depuis la veille ? Comment s'y retrouver entre nos mouvements et ceux des autres ? Einstein s'amusait à interroger le contrôleur à

2. Claude Allègre, *Galilée*, Paris, Plon, 2002.

3. Einstein, pour sa part, a attaché son nom à la relativité que l'on dit « restreinte », lorsqu'elle ne concerne que le mouvement rectiligne et uniforme et « généralisée », lorsqu'elle s'étend aux mouvements accélérés.

l'envers : « Pouvez-vous me dire à quelle heure la gare de X arrive au train ? » Peut-on prétendre observer les choses en soi lorsqu'elles tourbillonnent en tous sens et dans toutes les directions ? Galilée entreprend de poser les premières lois qui permettent de s'y retrouver.

*
* *

À Paris, la physique fait la parade au Palais de la Découverte en bordure des Champs-Élysées. Entre les éclairs de l'électrostatique, le ballet des aimants et dix autres expériences ludiques, elle présente aux jeunes visiteurs ses différentes facettes : optique, électromagnétisme, mécanique, etc. Chaque démonstration illustre une loi scientifique. C'est dire que son déroulement, parfaitement prévisible, donne toujours le même résultat. Voilà ce qu'on peut vérifier chaque jour, dans un cadre parfaitement immobile. Mais que se passerait-il si le Palais bougeait ?

Installons tous ces appareils à bord d'un Airbus afin de distraire les passagers pendant le vol. Le démonstrateur empressé commence le spectacle pendant la phase d'ascension alors que l'appareil est en forte accélération et prend des virages sur l'aile. Certaines expériences se détraquent et ne donnent pas les résultats annoncés. Il doit s'interrompre et attendre que disparaisse l'instruction : « Attachez vos ceintures. » Il reprend lorsque l'avion atteint son altitude de croisière et file tout droit, à vitesse constante, dans un ciel calme. Tout le monde peut alors constater que la mécanique, l'optique, l'électromagnétisme réussissent leurs numéros habituels. Rien ne distingue l'expérience faite à pleine vitesse de celles présentées à l'arrêt dans le bâtiment des Champs-Élysées.

Ce voyage imaginaire prouve qu'il y a mouvement et mouvement. Le premier, ponctué d'accélérations, de virages, perturbe les phénomènes scientifiques. Le second en ligne droite et à vitesse constante, un mouvement inertiel disent les spécialistes, ne les influence en rien. Les lois scientifiques sont les mêmes à n'importe quelle vitesse pourvu qu'on s'abstienne d'accélérer, de freiner ou de tourner.

Pendant la phase d'ascension, la perturbation des expériences prouve, à tout le moins, que l'avion est bien en mouvement. Une preuve qui disparaît lorsque l'appareil file à son altitude de croisière. Quant aux passagers, ils ne ressentent plus aucune sensation dans leur corps. Seuls les grondements des réacteurs et les vibrations de l'appareil leur prouvent qu'ils sont en vol. Si l'on disposait d'un mode de propulsion d'une douceur et d'un silence absolus, ils pourraient croire que l'avion est encore immobile sur le tarmac. C'est en regardant par les fenêtres, en prenant les nuages et le paysage comme repères, qu'ils seraient détrompés.

Galilée arrive à ces conclusions sans avoir besoin de s'envoler, même en imagination. Il fait la distinction entre les deux types de mouvements. Le premier, à vitesse variable, suivant des trajectoires courbes qui rend impossible une observation scientifique. Et le mouvement inertiel qui ne gêne en rien le travail du chercheur. Il est « comme nul », dit Galilée, et ne peut se mettre en évidence qu'à l'aide d'un repère extérieur.

Faute d'avions, Galilée utilisait les bateaux pour ses expériences imaginaires. Embarquons donc sur un navire de l'époque avec un marin au poste de vigie, tout en haut du grand mât. Le navire avance droit devant, vitesse constante, en suivant la côte. Le marin lâche une pierre. Tous les passagers la voient tomber à la verticale le long du mât. Mais, remarque Galilée, il n'en va pas de même pour les badauds qui observent la scène, immobiles depuis le quai. Eux voient le mât se déplacer pendant la chute. La pierre, pour arriver au pied, doit donc décrire une courbe. Les passagers jurent qu'elle est tombée à la verticale et les spectateurs qu'elle a chuté selon une parabole. Le mouvement relatif des uns et des autres joue les trouble-fête, il multiplie les vérités alors que la science en veut une et une seule.

Est-ce surprenant ? Les hommes ne voient pas plus la Terre tourner autour du Soleil que le spectateur la pierre tomber à la verticale. Et, s'il existait des astronomes sur les autres planètes, chacun aurait sa vision particulière du manège planétaire et chacun croirait que ce sont les autres qui tournent et pas lui. Pourtant tous ces points de vue se réconcilient dans les lois de Kepler et de Newton qui sont vraies en soi et pour tous. La science est donc possible en dépit de ce mouvement généralisé qui fait éclater un phénomène unique en des milliers d'observations divergentes, voire contradictoires.

Le grand Toscan se tire de ce guêpier grâce à des règles mathématiques assez simples. Il n'y a plus un juge arbitre dont la vision l'emporte sur celle des autres spectateurs. Chacun ne voit jamais midi qu'à son clocher. Le tout est de baliser les repères, les coordonnées qui créent ces points de vue particuliers. En compensant par le calcul la position et le mouvement de chacun, l'unité se révèle sous la diversité. Les équations qui permettent cette réconciliation, les « transformations galiléennes », donnent à la physique la possibilité de travailler dans un monde où tout bouge. Mais cette relativité galiléenne ne marche qu'avec un seul type de mouvement, le mouvement inertiel, uniforme et en ligne droite.

1642, passage de relais entre deux génies. Galilée quitte ce monde et Isaac Newton voit le jour. Impossible d'imaginer deux personnalités plus dissemblables que le Toscan et l'Anglais. Biographe du père de l'attraction universelle, Jean-Pierre Maury est frappé par ce contraste. « Newton est d'un tempérament solitaire et timide, il craint la controverse, le bruit et la fureur des discussions... bref il est à l'opposé du joyeux bagarreur qu'était Galilée [4]. » Le don de la physique n'est manifestement pas lié à un caractère particulier.

Newton reprend l'œuvre de Galilée en une grandiose synthèse cosmique. Pour ce dernier tout bouge tout le temps, il n'est de situation qui ne soit en mouvement par rapport à une autre. Newton insère cette agitation du monde dans un espace idéal, d'une immobilité absolue, pouvant servir d'universelle référence. Galilée voyait des patineurs qui se rattrapent, se dépassent, se croisent et se doublent, Newton pose des repères fixes sur la patinoire. Les physiciens, qui observent tous les jours le tourbillon du monde, ont bien du mal à percevoir cette immobilité en soi, dont, pourtant, l'idée paraît si naturelle à notre esprit. Peu importe ! Newton devient le pape de la nouvelle physique et l'hypothèse se transforme en postulat : le mouvement général du monde prend place dans l'immobilité singulière de l'espace.

Il en va de même pour le temps. Il doit être identique partout et pour tous. Une sorte de gigantesque horloge astronomique donne à toute la Terre un temps absolu et synchronise tous les événements, qu'ils se produisent « à l'arrêt » ou bien dans un véhicule filant à

4. Jean-Pierre Maury, *Newton et la Mécanique céleste*, Paris, Gallimard, « Découvertes », 1990.

toute vitesse. Ainsi la physique du XIXe siècle, héritière de Galilée et Newton, pensait-elle avoir maîtrisé ses observations et assuré l'invariance de ses lois.

La crise qui la remet en cause naît d'une expérience déroutante qui défie les lois de Galilée. Une fois, une seule, mais, comme l'on sait, c'est toujours une fois de trop. Le scénario qui a débouché sur les quanta de lumière se reproduit avec ses trois actes : révolte, réforme, révolution. Révolte du réel qui refuse de se conformer aux lois scientifiques et produit des résultats aberrants. Réformes entreprises par les physiciens qui introduisent des termes nouveaux dans les équations, modifient les modes de calcul et cherchent par le bricolage et le rafistolage à supprimer l'anomalie sans remettre en cause l'orthodoxie scientifique. Pour les quanta, le « réformiste » fut Max Planck, pour l'insurpassable vélocité de la lumière, ils ont nom Hendrik Lorentz puis Henri Poincaré. Mais la réparation-dépannage a ses limites, tous les automobilistes le savent. Après un certain nombre de passages au garage, ils doivent se résoudre à changer de voiture, voire de modèle. C'est alors le temps de la révolution, celui d'Einstein.

*
* *

La science a donc placé le Soleil au centre, mis la Terre en mouvement et la nouvelle astronomie rend parfaitement compte de ces mouvements. Mais cet accord n'est jamais qu'une preuve secondaire et limitée puisque l'astronomie médiévale avec son modèle géocentrique rendait les mêmes services. Ne pourrait-on mettre en évidence l'héliocentrisme ? Dans le manège planétaire, la Terre file à 30 km/s sur son orbite. Les Terriens ne s'en aperçoivent pas et, selon Galilée, ne pourront jamais le prouver. Mais l'astronome américain Albert Michelson, bientôt associé à Édouard Morley, imagine l'expérience impossible. Il se fonde sur la composition des vitesses. Tout automobiliste sait que la voiture qui vient au-devant de lui va plus vite, en vitesse relative s'entend, que celle qui le suit même si elles roulent à une allure identique. Il ne s'agit pas d'une simple impression et c'est pourquoi les collisions frontales sont plus dangereuses que les chocs par l'arrière. Donc, en bonne mécanique classique, les vitesses respectives des corps en mouvement s'additionnent lorsqu'ils vont à la rencontre l'un de l'autre et se retranchent lorsqu'ils avancent dans la même direction.

La physique du XIXe siècle a rempli l'espace d'un éther immobile et vibratoire. C'est lui qui assure la propagation de la lumière qui joue en quelque sorte le rôle de convoyeur lumineux. En revanche, il est sans effet sur un objet matériel. La Terre le traverse comme un navire l'océan. Ici la vague et là le bateau, les mouvements de l'onde lumineuse et de la planète sont différents et indépendants l'un de l'autre. C'est dire que leurs vitesses doivent se composer. Imaginons une vague monstrueuse, un tsunami, qui court sur la mer. Les marins qui l'observent depuis leur navire le verront venir lentement s'ils vont dans la même direction et très vite s'ils vont en sens opposé. De la même façon, le Terrien regardant un rayon lumineux ne mesurera pas la même vitesse selon qu'il se précipite vers lui ou, à l'inverse, qu'il semble fuir dans la même direction. Le mouvement de notre planète étant connu, il suffit d'un jeu de déflecteurs pour envoyer la lumière dans sa direction ou lui faire prendre le chemin opposé. Le miroir de réception est un objet terrestre qui, comme le reste du mobilier planétaire, file à 30 km/s. Dans un cas, il se précipite au-devant du rayon lumineux, dans l'autre il recule. Entre les deux, la différence de vitesse n'est que d'un dix-millième. C'est peu mais l'optique, grâce au phénomène d'interférences, permet de mesurer de façon absolument certaine un tel écart. Il est donc possible de « voir » la Terre tourner autour du Soleil.

Expérience cruciale qui oppose la physique des ondes et celle des corps. D'un côté, une vitesse invariante, de l'autre, des vitesses qui s'ajoutent et se retranchent. Si Michelson mesure une différence, cela signifie que la lumière obéit aux lois de la mécanique. Fort bien, mais cela prouve aussi que la relativité de Galilée est prise en défaut. Car il devient possible de mettre en évidence un mouvement inertiel, celui de la Terre qui, sur une si courte distance, peut être considéré comme uniforme et rectiligne. Dans cette éventualité, la vitesse de la lumière se trouverait liée à celle de la planète par rapport à l'éther. Et l'on sait que les planètes ne tournent pas toutes à la même allure sur leur orbite. Par conséquent, la lumière semblerait aller plus ou moins vite selon qu'on l'observerait sur Mercure, la Terre ou Jupiter.

Si, au contraire, la lumière file à 300 000 km/s dans l'un et l'autre sens, c'est que les vitesses ne s'additionnent pas et que les lois de la mécanique sont violées.

Albert Michelson fait son premier essai dès 1881. Résultat négatif. Que la lumière aille dans le sens du mouvement terrestre ou bien en sens contraire, sa vitesse est toujours la même. Il pense d'abord à une erreur ; à moins qu'il n'ait, sans le vouloir, démontré que l'éther n'existe pas. Idée bien vite rejetée, l'existence de l'éther ne fait aucun doute à ses yeux. Mieux vaut tout reprendre. En compagnie d'Édouard Morley, il imagine un dispositif plus perfectionné et refait ses mesures en 1887. Peine perdue. Le contrôle de vitesse donne 300 000 km/s, ni plus ni moins, dans toutes les directions. Le mouvement de la Terre compte pour du beurre. À l'évidence, ce n'est pas elle mais la lumière qui se moque des physiciens, qui ne respecte pas le code et maintient sa vitesse, indifférente au mouvement de l'observateur. Pour les physiciens, il n'est pas plus question de renoncer à l'addition des vitesses qu'à l'héliocentrisme. Mais il n'est pas non plus question de renoncer à l'éther sans lequel la lumière ne saurait franchir le vide.

*
* *

Comment expliquer cette rébellion de la lumière ? Deux physiciens, l'Irlandais Georges Francis Fitzgerald et le Hollandais Hendrik Lorentz, s'attaquent à l'énigme. Indépendamment l'un de l'autre, ils arrivent à des conclusions semblables. Ils font l'hypothèse qu'à de telles vitesses, la mesure des distances est faussée. Les longueurs que l'on observe paraissent raccourcies dans le sens du mouvement. Ainsi la physique retombe sur ses pieds tout en conservant l'éther immobile qui leur paraît indispensable au cheminement de la lumière.

Lorentz, l'un des papes de la physique, devra s'évertuer de longues années pour trouver une formulation mathématique satisfaisante. Il y parvient enfin et propose des versions plus sophistiquées des transformations galiléennes, des transformations qui décrivent sur le plan mathématique l'observation de Michelson. Mais il n'en fournit aucune explication. La contraction des longueurs n'est qu'une explication *ad hoc* sans aucun équivalent dans l'expérience quotidienne et sans justification théorique.

Le bon docteur Lorentz a trouvé la potion qui fait retomber la fièvre et c'est déjà beaucoup, mais il n'est pas quitte à si bon compte. Il a chamboulé les mesures d'espace, du coup ses mesures de temps se trouvent également perturbées. Car la physique forme un tout et le changement que l'on introduit à un endroit se répercute ailleurs. En l'occurrence, c'est la théorie de l'électromagnétisme qui devient bancale. Pour la remettre d'aplomb, il n'a d'autre solution que de commettre une « transgression », un peu comme M. Planck avec ses quanta. Après avoir changé les coordonnées d'espace, il doit transformer les coordonnées de temps, inventer un « temps local ». Voilà bien un sacrilège ! Une offense faite à Newton et son temps absolu, le même partout et pour tous. Lorentz adopte la démarche très prudente, pour ne pas dire craintive, de Planck avec ses « quanta ». Il l'introduit comme une nécessité propre à l'équilibre de ses équations, mais sans lui conférer aucune signification particulière. Il ne veut y voir qu'un artifice mathématique et conserve bien pieusement le temps absolu de Newton, tout comme l'éther immobile. Réformateur, mais pas révolutionnaire, il n'a modifié les équations de Galilée que pour coller aux résultats de Michelson. Sa « réparation » n'a aucune justification théorique. Avec quinze ans d'avance sur la relativité d'Einstein, Lorentz a inventé deux « effets relativistes ». Mais il a mis une intuition juste au service d'une idée fausse.

*
* *

En 1904, Einstein n'a encore rien publié sur le sujet et pourtant la relativité restreinte est déjà sur les rails. Rien de surprenant. Bien des historiens des sciences voient dans Einstein le coauteur de cette théorie, associant Hendrik Lorentz mais aussi Henri Poincaré à sa découverte. Tous trois ont apporté leur pierre à l'édifice mais, avant de faire entrer en scène l'architecte en chef, découvrons ce personnage essentiel, Henri Poincaré.

Pour son malheur, il fut le cousin de l'autre, le président de la

République, le père du « franc Poincaré », etc. Ainsi son nom évoque-t-il un homme politique célèbre et non pas le grand mathématicien français du XIXe siècle. Encore ce qualificatif de « mathématicien » ne rend-il pas justice à l'homme qui fut tout autant physicien, astronome, philosophe, bref, au sens le plus fort un « savant » et pas seulement un spécialiste. C'est donc lui qui prend le relais de Lorentz pour parvenir aux portes de la relativité restreinte au même moment qu'Einstein.

Par bien des côtés, Poincaré fait figure d'anti-Einstein, au sens non pas d'une opposition, mais d'une différence absolue. Impossible d'imaginer deux trajectoires sociales plus dissemblables. D'un côté l'élève rebelle, de l'autre l'élève modèle. Il naît à Nancy en 1854, vingt-cinq ans avant Einstein, dans une famille de la meilleure bourgeoisie. Son père est professeur à la Faculté de médecine. Après avoir décroché le premier prix au Concours général pour les mathématiques spéciales, il se présente à Polytechnique. Et là, catastrophe, le jeune candidat, sans doute pris par l'émotion, répand son encre de Chine sur sa feuille de dessin. Épreuve ratée, zéro pointé, éliminatoire. Mais ses copies sont à ce point éblouissantes que le jury fait l'impasse et le reçoit premier de la promotion. On pense au glorieux échec du jeune Einstein se présentant au *Polytechnicum*. De fait, ils ne sont pas moins doués l'un que l'autre. Henri, à la différence d'Albert, possède une mémoire prodigieuse qui le dispense de prendre des notes pendant les cours. Il se souvient de tout. À trente-deux ans, il est professeur en Sorbonne, membre de l'Académie des sciences. Il acquiert une réputation mondiale et poursuit la plus brillante des carrières. Bref, la voie royale alors qu'Einstein suit jusqu'à la trentaine un parcours marginal qui n'annonce en rien une suite glorieuse. Cette marche triomphale porte en elle ses limites. L'intelligence supérieure de Poincaré lui fait voir, au-delà des difficultés ponctuelles, les perspectives qui s'ouvrent à la physique, les terres nouvelles qu'elle doit explorer, mais sa trop parfaite insertion dans le monde scientifique l'empêche de sauter le pas, de rompre avec les idées admises, de s'engager dans les hérésies fécondes. Il devine le Nouveau Monde, mais il n'ose pas s'embarquer.

Poincaré s'intéresse dès le début des années 1890 à l'expérience de Michelson, puis aux travaux de Lorentz. Il sent que la solution se trouve dans cette direction, et échange une intense correspondance avec le physicien hollandais. Il ne peut s'en tenir aux transformations de Lorentz car il est beaucoup plus qu'un simple « réparateur » de théories en difficulté. « Ce coup de pouce donné par la nature pour éviter que le mouvement absolu de la Terre puisse être révélé par les phénomènes optiques ne saurait me satisfaire [5]. » Pour lui : « une théorie bien faite devrait permettre de démontrer le principe d'un seul coup, dans toute sa rigueur ». On croirait entendre Einstein.

Dès 1902, dans son ouvrage *La Science et l'Hypothèse*, il s'interroge sur « la loi de la relativité » et part en guerre contre le temps absolu, contre l'espace absolu, contre la simultanéité, bref contre les vaches sacrées qui vont être mises à mort par le fougueux Albert. Pourtant, il conclut en préservant « provisoirement » le temps absolu. Un mélange d'audace et de retenue qui est la marque même de sa pensée.

En 1904, invité à l'Exposition internationale de Saint Louis aux États-Unis, il annonce la suite : « Peut-être allons-nous devoir construire une mécanique nouvelle que nous ne faisons qu'entrevoir où, l'inertie croissant avec la vitesse, la vitesse de la lumière deviendrait une limite infranchissable [6]. » Il pousse plus avant sa réflexion dans sa correspondance avec Lorentz : « Les deux lettres contiennent *l'essentiel* de ce qui va devenir la théorie de la relativité. Elles en constituent donc l'acte fondateur [7] », soutient son ardent avocat Jean-Paul Auffray. Enfin, le 5 juin 1905, alors qu'Einstein n'a pas fini de rédiger son fameux article, Poincaré présente une note à l'Académie des sciences dans laquelle il donne une nouvelle version des transformations de Lorentz, ainsi que ses réflexions sur la vitesse limite de la lumière, les raisons qui interdisent de mettre en évidence le mouvement de la Terre par rapport au Soleil. Contribution décisive, portant la marque de son génie mathématique. Grand seigneur, Poincaré ne veut pas faire de l'ombre à son ami. Il parle « d'une certaine transformation que j'appellerai transformation de Lorentz ».

Dans la foulée, il rédige un mémoire pour expliciter sa pensée et développer ses bases mathématiques. Un mémoire qui contient à peu

5. Jean-Paul Auffray, *Einstein et Poincaré. Sur les traces de la relativité*, Paris, Éditions Le Pommier, 1999.
6. *Ibid.*
7. *Ibid.*

près tous les éléments de la relativité restreinte. Mais il adresse son travail le 23 juin 1905 à une obscure revue sicilienne fondée par un de ses amis italiens qui ne la publiera que l'année suivante et que personne ne lira. Einstein, lui, envoie son fameux article une semaine plus tard aux *Annalen der Physik* qui le feront paraître dans leur numéro daté du 26 septembre 1905. « Qu'en serait-il advenu si Poincaré avait fait un choix plus classique en le publiant en allemand par exemple, aux *Annalen der Physik*[8] ? » La question de Jean-Paul Auffray est plus lourde de sous-entendus que de réponses.

Poincaré a pratiquement tout compris, sauf l'essentiel. En dépit de son génie, il reste un réformateur plus attaché à ce qui existe qu'à ce qu'il invente. Il ne peut trouver en lui l'audace d'une rupture libératrice avec le monde de la mécanique hérité de Newton : son espace absolu, son temps absolu, son éther. Et pourtant c'est lui, et non pas l'inconnu de Berne, qui possède l'autorité nécessaire pour lancer un tel défi.

*
* *

Einstein tourne autour du sujet depuis une dizaine d'années. On l'a vu, dès l'âge de seize ans, s'interroger sur l'éther et la vitesse de la lumière. Au *Polytechnicum,* il conçoit même des expériences sur l'éther et le mouvement de la Terre. Puis on le retrouve dans ses lettres à Mileva encore bien loin de maîtriser son sujet. Il n'a toujours pas rejeté l'éther ou le temps absolu.

En revanche, il suit avec passion les travaux de Lorentz et de Poincaré. En 1902, les membres de l'Académie Olympia ont étudié *La Science et l'Hypothèse* de Poincaré. Ils se sont longuement interrogés sur ses doutes concernant l'espace absolu, le temps absolu, la simultanéité. Bref, sa réflexion est nourrie par celle du physicien français. A-t-il lu la note à l'Académie des sciences ? C'est peu probable.

Arrivé à ce stade, c'est-à-dire en 1905, on serait tenté de penser qu'Einstein n'a rien inventé du tout, qu'il n'a fait que mettre en

8. *Ibid.*

forme les idées de ses illustres devanciers. Mais comment expliquer que la découverte de la relativité soit liée au nom le plus inconnu et non pas aux plus célèbres ? En vérité, Lorentz et Poincaré ont trouvé les principales pièces du puzzle, Poincaré a même subodoré l'image d'ensemble, mais ils n'ont pas réussi l'assemblage. Le premier parce qu'il est piégé dans son intention même : réintégrer l'expérience de Michelson dans la physique classique, le second parce qu'il est retenu par la crainte de la transgression : il ne peut se résoudre à l'irrémédiable.

« Pour inventer la relativité, il ne suffisait pas d'être intelligent : il fallait aussi être "fou" pour choisir de nouvelles bases malgré leur caractère paradoxal. [...] La théorie de la relativité n'a pas été conçue pour résoudre des difficultés soulevées par une expérience particulière. Elle était le fruit d'une maturation beaucoup plus générale, beaucoup plus théorique [9] », estime Pierre Thuillier. Poincaré, c'est le mécanicien génial qui invente toutes les pièces détachées une à une sans voir qu'il tient une automobile. Ce « fou » d'Einstein s'est mis au volant et roule avant même d'avoir construit le véhicule.

À Berne, le physicien du dimanche poursuit cette recherche depuis des années, en la menant de front avec la thermodynamique et les quanta. Comment imaginer qu'un tel monument de cohérence intellectuelle ait été conçu « à temps perdu », qu'il soit le fruit d'une pensée en miettes et non pas d'une méditation qui se développe dans la durée et la continuité ? En apparence, le travail scientifique d'Einstein est haché menu. Une heure par-ci, une soirée par-là. En réalité, il est permanent. Son cerveau-laboratoire n'arrête jamais. C'est pourquoi il saisit le moindre instant non pas pour réfléchir, mais pour consigner sa réflexion.

En charge d'enfant à partir de 1904, il tient à promener Hans Albert dans son landau. Son minuscule appartement est situé dans la vieille ville qui a conservé son cachet médiéval avec ses rues en arcades, ses fontaines décorées, ses façades peintes. Dans ses promenades paternelles, il descend l'artère principale, Kramgasse en direction de l'Aare, qui enserre la cité historique. Pendant les arrêts sur les bords du fleuve, il sort le carnet et le crayon pour se plonger

9. Pierre Thuillier, *D'Archimède à Einstein. Les faces cachées de l'invention scientifique*, Paris, Fayard, 1988.

quelques minutes dans ses notes et équations. Il surveille le bébé du coin de l'œil et, le pied sur le landau, le berce lorsqu'il semble grognon.

Einstein est un voleur de temps, toujours prêt à dérober quelques minutes aux obligations sans intérêt pour les donner à la physique. C'est ainsi qu'il fut l'étudiant dilettante que l'on sait. Mais il n'est pas question de « sécher » le travail au Bureau de la protection industrielle comme il se dispensait des cours du Poly. Huit heures par jour, il reste perché sur son tabouret à rédiger ses brevets. Il parvient tout de même à grappiller quelques heures. Lorsque le travail n'est pas trop urgent, il sort discrètement ses notes personnelles et se plonge dans ses calculs en espérant que sa mine studieuse donnera le change. Il finit par appeler le tiroir dans lequel il range ses feuilles de notes « mon département de physique théorique » ! Mais il doit rester sur ses gardes car la réputation d'autocrate de M. Haller n'est pas usurpée et sa surveillance ne se relâche jamais.

Ce travail « au noir » est d'autant plus productif que, depuis 1904, il a un allié dans la place. Cette année-là, un emploi s'est libéré. Einstein a sauté sur l'occasion pour inciter Michel Besso à poser sa candidature. Le directeur n'est que trop heureux d'engager cet ingénieur qui a fait un très brillant parcours au *Polytechnicum*. Les deux amis se retrouvent compagnons de travail et voisins de palier. Tous les jours, entre domicile et bureau, Einstein essaie ses nouvelles idées sur Besso. Celui-ci tient le rôle d'objecteur de science, corrige les failles du raisonnement, muscle l'argumentation.

Au printemps 1905, Einstein se concentre sur la relativité, il sent qu'il touche au but mais il sait qu'il lui manque une pièce maîtresse. Chemin faisant, il retourne la question dans tous les sens avec un Besso censeur bienveillant autant qu'impitoyable. Il se persuade que le chemin du burcau à Kramgasse est trop court pour épuiser le sujet. Il a besoin d'une réflexion prolongée. Les deux amis se font porter pâles toute une journée pour discuter à loisir de cette diabolique relativité. Le soir venu Einstein n'est guère plus avancé. Du moins le croit-il. Puis, dans la nuit, c'est l'illumination : « un orage avait éclaté dans mon cerveau ». Il dira s'être réveillé en « voyant » la solution. Ce ne peut être qu'une « pensée de Dieu », une percée fulgurante sur l'ordre cosmique transcendant. Sans doute, le souvenir, c'est-à-dire la réinterprétation de l'événement à la lumière de ses conséquences, a-t-il donné à cette découverte un caractère quasi miraculeux. Le fait est que sa très longue réflexion, son approche laborieuse est soudain précipitée par une percée purement intuitive. À plusieurs reprises, sa démarche intellectuelle est ainsi impulsée par ces grâces instantanées, ces éclairs de génie. C'est pourquoi il ne cessera d'affirmer la part inconsciente de la pensée, expliquant que l'esprit peut réfléchir sans passer par les mots.

Le lendemain, il annonce à Besso : « Merci. J'ai complètement résolu le problème. Il faut partir d'une analyse du concept de temps. Il existe une relation inséparable entre le temps et la vitesse du signal. » En dehors des heures de bureau, il se met au travail avec frénésie.

Il boucle son article en l'espace de cinq semaines. Puis, épuisé par l'effort, il se couche, attendant avec anxiété la réponse des *Annalen der Physik*. L'article est publié en septembre. Il s'intitule : « Sur l'électrodynamique des corps en mouvement ». C'est l'acte de naissance de la relativité restreinte.

*

* *

Une communication scientifique commence par la présentation d'une expérience originale ou bien le rappel de travaux déjà publiés. En cours de route, les chercheurs se doivent de citer les auteurs dont ils se sont inspirés et donner les références des publications se rapportant à leur sujet. Les notes tiennent une place essentielle dans la littérature scientifique.

L'inconnu de Berne s'affranchit de toutes ces règles. Son article ne comporte aucune note en bas de page, aucune référence aux travaux d'autres auteurs, juste des remerciements à Michel Besso. On s'attendrait qu'il commence son exposé en revenant sur cette expérience de Michelson qui met en émoi la physique théorique depuis une décennie. Pas du tout. Il ne l'évoque qu'incidemment dans son introduction sans même citer le nom de Michelson. Pourquoi ? Parce qu'à ses yeux ce résultat négatif n'est jamais que la sonnette d'alarme. Il entend attaquer le mal à la racine et refonder la physique. Une ambition qui s'affiche dès les premières lignes.

Dédaignant l'expérience dont tout le monde parle, il part de la plus banale qui soit : l'induction magnétique. Lorsque l'on place côte à côte un aimant et une bobine, le mouvement de l'un ou de l'autre provoque l'apparition d'un courant. Que vient faire cette démonstration pour lycéens en ouverture d'un tel article ? Elle permet au débutant de faire la leçon aux maîtres. Il remarque que la physique ne décrit pas le phénomène de la même façon lorsque c'est l'aimant qui bouge et lorsque c'est la bobine. Le processus est identique, le résultat aussi, mais sa représentation mathématique change selon qu'on le décrit d'un côté ou de l'autre. Deux interprétations pour une même réalité. Le jeune révolutionnaire dénonce comme « intolérable » cette dissymétrie, qui ne gêne en rien le calcul et dont tout le monde s'accommode. Il l'a dit et répété, cette anomalie fut le déclic qui l'a lancé sur la piste de la relativité.

Faut-il vraiment sonner la charge pour une telle vétille ? Nul physicien ne le ferait, mais Einstein affirme par là son originalité. À ses yeux, ce détail est révélateur d'un défaut de construction générale dans la physique. Peu importe que le résultat soit conforme à l'expérience, la construction est bancale. Or la vérité ne peut qu'être simple, harmonieuse, symétrique selon les canons de l'ordre cosmique admirable. Ce défaut à lui seul prouve, plus que le résultat négatif de Michelson, la nécessité de tout rebâtir sur des principes solides, avec une architecture carrée.

Sans plus attendre, Einstein lance son défi. Il rejette l'idée d'un « éther lumineux » doté d'une immobilité vibrante et entend soumettre la mécanique et l'électromagnétisme à une loi commune. Celle-ci se fonde sur deux « postulats ». En premier lieu, un principe de relativité d'application générale qui exclut l'éther ou toute autre situation de repos absolu, qui impose à toutes les lois d'être indifférentes aux mouvements inertiels ; en second lieu, une vitesse absolue et constante de la lumière [10] – vitesse désignée par la lettre c – qui représente une limite infranchissable.

Deux principes qui paraissent incompatibles : si la valeur de *c* est toujours la même, alors la loi des vitesses est fausse. Si la valeur de

10. Il s'agit d'une vitesse « dans le vide », mais on n'est pas obligé de le redire chaque fois, la physique a retenu la valeur de 299 792,458 km/s, que l'on arrondit à 300 000 km/s pour la commodité.

c varie, alors c'est la relativité galiléenne qui s'effondre. Il est vrai que Galilée ignorait l'électromagnétisme. Sa construction, après tout, n'est peut-être valable que pour la science de son temps : la mécanique. Beaucoup de physiciens estiment que la relativité galiléenne se vérifie pour les corps matériels mais qu'elle ne peut régir les ondes immatérielles.

Pour Einstein, une telle dichotomie est inesthétique donc erronée, l'ensemble de la nature doit suivre les mêmes principes. Il proclame la relativité toujours et partout, sans dérogation, pour les trains comme pour les rayons lumineux, pour tout mouvement uniforme, qu'il concerne le monde matériel de la mécanique ou l'énergie pure de l'électromagnétisme. Il consacre d'ailleurs la première partie de son article aux corps en mouvement et n'aborde l'électrodynamique, c'est-à-dire le monde « immatériel » des champs, des courants, des ondes, que dans la seconde.

Il saisit le taureau par les cornes, s'empare de cette rebelle vitesse de la lumière et entreprend de la dompter. Elle devient la limite absolue, infranchissable. Ce n'est pas une constatation, c'est un principe. Aucune onde, aucun corps ne peut dépasser 300 000 km/s. L'expérience de Michelson n'est pas une révélation, mais une confirmation.

En ce début d'article, il affiche une ambition démesurée qui étonnerait de la part d'un savant confirmé, qui paraît insensée pour un inconnu de vingt-six ans sans la moindre référence.

*
* *

Il reconstruit le monde à partir de cette vitesse limite, c'est l'évidence qui a provoqué en lui le fameux déclic : « la relation inséparable entre le temps et la vitesse du signal ». Une vitesse illimitée crée un temps absolu, tout le monde voit les mêmes choses au même instant. Il n'y a pas de point de vue temporel. À l'inverse, une vitesse limitée impose un temps relatif. L'instant de l'un n'est plus l'instant de l'autre, dès lors qu'il dépend de l'acheminement du signal. C'est l'intuition géniale. Par elle, le temps et les distances sont liés. Une durée, c'est « le temps que met la lumière pour aller de... à... » et, à l'inverse, une longueur c'est « la distance que parcourt la lumière en x... secondes ». L'astronomie comptabilise ainsi ses « années-lumière » et nous pourrions faire de même dans notre monde terrestre, s'il n'y avait quelque incommodité à calculer en millionième ou milliardième de seconde-lumière. Chacun voit l'événement à l'instant fixé par sa distance. Et la succession des informations se fait dans l'ordre imposé par le temps nécessaire à la propagation de la lumière.

Pour Einstein, cette limitation absolue de la vitesse ne constitue pas une brimade, mais une nécessité. Il montrera par la suite que le monde perdrait sa cohérence si des signaux pouvaient se déplacer instantanément, car le passé et le présent se télescoperaient. « Le cours des événements sur notre Terre ressemblerait à un film projeté à rebours, en commençant par la fin. » Bref, l'intelligibilité se dissoudrait car elle repose sur un certain « cours des choses ». Les causes et les effets doivent s'enchaîner, toujours dans le même ordre. Si le message peut nous parvenir instantanément, alors l'arrivée de la course risque de précéder le départ, la récompense le travail, la dévastation le bombardement et l'enfant la naissance. Autant dire que nous ne pouvons plus rien comprendre à rien.

Einstein, qui tient par-dessus tout à « l'intelligibilité », entend reconstruire la physique à partir de la découverte même qui l'a déstabilisée. Sur toutes les routes il faut planter le cercle rouge de la vitesse maximale autorisée avec un petit *c* au milieu. Cette interdiction fonctionne comme une barrière qui confère à chaque événement, à chaque observateur, son temps, son espace et son mouvement. Tous les points de vue deviennent divergents, mais toutes ces divergences sont prévisibles et mesurables. À charge pour la nouvelle relativité de les réconcilier dans une même observation.

La vitesse de la lumière se distingue radicalement de toutes les autres, elle participe d'un transport collectif et non pas individuel. Chaque photon ne dispose pas d'une force particulière pour l'accélérer, il est emporté par le champ électromagnétique qui assure sa propagation et lui impose une vitesse réglementaire. C'est pour cela que la vitesse de la source ne peut s'ajouter à celle du rayon. Qu'un voyageur prenne le bus à l'arrêt ou saute dedans en pleine course, cela ne change rien, il ne se déplacera jamais qu'à la vitesse imposée par le conducteur. Il en va de même pour le photon. Qu'il jaillisse d'un projecteur posé au sol ou bien à l'avant d'un avion volant à 1 000 km/h, il n'ira jamais qu'à 300 000 km/s, allure réglementaire de son tapis roulant électromagnétique. À cette règle de circulation, la relativité ajoute une règle d'observation. Que le spectateur soit à l'arrêt, qu'il s'enfuie devant le rayon ou bien se précipite à sa rencontre, il verra toujours le photon emporté à la même vitesse.

Cette vitesse limite ne peut s'enterrer dans une équation comme une simple particularité de la lumière, elle devient un principe fondateur à l'égal de la constante gravitationnelle ou de la charge électrique élémentaire. Car un monde à vitesse limitée est tout différent d'un monde de vitesse illimitée. Tant pis pour l'espace et le temps absolus de Newton. À la fin de sa vie, Einstein ne peut s'empêcher de revenir sur l'offense faite à Newton dans son autobiographie : « Newton, pardonne-moi, [...] il n'y avait à ton époque qu'une seule voie possible ; tu l'as trouvée. » En 1905, il bouscule sans retenue l'héritage du maître.

*

* *

Les « effets relativistes » imaginés par Lorentz, contraction des longueurs et dilatation du temps, trouvent une place logique et nécessaire dans la construction d'Einstein. C'est la barrière des 300 000 km/s qui engendre ces déformations pour le spectateur. Si la transmission était instantanée, les effets n'existeraient pas. Le monde de la relativité n'a rien de magique, il est simplement à vitesse limitée.

Cette perspective relativiste peut être déconcertante. Elle ne se manifeste que dans des conditions très particulières liées à des vitesses extrêmes. Nous qui ne filons pas à 100 000 km/s, nous ne l'avons jamais constatée et nous ne pouvons la tenir pour « naturelle ». Pour nous troubler un peu plus, elle modifie les règles du jeu. La perspective ordinaire est liée à la distance ou à l'angle de visée ; en devenant relativiste, elle naît du mouvement. Notre vision ordinaire se fait « à l'arrêt », c'est dire que les différences de mouvement entre l'observateur et l'observé sont toujours réduites. Tout change lorsqu'elles atteignent des milliers de kilomètres/seconde.

C'est alors que la vision de l'espace se déforme. Fait plus surprenant, la perception du temps est également perturbée. Les durées sont toujours les mêmes pour ceux qui vivent l'événement, mais les spectateurs emportés dans un mouvement différent ont une autre vision. Pour eux, le projectionniste semble avoir des difficultés avec son appareil et fait passer le film au ralenti avec un étirement général du temps et une déformation de l'image.

Einstein en apporte la démonstration par le calcul, nous ne le suivrons pas sur ce terrain, mais également avec ses « expériences de pensée » beaucoup plus accessibles. Celles-ci utilisent les transports de l'époque : les bateaux pour Galilée, les trains pour Einstein. Non pas les tacots de 1900 qui se traînaient à moins de 100 km/h, mais des TVR (trains à vitesse relativiste) qui roulent à des milliers de kilomètres par seconde et que, pourtant, un spectateur depuis le talus observe aussi parfaitement en mouvement qu'à l'arrêt. Prenons le point de vue de cet observateur immobile, suivons le parcours des rayons lumineux, intégrons le temps d'acheminement, il devient évident que nous voyons la longueur du train se raccourcir en fonction des vitesses. Effet de perspective, donc de perception. Le voyageur ne s'aperçoit de rien. Que le train roule ou soit à l'arrêt, il mesure toujours la même distance de la locomotive au dernier wagon. Ce sont les images qui changent et pas les tailles des objets.

Cette perspective spatiale nous est familière, la perspective temporelle nous trouble bien davantage, mais elle n'est pas moins évidente. Dès lors que la vitesse est limitée, le temps éclate en une multitude de temps locaux. Qu'est-ce à dire ? Dans son exposé, Einstein rompt avec le style austère du texte pour lancer tout à trac une phrase que ne désavouerait pas un journaliste : « Tous les jugements dans lesquels le temps joue un rôle sont toujours des jugements sur des *événements simultanés*. Lorsque, par exemple, je dis : "Tel train arrive ici à 7 heures", cela signifie à peu près : "Le passage de la petite aiguille de ma montre sur le 7 et l'arrivée du train sont des événements simultanés." » La simultanéité ! C'est elle qui constitue la source de nos illusions. Elle va de soi lorsque les deux événements se situent en un même lieu, l'arrivée du train et le regard du chef de gare sur sa montre par exemple. Mais que devient-elle lorsqu'il faut l'évaluer à distance ? Le « bon sens » nous l'impose comme une « vérité d'évidence ». Elle doit exister en soi et se vérifier pour tous les observateurs. Une exigence qui serait aisément satisfaite si l'information se transmettait de façon instantanée, mais qui disparaît lorsque les signaux prennent leur temps pour arriver à destination.

Einstein repart dans sa démonstration ferroviaire mais, pour corser le spectacle, déclenche un orage. Deux éclairs frappent la voie ferrée sur laquelle roule son train. Le spectateur est à égale distance des deux points d'impact. Il les enregistre au même moment et conclut qu'ils se sont produits simultanément. Qu'en est-il pour le passager dans le train ? Par chance, il passe devant l'observateur immobile au moment où tombe la foudre. S'il voyait les deux éclairs à l'instant même où ils se produisent, les deux témoignages se recouperaient. Mais il faut laisser au signal le temps d'arriver et cela change tout. Tandis qu'il chemine, le train roule, à la vitesse que l'on sait, allant vers le premier éclair, s'éloignant du second. Le passager au milieu du train voit donc celui de l'avant précéder celui de l'arrière. Du coup, le spectateur enregistre une simultanéité qui n'existe pas pour le voyageur. Ils ont tous deux raison de leur point de vue. « Nous n'avons pas le droit d'attribuer une signification absolue au concept de simultanéité », tranche Einstein.

Ce piège de la simultanéité n'existe pas seulement dans les expériences de pensée. Prenons une photo de vacances : la famille au premier plan, le Soleil à son couchant dans le ciel. La pellicule semble avoir figé un même instant. Pure illusion. Le Soleil est à huit minutes-lumière de nous. À supposer que notre image enregistre tous les détails de la surface solaire, nous ne verrions pas les taches apparues à l'instant où nous déclenchions l'obturateur. Bref, comme le constate le physicien Jean Eisenstaedt : « Sur les clichés de l'Observatoire aussi bien que sur nos photos de famille, il n'y a d'instantané que le déclic ; tout le reste, premier plan, arrière-plan et le ciel étoilé, rien n'est vraiment vu au même instant. [...] La simultanéité est un leurre [11]. »

Cette impossible synchronisation remet bien en cause le temps, c'est-à-dire la durée, laquelle n'est jamais qu'une double simultanéité entre un début et une fin. Dans le train d'Einstein, imaginons qu'un contrôleur entre dans un compartiment, contrôle les billets,

11. Jean Eisenstaedt, *Einstein et la Relativité générale*, *op. cit.*

puis sorte par la même porte et passe au compartiment suivant. Question : quelle a été la durée de son contrôle ? Un passager entreprend de la mesurer, le témoin sur le talus aussi, car, dans ces expériences de pensée, un spectateur extérieur peut suivre une scène se déroulant dans le train. Ils ont déclenché leurs chronomètres, deux appareils de même marque dont on a vérifié la précision absolue, à l'instant où ils ont vu le contrôleur ouvrir la porte du compartiment et les ont arrêtés lorsqu'elle s'est refermée. C'est exactement le même événement et les mêmes montres. Pourtant, si l'on étudie les rayons lumineux qui vont vers l'un et vers l'autre, car il faut toujours tenir compte de ces délais introduits par la vitesse limitée du signal, on constate que les deux chronomètres ne marquaient pas la même heure lorsqu'ils ont été arrêtés. La durée du contrôle est plus courte pour le voyageur que pour le spectateur.

Deux durées pour un même événement, du train au talus, les horloges ne disent pas la même chose. Celle du voyageur associé à la scène mesure le temps propre séparant ces deux événements. Celle des observateurs qui ne partagent pas ce mouvement le mesure différemment. Elle enregistre une durée plus longue, car le temps propre, le temps vécu par les acteurs en quelque sorte, est toujours la plus courte. Mais on peut instantanément inverser la proposition en imaginant que la scène se passe sur le talus et que le voyageur l'observe depuis le train. Le temps propre devient celui du talus et c'est lui qui indique la plus courte durée. Par analogie avec la chaleur qui dilate le métal, on a coutume de dire que le mouvement dilate le temps. L'image est trompeuse. La barre de métal en s'échauffant accroît sa longueur. Il n'y a rien de tel dans l'effet relativiste. Ce n'est pas le temps qui se dilate, c'est l'observateur qui le voit se dilater. Simple jeu de perspective.

Ces effets relativistes ne deviennent significatifs que pour des vitesses très élevées. Or les déplacements dans notre monde vont, au minimum, 100 000 fois moins vite que la lumière. C'est pourquoi nous ne les observons jamais. Pour sortir la relativité de ses abstractions, le physicien russe, ami d'Einstein, George Gamow s'est amusé à l'introduire dans la vie ordinaire. Il suffit pour cela de ralentir fortement la lumière. Tel Alice au pays des merveilles, M. Tompkins, le héros de Gamow, bascule dans un monde étrange où la lumière ne se propage plus qu'à 15 km/s. Les effets relativistes deviennent apparents et la réalité quotidienne s'en trouve perturbée. M. Tompkins voit les limousines devenir des « mini » lorsqu'elles roulent à grande allure (mais en conservant la même hauteur et la même largeur), la lumière des phares se mettre à rougir, les gestes du conducteur se faire au ralenti, etc. Ce qui n'empêche pas les voitures de conserver la même taille, la lumière des phares de rester blanche et les automobilistes d'avoir toujours la même conduite. Un spectacle déroutant puisque le cerveau de M. Tompkins, comme le nôtre, ne sait pas interpréter ces nouveaux effets de perspective.

Pour mettre en équation ces effets relativistes, Einstein n'a pas besoin de se lancer dans de savants calculs. Le travail a déjà été fait. Les « transformations de Lorentz » rendent compte de cette dilatation du temps et de cette contraction des longueurs liées au mouvement. Mais ce qui n'était pour le maître hollandais qu'une démonstration mathématique s'intègre désormais dans une théorie cohérente. Inventées pour la seule expérience de Michelson, les transformations de Lorentz deviennent l'outil de conversion universel pour passer d'un système en mouvement à un autre.

Voilà donc l'espace et le temps indissolublement liés. N'est-ce pas naturel ? « La physique traite d'événements dans l'espace et le temps », rappelle Einstein. À lui seul, l'espace en trois dimensions ne peut donner qu'un instantané immobile. Le mouvement suppose que l'on ajoute la durée : trois dimensions plus une. Une rencontre, c'est toujours un lieu et une date. Faisons-nous, comme M. Jourdain avec la prose, de la relativité sans le savoir ? Pas tout à fait. En effet, si les dimensions de l'espace manœuvrent en trio sous les ordres d'Euclide, le temps suit son chemin tout seul, tout droit, toujours égal à lui-même avec la bénédiction de Newton. Les coordonnées spatiales se définissent en fonction de l'observateur. Pour situer le « quelque part » où l'on se trouve, il est indispensable de préciser les repères que l'on se donne. En revanche, cette précision n'est pas nécessaire pour l'instant. L'heure est toujours la même, elle se suffit à elle-même.

La relativité transforme le « trois plus un » en quatuor. Quatre dimensions qui jouent ensemble aux transformations de Lorentz. Désormais tout événement est lié à un espace et un temps, un espace-temps, qui lui est propre.

Dans ce monde reconstruit par Einstein, l'invariance de *c* permet l'invariance des lois qui restent les mêmes pour des points de vue équivalents, c'est-à-dire en mouvements uniformes et rectilignes les uns par rapport aux autres. Leur diversité n'est que le visage démultiplié de l'unité. Platon disait que la beauté, c'est « l'un dans le multiple ». La relativité est donc un chef-d'œuvre de beauté platonicienne.

*
* *

En dépit de toutes les démonstrations, malgré toutes les explications, cette relativité temporelle reste déroutante pour l'esprit humain. Le temps absolu de Newton nous est plus naturel. Nous nous déplaçons dans l'espace alors que nous sommes prisonniers du temps. Notre mort est inscrite dans le cours inexorable des jours et des années. C'est l'engrenage de la fatalité. Le seul fait de pouvoir être observé dans un temps qui n'est pas le nôtre crée un malaise. Que notre petit siècle de vie s'étale sur un millénaire pour un voyeur de l'espace, c'est intolérable. Ce Temps unique et commun faisait partie de la condition humaine. Après Einstein, il n'a plus qu'un *t* minuscule. Nous sommes floués.

Car les hommes au même titre que les particules sont justiciables de ces effets relativistes. Certes, ils n'auront jamais la vitesse suffisante pour jouer les Mathusalem des voyages interstellaires. Il n'empêche qu'en expérience de pensée tout cela est possible. Ce que le physicien français Paul Langevin s'empressa d'illustrer avec son fameux paradoxe. Il imagine des jumeaux dont l'un voyage dans l'espace – avec des vitesses proches de la lumière – tandis que l'autre reste à Terre. Pour les contrôleurs spatiaux, le pouls de l'astronaute semble ralentir tout comme la marche des horloges de bord, car les êtres vivants n'échappent pas à la dilatation du temps. Son temps propre s'écoulant plus lentement, il se retrouverait à son retour plus jeune que son frère. Conclusion fantasmatique, car le voyage en question ne serait pas relativiste puisqu'il comporterait des phases d'accélération et de freinage.

Oublions donc le retour, un tel voyageur pourrait-il être un passager du temps et défier les siècles ? À nos yeux, certainement. Mais cela ne lui conférerait pas la longévité des prophètes bibliques. Ce n'est pas lui qui vivrait mille ans, c'est nous qui le verrions vivre un millénaire. Le temps vécu est, hélas ! toujours le plus court. Le choc est rude et ce voyage imaginaire a contribué plus que tout le reste à faire d'Einstein un fou, un sorcier, un démiurge, un prophète. D'autant que, suprême paradoxe, pour le jumeau astronaute, c'est son frère resté au sol qui semble vivre mille ans !

Il n'empêche, nous voudrions voir « pour de vrai » ces voyageurs du temps qui échappent à nos horloges. L'homme étant peu fait pour de telles expériences, ce sont des particules qui ont essayé pour nous la dilatation du temps.

Le cobaye idéal apparut en 1937 dans un grand feu d'artifice. La Terre est bombardée en permanence par des particules venues d'on ne sait où et porteuses d'une très grande énergie : les rayons cosmiques. Ces microbolides abordent à grande vitesse les couches supérieures de l'atmosphère et, là, ils engagent une gigantesque partie de billard avec les molécules d'azote et d'oxygène. Les collisions se font avec une violence inouïe et provoquent une gerbe, non pas d'étincelles, mais de particules. Parmi celles-ci les physiciens remarquèrent un proche cousin de l'électron qui n'est pas éternel comme son parent mais éphémère. Le muon, c'est ainsi qu'il fut baptisé, vit plus ou moins longtemps, mais, en moyenne, sa longévité ne dépasse guère le millionième de seconde.

Et voici l'incroyable : en 1941, deux physiciens américains Bruno Rossi et David Hill assistent à l'atterrissage de muons cosmiques. Une performance impossible sans l'aide de la relativité. En effet, ces corpuscules naissent dans la haute atmosphère, à une vingtaine de kilomètres, et n'ont qu'un millionième de seconde devant eux. À supposer qu'ils filent à la vitesse de la lumière, ils ne feront que 300 mètres avant de se désintégrer. Disons un kilomètre pour les plus chanceux et n'en parlons plus. Cela ne permet pas d'atteindre la Terre, pas même la stratosphère. Et nous voilà pourtant avec des muons terrestres. Einstein, au secours !

Cette durée d'un millionième de seconde, c'est celle que l'on observe pour un muon au repos, un muon situé dans notre monde. Le muon cosmique, lui, file à la vitesse de la lumière. Si l'on demande aux transformations de Lorentz de recomposer le temps et l'espace, on découvre que cette durée de un millionième de seconde, pour nous spectateurs au repos qui le voyons se déplacer à grande vitesse, devient plusieurs dizaines de millionièmes, un temps pendant lequel le muon a tout loisir de parcourir les vingt kilomètres qui le séparent de la Terre.

Telle est donc la dilatation du temps observée et pas seulement calculée. Que notre âge se compte différemment vu de Sirius, ce n'est pas encore cela qui nous vieillira ou nous rajeunira. Le temps nous est compté, dit la sagesse populaire. Oui, mais en quelle monnaie ? ajoute Einstein.

*
* *

La révolution de 1905 est la plus théorique, la plus fondamentale qui se puisse imaginer. Einstein n'apporte aucun résultat expérimental, aucune observation inédite, à l'appui de ses raisonnements et de ses calculs. Comment le pourrait-il d'ailleurs, lui qui n'a plus accès au moindre laboratoire depuis qu'il a quitté le *Polytechnicum* ? La relativité a fait son nid dans un cerveau puis elle a pris son envol et, un siècle plus tard, elle a conquis le monde et se retrouve partout, toujours discrète, toujours au travail. Elle est omniprésente dans les laboratoires et les observatoires, mais elle se répand aussi dans nos cités. Elle n'a pas sa place dans la mécanique et n'intervient ni dans la construction d'un immeuble ni dans la fabrication d'un avion. Tant mieux, cela nous simplifie la vie. En revanche, elle est toujours présente dans cette filiale technique de la physique qu'est l'électronique. Et, sans que nous en doutions, ses esclaves intelligents qui envahissent notre monde chantent la gloire d'Einstein. Pour vérifier la dilatation du temps, il suffit de monter dans un taxi.

Les mieux équipés possèdent des systèmes GPS pour indiquer la route à suivre. Impossible de n'être pas fasciné par cette carte « intelligente » qui défile sur l'écran et cette voix donnant les instructions : « Prenez la file de gauche, vous tournerez à gauche au prochain carrefour. » Le secret de ce téléguidage se trouve dans l'espace. Ce sont des satellites qui envoient les signaux nécessaires pour indiquer la route à suivre. Imagine-t-on la précision de mesures qui localisent le véhicule et son environnement au mètre près ? Or le satellite navigateur tourne à quelque 26 000 km/h. Sans être « relativiste », cette vitesse doit produire une distorsion du temps, infime certes, mais qui perturberait l'ultraprécision nécessaire à cet exercice. Qu'on se rassure, cet effet a été pris en considération, et corrigé bien sûr. Grâce à la relativité, nous pouvons sans risque d'erreur écouter le message céleste et suivre la route qu'il nous indique.

Le téléviseur, pour peu qu'il ne soit pas à écran plat, témoigne à chaque seconde en faveur d'Einstein. L'appareil présente au téléspectateur la face arrière d'un tube cathodique en forme de cône dont la pointe est occupée par un canon à électrons. Ceux-ci jaillissent en un faisceau très étroit qui balaie en permanence, ligne à ligne, l'écran et donne la couleur et la luminosité en chaque point de l'image. Ce crayon électronique est donc composé de particules très rapides qui subissent les déformations relativistes. Que le temps paraisse se dilater et les distances se raccourcir ne devrait pas être bien gênant pour une particule éternelle et un trajet de cinquante centimètres. Et pourtant la qualité de nos images serait catastrophique si les constructeurs oubliaient la relativité dans leurs calculs. Car les électrons doivent être défléchis par des champs magnétiques pour balayer ainsi l'écran. Un effet qui est bien évidemment lié à leur masse. Plus ils sont lourds et plus le champ doit être fort. Impossible d'avoir un bon téléviseur sans connaître avec la plus grande précision la masse des électrons qui se promènent dans le tube.

Et voici qu'apparaît un nouvel effet relativiste dont nous n'avons pas encore parlé : l'augmentation de la masse. Une troisième conséquence de la vitesse qui s'ajoute à la dilatation du temps et la contraction des distances. Là encore, cette perturbation n'affecte pas nos automobiles dont le poids ne varie pas selon qu'elles sont à l'arrêt ou bien en marche. Mais nos électrons qui traversent le tube cathodique possèdent une masse qui s'accroît en raison de leur grande vitesse. Si les ingénieurs oubliaient de prendre en compte cet effet relativiste, le déflecteur magnétique serait trop faible et le téléviseur inutilisable. Les corrections ont donc été introduites à partir des équations d'Einstein.

Cette nouvelle conséquence de la relativité répond à la question que nous aurions dû nous poser depuis longtemps : pourquoi est-il interdit de dépasser la vitesse de la lumière ?

*
* *

Einstein ayant posé ses deux principes, la nouvelle relativité et la vitesse constante de la lumière, entreprend d'en tirer les conséquences logiques sur le mouvement des objets matériels. Son cobaye, c'est l'électron qui, à la différence du photon lumineux, est un grain de matière. Comment va-t-il réagir lorsqu'il approche la vitesse de la lumière ? La réponse est stupéfiante. Le calcul relativiste montre que l'énergie nécessaire pour l'accélérer se met à croître de façon exponentielle. Le verdict tombe. « Les vitesses supérieures à celle de la lumière n'ont aucune possibilité d'existence, et, précise-t-il, cela doit valoir également pour des corps massifs. » Autrement dit, pour des vitesses approchant celle de la lumière, l'inertie qui s'oppose à l'accélération augmente infiniment, interdisant de jamais atteindre cette limite.

Dans le monde de Sir Isaac Newton, il n'y a pas de place pour une vitesse limite. La gravitation agit instantanément à distance et franchit d'un saut les espaces intersidéraux. Sa vitesse est infinie. Quant aux mobiles ordinaires, ils peuvent accélérer sans fin. Lors des vols lunaires Apollo, le monde entier a vu le premier étage de la fusée Saturne se détacher et retomber après avoir lancé le second étage qui, bénéficiant de la vitesse acquise, la dépassait en allumant son propre moteur. Imaginons une infinité de propulseurs qui se relayent ainsi, ajoutant chacun leur propre poussée. Le vaisseau spatial ira de plus en plus vite, toujours plus vite. En pensée du moins. Tant qu'il n'y a pas de limite à l'accélération, il n'y en a pas non plus à la vitesse.

Dans le monde d'Einstein, la masse semble s'accroître avec la vitesse et finit par opposer une résistance insurmontable à toute accélération supplémentaire. Plus on va vite, plus il est difficile d'aller plus vite. À l'approche de *c*, tout objet matériel devient un monstre qu'aucune impulsion, aucun moteur, aucune force ne pourra plus accélérer. L'accélération finit par tuer l'accélération.

Cette vitesse limite n'a pas été constatée dans une expérience comme celle de la lumière, Einstein l'établit par le calcul, sur des bases purement théoriques. Nul n'a observé un tel phénomène. En revanche, il n'est pas le seul scientifique à s'interroger sur le mouvement de l'électron et des théories concurrentes arrivent à des conclusions différentes. Les expérimentateurs sont au travail pour démêler le vrai du faux. Einstein risque de se voir démenti dans les mois qui suivent. Lorsque les premiers résultats tombent en 1906, ils sont défavorables. Les chercheurs n'enregistrent aucune augmentation de la masse avec la vitesse et semblent aller dans le sens des adversaires. Lorentz, qui a présenté une théorie comparable à celle d'Einstein, est tout près de renoncer à ses idées. « Einstein ne broncha pas. Ces théories rivales ne répondaient pas du tout à son sens de l'esthétique, et il suggéra avec confiance que c'était peut-être bien l'expérimentateur qui s'était trompé. Des mesures ultérieures effectuées par d'autres lui donnèrent raison [12] », rapporte Banesh Hoffmann.

Imaginons cela. D'un côté, le physicien glorieux, confirmé, qui doute de ses idées à la première alerte, de l'autre, le novice qui ne peut imaginer recevoir un démenti de la réalité. Les principes sont bons, les conséquences sont vraies, il n'en démord pas. De fait, l'expérience était viciée, elle fut refaite et confirma que, selon les prévisions d'Einstein, la masse de l'électron augmentait avec la vitesse lui interdisant de jamais atteindre 300 000 km/s. Prodigieuse confiance du théoricien, non pas en son intelligence, mais dans ses principes et dans sa méthode !

*
* *

En ce début de siècle, de telles accélérations ne sont concevables qu'en expérience de pensée. Aucun corps, aucun mobile ne saurait faire la course avec la lumière. Un siècle plus tard, ces performances sont devenues banales, dans les centres de recherche du moins.

Le monde microscopique se présente comme un jeu de poupées russes : les molécules sont formées d'atomes qui sont formés de protons, qui sont formés de quarks, etc. Mais, à la différence des babouchkas que l'on ouvre délicatement pour découvrir les plus

12. Banesh Hoffmann, *Albert Einstein, créateur et rebelle*, *op. cit.*

petites, il faut ici casser pour voir. Rien de tel qu'une bonne collision pour y parvenir. Les particules livrent leurs secrets en se fracassant et le carambolage est devenu l'expérience emblématique de la physique. Plus il est violent, plus il est instructif. Les physiciens sont condamnés à aller toujours plus vite pour voir toujours plus petit.

Dans ce voyage au bout de la matière, l'outil de base est l'accélérateur. Il tient lieu de microscope pour voir au-delà de l'atome. Sur les routes, on freine pour réduire la violence des collisions ; dans les laboratoires de physique, on accélère pour l'augmenter.

L'accélérateur type est constitué d'un anneau dans lequel des particules tournent de plus en plus vite sous l'impulsion de coups de fouets électriques. Elles vont ensuite se fracasser sous l'œil des détecteurs. Plus grande est l'énergie, plus forte est l'accélération, plus violente est la collision, plus intéressants sont les résultats. Cette physique de l'infiniment petit est devenue la physique des hautes énergies, elle vérifie tous les jours les théories d'Einstein.

La plus grosse machine du monde se trouve au CERN à Genève. Elle est constituée d'un anneau souterrain de 27 kilomètres de circonférence qui court sous la frontière franco-suisse. Des installations gigantesques pour chasser les plus petites des proies, celles qui naîtront d'une collision et ne vivront que le temps de disparaître. Les protons qui portent une charge électrique positive sont accélérés par des champs électriques. Encore faut-il qu'ils tournent dans l'anneau et n'aillent pas se cogner aux parois. Ce sont des champs magnétiques qui les maintiennent sur leur trajectoire circulaire. Électriquement tirées, magnétiquement tenues, les particules subissent de fantastiques accélérations. Si l'augmentation de la vitesse restait proportionnelle à celle de l'accélération, elles dépasseraient largement les fatidiques 300 000 km/s. Mais les microbolides obéissent à Einstein. En début d'expérience, les champs électriques les propulsent aisément. Puis en approchant de la barrière *c*, l'inertie de la particule se met à croître vertigineusement. Pour une vitesse approchant de 99,999 % celle de la lumière, sa masse semble multipliée par 500. Il faut alors doubler l'énergie d'accélération pour augmenter la vitesse de... un millième. Quant aux « cochers » magnétiques, ils dépensent quatre cents fois plus d'énergie pour tenir l'attelage lorsqu'il s'emballe et prend ces proportions monstrueuses.

Ainsi, l'énergie d'accélération sert de moins en moins à augmenter la vitesse. Le proton semble l'engranger pour accroître sa masse plutôt que sa vitesse. Après s'être élancé à la moindre pichenette, il résiste désormais aux plus puissantes impulsions et fait payer d'efforts démesurés le moindre kilomètre/s supplémentaire. Toutes les courbes se redressent et partent dans les exponentielles. Inutile de s'évertuer, les derniers pas ne seront jamais franchis. Einstein l'avait calculé, les physiciens le vérifient tous les jours.

*
* *

L'impossibilité d'atteindre la vitesse de la lumière résulte d'un phénomène surprenant. En mécanique classique, l'énergie d'accélération produit de la vitesse, donc de l'énergie cinétique. Et voilà qu'elle se met à fabriquer de l'inertie, autant dire de la masse. Qui donc a imaginé une chose pareille ? Einstein bien sûr.

Une telle transformation est inconcevable dans la physique du XIXe siècle. Celle-ci range dans deux catégories bien séparées la masse et l'énergie. La première est liée au monde matériel, elle se manifeste par cette résistance à toute accélération que l'on appelle l'inertie, la seconde est immatérielle, n'a pas d'inertie et peut prendre les formes les plus diverses : chaleur, radiation, potentiel, vitesse, etc. De l'une à l'autre, la barrière est infranchissable.

En outre chaque monde possède sa propre comptabilité. Celle-ci obéit à la loi bien connue de conservation. Rien ne se perd, rien ne se crée, tout se conserve. On doit trouver les mêmes quantités au début et à la fin. Mais, ajoute la physique classique, sous la même forme. Une même quantité de matière, d'un côté, une même quantité d'énergie de l'autre. La dichotomie est parfaite, elle ne résiste pas à l'ouragan Einstein.

La remise en cause du temps et des distances nous laisse pantois. À elle seule, elle pourrait constituer la révolution relativiste. Pas du tout, explique Einstein. « Le résultat le plus important de la relativité restreinte porte sur la masse inerte. » Celle-ci, constate-t-il, « n'est rien d'autre que de l'énergie latente ». Masse-énergie, la frontière est abattue, les mêmes propriétés se retrouvent de part et d'autre, les échanges et les conversions deviennent possibles. L'énergie peut produire de l'inertie. Du coup, les deux comptabilités n'en font plus qu'une : « La conservation de la masse se confond avec la conservation de l'énergie. » Une notion unique remplace les deux entités, c'est la masse-énergie. Et voilà pourquoi les 300 000 km/s resteront un record inaccessible.

Pour ces vitesses extrêmes, l'accélération semble donc accroître la masse. Est-ce une transformation de l'énergie en matière ? Certainement pas [13]. En tant que grain de matière, le proton reste le même au repos ou à 200 000 km/s. L'accélération supplémentaire n'a pas accru sa masse au repos, mais son inertie. Dans notre monde ordinaire, celle-ci est liée à la masse. Pour atteindre les 100 km/h, un véhicule de trente tonnes oppose une résistance plus grande et exige un moteur plus puissant qu'un autre d'une tonne. Et voici qu'à ces vitesses extrêmes, l'automobile devient aussi difficile à accélérer que le camion. Pourtant, elle n'est pas devenue un « poids lourd ». Mais l'énergie supplémentaire a été transformée en inertie. En fusionnant masse et énergie, Einstein donne la clé de cette transformation qui se produit à très haute vitesse. L'effet produit étant équivalent à une augmentation de masse, on dit, par commodité de langage, qu'à de telles vitesses, apparaît un effet relativiste qui accroît la masse en fonction de l'accélération et interdit d'atteindre la vitesse de la lumière.

Cette limitation était incluse dans les deux principes de base. S'il était possible de franchir le mur de la lumière, le postulat relativiste n'était plus tenable. Encore fallait-il comprendre le mécanisme qui permettait de généraliser cette interdiction. Le physicien britannique David Bodanis salue l'exploit : « Lier masse et énergie *via* la vitesse de la lumière était une intuition phénoménale [14]. » D'autant qu'Einstein ne dispose encore d'aucun fait indiscutable pour poser une telle équivalence. Une fois de plus, il arrive au résultat au terme d'un travail purement théorique.

13. Cela n'a évidemment rien à voir avec la création de matière à partir de l'énergie. Celle-ci se réalise dans les accélérateurs à très haute énergie et se traduit par l'apparition d'une particule et de son antiparticule.

14. David Bodanis, $E = mc^2$..., *op. cit.*

*

* *

À l'été 1905, Einstein s'est évertué à boucler ses articles sur les quanta de lumière, les atomes et la relativité restreinte en l'espace de six mois. Ce dernier travail l'a épuisé. À la fin juin, lorsqu'il envoie son article sur l'électrodynamique, disons sur la relativité, il est allé au bout de ses forces. Les batteries sont mortes, il prend le lit pour récupérer. Reste à savoir si un article aussi atypique sera accepté. Les *Annalen der Physik* ne répondent pas. Il est au comble de l'anxiété.

Mileva rêve de vacances, ce que l'on peut comprendre. Elle voudrait qu'ils aillent passer quelques jours à Novi Sad dans sa famille, afin de présenter son fils Hans Albert à ses parents. Cette perspective n'enchante guère Einstein dont le cœur n'a jamais balancé entre ses beaux-parents et son travail. Mais Mileva est obstinée et le couple part pour la Serbie en juillet. L'esprit d'Einstein est toujours en chasse, comme le prouve la lettre qu'il écrit, probablement au mois d'août, à son ami Konrad Habicht : « Il m'est encore venu à l'esprit une conséquence du travail sur l'électrodynamique. Le principe de relativité associé aux équations fondamentales de Maxwell a en effet pour conséquence que la masse est une mesure de l'énergie qui est contenue dans un corps ; la lumière transporte de la masse [...]. La chose est plaisante et séduisante à considérer ; mais Dieu n'est-il pas en train d'en rire et me mène-t-il par le bout du nez ? Ça, je suis incapable de le savoir... »

« Dieu n'est-il pas en train d'en rire... » Incroyable prémonition ! Au terme de la réflexion qu'il entreprend se trouve $E = mc^2$ et, quarante ans plus tard, Hiroshima. « Dieu » a tout le temps pour prendre à leurs jeux ceux qui osent voler ses secrets.

N'anticipons pas, revenons plutôt en arrière. Einstein a rédigé son article dans la hâte, il l'a envoyé sans attendre, sans prendre le temps de poursuivre sa réflexion. C'est après la publication qu'il découvre un point essentiel : l'énergie tout comme la masse possède une inertie, en sorte que, lorsqu'un corps émet un rayonnement, il doit perdre de la masse. Le lien entre masse et énergie est beaucoup plus étroit qu'il ne pensait.

Il s'empresse de rédiger ce que Françoise Balibar appelle : « Le post-scriptum le plus célèbre de la physique », un article de trois pages qu'il intitule prudemment : « L'inertie d'un corps dépend-elle de son contenu en énergie ? » Il l'adresse en septembre aux *Annalen* qui le publient en novembre. Notons tout d'abord la formule interrogative. L'audace de l'hypothèse impose la prudence. Rien qu'une idée en passant, semble-t-il dire. D'autre part, il ne parle ni de la matière ni de la masse, mais de l'« inertie ». C'est dire qu'il se réfère à l'ensemble constitué par la masse-énergie du système. En outre, il ne fait pas référence à l'« énergie », mais au « contenu en énergie » [15]. Là encore il adopte une formule moins tranchée correspondant à l'état de sa réflexion. Car celle-ci n'est pas totalement aboutie.

Il démontre que l'inertie d'un corps augmente ou diminue en fonction de l'énergie qu'il absorbe ou émet. Il pose la règle d'équivalence entre gains et pertes en fonction non pas de l'énergie mais de la masse, ce qui donne : $m = E/c^2$. Il conclut par un saut, périlleux mais irréfutable, « la masse d'un corps est une mesure de son contenu en énergie. Si l'énergie varie, la masse varie dans le même sens ». Il poursuit sa rumination pendant deux ans pour arriver à la pleine vision de l'équivalence matière-énergie et l'ériger en principe général.

En 1907, une revue spécialisée, *Jahrbuch der Radioaktivität und Elektronik*, lui commande un grand papier de synthèse pour exposer la relativité. Il saute sur l'occasion pour inclure le dernier état de ses réflexions. Matière et énergie ne sont que les deux faces d'une même réalité : la matière-énergie. Une entité qui serait « condensée » à l'état matériel et « diffuse » à l'état énergétique. Il pose l'équation emblématique $E = mc^2$. Le coefficient de conversion, c^2, est gigantesque. La disparition d'une infime quantité de matière libère énormément d'énergie ; à l'inverse, un apport considérable d'énergie n'augmenterait que très peu la masse.

La vitesse n'intervient plus, la matière au repos apparaît comme une sorte de coffre-fort enfermant des quantités prodigieuses d'énergie et ne la délivrant que parcimonieusement, comme un « avare ».

15. Einstein parle par analogie avec la matière. La physique utilise le mot « masse » pour définir le contenu en matière d'un corps. En revanche, elle désigne par « énergie » la chose en soi et sa mesure. En parlant de « contenu en énergie », il fait le parallèle absolu entre le monde de la matière et celui de l'énergie. Le « contenu en énergie » est l'équivalent du « contenu de matière ».

Einstein est conscient que cette union de la matière et de l'énergie représente la plus importante conséquence de la relativité. Les physiciens ne connaissent à peu près rien de cet atome gorgé d'énergie, ils n'ont même pas découvert le noyau. Ils ne peuvent donc imaginer aucun moyen de violer ce coffre-fort et de libérer ne serait-ce qu'une partie de son trésor. L'humanité entre dans la préhistoire de son ère nucléaire.

Les découvertes réalisées par Einstein au cours de cette année 1905 sont à ce point extraordinaires qu'elles saturent la curiosité. Le chef-d'œuvre occulte son histoire, il s'impose par lui-même. Le génie ne s'explique pas. Sans doute reste-t-il dans la démarche einsteinienne une part qui ne sera jamais accessible. Mais ces articles sont également le fruit d'une vision très particulière de la science. En faisant de la physique, Einstein entend trouver un système du monde bien spécifique, dont il a postulé l'existence. L'homme est habité par une foi qui inspire sa pensée, qui lui confère une puissance extraordinaire. Dans ces premières années, du moins.

CHAPITRE VI

La reconnaissance

Atomes, quanta, relativité, $E = mc^2$: le feu d'artifice est éblouissant. Einstein le sait mieux que personne. Il ne doute pas que ses publications vont susciter des réactions multiples et passionnées. Dans les mois suivants, il feuillette avec fébrilité les numéros des *Annalen,* guettant la lettre, le commentaire, la réplique, l'attaque ou l'approbation. Peine perdue. Ses idées « révolutionnaires » ne suscitent pas le moindre écho. La douche froide. Cette atonie de la communauté scientifique tient à l'originalité de la présentation autant qu'à la nouveauté des idées. Ces articles ne ressemblent pas à des communications scientifiques et pas davantage à des exposés philosophiques ou recherches épistémologiques, ils ne ressemblent à rien. Quant à l'auteur, il est plus anonyme qu'un étudiant. Einstein ? Connais pas. Les chercheurs sont déroutés par ces objets scientifiques non identifiés livrés sans mode d'emploi.

Il leur faudra quatre années pour en comprendre le sens et la portée. Quatre années de plus au Bureau de la propriété industrielle de Berne pour Einstein. Seule consolation : il se voit gratifié d'un avancement et passe de la troisième à la deuxième classe avec un salaire annuel de 4 500 francs. Une promotion bienvenue qui ne doit rien à ses découvertes scientifiques. Son directeur, Friedrich Haller, se soucie comme d'une guigne des quanta et de la relativité, il ne connaît que le travail de bureau.

Einstein doit rompre avec ce monde paisible de bureaucrates et rejoindre les grands prêtres dans les temples du savoir. Difficile en l'absence de toute notoriété scientifique. Il envisage tout d'abord de devenir *privatdozent* à l'université de Berne, collaborateur extérieur en quelque sorte. Ces enseignants n'appartiennent pas au corps professoral. Ils ont leur emploi, leurs occupations en dehors de l'université et n'y viennent que le temps de donner un cours. Donner ayant, en l'occurrence, son sens littéral : faire bénévolement. Cet assistanat, aussi modeste soit-il, peut servir de marchepied vers des postes plus importants. Einstein s'en accommoderait faute de mieux. Il pose sa candidature en 1907, soutenu par son ancien directeur de thèse et président de l'université, Alfred Kleiner. Il a joint au dossier ses dix-sept publications scientifiques dont les joyaux de 1905. Le chef du département de physique juge son article sur la relativité « incompréhensible » et lui préfère un autre candidat.

La rebuffade est sévère. Einstein écrit à l'ami Marcel Grossmann, devenu professeur au *Polytechnicum,* pour obtenir, par son entremise, un poste d'enseignant au collège technique de Winterthur. Vaine tentative. Il se rabat sur un lycée de Zurich et postule en tant que professeur de physique et de mathématiques. Le père de la relativité prof dans le secondaire ! Même cela, il ne peut l'obtenir.

L'exaltation de 1905 est bien retombée. Maurice Solovine s'en est allé vivre à Paris. Einstein souhaite renouveler, avec Konrad Habicht, l'opération qu'il a réussie avec Michel Besso et le faire venir au Bureau des brevets. En vain. À Zurich, il ne trouve guère qu'un professeur de médecine, Heinrich Zangger, pour s'intéresser à ses travaux. Il se voit déjà en génie méconnu et craint d'avoir épuisé ses ressources créatives sans en recueillir jamais les fruits.

*

* *

Le premier succès n'arrive qu'en 1908, lorsqu'il décroche enfin ce poste de *privatdozent* qui lui était passé sous le nez l'année précédente. Rien de bien glorieux. Il donne ses cours en dehors des horaires de bureau, c'est-à-dire aux petites heures de la matinée. Seuls quatre auditeurs, dont l'inévitable Besso, viennent l'écouter au saut du lit. Un public clairsemé pour un spectacle assez médiocre. Einstein doit encore tout apprendre de la pédagogie. Des bonnes manières aussi, mais là, il n'apprendra jamais. Sa tenue est à ce point négligée que les appariteurs le confondent avec les étudiants étrangers, souvent misérables, qui cherchent en Suisse l'enseignement qu'ils ne trouvent pas chez eux. Le professeur Kleiner inspecte discrètement son protégé et juge que son propos dépasse le niveau des étudiants. Le *privatdozent* supporte mal la remarque. « Je ne demande pas qu'on me nomme professeur à l'université de Zurich ! » Rien qu'une étincelle, mais qui en rappelle bien d'autres. Élève, étudiant ou professeur, Einstein a toujours autant de mal à se conformer au monde universitaire qui va maintenant lui ouvrir les portes.

Car la relativité fait son chemin, lentement mais sûrement, dans la communauté scientifique. Max Planck en est le premier propagandiste. Après avoir présenté le travail d'Einstein dès novembre 1905, il publie en 1906 et 1907 deux articles très élogieux sur la relativité. En 1907, il adresse à Einstein une lettre dans laquelle il se compte parmi les « partisans enthousiastes de la relativité », pour reconnaître aussitôt qu'ils ne forment qu'un « tout petit groupe ». Son assistant, Max von Laue, fait le voyage de Berne afin de rencontrer Einstein. Persuadé que le physicien tant vanté par son patron est un universitaire de bonne tenue, il ne prête aucune attention à l'employé en manches de chemise qu'il croise au Bureau des brevets. Le temps de corriger son erreur, il engage la conversation. Il leur faut peu de temps pour se prendre d'estime et d'amitié. Ils resteront proches, en dépit de toutes les vicissitudes et des guerres. Dans l'immédiat, von Laue publie un article très favorable à la relativité.

À partir de 1907, une rumeur d'initiés se répand dans le monde de la physique : « Connaissez-vous cette théorie de la relativité d'un certain Einstein ? Il faut la regarder, c'est très curieux. » Et ce sont les plus grands : Hendrik Lorentz à Leyde, Arnold Sommerfeld à Munich, Wilhelm Ostwald à Leipzig, Hermann Minkowski à Göttingen, Paul Langevin et Jean Perrin à Paris, qui constituent ce premier cercle de supporters. Le gros de la troupe suivra avec quelques années de retard. La relativité, qui semble une théorie plus philosophique que scientifique, passe mieux que les quanta de lumière dont on voit mal ce qu'ils signifient, le « on » incluant Einstein en la circonstance. Preuve que le succès est en marche, il reçoit de plus en plus de lettres provenant de physiciens qui engagent la discussion avec lui. Il voit aussi apparaître les premières critiques et même les attaques provenant aussi bien de philosophes ou de journalistes que de physiciens. C'est de bon augure car, ainsi que l'avaient compris les inventeurs du gothique, s'opposer à un monument, c'est aussi le soutenir. Le purgatoire se termine, la reconnaissance arrive.

Elle commence en grande pompe à Genève au mois de juillet 1909. Einstein a été invité aux cérémonies qui marquent le 350e anniversaire de l'université. Il n'a prêté aucune attention au carton et l'a jeté à la poubelle. Un ami rattrape cette boulette au dernier moment. Einstein n'a que le temps de se précipiter à Genève. Bien lui en prend, car il se voit décerner le titre de professeur *honoris causa*, le premier d'une interminable série. Il débarque en costume fripé et chapeau de paille dans le cortège où figurent les dignitaires de l'université en tenue d'apparat : robes et chapeaux, toges et capes. Il est ahuri par cette pompe et par l'opulence du banquet. Une découverte qui le gêne et l'amuse tout à la fois. Il fait remarquer à son voisin de table que si Jean Calvin, le fondateur de l'université, voyait pareille bombance, il ne manquerait pas d'envoyer tout ce monde au bûcher pour expier un tel péché de gourmandise. La saillie, typique de l'humour einsteinien, jette un froid. Peu importe, il a côtoyé pour la première fois les maîtres de la physique.

Il les retrouve deux mois plus tard à Salzbourg. Invité d'honneur d'un congrès scientifique, il consacre son exposé à la double nature corpusculaire et ondulatoire de la lumière, ouvrant ainsi l'un des nouveaux chantiers de la physique. Dès cette année, Wilhelm Ostwald propose son nom pour le prix Nobel. Première candidature, il en faudra beaucoup d'autres pour lui ouvrir le chemin de Stockholm.

C'est alors qu'il devient « le professeur Einstein ». Un poste s'étant libéré à l'université de Zurich, il pose sa candidature. Mais le choix des autorités devrait se porter sur son concurrent : Friedrich Fritz Adler. La compétence scientifique du favori est moindre, mais sa notabilité très supérieure. Adler le sait et, grand seigneur, se désiste au profit d'Einstein. Le comité universitaire s'interroge longuement sur la personnalité de l'impétrant, notamment sur sa judéité. « Le corps enseignant considérant (souvent non sans raison) que toutes sortes de traits de caractère désagréables sont typiques des israélites, tels que l'indiscrétion, l'impudence et une mentalité de commerçant... », en conséquence... ces braves gens estiment « incompatible avec leur dignité de se déterminer en fonction de positions antisémites » et acceptent ce « bon Juif » d'Einstein. Ouf !

Il s'est fait en la personne d'Adler un ami qui deviendra bientôt son voisin, mais, surtout, il peut donner sa démission à monsieur le directeur du Bureau de la protection industrielle. Lequel n'en revient pas. Il n'a prêté qu'une attention distraite aux succès de son employé et le met en garde contre une décision qui s'apparente à un coup de tête. N'a-t-il pas reçu une belle promotion ? N'est-il pas en train de briser sa carrière ? Non vraiment, Friedrich Haller ne comprend pas.

Le 15 octobre, Einstein fait ses débuts comme enseignant à l'université de Zurich. Cette entrée à l'université, pour honorable qu'elle soit, n'améliore pas l'ordinaire du ménage. Car le traitement du professeur ne vaut pas mieux que le salaire de l'expert. En revanche, le travail universitaire se révèle plus prenant. Le couple emménage dans un nouvel appartement, Einstein doit lui-même tirer la charrette chargée de meubles à travers la ville et Mileva prend des étudiants en pension pour faire les fins de mois. La reconnaissance morale manque encore de consistance matérielle.

Le professeur se situe dans le droit-fil de l'étudiant. « L'impression immédiate qu'il fit dans ce nouveau milieu, c'est qu'il entrait en conflit avec lui », juge Philippe Frank [1]. Tel le jeune Albert au *Polytechnicum*, il ignore toute hiérarchie. Hier il se mettait au niveau des professeurs, aujourd'hui il se met au niveau des étudiants. Il copie leur tenue vestimentaire et leur laisser-aller, mais il n'hésite pas à interrompre son exposé pour leur demander si tout va bien, s'ils peuvent suivre sans difficultés. Il n'aime rien tant que discuter avec eux, dans l'amphithéâtre ou à La Terrasse, le café voisin. Certains collègues le trouvent chaleureux et familier, d'autres négligent et négligé. Son humour féroce peut amuser mais aussi choquer et blesser. Il n'en a cure.

À Zurich, comme dans ses postes ultérieurs, Einstein se plie difficilement à la discipline du métier. Son humeur vagabonde de chercheur, sa curiosité toujours en éveil s'accommodent mal d'un programme étalé sur toute une année, qui impose d'accorder la même attention à toutes les disciplines. Il parle spontanément de ce qui le passionne et néglige ce qui l'assomme ; les aspects mathématiques de la physique en particulier. Il improvise ses cours à partir de quelques notes griffonnées sur des bouts de papier. Un jour, ne

1. Philippe Frank, *Einstein, sa vie, son temps*, *op. cit.*

trouvant pas les équations nécessaires à son exposé, il rappelle à ses étudiants : « Le principal c'est le résultat et non pas les mathématiques, car avec les mathématiques on peut tout démontrer. » Diriger des recherches lui conviendrait mieux, mais il est là pour enseigner.

Il reste en opposition avec la pédagogie qui imprègne toute l'institution scolaire et universitaire. Il déteste par-dessus tout la valorisation de la mémoire aux dépens de l'intelligence. Bien des années plus tard, lors d'un voyage aux États-Unis, il se trouvera confronté à un autre contestataire de l'école : Thomas Edison. Le fameux inventeur de la lampe à incandescence, esprit essentiellement pratique, dirige une entreprise prospère et affiche son mépris pour l'enseignement qui, estime-t-il, n'apprend rien aux étudiants. Mais sa critique est diamétralement opposée à celle d'Einstein. Il a mis au point un type de questionnaire popularisé depuis dans les jeux télévisés et entrepris de soumettre ses employés à cette épreuve. Les malheureux sont donc bombardés par une rafale d'interrogations purement factuelles. « Quelle est la distance de la Terre à la Lune ? » « Quelle est la capitale américaine de l'automobile ? » « Qui a inventé les logarithmes ? », etc. Et ceux qui n'obtiennent pas un score suffisant se voient licenciés avec une semaine d'indemnités. Par ce mode de sélection, Edison entend proclamer son attachement aux connaissances concrètes et son mépris pour la culture générale enseignée à l'école. L'affaire fait un certain bruit et le questionnaire commence à circuler sous le manteau. Lors de son passage à Boston, des journalistes se font un malin plaisir de poser à Einstein ces questions et de l'interroger sur les idées d'Edison. L'école du théoricien contre l'école de l'inventeur, superbe affrontement ! Einstein répond qu'il ne connaît ni la vitesse exacte de la lumière, ni celle du son et qu'il n'a pas à s'encombrer l'esprit avec cela puisqu'on peut à tout moment le trouver dans les livres. « La valeur d'un enseignement supérieur est d'entraîner le cerveau à penser », conclut-il.

Ce choix de la tête bien faite plutôt que bien pleine le conduit à rejeter la discipline pédagogique, si fortement opposée à son tempérament. S'en expliquant en 1936, il condamnera « la crainte, la contrainte et l'autorité artificielle », demandant que les maîtres aient « aussi peu de moyens coercitifs que possible », mais disposent « d'une grande liberté de choix dans ce qu'ils enseignent et les méthodes qu'ils utilisent » et que l'on ne tente pas de stimuler les étudiants par « l'ambition individuelle ». Nouveau promu, le « professeur » Einstein pourrait se conformer aux usages, apprendre le métier, avant de mettre ses idées en pratique. C'est trop lui demander, il n'en fait déjà qu'à sa tête de mule, et ce n'est pas son autorité scientifique croissante qui le pousse à couper son vin. Tel il est, tel il restera. La même attitude provoquant les mêmes réactions, il se met à dos la plupart des professeurs, au premier rang desquels Alfred Kleiner. Le président de l'université, qui l'avait tant soutenu, en vient à souhaiter sa démission. Il n'aura pas à l'attendre bien longtemps. Moins de dix-huit mois après sa nomination, Einstein surprend tout son monde en annonçant qu'il va rejoindre l'université de Prague.

*
* *

Celle-ci a discrètement approché le jeune prodige suisse en lui proposant un poste beaucoup plus honorifique et beaucoup mieux payé que le sien. L'offre est avantageuse et, surtout, flatteuse. Elle vient d'un établissement prestigieux, la plus vieille université d'Europe, et, pour la première fois, Einstein n'a rien sollicité. Après avoir essuyé tant de rebuffades, il découvre les charmes de la renommée. Ses étudiants ont beau lui demander de rester, ils ne peuvent le retenir. La Suisse n'est plus à sa mesure. À travers les physiciens de Prague, c'est l'Europe qui l'appelle, qui le reconnaît. Comment pourrait-il résister ?

Pourtant, il est bien près de connaître une nouvelle déconvenue. Dans l'empire austro-hongrois, la règle veut que les universités présentent deux candidats afin de réserver à l'Empereur la décision finale. Le comité de sélection place donc, en second rang, un honorable physicien autrichien, Gustave Jaumann. François-Joseph, plus sensible au critère de nationalité qu'à la valeur scientifique, écarte l'étranger et retient son sujet. Mais Jaumann, imbu de sa valeur, supporte mal de n'être qu'un second choix. Dans un grand élan de vanité blessée, il refuse sa nomination. « Je n'ai rien à faire avec une université qui court après la modernité et n'apprécie pas le mérite vrai ! » Un dépit qui ouvre à Einstein la route de Prague.

Mileva, dont l'avis ne pèse pas lourd, voit d'un mauvais œil cette expatriation. Elle se plaît en Suisse, adore Zurich et nourrit un fort préjugé contre les pesanteurs de l'ordre impérial. Einstein n'en pense pas moins. Il sait qu'il va troquer la bonhomie helvétique pour une raideur quasi germanique, mais il sait aussi qu'être titulaire d'une chaire à l'université de Prague, c'est autre chose qu'être professeur « extraordinaire » dans la modeste université de Zurich. Comme toujours lorsque son œuvre, pour ne pas dire sa carrière, est en jeu, il sait faire preuve de réalisme.

Il accepte donc de se plier au protocole autrichien de l'intronisation. Pas question de se présenter en costume froissé à une telle cérémonie. Le nouvel arrivant doit enfiler l'habit de parade : tricorne garni de plumes, surmontant un uniforme d'« amiral brésilien », dira Einstein, avec pantalon à galons dorés, lourd manteau de drap noir, épée au côté. C'est ainsi empanaché que le héros le plus mal habillé de l'Histoire fait sa prestation de serment. Il ne portera cet uniforme qu'une seule fois et le revendra pour moitié prix à son successeur Philippe Frank. En vérité, il semble l'avoir enfilé une seconde fois pour amuser Hans Albert qui voulait voir son papa ainsi déguisé. Non content de s'accoutrer de la sorte, il partit avec son fils se promener dans les rues de Prague devant des passants ahuris.

La tradition exige encore que le nouvel arrivant rende des visites protocolaires au domicile des quarante professeurs. Einstein effectue de bon cœur les premières qui lui permettent de goûter au charme baroque de sa nouvelle cité. En revanche, il ne prendra jamais le thé chez les malchanceux qui habitent des quartiers moins plaisants. La domestication du sanglier sauvage ne fait que commencer... et ne se terminera jamais.

Une flatteuse réputation le précède car l'université a fait la publicité de sa nouvelle recrue et, dans les milieux cultivés, la venue d'Einstein fait figure d'événement. Ainsi le succès de ses premières conférences tient-il à l'effet de mode autant qu'à l'amour de la relativité.

Son séjour à Prague va surtout lui faire découvrir les antagonismes ethnico-nationalistes. Une réalité qu'il n'avait jamais connue. Lors de son arrivée, il doit remplir les formulaires d'usage qui l'obligent à préciser sa religion. Il répond : « aucune ». Réponse refusée par le fonctionnaire qui lui impose la religion « mosaisch », comme l'on appelait le judaïsme. Il ne s'agit pas d'une simple formalité.

La société pragoise est le siège d'une confrontation ouverte entre les différentes communautés. L'université elle-même est divisée en deux entités séparées, d'un côté l'université tchèque, de l'autre l'université allemande dans laquelle enseigne Einstein. Entre Allemands et Tchèques, l'antagonisme est permanent. Les premiers affichent, vis-à-vis de la population locale, la morgue et le mépris de l'occupant qu'ils ne sont pas. Les Juifs, très nombreux dans la société intellectuelle de Prague, se trouvent pris en tenaille entre les deux. D'un côté, ils appartiennent à l'élite culturelle et finissent par se confondre avec les Allemands aux yeux des Tchèques. De l'autre, ils subissent la pression croissante de l'antisémitisme germano-prussien. Einstein, tout entier accaparé par la relativité généralisée, veut ignorer ces querelles. Mais il ne peut échapper à ces frontières invisibles et, pour la première fois de sa vie, se trouve clairement situé dans la communauté juive. Il aura peu de rapports avec ses collègues allemands et autrichiens, aucun avec les Tchèques. Il réprouve ces tensions et ces exclusions, mais n'y voit pas encore un sujet d'engagement politique. Plutôt une perversion de la nature humaine dont il se protège. Bref, il reste à l'écart de cette société : « Ma situation et mon institut m'enchantent, écrit-il à Besso, mais les gens me sont tellement étrangers ! Ce sont des gens qui n'ont pas de réactions naturelles : sans tempérament et un curieux mélange de prétention et de servilité, sans aucune bienveillance envers leur prochain. » À l'évidence, le caractère bon enfant de la convivialité suisse s'accorde mieux à son tempérament.

L'événement marquant de cette année 1911 ne se situe pas en Tchécoslovaquie mais en Belgique. Peu après son arrivée à Prague, Einstein reçoit une invitation d'un mécène belge, Ernest Solvay. Inventeur d'un nouveau procédé pour synthétiser la soude, ce chimiste est devenu un industriel prospère. Mais, délaissant la discipline qui l'a enrichi, il ne rêve que de physique. Il a même élaboré quelques théories, sans grand intérêt semble-t-il, et rêve de voir ses mérites reconnus par la communauté scientifique. Il entreprend donc de réunir l'aristocratie mondiale des physiciens au Métropole, le plus luxueux palace de Bruxelles. Voyage et séjour aux frais de M. Solvay, comme il se doit. La sélection des invités est impitoyable : une vingtaine de physiciens, tous nobélisables, et dont la moitié sera effectivement nobélisée.

Le congrès se réunit du 30 octobre au 3 novembre sous la présidence de Hendrik Lorentz sur le thème : « La théorie du rayonnement et les quanta. » Les participants évitent de se prononcer sur les brillantes idées de leur hôte qui lit dans ces silences éloquents de secrets encouragements. En revanche, ils plongent avec délices dans ce forum scientifique, débattent des derniers résultats, confrontent leurs idées, risquent des hypothèses. Les quanta de lumière s'imposent comme l'une des grandes interrogations du moment et leur inventeur, également impressionné par ce chef-d'œuvre pesant d'architecture hôtelière et l'autorité écrasante des maîtres de la physique, s'efforce de faire bonne figure dans son nouveau monde. Le physicien français, Maurice de Broglie, observe du coin de l'œil : « Un petit jeune homme timide, très impressionné, malgré lui, par les personnages éminents auxquels il se trouvait mêlé pour la première fois. » Einstein, bien sûr. En homme du grand monde lisant à livre ouvert les relations des uns et des autres, il remarque que : « Poincaré le snobait. » Pardi !

Cette physique au palace a séduit les scientifiques qui conviennent d'ajouter d'autres épisodes à cette histoire belge. Rendez-vous est pris pour le prochain congrès Solvay.

*

*   *

Un tel aréopage donne à la reconnaissance sa touche finale. Einstein est devenu l'égal des plus grands savants. L'ère des démarches, des sollicitations, des attentes et des rebuffades est terminée, il entre dans le temps des invitations, des propositions, des honneurs. Pendant son séjour à Prague, les universités d'Utrecht, de Leyde et de Vienne tentent de le débaucher en déroulant le tapis rouge et en faisant miroiter des salaires confortables. Il a sollicité pendant dix ans, désormais il est sollicité. Il ne connaîtra plus d'embarras que celui du choix.

Sa notoriété est limitée au cercle des physiciens. Le grand public ne connaît pas son nom, n'a jamais entendu parler de ses découvertes. Mais, pour Einstein, cette reconnaissance scientifique est la seule qui vaille. Elle répond à ses aspirations, satisfait son ambition. Il peut savourer une réussite personnelle autant que professionnelle à laquelle vient s'ajouter l'aisance matérielle. Il accède enfin au confort bourgeois, grand appartement, mobilier décent, lumière électrique, domesticité, etc. Autant de commodités qui ne laissent indifférent ni le savant ni sa famille. Bref, il découvre la Terre promise, après une décennie d'errance et de galère.

Le couple devrait profiter de ces vents favorables pour oublier les temps difficiles, surmonter la mauvaise passe qui a suivi la naissance-abandon de Lieserl. C'est l'inverse qui se produit. Après avoir si vaillamment tenu dans la tourmente, il ne résiste pas à cette réussite inespérée. Loin de rapprocher les époux, ce succès ne fait que les séparer davantage.

Mileva, qui s'est désintéressée des spéculations scientifiques à partir de 1902, pourrait en retrouver le goût dès lors qu'elles débouchent sur des découvertes majeures. Le congrès Solvay, c'est tout de même mieux que l'Académie Olympia ! Or elle s'en éloigne en proportion même de l'intérêt qu'elles suscitent. À partir de 1905, Einstein ne semble même plus la tenir au courant de ses recherches. C'en est fini de l'extraordinaire complicité qui unissait les deux étudiants, des échanges passionnés sur un point de thermodynamique, sur la nature de la lumière ou le couplage avec l'éther. Désormais Mme Einstein s'absorbe dans les tâches familiales et ménagères et laisse monsieur à ses occupations professionnelles et scientifiques. Répartition des rôles qui emporte l'un vers le haut et l'autre vers le bas. Einstein est célébré, adulé par ses confrères, tandis que Mileva souffre de rhumatismes liés à sa coxalgie et doit supporter l'agressivité toujours croissante de l'infernale Pauline.

Mais, surtout, elle sent monter en elle, irrésistible, un sentiment qui va la submerger : la jalousie ; avec toutes ses déclinaisons : méfiance, tristesse, agressivité, dépression. Le couple vit depuis le premier jour sur une évidence : l'un séduit et l'autre pas. Albert est bel homme, beau parleur, d'une intelligence fascinante, d'un humour dévastateur et sait être, à l'occasion, bon vivant et même joyeux drille. Quel contraste avec la chétive Mileva, au physique disgracieux, à l'humeur renfrognée. Les épreuves qu'ils ont traversées en commun atténuaient ces différences, renforçaient leur union. Mais cette égalité de condition n'est plus qu'un souvenir. Avec la sombre lucidité d'une femme dépressive, Mileva devine une rivale dans chaque admiratrice, un danger dans chaque rencontre. Elle connaît le goût de son mari pour la compagnie féminine et passe de la crainte à la suspicion.

En 1909, elle tombe sur la lettre qu'elle n'aurait jamais dû lire. Einstein a repris contact avec l'un de ses anciens flirts : Anna Schmid. Dix ans ont passé, tous deux sont mariés, ils entretiennent une tendre et secrète correspondance. Mileva se voit aussitôt en femme bafouée et, toute à sa colère, écrit au mari d'Anna. Drame dans les deux couples. Einstein doit adresser une lettre d'excuses à l'époux outragé. La mésentente est enracinée dans le ménage, la naissance, en 1910, d'Édouard, le second fils, comble les parents sans rapprocher les époux.

L'aventure scientifique emporte Einstein toujours plus loin des préoccupations domestiques. Hier, elle occupait son esprit, désormais elle dévore son temps. Son passage du Bureau des brevets à l'université s'accompagne d'une charge supplémentaire de travail. Il doit, en outre, répondre à ses correspondants scientifiques, accorder des entretiens, des rendez-vous, rédiger des articles. Sans compter les invitations, de plus en plus nombreuses, de plus en plus lointaines. Et pour couronner le tout, voilà qu'il se lance dans la plus difficile de ses recherches, celle qui le sucera jusqu'à la moelle : la relativité généralisée. Quelle disponibilité lui reste-t-il pour la vie conjugale ? Tandis qu'il s'envole vers le succès, Mileva reste au bord de la route. Elle ne peut pas ou ne veut pas suivre son époux dans sa nouvelle notoriété. Elle n'est heureuse qu'en Suisse, n'aime pas la société tchèque et vit le séjour à Prague comme un exil. Elle se languit de la Suisse.

*
* *

À Zurich, justement, certains ne se consolent pas de son départ. C'est notamment le cas de Marcel Grossmann, l'ami mathématicien devenu professeur au *Polytechnicum*. L'élève rebelle est bien oublié, ne reste que l'illustre savant et, qui plus est, ancien de la maison. Ce retour au bercail ne serait pas un recul dans sa carrière car l'établissement jouit d'un prestige bien supérieur à celui de la modeste université qu'il a quittée. Einstein n'est pas moins nostalgique que Mileva de sa patrie zurichoise, mais c'est à nouveau l'intérêt professionnel qui l'emporte. Le physicien patine désespérément dans son travail sur la relativité généralisée. Il découvre des difficultés mathématiques qu'il n'avait pas suspectées et qui dépassent ses capacités. Il lui faut de l'aide et qui donc pourrait la lui apporter avec plus de sympathie et de compétence que Marcel Grossmann, l'ami fidèle qui l'a soutenu dans tous les coups durs ? La cause est entendue, mais la partie n'est pas gagnée.

Les comploteurs du Poly imaginent de solliciter une trentaine de physiciens parmi les plus célèbres afin qu'ils donnent leur opinion sur Einstein. Les réponses sont plus qu'élogieuses. Parmi celles-ci, il en est une qui mérite un arrêt sur texte : « Monsieur Einstein est l'un des esprits les plus originaux que j'ai connus ; malgré sa jeunesse, il a déjà pris un rang très honorable parmi les premiers savants de son temps. [...] Je ne veux pas dire que toutes ses prévisions résisteront au contrôle de l'expérience le jour où ce contrôle deviendra possible. Comme il cherche dans toutes les directions, on doit au contraire s'attendre à ce que la plupart des voies dans lesquelles il s'engage soient des impasses ; mais on doit en même temps espérer que l'une des directions qu'il a indiquées soit la bonne, et cela suffit. » L'auteur de ce jugement mi-figue mi-raisin, c'est, on s'en serait douté, Henri Poincaré. Ils ont tous deux cheminé sur des voies parallèles. Sans se connaître personnellement. Quelle va être l'attitude des joueurs en fin de partie, lorsque les cartes seront retournées ?

Einstein n'a fait aucune allusion aux travaux de Poincaré dans son article fondateur, ce qui constitue une injustice, un manquement au devoir de citation. À supposer même qu'il n'ait pas lu la note à l'Académie des sciences, l'intérêt passionné qu'il a porté à *La Science et l'Hypothèse*, l'évidente parenté avec certaines de ses idées, prouvent qu'il a fait son miel dans le verger de Poincaré. Pourquoi ne l'a-t-il pas reconnu ? C'est d'autant plus surprenant qu'il a manifesté d'emblée toute son admiration pour Lorentz. Mais il sait que la démarche du Hollandais se situe en amont de la sienne, qu'elle appartient encore à la physique classique. Pour le Français, c'est tout différent. Il sent en lui le rival plus que le maître. Un rival qui le dépasse largement sur le plan mathématique et qui est capable, comme lui, d'intuitions fulgurantes. Sans doute devinait-il que Poincaré tenait en main toutes les pièces du puzzle, qu'à tout moment il pouvait les assembler et se poser en père de la relativité. Lui rendre hommage n'était-ce pas prendre le risque de réduire son propre rôle à celui d'assembleur, de metteur en scène de la nouvelle théorie ? On ne saura jamais si l'omission de Poincaré fut délibérée au terme de semblables calculs ou bien si elle ne fut qu'un acte manqué, fruit d'un malaise jamais élucidé dans son esprit. Le fait est qu'Einstein n'a fait nulle référence à Poincaré, tout en sachant qu'il est le mieux à même de juger et d'apprécier son article. Sans doute guette-t-il une réaction qui ne peut évidemment pas venir. Entre les deux hommes s'installe une incompréhension d'autant plus insurmontable qu'ils se comprennent parfaitement. En effet, la vision einsteinienne de la recherche conçue comme une libre création de l'esprit humain, comme une quête de beauté et d'harmonie dans la nature, se retrouve, souvent dans des termes identiques, chez Poincaré. Entre les deux, l'influence a joué de l'aîné sur le cadet et jamais en sens inverse. Poincaré devait être reconnu par Einstein comme un maître. Le hasard les avait inscrits dans une même compétition, il ne fut jamais qu'un rival.

On ne trouve sous la plume d'Einstein qu'une référence à Poincaré ; elle figure dans un article des *Annalen der Physik* publié en 1906. Revenant sur l'équivalence masse-énergie, il reconnaît que « les considérations pour prouver ce théorème sont contenues pour l'essentiel dans le mémoire de Henri Poincaré », mais ajoute de façon bizarre : « Pour plus de clarté, je n'utiliserai pas ces travaux. » En revanche, le nom du Français n'apparaît pas dans le grand article de 1907 qui fait la synthèse de la relativité.

Poincaré se trouve dans la situation inconfortable de devoir garder ses distances vis-à-vis d'une théorie qui pourrait être la sienne. Il prononce des conférences sur la relativité sans citer le nom d'Einstein. Jusqu'à sa mort, il se refusera à sauter le pas et rompre définitivement avec les repères absolus de Newton pour se rallier aux idées nouvelles. Aurait-il suffi que l'article de 1905 lui rende justice pour qu'il devienne le plus ardent défenseur de la relativité ? La question reste en suspens.

La rencontre entre les deux hommes se produit au congrès Solvay. Après l'exposé d'Einstein, Poincaré intervient pour reprendre l'orateur sur la rigueur mathématique de sa démonstration. Un échange à fleurets mouchetés. Ils n'en diront pas plus. « Quant à Poinkaré [*sic*], écrit Einstein à un ami, il est négatif en général ; son acuité intellectuelle mise à part, il démontre peu de compréhension de la situation. » Ailleurs, il le décrit comme « simplement hostile à la théorie de la relativité ». Pour dire les choses plus crûment, Poincaré était coincé lors du congrès Solvay. On comprend bien pourquoi et Einstein devrait être le dernier à l'ignorer. Mais lui qui a tant écrit sur l'histoire même de la relativité, sur la genèse de ses idées, ne s'expliquera jamais sur ses rapports avec Poincaré. Un silence qui, à l'évidence, traduit sa gêne à l'égard d'un précurseur dans lequel il n'a jamais su reconnaître un inspirateur. Ou si tard...

Projetons-nous en 1953, deux ans avant le cinquantenaire de la relativité. La ville de Berne invite son plus glorieux enfant à venir célébrer cet anniversaire. Einstein est déjà à bout de forces, il sait qu'il arrive au terme de son existence. Il décline donc l'invitation en invoquant son état de santé, puis il ajoute dans sa lettre : « J'espère que quelqu'un saisira cette occasion pour honorer comme il convient les mérites de Lorentz et de Poincaré à cet égard[2]. » Cinquante ans pour rendre justice à son aîné, c'est tout de même très long.

Qu'Einstein ait « oublié » sa dette à l'égard de Poincaré dans sa première note, on peut le comprendre. Les débutants n'ont pas « la manière », c'est connu. Que, par la suite, il ait délibérément occulté la contribution du Français, c'est plus gênant. Mais l'attitude de la communauté scientifique n'est pas moins troublante. C'est elle qui, par le jeu des citations et des références, rend à chacun ce qui lui est dû. D'ordinaire, ce juge-arbitre est plus favorable aux maréchaux qu'aux sans-grade. Or Poincaré était une star de la physique et Einstein le plus anonyme des chercheurs. Comment se fait-il que la planète ait caché le Soleil ?

Cette injustice tient sans doute au nationalisme dont la science, en dépit de son universalisme, ne peut jamais se débarrasser. Au début du siècle, la physique est allemande, comme elle deviendra américaine à partir de 1950. Les plus grands savants sont de langue allemande, publient dans les revues allemandes, lisent ces publications. La France n'est qu'un pôle satellite avec de brillantes individualités. Ajoutons à ce déséquilibre, l'antagonisme franco-germanique

2. Jean-Paul Auffray, *Einstein et Poincaré*, *op. cit.*

qui explosera en 1914. Ainsi, Einstein l'internationaliste, le mondialiste, aurait bénéficié d'une sorte de prime nationaliste. Publiant en allemand, dans les *Annalen der Physik* et pas, comme Poincaré, en français dans les *Comptes rendus de l'Académie des sciences française,* voire dans d'obscures revues siciliennes, il s'est retrouvé en pleine lumière tandis que son concurrent restait dans l'obscurité.

Le lièvre Poincaré ne sera véritablement levé que dans les années cinquante lorsque le mathématicien britannique Edmund Whittaker attribuera la relativité restreinte à Henri Poincaré et Hendrik Lorentz. Einstein n'en sera pas autrement affecté. « Je ne trouve pas rationnel de défendre mes quelques succès comme "ma propriété" », dira-t-il. Une placidité de grand seigneur fort éloignée de l'ambition qui taraudait en 1905 le Rastignac de la physique.

Le témoignage de Poincaré s'ajoutant à de nombreux autres, dont celui enthousiaste de Marie Curie, ouvre à Einstein les portes du *Polytechnicum.* Il abandonne Prague sans regret, au point de ne même pas remplir les formalités de départ. À l'été 1912, il revient à Zurich et fait sa seconde entrée au Poly. Par la grande porte. Mileva se réjouit de ce retour au pays, mais il n'est plus temps de sauver le ménage en perdition. Car Einstein, qui a pris goût aux voyages, fait un bref séjour à Berlin. L'occasion de rencontrer une cousine, Elsa Einstein Löwenthal tout juste sortie de son divorce. Un cœur à prendre et qui ne résiste guère. Einstein trouve en elle l'anti-Mileva. Une femme bien conventionnelle, une personnalité sans grand relief, le repos du guerrier par rapport à une épouse sombre et tourmentée. Il tombe amoureux : « Je dois aimer quelqu'un ou mon existence sera misérable, lui écrit-il, et ce "quelqu'un" c'est toi. Tu ne peux rien y faire. » Il envisage le divorce, puis se ressaisit et s'efforce d'oublier la cousine. Une retenue morale plus qu'affective. Les liens entre Mileva et lui ne sont plus que formels. Une autre femme occupe ses pensées.

Son retour au *Polytechnicum*, à l'automne 1912, est une belle revanche, presque un triomphe. Il devient la vedette de l'établissement. Dans Zurich même, il fait figure de notabilité. Le monde de la physique fait pleuvoir les visites et les invitations. En 1913, il est accueilli à Paris, parle devant la Société française de physique. Un voyage qu'il effectue en compagnie de Mileva et Hans Albert. La famille Einstein sympathise avec la famille Curie. Tout le monde se retrouve au mois d'août dans les Alpes pour des vacances en commun.

Après avoir traversé les pires tempêtes, le couple navigue dans des mers apaisées. Mais l'embellie vient trop tard et ne peut plus rien réparer. Les relations entre les époux se réduisent au minimum. En dépit de son travail sur la gravitation, Einstein saisit toutes les occasions, et elles sont nombreuses, de partir au loin. Il voyage à travers l'Europe, se rend à un congrès à Vienne, passe par Berlin. Berlin justement.

*
* *

Les Allemands ont jeté leur dévolu sur l'inventeur de la relativité. L'initiative vient de Max Planck. Il a reconnu le génie d'Einstein avant tout le monde, n'hésite pas à le qualifier de « Copernic du XXe siècle » et, maintenant que sa renommée scientifique est au zénith, il souhaite le voir revenir dans sa patrie d'origine. Ce retour devient presque une affaire d'État. Le Kaiser Guillaume II entend faire de l'empire germanique la première puissance du monde dans tous les domaines militaire, industriel, économique... et scientifique. Il est impressionné par les grandes institutions américaines financées par de riches mécènes et souhaite transposer ce modèle en Allemagne Dans cet esprit, il lance la *Kaiser Wilhelm Gesellschaft*. Une fondation qui doit créer et faire vivre des instituts de recherche. Notamment un institut de physique théorique. Le directeur ne saurait être que l'étoile montante de la discipline.

Planck prend les affaires en main avec tous les atouts pour réussir. Il fait personnellement le voyage à Zurich en compagnie du chimiste Walther Nerst. Il n'ignore pas que l'argument scientifique est déterminant et, reprenant la remarque de Paul Langevin selon laquelle une douzaine de personnes au monde doivent comprendre la relativité, il fait remarquer à Einstein : « Huit d'entre elles se trouvent à Berlin. » De fait, la capitale allemande est aussi la capitale scientifique mondiale, elle seule peut offrir à Einstein la consécration à laquelle il aspire. Le second argument n'est pas moins convaincant, il s'agit d'un bouquet de propositions sans égales. Einstein se voit offrir la direction de l'Institut Kaiser Wilhelm de physique théorique en voie de création. Il sera membre de la prestigieuse Académie royale des sciences de Prusse. Il sera dispensé de tout enseignement et pourra consacrer tout son temps à ses recherches. Pour prix de cette totale liberté, il recevra un salaire princier surpassant de loin tout ce qui lui a été offert jusqu'à présent. Telles sont donc les propositions que Max Planck vient en personne présenter à Einstein à l'été 1913.

Comment un physicien de trente-quatre ans pourrait-il rester insensible à une telle invitation ? Sans doute cette offre serait-elle irrésistible et l'acceptation irait-elle de soi, si les sirènes n'étaient pas berlinoises. Parce que, enfin !, ce militarisme prussien que le jeune Albert a fui dans sa quinzième année triomphe dans la capitale allemande. Jamais le bruit des bottes n'a autant martelé le pavé qu'en cet été 1913. Comment Einstein pourrait-il se mettre au service de cette puissance nationaliste, impérialiste, alors qu'il est si bien traité dans sa paisible Suisse ? Et, s'il veut quitter Zurich, pourquoi choisir Berlin alors qu'il est sollicité par toutes les capitales d'Europe ? Pourquoi, sinon pour les avantages : les honneurs, les facilités de travail, l'argent et Elsa, bien sûr, qui l'attend à Berlin. Tous les physiciens accepteraient, c'est vrai, tous sauf ce rebelle intraitable, cet anarchiste viscéral et, plus que tout, ce nouveau prodige ayant toutes les universités à ses pieds. Einstein demande à ses interlocuteurs deux journées de réflexion. Ceux-ci en profitent pour faire une excursion. On convient de se revoir sur le quai de la gare, lorsqu'ils passeront dans le train qui les ramène en Allemagne. Il est entendu que la réponse se fera sur un simple signal : rouge, c'est l'accord ; blanc, c'est le refus. À l'heure dite, Einstein est au rendez-vous. Il voit les émissaires germaniques qui le saluent à la fenêtre. Il répond en agitant un mouchoir rouge. Seule réserve, il exige de conserver sa nationalité suisse.

La décision peut choquer par rapport à la vision idéalisée du personnage qui était de règle des années cinquante aux années quatre-vingt, elle colle tout à fait à l'image plus authentique d'un homme qui savait au besoin faire preuve d'un grand réalisme, voire d'« opportunisme », comme l'évoque Robert Schulmann à propos de l'« affaire Lieserl ». Berlin représente l'aboutissement naturel et nécessaire de son parcours. Un refus aurait pénalisé sa carrière scientifique. C'est indiscutable. Or cette offre survient alors qu'il pense avoir surmonté les difficultés mathématiques de la relativité généralisée, qu'il tient son chef-d'œuvre à portée de main. Se débarrasser de l'enseignement et se consacrer tout entier à sa recherche, se plonger au cœur de la science allemande, c'est la chance de parachever son triomphe. Il ne s'en cache d'ailleurs pas. À l'ami Ehrenfest qui le félicite, il explique que sa « berlinisation » est une « sinécure » qui le décharge de ses cours, qui « lui tapent sur les nerfs ». Il est également conscient de l'enjeu qu'il représente. « Les Allemands jouent sur moi comme sur un cheval de course. Mais je ne sais pas moi-même si je pondrai jamais un autre œuf. » Bref, il profite de la situation, c'est pour cela sans doute qu'il avoue à Besso ressentir « une certaine appréhension ». Une gêne bien vite surmontée, car il n'oppose pas l'oubli de certains principes à de médiocres avantages mais à sa valeur suprême : la découverte scientifique. Les honneurs, l'argent, Elsa viennent en supplément.

Comment ne pas penser à l'« égoïsme sacré » de ces prélats qui ne s'octroyaient les privilèges de la puissance qu'*ad majorem Dei gloriam* ? Grand prêtre de la science, Einstein trouve dans sa mission l'alibi parfait pour concilier l'inconciliable, l'intransigeance des principes et certains arrangements avec la réalité. Un idéal aussi élevé peut à tout instant devenir l'universel justificateur. Le père de la relativité n'a sans doute pas abusé de cette commodité, il ne l'a pas non plus ignorée. N'est-il pas en quête des « desseins divins » qui se cachent dans la nature ?

Il démissionne du *Polytechnicum* auquel le liait un contrat de dix ans et, en avril 1914, part pour Berlin avec femme et enfants. Mileva, on s'en doute, est opposée au projet berlinois. L'enfant de Serbie déteste l'Allemagne autant qu'elle aime la Suisse. Mais son opinion ne compte plus. Elle quitte Zurich la mort dans l'âme. Contrainte et forcée. Se doute-t-elle qu'à toutes les raisons avouables qui poussent son mari vers Berlin s'en ajoute une autre, secrète celle-là, la présence de la cousine Elsa ? Toujours est-il qu'elle ne supporte pas son exil. Deux mois après son arrivée, elle repart pour la Suisse avec les enfants. Einstein ne la retient pas. Seul le départ de ses deux fils le bouleverse. La rupture est irrémédiable.

CHAPITRE VII

La longue marche

Dans sa campagne de 1905, Einstein a prouvé l'originalité de sa méthode à partir des batailles que livrait la physique. Fort de son succès, il s'engage maintenant sur un terrain vierge, dans une démarche solitaire. Après avoir inventé les réponses, voilà qu'il invente les questions.

La relativité qui triomphe est « restreinte [1] ». C'est le moins qu'on puisse dire ! Après « mouvement », elle ajoute toujours « uniforme et rectiligne », autant dire : « théorique et imaginaire ». Car ici, maintenant, partout et toujours, nous baignons dans l'accéléré et le courbe. Omniprésent, le champ de gravitation n'est pas uniforme mais progressif. La chute, ça commence lentement et ça finit vite, tout le monde a pu le vérifier. Quant à nos déplacements, ils sont accélérés, courbés, freinés et se font rarement à vitesse constante et en ligne droite. Bref, la relativité est surtout restreinte à ses expériences de pensée parfaitement étrangères à notre parc d'attractions où s'entremêlent montées, descentes, accélérations, virages, freinages et pour lequel les transformations de Lorentz-Poincaré ne sont pas des tickets valables.

La gravitation de Newton, omniprésente dans le monde, ignore la relativité einsteinienne autant que les peines de cœur et n'hésite pas à la contredire. Elle décrit des interactions qui se font instantanément à distance dans un temps absolu et sous l'influence d'une force mystérieuse, contrairement aux interactions relativistes qui se propagent à vitesse limitée par l'intermédiaire des champs, dans un temps relatif. La victoire de 1905 a déplacé la frontière, mais il existe

1. Notons qu'à cette époque Einstein parle encore de relativité « ordinaire » et non pas de relativité « restreinte ».

toujours le monde relativiste des mouvements inertiels et le monde non relativiste des mouvements accélérés de la gravitation.

Einstein, qui recherche obstinément l'unité, l'harmonie, ne s'accommode pas de cette dichotomie inesthétique et, par conséquent, erronée. Son « Dieu » ne peut pas être hémiplégique avec un côté relativiste et un autre non relativiste. D'autant que cette attraction universelle le révulse. Comment peut-on imaginer une mystérieuse force qui agit instantanément sur des millions de kilomètres ? Ce n'est, à l'évidence, qu'une construction *ad hoc* aussi peu satisfaisante que l'éther luminifère. Certes, elle rend parfaitement compte de la chute des corps, de la mécanique céleste, elle colle à l'observation. La condition est nécessaire, mais nullement suffisante lorsqu'on prétend marier physique et esthétique. Pour Einstein, une théorie doit être belle et explicative. S'agissant de la gravitation, elle doit en décrire le mode d'action à travers un champ gravifique qui répond aux exigences de la relativité : invariance, vitesse de propagation limitée, temps relatif, etc. Les équations peuvent dire ce qu'elles veulent, l'instantanéité à distance, ce n'est pas de la science, c'est de la magie. Sir Isaac Newton était le premier à reconnaître qu'il avait décrit le « comment » sans expliquer le « pourquoi ». Son idée lui semblait d'une « grande absurdité » et il en appelait à la postérité : « de plus habiles que moi en trouveront, s'ils le peuvent, la cause ».

« Newton me voilà ! » Einstein relève le défi. Dans l'indifférence générale. Les physiciens se contrefichent de la faille conceptuelle qui fragilise la dynamique newtonienne. Quant aux ingénieurs qui travaillent dans notre monde, ou bien aux astronomes qui observent les mondes célestes, ils utilisent, sans le moindre état d'âme, ces équations qui tournent comme les rouages d'une horloge. Quel besoin de remettre en cause un outil aussi fonctionnel pour des raisons épistémologico-esthétiques ?

Son grand protecteur, Max Planck, n'a pas mâché ses mots lorsqu'il s'est ouvert à lui de son grand dessein : « Vous n'y arriverez pas et, si vous y arrivez, personne ne vous croira. » Laisser tomber, le conseil va de soi s'agissant de la gravitation. Il se serait imposé à tout chercheur, mais Einstein, nous le savons, est un mystique attiré par les sommets inaccessibles, comme la Terre par le Soleil. Il ne fait pas carrière dans la découverte scientifique, il décrypte l'ordre divin du cosmos. Cette exigence personnelle lui impose d'étendre à l'ensemble de la physique l'harmonie relativiste.

*
* *

Newton avait trouvé sa théorie en regardant tomber les pommes, Einstein va trouver la sienne en tombant avec les pommes. En expérience de pensée, c'est moins douloureux. Là encore, tout part d'une intuition, une illumination, qui s'impose à lui comme une vision. Il se voit enfermé dans une cabine d'ascenseur aveugle. La pomme, il la tient à la main. Le câble se rompt. Le voilà en chute libre. Il n'est plus collé au plancher et le quitte à la moindre impulsion. Il lâche la pomme, elle flotte dans l'air comme lui. Voir des hommes en apesanteur n'a rien que de fort ordinaire pour les contemporains de l'ère spatiale, mais, pour l'employé du Bureau des brevets, perché sur son haut tabouret, en cet été 1907, cela représente un bel effort d'imagination. Einstein ne s'offre pas cette balade en apesanteur pour rêver de nouvelles sensations, mais pour faire une expérience de physique. Il entend soumettre un mouvement accéléré à des points de vue différents. D'un côté, le sien traduit une situation de repos. Nulle force ne s'exerce sur son corps ou sur la pomme. De l'autre, celui d'un spectateur qui, depuis l'escalier, regarde tomber l'ascenseur. Pour ce dernier, il n'est pas question de repos, mais, au contraire, de mouvement accéléré. Des points de vue différents pour un même événement. La relativité ne pourrait-elle les réconcilier comme elle l'a fait pour le mouvement inertiel ?

Poursuivons l'expérience en supprimant toute gravitation, ce qui se fait le plus simplement du monde dans les expériences de pensée. Einstein est toujours dans sa cabine d'ascenseur avec un câble qui la tire vers le haut. Le plancher se met à monter vers lui, le rejoint bien vite et l'emporte dans son ascension en une accélération uniforme, sans à-coups. Il se retrouve cloué au sol et sent à nouveau le poids de son corps. Imaginons que la force qui tire l'ascenseur soit égale à la pesanteur terrestre, mais en sens contraire. Que pense notre passager ? Qu'il s'est posé sur le sol, car l'effet de son accélération vers le haut est en tout point comparable à celui de la gravité terrestre vers le bas. Pour en avoir le cœur net, il regarde, accroché au plafond, un dynamomètre, disons un ressort à boudin à l'extrémité duquel a été fixée une masse. Sur Terre, le ressort se trouve étiré par sa charge, c'est-à-dire, en fait, par la pesanteur. Einstein, dans l'ascenseur, vérifie son appareil : le dynamomètre est exactement dans la même position que sur Terre, soumis à un même effort. Il ne peut douter que la cabine repose sur le sol. Mais l'observateur extérieur verra l'ascenseur en mouvement accéléré vers le haut, mouvement qui provoque l'étirement du dynamomètre qui résiste à cette force. À nouveau, question de point de vue.

Tout cela ressemble fort à des expériences relativistes. Enfermé dans sa cabine aveugle, Einstein est aussi incapable de déceler son mouvement accéléré que les passagers de l'Airbus de connaître leur mouvement uniforme en regardant les expériences de physique. Quand il flotte, il ne sait pas qu'il tombe, quand il s'appuie sur le plancher, il ne sait pas qu'il monte. Pour comprendre la situation, il lui faudrait regarder à l'extérieur.

Einstein, au terme de ces expériences imaginaires, se sent illuminé par « la pensée la plus heureuse de ma vie » : il découvre que gravitation et inertie ne sont qu'un seul et même phénomène. Voyons cela. La première donne à chaque corps un poids mesuré sur la balance. Ce poids dépend du champ de gravité. La Lune étant plus petite que la Terre, son champ de pesanteur est plus faible et nous pèserions six fois moins dans la mer de la Tranquillité que dans notre salle de bains. C'est pourquoi les astronautes d'Apollo pouvaient faire des sauts de kangourou au cours de leurs explorations sélènes.

L'inertie est une notion trompeuse car, dans le langage courant, elle évoque l'immobilité. Quand les contempteurs de l'administration dénoncent son « inertie », ils entendent sa tendance irrépressible à se remettre dans son état initial, à faire s'enliser et s'interrompre toute réforme. L'inertie des physiciens n'est ni l'immobilisme ni la résistance au mouvement. Elle exprime un conservatisme différent qui ne s'oppose pas au mouvement, mais seulement à son changement. Elle maintient l'état existant, mouvement ou repos peu importe. L'inertie, c'est le prix à payer pour faire bouger ce qui est à l'arrêt, pour aller plus vite ou moins vite, pour changer de direction, c'est aussi le droit acquis à conserver son état de mobilité ou d'immobilité. Dans notre monde, l'omniprésence des frottements, qui, eux, s'opposent au mouvement, rend cette notion difficilement perceptible. Ne voit-on pas que tout mobile non entretenu par une force finit par s'arrêter ? Ne devrait-on pas attribuer à sa masse inerte ce retour à l'immobilité ? Certainement pas. La démonstration en est apportée régulièrement par l'astronautique. Lors des vols spatiaux, les moteurs ne fonctionnent que par exception, lors des changements de trajectoire. Ils créent une impulsion d'une direction et d'une intensité bien déterminées, puis s'arrêtent. Le vaisseau n'a plus besoin d'être propulsé. Il poursuit sur sa lancée jusqu'à ce que d'autres forces le dévient, le freinent ou l'accélèrent. Ce conservatisme porte, on l'a reconnu, la marque de l'inertie. Ce sera elle encore qui, demain, exigera un effort du moteur pour que notre voiture se mette en mouvement, puis un effort des freins pour l'arrêter brusquement [2]. Que l'on veuille créer, changer ou supprimer un mouvement, il faut dans tous les cas payer tribut à l'inertie. Celle-ci est liée à la masse. Il faut faire de plus grands efforts pour accélérer ou freiner un camion qu'une auto.

Et maintenant repartons vers la Lune. Une grue travaille plus facilement en pesanteur lunaire que terrestre mais qu'en serait-il d'une automobile ? L'expérience a été faite avec la fameuse Jeep lunaire qu'utilisaient les astronautes d'Apollo. Sur Terre, elle pesait 210 kilos [3] et, là-bas, 35 seulement. Les astronautes pouvaient donc la soulever lors des missions, mais en auraient été incapables lors des répétitions. Le poids a diminué puisqu'il dépend de la gravité, mais la propulsion, elle, est liée à l'inertie. Il faut la vaincre pour faire démarrer le véhicule. Pourtant les ingénieurs de la Nasa avaient prévu une motorisation très réduite. Ils savaient qu'en conservant le moteur utilisé sur Terre, ils auraient provoqué une embardée sur la Lune. La Jeep aurait bondi comme une F1 au risque de se précipiter dans le premier cratère venu. Ils avaient prévu que l'inertie du véhicule se réduirait à l'égal de son poids.

2. En revanche ce n'est pas l'inertie mais la lutte contre les frottements de l'air et de la route qui oblige à maintenir le moteur en marche pour conserver sa vitesse.

3. Dans la vie courante, masse et poids sont assimilés et traduits dans les mêmes unités : grammes, kilos, tonnes. La distinction de ces deux notions se traduit en physique par des unités de mesure différentes. Le poids, qui ne correspond pas à la masse mais à l'attraction de la pesanteur sur le corps, s'exprime en newton et c'est la masse qui se mesure en kilos. Ce bon usage des unités risquant de dérouter les lecteurs, les poids seront ici exprimés en kilos. Il faut évidemment traduire en newton et réserver les kilos pour la masse.

Imaginons maintenant que la Jeep ait été équipée de puissants aimants permanents. Sur la Lune, ceux-ci auraient été plus légers, leur inertie aurait diminué, mais leur puissance magnétique serait restée la même. La charge magnétique, tout comme la charge électrique, correspond à des phénomènes différents de la gravité ou de l'inertie et n'est pas modifiée lorsque celles-ci varient. Pourquoi diable faut-il que la charge inertielle et la charge gravifique soient toujours égales, varient ensemble, si elles correspondent à des phénomènes différents ?

Newton y avait vu une bizarrerie, une coïncidence fortuite. Allons donc ! s'enflamme Einstein, cette égalité ne doit rien au hasard, il y a égalité car il y a équivalence. C'est affaire de point de vue, comme le démontre l'expérience de l'ascenseur. Le bonhomme dans la cabine et le spectateur extérieur enregistrent exactement le même résultat lorsqu'ils regardent le dynamomètre au plafond. Le premier, qui se croit à l'arrêt, imagine que c'est la gravitation qui tend le ressort, le second, qui voit le mouvement de la cabine, l'attribue à l'inertie. Quelle que soit l'interprétation, la masse mesurée est la même pour la simple raison qu'inertie et gravitation, c'est la même chose, le même phénomène observé de points de vue différents, mais équivalents.

Voilà qui explique la chute des corps dont les lois, posées par Galilée, paraissent toujours aussi déroutantes. Einstein et sa pomme, tous deux attirés par la Terre, tombent. Il pèse, disons soixante-dix kilos, elle pèse cent grammes. Et pourtant, ils descendent exactement à la même vitesse. Et cela resterait vrai pour une plume. L'expérience a été réalisée sur la Lune par Dave Scott au cours du vol Apollo 15. L'astronaute, debout dans le vide lunaire, tenait dans une main un outil, dans l'autre une plume. Il les laissa tomber et la caméra montra qu'ils touchaient le sol en même temps.

Cette expérience surprend car le « bon sens » voudrait que le corps le plus massif soit le plus accéléré, qu'il tombe plus vite. Mais cette masse supérieure provoque aussi une inertie supérieure dans les mêmes proportions. Une accélération plus forte de la gravitation se combine à une résistance supérieure de l'inertie. Les deux effets se compensent. Au total plume ou plomb, c'est pareil. Dans le vide et jusqu'à l'instant de l'impact s'entend. Peu importe la masse qui tombe, ce qui compte c'est le champ qui l'attire. Car la plume et l'outil de l'astronaute ne seraient évidemment pas tombés à la même vitesse sur la Lune et sur la Terre.

Einstein n'est pas arrivé à ces conclusions au terme de savants calculs, de longues délibérations, mais de « façon très intuitive ». Ce n'est pas l'aspect le moins déroutant de la pensée einsteinienne. Il n'est rien de plus méthodique, de plus élaboré, de plus formalisé, dans la construction, mais aussi rien de plus spontané, de plus intuitif, de moins rationnel au stade de la conception. C'est peut-être l'heureuse combinaison de l'intuition, qu'il qualifiait d'« intelligence en excès de vitesse », et de la raison, qui ne procède qu'avec ordre et méthode, qu'il faut qualifier de « génie ».

Einstein doit maintenant passer de l'intuition à la recherche avec, pour Saint-Graal, les équations qui permettront de calculer les mouvements et les trajectoires en termes de champs et non plus de forces à distance et qui devront en outre conserver la même forme dans tous les cas de figure, qui seront covariantes. Relativité, équivalence et covariance seront les piliers de la nouvelle théorie, les postulats d'un univers qui répondrait aux exigences d'une harmonie cosmique. Vaste programme ! Si vaste qu'Einstein aurait peut-être reculé s'il avait prévu d'emblée toutes les difficultés qu'il allait rencontrer. Car sa longue marche vers la relativité généralisée ne lui prendra pas moins de sept ans, sept années d'une recherche diabolique, d'un travail épuisant.

*
* *

Dès 1905, Einstein essaie de remplacer ces forces qui agissent à distance par un champ qui propage les interactions gravifiques à la vitesse de la lumière avec une configuration qui satisferait aux exigences de la relativité. Malheureusement ses premières tentatives ne donnent rien.

Nous arrivons à l'été 1907. Einstein se trouve au cœur de la dépression qui a suivi les publications de 1905. L'écho scientifique est à peine perceptible et le monde enseignant lui reste obstinément fermé. Dans son Bureau de la propriété industrielle, il est plus marginal que jamais. Mais il poursuit sa réflexion et l'intègre dans la grande étude sur la relativité que lui a commandée Johannes Stark, le directeur du *Jahrbuch der Radioaktivität und Elektronik.* Il s'est offert sa chute libre imaginaire, « l'idée la plus heureuse de sa vie », alors qu'il travaillait sur son papier. Il pose donc la question à la fin de son article : « Est-il pensable que le principe de relativité vaille également pour des systèmes qui sont accélérés les uns par rapport aux autres ? » Sans doute, mais il faudrait trouver l'appareil mathématique qui permettrait une telle extension.

Sa réflexion le conduit à une première constatation : la gravitation doit provoquer une dilatation du temps. Le battement des horloges paraît se ralentir lorsque l'intensité du champ augmente. Un effet de perspective comparable à la dilatation du temps dans la relativité restreinte. À cette différence qu'il n'est plus provoqué par le mouvement uniforme mais par un champ d'accélération. Sans attendre, il propose une vérification.

L'atome vibre de façon régulière à des fréquences déterminées. Il représente donc l'équivalent d'une machine à compter le temps, d'une horloge. En étudiant ces vibrations, les physiciens ont constaté que chaque type d'atome émet sur des fréquences bien déterminées des raies, qui apparaissent dans le spectre lumineux. À chacun les siennes. L'oxygène n'a pas les mêmes que le carbone qui n'a pas celles de l'aluminium, etc. Or une fréquence lumineuse se traduit par une couleur, chaque élément possède donc la sienne. C'est pourquoi les artificiers savent qu'en combinant tel corps avec tel autre dans leurs fusées, ils obtiendront tel ou tel effet chromatique dans le bouquet. Ainsi l'atome signale-t-il sa présence dans la source d'émission par des raies qui apparaissent à des endroits bien précis du spectre. Chaque élément produit toujours les mêmes, une sorte de code-barres spectral qui constitue sa signature lumineuse et permet de l'identifier à coup sûr.

Si l'hypothèse d'Einstein est exacte, les atomes-horloges qui se trouvent à la surface du Soleil semblent vibrer plus lentement que leurs homologues terrestres puisque la pesanteur y est plus forte. C'est dire que les raies spectrales parfaitement connues de certains éléments, sodium, oxygène, fer, paraîtront systématiquement décalées vers le rouge lorsqu'on les observe dans la lumière solaire. Einstein calcule la valeur de cet effet : juste les deux millionièmes de la longueur d'onde. Difficilement observable, mais sait-on jamais ? Astronomes à vos spectrographes, fouillez la lumière solaire et trouvez-nous la dilatation gravifique du temps.

*
* *

À ce stade, Einstein n'a encore posé que des principes et tiré une conséquence. Il est fort éloigné de la théorie complète qui ne paraîtra qu'en 1916. Mais il sent déjà la nécessité de se mesurer à l'expérience-observation, « le seul juge compétent ». Il a besoin d'appuyer ses intuitions sur une base factuelle. Si les tests sont négatifs, « ma chère théorie est bonne pour la corbeille ».

L'expérience est simple dans son principe. Il suffit de choisir une raie spectrale bien connue et d'en observer la position dans le spectre solaire. Ce ne serait qu'un exercice pour thésard si l'effet n'était pas microscopique et le Soleil la moins fiable des sources lumineuses. Son atmosphère est le siège de turbulences multiples, de phénomènes d'une grande violence, qui faussent toutes les mesures. Ainsi l'appel d'Einstein reste-t-il sans écho. Les astronomes ne lanceront les recherches qu'après la publication de la théorie complète en 1916. Les résultats se révéleront contradictoires. Certains confirment la théorie, d'autres l'infirment. Mais, là encore, c'est avec une tranquille certitude que le théoricien attend le verdict : « Einstein restera éternellement optimiste quant au décalage vers le rouge. Il y croit[4]. »

D'une observation sur l'autre, la balance semble pencher en faveur d'un effet gravifique, mais les observations vraiment probantes n'interviennent que dix ans plus tard. Les astronomes ont alors découvert des étoiles beaucoup plus denses que le Soleil : les naines blanches. Avec un champ de gravité trente fois supérieur, l'effet Einstein prend une grande ampleur et doit être plus facile à interpréter. De fait, le décalage observé par les astronomes est conforme aux prévisions. Mais, là encore, ces objets monstrueux sont si mal connus que la démonstration n'est pas concluante. Les preuves irréfutables ne seront apportées qu'après la mort d'Einstein.

4. Jean Eisenstaedt, *Einstein et la Relativité générale*, *op. cit.*

C'est alors la physique qui prend le relais de l'astronomie. À partir de 1960, les horloges atomiques mettent leur incroyable précision au service de l'effet Einstein. Elles volent à 10 000 mètres d'altitude, dans un champ de gravité affaibli par rapport au niveau de la mer. La confrontation avec la sœur jumelle restée à Terre prouve que l'horloge bat plus vite dans une pesanteur moindre. Un résultat qui sera confirmé par d'autres expériences, ne laissant plus aucun doute sur la réalité de l'effet. Au terme de cette épuisante course à la preuve, la communauté scientifique admet que la gravitation a bien pour effet de dilater le temps. Aujourd'hui, les astronomes affectent systématiquement leurs calculs des corrections correspondantes.

Einstein a donc lancé cette hypothèse et proposé ces vérifications dès 1907. Encore faudrait-il les intégrer dans une théorie d'ensemble. Il est bien loin du compte.

*

* *

Retenu par l'irritante question des quanta, il laisse en plan la gravitation relativiste pendant trois ans. Il ne se lance dans le travail scientifique proprement dit qu'en 1911, pendant son séjour à Prague. Il s'embarque, mais il ne le sait pas encore, pour une traversée au long cours.

Pour commencer, Einstein revient sur cette conséquence de la relativité : le photon, particule immatérielle douée d'énergie, possède, de ce fait, une inertie. À ce titre, il subit l'effet de la pesanteur. Un rayon lumineux frôlant une étoile sera donc défléchi par le champ de gravité stellaire. Pour vérifier cette hypothèse, il suffit de mettre à contribution notre propre étoile : le Soleil. Sa luminosité aveuglante rend impossible l'observation d'un rayon lumineux qui passerait à proximité. Qu'à cela ne tienne, Einstein, toujours à la recherche de vérifications expérimentales, imagine que l'expérience pourrait être tentée à l'instant d'une éclipse totale, lorsque la Lune vient occulter la surface éclatante du Soleil. Dans ces conditions très particulières, la déflexion devrait être mise en évidence pour des astres qui apparaissent en bordure du disque solaire et dont l'image serait déportée par l'action de la gravité sur la lumière. Il calcule l'effet sur une étoile donnée et trouve que la déviation devrait atteindre 0,87'' d'arc.

Ce résultat est présenté dans un article intitulé « De l'influence de la pesanteur sur la propagation de la lumière » qui se conclut par un appel au peuple astronomique. « Il serait urgent que les astronomes s'occupent de la question examinée ici, même si les raisonnements dans ce qui précède doivent apparaître comme insuffisamment fondés, voire aventureux. »

Un jeune astronome de Berlin, Erwin Freundlich, prend feu et flamme pour cette recherche qui deviendra la grande affaire de sa vie. Il écrit à Einstein et lui fait d'enthousiastes offres de services. Il voudrait tenter l'expérience sans attendre, en utilisant un simple coronographe pour masquer le disque solaire. Einstein est sceptique et consulte l'astronome américain George Hale, qui n'estime l'observation possible qu'à l'occasion d'une éclipse. Dans l'attente du prochain rendez-vous du Soleil avec la Lune, Freundlich pense à rechercher l'effet sur des clichés pris lors des éclipses précédentes. Recherche infructueuse, il faudra faire l'expérience lors d'une prochaine éclipse, ce qui ne sera pas une mince affaire.

*
* *

Einstein, qui ne doute pas un instant de cette confirmation, remet en chantier sa grande théorie. D'une part, il ne croit plus possible d'utiliser le modèle de l'électromagnétisme pour traiter la gravitation en termes de champ. D'autre part, il découvre les mérites d'un travail qu'il avait dédaigné en son temps : l'espace-temps quadridimensionnel de Minkowski. Ce nom, nous l'avons vu apparaître au *Polytechnicum*. De fait, Hermann Minkowski était un de ces professeurs dont Einstein séchait les cours. Remarquable mathématicien, il dispensait un enseignement dont la difficulté rebutait l'étudiant rebelle qui ne voulait y voir que des jeux de l'esprit sans aucune utilité.

Lorsque Einstein publie la relativité, Minkowski occupe la chaire de mathématiques à l'université de Göttingen. Il découvre avec étonnement et admiration le travail de son ancien étudiant, qu'il avait toujours considéré comme « un fainéant ». Dans l'article fondateur, le traitement mathématique de la relativité est assez sommaire, il se résume, pour l'essentiel, aux transformations de Lorentz. Pour Minkowski ce continuum d'espace-temps pourrait être traité de façon beaucoup plus élégante. Les mathématiciens savent construire des espaces abstraits à plus de trois dimensions. Il imagine donc de faire passer l'espace-temps relativiste de l'algèbre à la géométrie en lui donnant la forme d'un espace quadridimensionnel.

Minkowski estime que cette construction n'est pas seulement un jeu mathématique, mais qu'elle correspond aux structures profondes du réel. À l'époque, Einstein considère qu'elle est inutilement compliquée et préfère s'en tenir à ses équations. Et voilà que, travaillant sur la gravitation, il découvre tout le parti qu'il peut tirer de ce formalisme. Ne colle-t-il pas au plus près de la réalité, comme le soutenait son vieux maître ? N'offre-t-il pas le cadre même d'une gravitation relativiste ? « Sans les conceptions importantes de Minkowski, la théorie de la relativité générale serait peut-être restée dans les langes », reconnaîtra-t-il.

La relativité généralisée est identifiée pour le grand public à l'image du pamplemousse sur une toile. Newton place une boule et une bille sur une surface plate rigide et imagine qu'une force mystérieuse, comparable dans son effet à ce que pourrait être une attraction entre deux pôles magnétiques opposés, conduit la bille à se mettre en mouvement et venir se plaquer contre la boule. Einstein place les deux objets sur une surface souple et déformable. Le pamplemousse, par le seul effet de sa masse, crée autour de lui une dépression. La bille, qui se retrouve sur le bord du cratère, décrit une spirale sur la pente et finit contre la boule. Tout comme elle le ferait si elle était « attirée » par le pamplemousse. Même résultat avec des mécanismes différents.

Cette représentation constitue un bon point de départ. Si l'on résume : l'espace ce n'est pas le vide, mais la structure. Il possède une géométrie propre, déterminée par la répartition des masses de l'Univers. En chaque point, les champs de gravité sont modelés par la matière et l'énergie qui se trouvent rassemblées. Cette distribution produit une certaine courbure de l'espace qui provoque la mise en mouvement de la matière selon les lignes de plus grande pente. « La matière agit sur l'espace-temps et lui indique comment il doit se courber. L'espace-temps agit sur la matière et lui indique comment elle doit se déplacer», résume le physicien John Wheeler. Car le temps est aussi de la partie, un temps propre lié aux déformations de l'espace et non pas le temps absolu newtonien.

L'image est à ce point évidente que la nouvelle gravitation paraît simple, accessible à tout le monde. Sans doute l'est-elle au niveau des principes, mais son formalisme mathématique se révèle, au contraire, très compliqué. Avec la relativité restreinte, Einstein restait dans un monde connu, balisé par un système de coordonnées classiques. Une solide géométrie euclidienne avec ses règles graduées et ses équerres qui mesurent longueur, largeur, hauteur, et donne à chaque point de l'espace une adresse précise. Certes, les effets relativistes sont déroutants par les déformations qu'ils apportent à notre représentation de la réalité. Mais la difficulté est plus conceptuelle que mathématique. Le formalisme utilisé ne dépasse pas le niveau d'un bon étudiant en sciences. Si l'espace-temps de Minkowski comprend des subtilités qui font perdre pied au non-initié, il n'est jamais qu'un outil pour les physiciens. Il en va tout différemment pour la relativité généralisée, aussi évidente dans ses représentations que déroutante dans son expression mathématique. Surtout au début du siècle.

La théorie repose sur une géométrisation de la physique, non pas dans sa formalisation, mais dans sa nature même. Les phénomènes en cause ne peuvent trouver d'expression que dans une géométrie particulière de l'espace-temps. À la différence de la relativité restreinte qui se porte aussi bien dans les équations de Lorentz-Poincaré que dans l'espace quadridimensionnel de Minkowski, la relativité généralisée ne trouve sa vérité que dans un traitement particulier de l'espace. Les potentiels gravifiques sont des surfaces courbes, ils ne sauraient s'exprimer autrement. Mathématiciens au travail.

L'espace a cessé d'être un cadre neutre, il possède ses caractéristiques propres qui se déforment sous l'effet des masses. L'inversion est totale par rapport à la conception de Newton. L'espace n'est plus le spectateur, mais l'acteur de la gravitation, la matière lui imprime sa marque, lui donne sa « substance ». Le contenu forge le contenant, la gravitation devient une morphogenèse. Encore faut-il déterminer les caractéristiques propres de ce support. Car l'espace, en perdant sa neutralité, a gagné une individualité. Il faut en définir les caractéristiques parmi toutes celles que l'on peut imaginer. C'est alors seulement que l'on pourra calculer ses déformations en fonction des masses et définir les trajectoires que les corps en mouvement, planètes ou particules, devront épouser.

Intuition fascinante ! Mais le passage de l'idée à la réalité, de la qualité à la quantité, du langage des mots à celui des mathématiques sera autrement difficile. Comment calculer les propriétés de cet espace ? Quelle est son « élasticité », sa « rigidité », comment réagit-il à la présence de la matière, de l'énergie ? Par quelle relation les conditions locales sont-elles liées à l'ensemble de la matière-énergie contenu dans l'Univers ? De nombreuses hypothèses sont possibles, correspondant à autant d'équations. Comment décrire exactement ce qui se passe dans le monde gravitationnel ? À partir de cette construction générale, il faut introduire, pour chaque point considéré, les masses qui influent localement sur la courbure, calculer les déformations et les trajectoires qui en résultent. « Les équations doivent s'écrire sous la forme GÉOMÉTRIE = MATIÈRE. Il faut donc que les deux termes de cette identité aient les mêmes propriétés [5]. » La géométrie prend une dimension physique et réciproquement. Condition *sine qua non* : la description de cette morphologie diabolique doit satisfaire au principe de covariance, c'est-à-dire être indépendante du système de coordonnées choisi, conserver sa forme dans tous les cas de figure et rendre équivalents tous les points de vue. Pour venir à bout d'un tel travail, il faut abandonner les mathématiques élémentaires au profit de mathématiques plus sophistiquées spécialement adaptées à de telles opérations. La relativité généralisée se révèle être la chasse gardée des mathématiciens.

*
* *

Einstein est incapable de surmonter seul ces difficultés. Il a toujours eu besoin d'interlocuteurs, de confidents, pour stimuler son esprit et porter à maturation ses idées. Mais l'assistance qu'il doit

5. Laurent Nottale, *La Relativité dans tous ses états*, Paris, Hachette-Littératures, 1998.

trouver est d'une autre nature. Il n'a jamais été un grand mathématicien, il a même manifesté une certaine répugnance vis-à-vis de cette discipline, tout spécialement vis-à-vis de ses recherches d'avant-garde. Le voilà pris à son propre jeu. La mathématique dédaignée se venge. C'est elle qui tient la clé de la théorie à construire et l'ancien potache qui séchait les cours de son professeur Minkowski est arrêté dans sa progression faute d'ouvrir cette porte. Il lui faut une véritable collaboration. Une fois de plus, c'est l'ami Grossmann qui va lui donner le coup de main décisif.

L'ancien condisciple s'est orienté vers les mathématiques, a passé un doctorat, et, pour finir, est devenu professeur au *Polytechnicum*. Einstein l'appelle au secours : « Grossmann, il faut que tu m'aides, sinon je deviens fou ! » Le mathématicien organise son retour à Zurich. À partir de l'été 1912, ils peuvent travailler en commun.

C'est à contrecœur qu'Einstein se résigne à l'abandon de la géométrie euclidienne, de l'algèbre classique, bref de ses opérateurs habituels. Il ignore que les outils dont il a besoin existent déjà. Grossmann s'en doute et, en très peu de temps, lui apporte la panoplie du parfait arpenteur gravitationnel.

Celui-ci doit travailler sur des surfaces qui peuvent avoir toutes les courbures possibles et imaginables en fonction du champ local. Comment calculer les coordonnées caractéristiques de chaque point sur un monde de creux et de bosses ? La question avait été posée en 1821 au mathématicien Carl Friedrich Gauss par l'administration cadastrale du Hanovre. Celle-ci cherchait une méthode fiable pour établir un arpentage exact et un cadastre « tridimensionnel » qui, sur le feuillet bidimensionnel, rendrait compte de tous les accidents de terrain : collines, dépressions, vallées, etc. Gauss inventa une géométrie spécifique, la géométrie différentielle, qui est, pour simplifier, la géométrie des surfaces courbes. Elle permet d'utiliser une métrique particulière à ces terrains accidentés et d'établir la courbure au lieu considéré. Fait capital, ces mesures sont indépendantes du système de coordonnées utilisé, elles sont propres à ce point de la surface et se retrouvent, les mêmes, dans les calculs des géomètres quelle que soit l'approche choisie. Einstein est aussitôt frappé par « l'analogie entre les problèmes mathématiques liés à la gravitation et la théorie des surfaces de Gauss ».

Que des outils, forgés pour résoudre certains problèmes, se

révèlent utiles pour s'attaquer à des difficultés du même type, cela relève de la coïncidence heureuse. On ne s'étonnera pas que des charpentiers aient utilisé les mêmes instruments, voire les mêmes méthodes, pour construire la charpente d'une cathédrale ou la coque d'un galion. L'analogie saute aux yeux. Mais la suite est beaucoup plus étonnante et constitue l'un des grands mystères de la science. Celle-ci se divise en de nombreuses disciplines plus une. Les premières, astronomie, physique, biologie, etc., s'attachent à comprendre la nature ; l'autre, la mathématique, poursuit ses recherches hors de toute réalité. Certes, les mathématiciens peuvent être appelés à la rescousse pour résoudre un problème concret, tel M. Gauss établissant le cadastre du Hanovre, mais, le plus souvent, ils ignorent ces contraintes. Ils construisent des théories, des idéalités, qui n'ont de nécessités qu'internes. Elles doivent satisfaire à des exigences très strictes sur le plan épistémologique, mais ne se soucient d'aucune correspondance avec le réel. Ce sont de libres et pures constructions de l'esprit au même titre qu'une composition musicale. Nous avons d'un côté les physiciens qui s'enfoncent dans la matière et, surpris par ce qu'ils découvrent, cherchent des outils mathématiques pour le décrire, de l'autre des mathématiciens qui laissent vagabonder leur imagination et construisent des objets logiques qui, *a priori,* ne représentent rien, ne ressemblent à rien, ne sont que des abstractions formelles.

À de nombreuses reprises dans l'histoire des sciences, les physiciens ont trouvé dans ce tableau de chasse des mathématiciens les instruments nécessaires pour traduire des découvertes postérieures à ces créations. Toute l'histoire de la mécanique quantique est jalonnée de ces anticipations qui ont constamment fourni aux théoriciens les outils pour formaliser les nouvelles théories. Comment peut-on inventer le modèle sans connaître l'original, trouver les solutions avant que les problèmes ne se posent ? Galilée avait institué la mathématique comme langage de la nature et Einstein avait fait de l'intelligibilité du monde un « miracle ». Faut-il faire un pas de plus et voir dans la spéculation mathématique l'avant-garde de la recherche expérimentale ?

Einstein va profiter de cette mystérieuse anticipation pour mener ses recherches sur la relativité généralisée. Car Marcel Grossmann ne lui propose pas seulement la théorie des surfaces de Gauss, il lui apporte également l'espace courbe riemannien. Au milieu du XIXe siècle, le mathématicien allemand Bernhard Riemann propose une géométrie non euclidienne dans laquelle une courbure vient en permanence infléchir les lignes, les surfaces, les volumes et les trajectoires. Une « curiosité mathématique » certes, très brillante, mais une pure construction de l'esprit. L'espace dans lequel nous vivons est euclidien, les lignes sont droites, les parallèles ne se rencontrent pas, les angles d'un triangle font 180° et Pythagore règne sur les triangles rectangles. Avec Riemann nous découvrons qu'il ne constitue qu'une variété de tous les espaces possibles. Cette spéculation, du plus haut intérêt sur le plan théorique, reste une curiosité sans aucune conséquence sur le plan pratique. Et voilà que la géométrie riemanienne se révèle être l'outil idéal pour intégrer la gravitation dans l'espace-temps de la relativité construit par Minkowski. Une construction qui était, pour l'essentiel, euclidienne et qui va maintenant se tordre sous l'influence des champs gravitationnels.

Enfin, arme fatale de l'arsenal rapporté par Grossmann, voici les tenseurs. Ce sont des opérateurs mathématiques qui permettent de synthétiser une situation locale très complexe. Le tenseur rassemble une masse considérable de calculs, il cache en général seize équations, car il prend en compte simultanément un grand nombre de paramètres. Ce mode de calcul a l'immense avantage, aux yeux d'Einstein, de ne pas être lié à un système de coordonnées particulier, de respecter son principe de covariance.

À l'origine, les tenseurs ont été introduits pour calculer les tensions internes dans un réseau cristallin ou dans un matériau de construction. Puis ils ont pris leur essor donnant naissance à une algèbre hautement sophistiquée qui ne se soucie plus d'une quelconque application. Dans un monde façonné par de multiples contraintes comme l'espace-temps courbe de la gravitation, les tenseurs représentent l'instrument idéal pour calculer les données physiques et géométriques en chaque point. Grossmann a trouvé les modèles les mieux adaptés dans la gamme existante, ce sont les productions de l'école italienne inventées par Gregorio Ricci-Curbastro et Tullio Levi-Civita.

Algèbre des surfaces de Gauss, géométrie des espaces courbes de Riemann, tenseurs de Ricci, les instruments mathématiques sont maintenant entre les mains d'Einstein. Mais, tant vaut l'ouvrier, tant vaut l'outil, et celui-ci n'est qu'un piètre utilisateur. Il doit refaire les études de mathématiques supérieures qu'il a refusées, parcourir à marche forcée les disciplines les plus arides : la géométrie non euclidienne, l'algèbre tensorielle. « Je n'ai jamais autant travaillé de ma vie », écrit-il à un ami, mais il ajoute : « J'ai acquis un grand respect des mathématiques. » Il doit se rendre à l'évidence : « La théorie originelle de la relativité est un jeu d'enfant comparée à ce problème. » Avec son mentor Grossmann, il se débat dans des difficultés inextricables. Il faut établir tout à la fois les lois du champ qui président à la courbure de l'espace par la distribution des masses et les lois du mouvement qui définissent les trajectoires que suivront les corps dans leurs déplacements. Mais là où Newton se contente d'une équation, Einstein doit en utiliser dix. « Si on voulait les écrire en toutes lettres au lieu de les noter par le raccourci des tenseurs, elles rempliraient un énorme livre de symboles difficiles à démêler[6] », note, en expert, Banesh Hoffmann.

Avec ce nouveau formalisme, les coordonnées perdent la signification simple qu'elles avaient dans la relativité restreinte, c'est-à-dire la distance entre deux points de l'espace car l'accélération déforme la métrique et fausse le jeu. L'espace temps de référence sur lequel travaillent Einstein et Grossmann n'est plus le cadre euclidien qui confère à chaque événement une adresse bien précise. Il prend les formes les plus diverses. Einstein se lamente sur ses « mollusques de références ». Cette perte des repères classiques le désoriente, car il n'est pas un vrai mathématicien et s'efforce toujours de se raccrocher à des représentations traditionnelles. « Privé de contacts directs avec les mesures physiques, Einstein se sentait complètement perdu [...]. Il fut obligé de reconsidérer tout le problème des coordonnées et des mesures, et la tâche était loin d'être facile[7] », et Einstein de reconnaître après la victoire : « Pourquoi ai-je mis sept ans ? Parce qu'il n'est pas aisé de se libérer de l'idée selon quoi les coordonnées ont une signification métrique immédiate, c'est-à-dire qu'elles mesurent des distances. » Einstein a beau être épaulé par Grossmann, il peine « jusqu'à en crever ».

6. Banesh Hoffmann, *Albert Einstein, créateur et rebelle*, *op. cit.*
7. *Ibid.*

*
* *

La relativité restreinte éclate en une seule fois dans le fameux article de juin 1905, la relativité généralisée, elle va prendre forme peu à peu, dans une longue série de publications, véritable feuilleton scientifique étalé sur plusieurs années. D'un article au suivant, on suit les incertitudes, les doutes et les hésitations, la progression aussi, d'Einstein dans sa longue marche. En ce début de 1912, alors qu'il ne dispose pas encore du soutien de Grossmann, il va au plus facile en se limitant à un champ de gravitation simple, statique, uniforme. Un problème qu'il prétend traiter avec les outils classiques de la géométrie euclidienne. Mais il ajoute très franchement : « Il n'est pas évident qu'il soit possible de faire une telle supposition. » Il reconnaît d'ailleurs en privé qu'il « ne comprend toujours rien à la dynamique du phénomène ». Le mois suivant, nouvel article, toujours dans les *Annalen der Physik*. Il utilise des mathématiques plus compliquées, des mathématiques non linéaires, et confesse, toujours avec la même sincérité : « C'est avec regret que je me suis décidé à franchir ce pas... » Il devine que la complication des mathématiques rendra plus difficile l'application de ses bienheureux principes. Un mois ne s'est pas écoulé qu'il envoie un post-scriptum à son article et, pour la première fois, introduit des tenseurs dans son exposé. Dans l'un de ces articles, il va jusqu'à lancer un véritable appel à l'aide : « Je convie tous mes confrères à se pencher sur cet important problème [celui de la forme des équations de transformation de l'espace-temps]. »

Il travaille « comme un fou », l'effort est « surhumain », d'autant qu'il ne parvient toujours pas à maîtriser l'algèbre tensorielle, qu'il se raccroche à ses principes, ses intuitions, ses présupposés. Nombreuses, très nombreuses, sont les équations permettant de décrire des espaces courbes. Il faut poser correctement les hypothèses de départ, opérer un certain nombre de simplifications, adopter le formalisme qui correspond le mieux au problème posé et à la solution recherchée. Un diabolique jeu de poker dans lequel toutes les erreurs sont possibles et aucune n'est autorisée. Grossmann lui propose avec l'algèbre tensorielle une voie qui, semble-t-il, pourrait faire l'affaire et respecterait le principe de covariance généralisée. Einstein hésite, et comme il l'a fait si souvent, il se fie à cette intuition plus philosophique que proprement scientifique. Ce formalisme tensoriel ne répond pas à ses présupposés, à moins que ce ne soient ses préjugés. Il écarte le tenseur de Ricci qui lui est proposé. Il va se rabattre sur une équation, plus convaincante à ses yeux, mais qui présente une faille très grave : la gravitation n'est plus totalement relativiste, c'est-à-dire indépendante des coordonnées choisies. La sacro-sainte covariance n'est que partiellement respectée mais le résultat est là : « J'ai trouvé les équations les plus générales », annonce-t-il au mois d'août 1912.

Après tant d'efforts, Einstein vient de commettre l'erreur fatale. Le tenseur de Ricci que lui proposait Grossmann était celui qui convenait. Mais il s'est pris les pieds dans une sombre histoire de coordonnées, il a, en quelque sorte, confondu l'adresse et la maison refusant un simple glissement de la numérotation en croyant qu'il changeait le bâtiment. Une bévue prévisible car la méthode Einstein, clé de ses succès, est devenue inextricable entre des principes de plus en plus nombreux, de moins en moins assurés, un formalisme de plus en plus opaque, un physicien qui arrive aux limites de ses compétences mathématiques et un mathématicien qui, d'emblée, a refusé toute implication physique dans ce travail.

Einstein et Grossmann publient en 1913 les résultats auxquels ils sont parvenus comme une « Esquisse », et non pas comme une théorie définitive de la gravitation relativiste. Einstein présente « le tenseur formé de dix grandeurs qui caractérisent le champ de gravitation » et doit constater que ces équations « ne peuvent pas être covariantes vis-à-vis de n'importe quelle substitution mais seulement vis-à-vis des substitutions linéaires ». Autrement dit, cette relativité n'a de généralisée que le nom. Elle est restreinte aux conditions locales, elle n'est pas vérifiée pour tous les observateurs.

Tant d'efforts pour aboutir à ce demi-succès ! Se peut-il que l'architecture divine dont il poursuit le décryptage n'ait pas poussé la perfection relativiste à son terme ultime ? La déception est grande, mais les faits sont là. Einstein confesse dans une lettre qu'il adresse peu après à Lorentz combien il est « malheureux » de ce résultat. Il lui reste à faire contre mauvaise fortune bonne parole, à théoriser cette imperfection, à expliquer pourquoi elle est inévitable et participe, d'une certaine façon, à la cohérence de la théorie. Faute de soumettre l'ensemble de la gravitation à la relativité, il entreprend de démontrer pourquoi cela « ne peut absolument pas exister ». C'est ce qu'il va répéter pendant près de trois ans, d'article en article, de conférence en conférence. Le voilà piégé par cette confiance absolue en son intuition qui, après l'avoir si souvent conforté dans la vérité, le conforte maintenant dans l'erreur.

*
* *

Einstein a beau défendre sa relativité partiellement généralisée devant l'Académie des sciences de Prusse, dans son for intérieur, il ne s'en satisfait pas. Il espère toujours trouver les équations du champ gravifique, cœur de la théorie, qui seraient conformes à la splendeur de l'ordre cosmique. Mais sa stratégie particulière qui lui a valu tant de victoires éclairs est inopérante dans cette bataille. Il est bien parti de sa base arrière, les principes, pour s'efforcer d'arriver à la solution par un enchaînement de déductions et de conséquences, mais la charge de cavalerie s'est enlisée dans les marécages de la mathématique. En effet, ces maudites équations « ne sont aucunement une conséquence logique, inéluctable des principes », explique Jean Eisenstaedt. Einstein perd donc son atout maître, sa potion magique, et le trouveur admirable n'est plus qu'un chercheur empêtré dans ses calculs. « Einstein va tourner en rond dans sa recherche [...]. Il erra ainsi durant deux ans entre tous les tenseurs possibles et imaginables et plusieurs solutions également insatisfaisantes[8]. »

S'étant efforcé de démontrer que la gravitation ne saurait être complètement relativiste, il a fait de son échec un principe et ne peut plus raisonner qu'à partir de cette relativité réduite aux acquêts. Bref, il est enchaîné à son erreur comme le forçat à son boulet et se trouve bridé dans son exploration de voies différentes. Il s'efforce de « bricoler » ses équations pour les améliorer et va d'espoirs en déceptions.

8. Jean Eisenstaedt, *Einstein et la Relativité générale*, *op. cit.*

*

* *

En 1914, des calculs faits en liaison avec Besso montrent que les équations présentées dans l'« Esquisse » ne passent pas le test de Mercure. Une épreuve décisive dont Einstein a souligné l'importance dès 1907. Les caprices de la petite planète deviennent l'arbitre suprême de la théorie, le nœud gordien qu'il faut trancher pour prétendre succéder à Newton.

Depuis deux siècles, Mercure donne des migraines aux astronomes. La planète est petite, donc difficile à observer, proche du Soleil, donc fortement perturbée par la gravité solaire ; c'est un vrai casse-tête pour un spécialiste de la mécanique céleste. Car le manège planétaire n'est simple qu'en première approximation. Kepler et Newton en ont établi le code de circulation. Les planètes, prisonnières de la gravitation, se trouvent enchaînées à des orbites elliptiques qu'elles doivent parcourir éternellement. Mais l'universelle gravitation, qui les soumet à la loi du Soleil, leur confère aussi à chacune un champ qui leur est propre. C'est ainsi que la Terre, vassalisée par notre étoile, retient prisonnière son propre satellite : la Lune. Or l'effet de la masse terrestre se fait sentir bien au-delà de l'orbite lunaire. Il en va de même pour chacune de ses neuf sœurs qui pèsent plus ou moins fortement sur l'ensemble du système solaire. De ce fait, les ellipses sont tout sauf régulières, comme le voudrait la loi de Kepler, s'il n'y avait qu'un seul corps céleste à faire la ronde autour du Soleil.

Tout au long du XIXe siècle, les astronomes ont multiplié observations et calculs pour établir le mouvement réel qui naît de ces influences complexes. La plupart d'entre eux ont sombré dans l'anonymat, un seul, Urbain Le Verrier, a gagné la célébrité. Étudiant les perturbations d'Uranus, il a calculé qu'elles trahissent la présence d'une planète inconnue. Une prévision confirmée en 1846, par la découverte de Neptune. Fort de ce succès, Le Verrier s'attaque à Mercure dont le mouvement assez chaotique défie l'observation. Le calcul des perturbations induites par les autres planètes indique, selon la mécanique newtonienne, que l'axe de l'ellipse devait tourner de 8'51'' d'arc par siècle. Les calculs de Le Verrier montrent que le périhélie, le point où Mercure est le plus proche du Soleil, est en avance sur son tableau de marche. Un décalage infime : 38'' d'arc par siècle. Mais la mécanique céleste est exacte ou n'est pas. Ces 38'', qui seront recalculées à 45'', exigent une explication. Tout naturellement Le Verrier utilise l'hypothèse qui lui a si bien réussi avec Uranus et postule l'existence entre le Soleil et Mercure d'une petite planète encore inconnue qu'il baptise Vulcain. Manque de chance, elle n'est pas au rendez-vous.

L'avance du périhélie de Mercure lance un défi à la sagacité des astronomes, c'est même devenu l'un de leurs jeux de société favori. À chacun son hypothèse. Sitôt avancée, déjà retirée. L'idée s'impose peu à peu que cette anomalie n'est pas circonstancielle, qu'elle est fichée comme une épine dans le pied de Newton. Il faut dépasser la théorie du père fondateur pour comprendre les caprices de Mercure, mais, à l'inverse, cette anomalie devient une sorte d'épreuve de vérité pour toute nouvelle hypothèse de mécanique céleste. Une gravitation relativiste doit transformer ces 45'' d'arc intempestives en un phénomène nécessaire et explicable. Or les calculs faits avec Besso sur la base des équations présentées dans l'« Esquisse » ne donnent que 18'' d'arc et suffisent à disqualifier la nouvelle théorie.

*
* *

Einstein ne se dégage qu'en 1915 du piège dans lequel il s'est fourré. Il se lance alors dans la dernière étape de sa longue marche, celle qui le conduira, cinq mois plus tard, à donner la formulation définitive de sa théorie. Quel a été le déclic qui l'a remis sur les rails ? L'un des signaux qui l'ont orienté dans la bonne direction vient peut-être de Göttingen, le saint des saints de la mathématique. David Hilbert, son grand prêtre, s'est fait le champion de l'abstraction, de l'axiomatique pure, dégageant toujours davantage les mathématiques du réalisme qui présida à leur naissance lorsqu'elles n'étaient qu'un système commode pour mesurer le monde. Pour ne citer qu'une de ses prouesses, Hilbert est l'inventeur d'un formalisme appelé à une destinée exceptionnelle : les espaces de Hilbert. Impossible pour un profane de pénétrer dans un tel univers. Disons qu'il s'agit d'un outil d'une prodigieuse force synthétique puisqu'il s'interprète comme un espace, un espace abstrait bien sûr, pouvant comporter une infinité de dimensions. Là encore, Hilbert ne se soucie d'aucune application particulière en échafaudant sa cathédrale mathématique. Or, vingt ans plus tard, lorsque se produira la révolution de la mécanique quantique, les physiciens découvriront que le maître de Göttingen leur a préparé, sans le savoir, le cadre indispensable à cette nouvelle physique. Le monde des particules est aussi hilbertien que celui de la mécanique newtonienne est euclidien. En juillet 1915, Einstein reçoit une invitation signée de David Hilbert pour venir à Göttingen prononcer une série de conférences sur la relativité.

La guerre a vidé l'université de ses jeunes gens. Ne restent que les hommes âgés, les étrangers, quelques femmes. Une assistance peu nombreuse, mais de très haut niveau. Einstein réaffirme la position qu'il défend depuis 1913 : il est impossible qu'une théorie de la gravitation satisfasse pleinement aux exigences de la relativité, qu'elle soit parfaitement covariante. Quelles discussions ont suivi ces exposés ? Quelles objections lui ont été faites, quelles idées nouvelles ont jailli ? Quelle place ont tenu ces échanges dans son retournement ? On ne sait. Mais il trouve là les meilleurs interlocuteurs pour l'aider à sortir de ses difficultés. Hilbert lui-même réfléchit à une grande théorie qui rassemblerait la gravitation et l'électromagnétisme, au royaume de la relativité évidemment. Certes, il aborde le problème en mathématicien plus qu'en physicien, mais enfin les deux savants se placent sur le même sujet sinon sur le même terrain. Dans les mois qui suivent, ils entretiennent une correspondance intense faite de réflexions et de résultats, d'interrogations et d'intuitions, de critiques et de conseils.

Que ce soit le séjour à Göttingen ou les déboires qu'il rencontre dans ses propres recherches, le fait est que, dans lcs mois qui suivent son retour à Berlin, Einstein va « changer radicalement de stratégie et considérer à nouveau la possibilité d'une covariance », constate Françoise Balibar[9]. Aux premiers jours de novembre, il reprend ses calculs, dans la bonne direction. Libéré de son boulet, ayant retrouvé

9. Sous la direction de Françoise Balibar, Albert Einstein, *Œuvres choisies*, 2, *Relativités I. Relativités restreinte et générale*, Paris, Éditions du Seuil, Éditions du CNRS, 1993.

la piste à suivre, devinant que l'issue est proche, il est maintenant prêt pour l'assaut final. En quelques jours, la relativité généralisée, qui résiste depuis tant d'années, va tomber comme une place forte dont les assaillants ont soudain forcé la porte.

La décade glorieuse, 15-25 novembre 1915, s'ouvre sur une carte de Hilbert reçue le 14 novembre. Juste cette phrase : « J'ai trouvé une solution axiomatique à votre grand problème ! » et une invitation à la présentation qui en sera faite le surlendemain à Göttingen. Einstein se déclare mal fichu, décline l'invitation, mais souhaite avoir communication de l'exposé. En réalité, cette annonce a provoqué un véritable électrochoc. Il est maintenant convaincu qu'il tient cette théorie parfaite, après laquelle il court depuis tant d'années. Il est surtout convaincu que Hilbert, avec son génie mathématique, est tout à fait capable de le coiffer sur le poteau. Tant d'efforts, de luttes et de travail, pour mettre au point la théorie de la relativité généralisée... de David Hilbert. Il saute de son lit et se met au travail avec frénésie.

Tandis que Hilbert expose à Göttingen son monument théorique, et non pas physique, unifiant la gravitation et l'électromagnétisme dans l'universelle covariance, Einstein connaît « son moment de génie », selon le terme même de son impitoyable censeur Jean-Paul Auffray. Ce qu'il va accomplir en si peu de temps est véritablement surhumain, incompréhensible. Le génie à l'état pur.

Il part, pour se rassurer sans doute, des fameuses « preuves » laissées en suspens. Il reprend les calculs sur la déviation d'un rayon lumineux dans le champ de gravité solaire et les boucle en l'espace d'une journée. Il découvre que la déflexion doit être double de ce qu'il avait précédemment calculé : 1'75'' au lieu des 0'87''. Les équations fonctionnent.

Il enchaîne sur la précession du périhélie de Mercure, reprend le travail mené avec Michel Besso, noircit des pages de calcul et aboutit à 43'' d'arc par siècle. Les observations astronomiques donnent 45'' avec une incertitude de 5''. Il est au cœur de la cible. Il dira qu'il a été « littéralement transporté de bonheur pendant des jours ». Il ne peut plus douter qu'il est sur la bonne voie. Le 18 novembre, il vient présenter ces résultats devant l'Académie royale de Prusse.

Ce même jour, il prend connaissance de l'article de Hilbert et manifeste une évidente irritation devant les progrès accomplis sur le plan mathématique. Il lui écrit en termes peu sympathiques pour dévaloriser son travail sur les équations: «Ce qui était difficile, c'était de reconnaître que ces équations formaient une généralisation, une généralisation simple et naturelle des équations de Newton», et lui annonce, dans la foulée, son succès sur l'orbite de Mercure. Hilbert, grand seigneur, l'en félicite. Mais le plus dur reste à faire: trouver l'équation du champ, le fameux tenseur, qui répondra à toutes les exigences relativistes. C'est l'épreuve finale sur laquelle tout va se jouer. Le père de l'équation sera aussi le père de la théorie.

Einstein, qui ne doute plus de la covariance générale, revient au fameux tenseur de Ricci proposé par Grossmann qu'il avait malencontreusement écarté. Il ne lui faut qu'une semaine pour en trouver la version qui répond à tous les impératifs de la relativité généralisée. Une semaine pour une équation, c'est bien long pensera le non-mathématicien. En réalité, cela représente une somme fantastique de calculs et, de l'avis de tous les spécialistes, la performance est stupéfiante. Venant de génies mathématiques comme Poincaré ou Hilbert, elle étonnerait, venant d'Einstein elle est incompréhensible.

Pourtant, le 25 novembre 1915, il présente les équations du champ à l'Académie des sciences de Prusse. Dans la partie gauche de l'égalité, la partie géométrique, se trouve le tenseur qui sert à exprimer la géométrie de l'espace-temps, c'est lui qui constituait le fin mot de l'énigme et qui entrera dans l'histoire comme: «le tenseur d'Einstein». De l'autre côté de l'égalité, dans la partie physique, se trouve représentée la matière-énergie qui va générer le champ de courbure. Einstein peut conclure son exposé en affirmant que: «La théorie de la relativité générale est finalement close en tant que structure logique.» Close sur un extraordinaire succès personnel venant couronner «une chaîne de faux pas qui conduisent néanmoins au bon résultat», comme il le reconnaîtra lui-même.

*
* *

La victoire est acquise et, pourtant, certains vont la contester. Non sans raisons, semble-t-il. Hilbert a soumis, dès le 20 novembre, à l'Académie, un texte sur la relativité généralisée. La publication intervient le 31 mars 1916. Einstein, lui, a donné sa note le 25, soit cinq jours plus tard, mais elle est publiée dès le 2 décembre. Un décalage minime mais qui devient très gênant lorsque l'on découvre, dans le texte de Hilbert, les équations d'Einstein. Certes, son travail a paru avant celui de son concurrent, mais c'est la date du dépôt qui fait foi. Et là, pas d'hésitation, Hilbert a l'antériorité. Il faut donc reconnaître que le mathématicien a remporté le sprint, qu'il est le vrai père de la relativité généralisée, si l'on juge la course à l'arrivée. Mais alors doit-on supposer qu'Einstein a copié les équations de son concurrent ? Einstein copieur ! D'un côté, il paraît plus vraisemblable qu'un tel tour de force mathématique soit le fait d'Hilbert que d'Einstein, de l'autre, on imagine mal ce dernier, absorbé vingt-quatre heures sur vingt-quatre dans sa frénésie de travail, trouvant le temps d'étudier les calculs de son concurrent et s'en inspirant sans vergogne.

Les trompettes de la renommée ont tranché, mais certains initiés continuent à parler des « équations d'Einstein-Hilbert » pour bien montrer qu'ils suspectent un tour de passe-passe. Des historiens allemands, américains et israéliens ont décidé de trancher définitivement la question. Ils se sont livrés à une longue enquête, ont fouillé méticuleusement les archives, rassemblé tous les documents disponibles. Le résultat de cette recherche a été publié dans *Science*, le 14 novembre 1977. Et voici le fin mot de l'affaire certifié par des papiers annotés de la main même de Hilbert. S'il est vrai que ce dernier a déposé sa note le 20 novembre, il apparaît qu'il l'a rectifiée par la suite et que cette version corrigée et améliorée a été publiée sans que la date de remise du manuscrit ait été modifiée en conséquence. Or les ajouts ont précisément consisté à introduire les équations d'Einstein dans l'article. Ce que, d'ailleurs, l'auteur a reconnu par la suite.

Sur le coup, Einstein croit que Hilbert veut lui voler son succès. Il en est d'autant plus choqué qu'il voit en lui la seule personne capable de comprendre la totalité de sa théorie. Le mathématicien met un terme à l'incident en félicitant le vainqueur. Un mois plus tard, Einstein, enfin rassuré, répond au concurrent malheureux qu'il a effectivement éprouvé : « un certain malaise » et « lutté contre le sentiment d'amertume ». L'incident est clos et, à nouveau, les « deux vrais collègues » pourront s'apporter « un mutuel plaisir ».

La synthèse finale, le texte fondateur, est publiée en mars 1916 dans les *Annalen der Physik*. Einstein adresse ses remerciements à Grossmann, mais ne cite Hilbert qu'au hasard d'une note en bas de page. L'exposé scientifique est solidement charpenté, bourré d'équations, on s'en doute, mais les physiciens qui s'y intéressent sont peu nombreux et ceux qui le comprennent doivent se compter sur les doigts de la main. Les initiés parlent d'un chef-d'œuvre, d'un triomphe de l'intelligence humaine, d'une beauté miraculeuse. Mais les temps ne sont guère favorables aux spéculations sur l'ordre mathématique de l'univers, car c'est le désordre du monde qui prévaut en cette année 1916. L'humanité est prisonnière d'une guerre qui surpasse en horreur toutes celles qui l'ont précédée et dont nul ne peut prévoir le terme. La presse et l'opinion sont à des années-lumière de la physique théorique. La relativité se généralise dans l'indifférence générale.

CHAPITRE VIII

Le ciel et les tempêtes

Einstein s'est défini comme « un voyageur solitaire ». Une solitude qu'il ne protège pas sous des dehors bourrus, un abord dédaigneux, un comportement distant ou méprisant. Tout au contraire. Il est, en apparence, le plus sociable des hommes. Mais il se prête beaucoup et ne se donne jamais. Il reconnaît d'ailleurs n'appartenir « corps et âme » ni à son pays, ni à sa maison, ni à ses amis, ni même à sa famille proche. C'est dire qu'il ignore cet engagement total, passionnel qui aveugle la raison et embrase l'individu ou, plus exactement, qu'il le réserve à la science enfermée dans une imprenable citadelle. Il pense sa vie privée comme sa vie publique en fonction de son travail scientifique.

Pendant trente-cinq ans, ce détachement n'est guère problématique, il va de soi. Mais, à partir de 1914, la tour d'ivoire si méticuleusement construite et entretenue se lézarde et le met à découvert. La guerre éclate, son couple se déchire, sa santé se délabre. La solitude n'est plus un état, c'est un combat. Pas à pas, il doit négocier entre l'engagement et l'indifférence, la rudesse et la bienveillance.

*
* *

La guerre déchaîne les passions, entraînant dans la tourmente les sages comme les fous. Dès les premiers mois du conflit, les mouvements nationalistes font circuler un manifeste pour soutenir l'armée allemande et, d'une façon plus générale, le bellicisme germanique. Quatre-vingt-treize artistes, écrivains, philosophes, savants apposent leur signature. Einstein, qui n'a pas été sollicité en raison de sa nationalité suisse, est scandalisé que des scientifiques, Max Planck en tête, puissent se compromettre de la sorte. C'est alors qu'il rejoint George Nicolai, un biologiste qui a entrepris de s'opposer seul à l'hystérie nationaliste. Dans un « Manifeste aux Européens », Nicolai entend dénoncer « cette guerre qui ne fera que des vaincus » et proposer une union européenne qui dominerait les nations. Einstein ne peut résister à de telles idées qui sont aussi les siennes. Il apporte la dernière touche à ce texte puis décroche son téléphone afin de recueillir un nombre significatif de signatures. D'un appel au suivant, il n'essuie que des refus. Le « Manifeste aux Européens » ne sera jamais publié ; faute de signataires.

Einstein découvre, horrifié, que la plupart de ses collègues se laissent emporter par la fièvre belliciste. L'un de ses intimes, le prix Nobel de chimie Fritz Haber, futur médiateur de son divorce, mobilise la science germanique au service de l'armée. Il devient même le promoteur de la guerre chimique et manque de périr asphyxié en essayant les gaz de combat qu'il met au point. En dépit de ces choix contraires, Einstein reste proche de Haber.

Son propre comportement n'est pas exempt d'ambiguïtés. Tout au long de ces années, il s'intéresse à la technologie hautement stratégique des gyroscopes. Ces appareils jouent un rôle essentiel dans la navigation sous-marine. Or les submersibles sont l'arme du blocus instauré par l'Allemagne contre les puissances de l'Entente. Ils coulent impitoyablement les navires marchands dans l'Atlantique. Améliorer leur système de navigation, c'est aussi augmenter l'efficacité de leurs tirs. Au départ, c'est-à-dire avant l'éclatement du conflit, Einstein s'est lié d'amitié avec un industriel, Hermann Anschütz-Kaempfe, qui fabrique ce matériel et le vend à la marine militaire allemande. En 1915, celui-ci poursuit en justice un concurrent américain accusé de contrefaçon et rémunère Einstein comme conseiller. Le physicien n'a-t-il pas une grande compétence en matière de brevets ? L'affaire traîne tout au long de l'année 1915. En définitive, l'Américain est condamné et se voit interdire de commercialiser ses appareils en Allemagne.

Il semble qu'Einstein se soit pris au jeu et qu'il ait maintenu sa collaboration avec Anschütz-Kaempfe jusqu'à la fin de la guerre. Pourquoi a-t-il participé à des recherches dont il ne pouvait ignorer la destination finale ? Quelles furent ses motivations ? Ce goût du bricolage technologique qu'il a toujours cultivé comme un hobby ? On peut l'imaginer car il poursuivra dans ce domaine après la guerre et déposera même des brevets. Moins glorieux mais plus courant, l'intérêt financier ne peut être exclu. Les temps de guerre sont difficiles ! Simples supputations car il n'a jamais éprouvé le besoin de s'expliquer sur ce point et n'y fut d'ailleurs jamais invité.

Ce qui ne l'empêche pas de « ruminer » en solitaire son credo pacifiste dans « la pitié et le dégoût ». Un repli, pas une désertion. En ce crucial mois de novembre 1915, alors qu'il parachève la théorie de la relativité généralisée, il est sollicité par une organisation patriotique, la *Goethebund* de Berlin. Afin de conforter le moral de la nation en guerre, celle-ci réunit des contributions venant de personnalités éminentes. Elle a inclus dans cette glorieuse cohorte le père de la relativité dont, à l'évidence, elle ignore les véritables sentiments. Einstein sort la tête de ses calculs le temps de rédiger une profession de foi pacifiste : « Mon opinion sur la guerre ». Un énorme couac dans la polyphonie nationaliste en préparation ! Les dirigeants de la Ligue voudraient obtenir de l'auteur qu'il revoie sa copie et se heurtent à un refus indigné. Tout au plus consent-il à supprimer deux paragraphes dans lesquels il fait du patriotisme l'alibi de tous les massacres et de sa nationalité suisse le moyen de ne pas faire la guerre ! Pour le reste, il réaffirme sa détestation du militarisme et son espoir d'un ordre supranational. En temps de paix, il n'y aurait là que pétitions de principe et vœux pieux, mais, en temps de guerre, lorsque les soldats meurent pour la patrie, ces propos deviennent une provocation sacrilège. Einstein n'en a cure. Que cela choque ou non, il ne mettra pas son pacifisme dans sa poche.

Il a même choisi son camp. Il redoute par-dessus tout une victoire allemande qui renforcerait le régime du Kaiser Guillaume II et le militarisme germanique. En 1915, lors d'un séjour en Suisse pour voir ses enfants, il fait un détour par Vevey pour rencontrer Romain Rolland. Le pacifiste, plus que le romancier. Ce dernier relate leur entretien dans son Journal : « Einstein espère une victoire des Alliés, qui ruinerait le pouvoir de la Prusse et la dynastie. » Peu lui importe, en vérité, que l'Allemagne, ou la France d'ailleurs, soit défaite. Il raisonne en fonction des principes et non pas des nations ; de l'avenir et pas du présent. Tout au long de la guerre, il maintient cette position qui peut aisément être considérée comme une trahison. La sécurité militaire finit par en prendre ombrage. Il doit surveiller ses propos et, surtout, ses lettres qui peuvent être lues par la censure.

Sans « faire » la guerre, il en découvre quotidiennement les horreurs dans son entourage. Max Planck et Walther Nernst, les deux émissaires venus le chercher à Zurich, sont durement frappés. Un fils tué à Verdun, un autre prisonnier pour le premier ; deux fils tués pour le second. L'épouse de Fritz Haber se suicide d'une balle dans la tête. Un geste sans doute influencé par l'horreur des travaux conduits par son mari sur les gaz asphyxiants. En octobre 1916, son ami Friedrich Adler, celui qui s'était désisté en sa faveur à la Faculté de Zurich, décharge son pistolet sur le Premier ministre autrichien, le comte von Stürgkh. Einstein s'efforce d'intervenir en faveur de son ami, mais ne peut lui éviter la condamnation à mort. En définitive, Adler sera gracié puis libéré au lendemain de la guerre. Entre ces drames à répétition et les affrontements d'un couple qui n'en finit pas de se séparer, il est bien difficile de maintenir cette indifférence souriante et cette distance protectrice qui l'ont toujours défendu.

*
* *

Car Mileva ne peut faire son deuil de leur union et s'entretient dans l'espoir d'une réconciliation. Einstein, au contraire, se sent « renaître ». L'un des agréments de cette liberté toute neuve, c'est Elsa. Mais il n'entend pas renoncer aux plaisirs d'un célibat retrouvé. À la différence d'Elsa la divorcée, il est toujours marié et le concubinage serait du plus mauvais effet. À quoi bon heurter les convenances lorsqu'elles conviennent si bien ?

Il se choisit une confortable garçonnière à quelques encablures de l'appartement qu'Elsa Löwenthal occupe avec ses deux filles, Ilse et Margot. Autant l'absence de Mileva le réjouit, autant celle de ses garçons lui pèse. À l'automne 1915, il fait le voyage de Zurich. Entre les époux, l'ambiance est détestable. Seule la brièveté des échanges évite les scènes de ménage. Qu'importe, il est venu pour les garçons. Édouard est encore bien jeune, mais Hans Albert a maintenant une douzaine d'années. Son père l'entraîne dans de longues balades, mais il ne peut se dissimuler que son fils a pris le parti de sa mère, comment pourrait-il en être autrement ?, et qu'il aura bien du mal à le reconquérir.

De retour à Berlin, il se plonge dans la relativité généralisée. Puis, sitôt libéré des pièges tensoriels, il décide d'en finir. À l'évidence, l'art de rompre ne figure pas parmi ses dons éclatants. Adolescent, il avait plaqué la pauvre Marie Winteler sans un mot ; adulte, il propose le divorce de la pire manière. Dans une lettre à Mileva, il vante les avantages d'une séparation définitive qui permettrait à chacun de refaire sa vie. La pétition de principe est accompagnée d'un arrangement financier qui s'achève sur l'argument fatal : cela mettrait un terme aux rumeurs qui courent sur sa liaison et qui sont désobligeantes pour les filles d'Elsa. Mileva doit accepter que ses garçons perdent leur père pour que les demoiselles Löwenthal conservent une mère honorable ! Le physicien maîtrise mal le calcul des interactions affectives.

Quelques mois plus tard, revenant à Zurich la conscience au repos et la raison en bandoulière, il est accueilli par l'explosion de rancœur et de colère que l'on imagine. Le calcul était faux mais le raisonnement juste : il est plus que jamais convaincu que le divorce est inévitable. Désormais les époux communiquent par personnes interposées. De Zurich, ce sont les deux amis du couple, Michel Besso et le docteur Zangger, qui parlent pour Mileva ; de Berlin, Fritz Haber prend en main les intérêts d'Einstein.

Les événements se précipitent. Mileva cède au contrecoup de l'affrontement et tombe malade. Incapables de diagnostiquer une profonde dépression, les médecins parlent de tuberculose. Les enfants doivent être confiés à des amis. Le brave Besso s'efforce de jouer les médiateurs, de plaider la réconciliation. Einstein, d'abord sceptique sur la réalité de ce mal, est ébranlé, pense même se rendre à Zurich, puis se reprend. Le divorce est, dit-il, « une question de vie ou de mort ».

Pour compliquer le tout, les garçons ne vont pas bien. Édouard est souffrant et doit partir pour un séjour en sanatorium. Mais le pire est à venir avec ce garçon attachant et déroutant qui marie les dons les plus rares avec une sensibilité maladive. Quant à Hans Albert, il n'écrit plus à son père. Celui-ci, dans un dernier effort, envisage de le prendre avec lui à Berlin et de lui servir de précepteur. Propos en l'air ou proposition sincère ? L'opposition farouche de Mileva n'autorise aucun arrangement de cet ordre.

Aux yeux de son fils, Einstein est contraint de jouer un méchant personnage, celui du père qui plaque une mère malheureuse pour profiter de sa bonne fortune. De ce rôle difficile, il donne une médiocre interprétation. Il fait miroiter dans ses lettres la chance d'avoir un père comme lui, qui pourra apprendre tant de choses à son fils bien-aimé. Une argumentation qui ne peut surmonter les préventions de Hans Albert. Devenu adulte, celui-ci garde le souvenir d'un père froid et distant : « Je ne pense pas qu'il ait montré un intérêt particulier pour mon frère et pour moi lorsque nous étions de simples enfants. »

Mileva n'est pas encore remise, lorsque, en 1917, Einstein à son tour tombe gravement malade. Une fois de plus, l'invention d'une grande théorie l'a laissé déprimé comme une mère au lendemain d'un accouchement. Mais ce n'est rien encore, voilà qu'il ressent d'atroces douleurs gastriques. Il perd quinze kilos et, au vu de cette maigreur à faire peur, se croit atteint d'un cancer et condamné à mort. En vérité, il souffre d'un ulcère et de troubles hépatiques. Des maladies éprouvantes qu'il traînera tout au long de la guerre. Sa solitude commence à lui peser. Il vient s'établir dans l'immeuble d'Elsa. Les voilà voisins de palier, c'est elle désormais qui va prendre soin de lui, devenir sa gouvernante, son infirmière et, surtout, sa cuisinière. Après avoir mangé n'importe quoi, n'importe comment pendant des années, il doit se plier aux canons de la diététique au moment même où la population berlinoise subit les plus sévères restrictions alimentaires. La très chère voisine assure ce traitement médico-gastronomique et, grâce à ses petits plats, conforte sa guérison. Promue garde-malade, elle voit poindre l'issue tant espérée.

Six ans déjà qu'elle rêve de devenir la femme du professeur Einstein ! Lors de leurs premières rencontres, Einstein connaît une bouffée amoureuse d'autant plus forte que son ménage va plus mal. Comment résisterait-il aux charmes de sa cousine alors qu'il évoque, impitoyable, l'« exceptionnelle laideur » de son épouse, comment n'être pas séduit par sa nature joviale et enjouée qui tranche sur l'humeur sombre et maussade de Mileva ? Il suffit de regarder les photos. Elsa n'est que sourires, la satisfaction de paraître aux côtés de son grand homme éclate sur son visage, Mileva est renfrognée, aucun instant ne semble digne à ses yeux d'un souvenir photographique. En 1912, Einstein est retenu par les obligations familiales et s'entretient dans l'exaltation des amours impossibles. Il ne divorce pas, mais la rencontre a porté le coup de grâce à ce couple en fin de parcours. La suite appartient à Elsa, l'attente sera longue.

Avec la séparation, elle gagne le cousin génial mais il reste à conquérir le titre tant envié d'épouse et l'affaire se présente mal. Einstein, traumatisé par son échec conjugal, ressent une profonde détestation du mariage. Une liaison lui semble bien suffisante. D'autant que la passion est retombée. Elsa perd son repoussoir : la revêche Mileva. Elle se trouve rendue à elle-même : une bourgeoise, un peu plus âgée que son amant, au physique très ordinaire, à la personnalité sans grand relief. L'étudiant romantique du *Polytechnicum* ne l'aurait même pas regardée. Mais Einstein s'approche de la quarantaine avec des illusions en moins et beaucoup de cynisme en plus. Peu à peu, il en vient à considérer le mariage avec Elsa comme un bon arrangement. Elle lui apporte cette féminité domestique dont la nécessité pour l'homme n'est plus à démontrer. Elle s'accommode de toutes les exigences et bizarreries de l'ours génial. Ils cohabiteront dans le même appartement mais chacun de son côté. À Elsa, les pièces de réception cossues ; à lui, une chambre et un bureau, la tanière de « romanichel ». Les époux ne font pas seulement chambres mais territoires séparés. Elle ne doit jamais entrer dans son domaine, jamais le déranger dans son travail, jamais toucher à ses papiers. Elle assure les mondanités et le laisse à ses singularités. Sans grands efforts, semble-t-il. Ce n'est pas le physicien qu'elle épouse, c'est le notable. Elle laisse le premier à sa bohème solitaire et s'efforce de donner au second les apparences bourgeoises de sa condition. Einstein n'a pas à s'adapter, Elsa le prend comme il est... comme il est devenu. Le marché joint aux commodités matérielles le confort moral. Le remarié s'offre l'élégance du geste. N'est-ce pas Elsa qui le souhaite ? Après une si longue attente, un dévouement si constant, il lui doit bien ça.

En 1918, Einstein enfin requinqué s'est fait à l'idée du remariage et Mileva à celle du divorce. Les arrangements financiers ont été réglés entre les intermédiaires Besso-Zangger d'un côté, Fritz Haber de l'autre. La promesse de reverser le montant d'un éventuel prix Nobel a permis de conclure l'affaire. En 1918, Einstein peut faire le pas qui coûte et venir s'installer chez Elsa. Surgit alors une crise restée ignorée jusqu'à la publication en 1998, dans le huitième volume des Papiers d'Einstein, d'une correspondance inédite.

Einstein qui dirige désormais l'Institut de physique théorique du Kaiser Wilhelm a engagé comme employée Ilse Löwenthal, la fille aînée d'Elsa. Elle n'a qu'une vingtaine d'années, il va devenir son beau-père, à moins que... Entre le monstre sacré et la jeune fille se noue au printemps 1918 « quelque chose », sans qu'on puisse en dire davantage. Le choc est tel qu'Einstein ne sait plus s'il désire épouser la mère ou la fille ! Ilse, elle-même, est perdue et, pour tenter d'y voir clair, explique longuement à George Nicolai, vieil ami de sa mère et de son futur... elle ne sait quoi. La jeune fille expose noir sur blanc que « Albert se prépare à épouser moi ou maman ». Elle précise, avec une impudeur toute germanique, qu'elle n'éprouve pour lui aucune attirance sexuelle mais qu'elle est troublée par son amour. Elle s'interroge sur les réactions de sa mère. Et conclut : « Quelle est la meilleure solution, pour le bonheur de nous trois et principalement d'Albert ? »

On connaît la fin de l'histoire mais on ignore comment elle s'est dénouée. Les trois héros se sont-ils expliqués face à face ? Est-ce dans le silence que tout est rentré dans l'ordre ? Quelles marques cet épisode vaudevillesque a-t-il laissé sur leurs relations ? Levenson remarque : « Le pire de tout fut le désintérêt lointain d'Einstein : il était prêt à épouser l'une ou l'autre, la mère ou la fille, selon ce qu'elles choisiraient. Il cherchait le confort dans son existence quotidienne. Le sexe était une chose à part qui n'avait pas de liens nécessaires avec le mariage [1]. »

Que de chemin parcouru depuis les lettres enflammées du jeune Albert ! Le mariage est devenu une « tentative infructueuse pour faire durer ce qui n'est, au départ, qu'un accident ». Détail significatif : il n'admet pas que son épouse utilise le « nous » en parlant de leur couple. Elsa, confinée dans ses fonctions de gouvernante, d'intendante, d'impresario, voire de mère, ne saurait, à elle seule, épancher son goût des femmes. D'autant que le larron n'a pas à chercher bien

1. Thomas Levenson, *Einstein in Berlin*, New York, Bantam Books, 2003.

loin l'occasion. Sa célébrité attire une nuée d'admiratrices par avance conquises. Il n'a que l'embarras du choix et multiplie les flirts plus ou moins poussés, sans entretenir de liaison stable ni afficher de maîtresse en titre. Ces aventures, guère dissimulées, attisent les animosités successives de Mileva puis d'Elsa. La scène de jalousie est un grand classique du ménage Einstein.

Avec le recul historique, son nomadisme sentimental paraît véniel. En revanche, son comportement avec les femmes, disons le mot et tant pis pour l'anachronisme : son machisme, devient beaucoup plus choquant. C'est dans la compagnie des hommes qu'Einstein cultive le commerce de l'esprit. Il s'attache aux plus brillants, aux plus intelligents : Sigmund Freud, Bernard Shaw, Charlie Chaplin et tant d'autres. Avec les femmes, il semble chercher une compagnie et rien de plus. Tous les témoignages concordent sur ce point. « Einstein aimait les femmes, mais n'était pas trop regardant sur le choix de ses partenaires[2] », remarque son ami Janos Plesch. Il semble même les préférer assez ordinaires, et celles dont on a gardé la trace ne brillèrent jamais par l'éclat de leur intelligence, de leurs talents ou même de leur beauté. Attiré par les hommes remarquables et séduit par des femmes communes, le père de la relativité conjuguait au masculin l'intelligence et la créativité, au féminin le plaisir et l'utilité. Une attitude fort commune en son temps, mais qui détone dans son milieu. Les épouses de ses amis physiciens, Max Born, Paul Ehrenfest et bien d'autres, sont des femmes remarquables et traitées comme telles par leur mari. Einstein en est conscient qui semble les estimer davantage que ses épouses ou ses maîtresses et noue avec elles des relations d'une tout autre qualité.

Le divorce avec Mileva intervient en 1919. Trois mois plus tard, Einstein se remarie avec Elsa. Le temps apaisera les blessures, les ex-époux rétabliront le contact et échangeront une abondante correspondance. Il n'empêche que certains textes d'Einstein, dans lesquels il parle de son épouse comme d'une employée qu'il ne peut pas licencier à moins qu'il ne consente à maintenir le mariage en la confinant aux tâches domestiques hors de toute vie intime et toute

2. Roger Highfield et Paul Carter, *The Private Lives of Albert Einstein*, Londres, Faber and Faber, 1993.

interférence dans sa vie professionnelle, ont de quoi faire bondir les féministes.

Dans ce naufrage conjugal, les dommages ne sont pas partagés. Mileva s'enfonce dans la tristesse d'une existence ratée tandis qu'Albert s'envole du succès vers le triomphe. Lorsqu'il vante la possibilité pour chacun de « refaire sa vie », il parle pour lui et lui seul. Il sait fort bien que la « Dockerl » délaissée, sombre dans sa tête et disgracieuse dans son corps, ne retrouvera pas le prince charmant. De fait, Mileva ne se remarie pas et demeure solitaire à Zurich jusqu'à sa mort en 1948. Une fin de vie lugubre, assombrie par les soucis matériels sans être éclairée par les joies de la maternité.

La réputation de père distant colle à la mémoire d'Einstein. La distance est d'abord géographique. De Berlin à Zurich, il faut compter une dizaine d'heures en train. Il s'efforce pourtant de voir ses fils plusieurs fois par an et ses relations, pour maladroites et difficiles qu'elles soient, restent constantes tout au long des années vingt. Il suit les études de Hans Albert qui décroche un diplôme d'ingénieur au *Polytechnicum* et s'inquiète toujours davantage des dérives psychologiques d'Édouard. Einstein y voit la marque fatale de l'hérédité Maric. Zorka, la sœur de Mileva, n'est-elle pas folle et internée ? Il en vient à penser qu'il aurait mieux valu pour le garçon ne jamais naître !

Les parents s'affrontent souvent mais se retrouvent unis pour s'opposer au mariage de Hans Albert. Un projet qu'ils jugent insensé. Le jeune homme n'a que vingt-deux ans, aucune situation, et Frieda, sa fiancée, est de neuf ans son aînée ! Albert et Mileva rejouent, à une génération de distance, la guérilla d'Hermann et Pauline contre leurs propres projets matrimoniaux. Avec le même résultat : Hans Albert épouse Frieda. Einstein se résigne, accueille le jeune couple à Berlin et s'entretient dans l'espoir qu'ils ne feront pas d'enfants. En 1926, Hans Albert, qui s'est lancé dans un doctorat de mathématiques, lui annonce la naissance d'un héritier. Dans les années trente, Hans Albert émigrera aux États-Unis, s'installera en Californie et n'aura plus que des rapports épisodiques avec ses parents. Mileva, elle, reste en Suisse avec Édouard.

La crise que chacun redoutait éclate en 1930. À la suite de déboires sentimentaux, le jeune homme est pris d'une haine délirante contre son père. Einstein, bouleversé, tente de le faire soigner pour dépression. En vain : Édouard est schizophrène. Mileva caresse l'espoir qu'Einstein va quitter Berlin, où d'ailleurs il est en butte aux persécutions antisémites, et revenir à Zurich s'occuper de son fils. Vaines espérances ; il a tourné la page suisse et, lorsqu'il fuit l'Allemagne nazie, c'est à Princeton qu'il se réfugie et pas à Zurich.

Mileva se retrouve définitivement seule avec ce fils malade auquel elle consacre le reste de son existence, s'efforçant de le garder auprès d'elle ou de le placer pour des séjours plus au moins longs. Einstein, plus lointain que jamais, n'apporte qu'un soutien financier et laisse la mère affronter seule la malédiction du fils.

Lorsqu'une séparation est à ce point déséquilibrée, comment ne pas se demander si le gagnant n'a pas étouffé le perdant ? Comment est-on passé de cette union 50/50 à cette désunion 90/10 ? Fatalité ou injustice ?

Les premières biographies évitèrent la question. Leurs auteurs versaient une larme sur la pauvre Mileva sans avoir un froncement de sourcils pour le grand Einstein. Il était licite de discuter ses théories scientifiques, de contester ses positions philosophiques, ses engagements politiques, mais sa vie privée échappait à tout examen. Avec le recul historique et, surtout, la publication si tardive des archives, l'icône sacrée retrouve les imperfections de son visage humain.

*
* *

Descendre d'un tel piédestal n'est pas sans risques. Car l'excès d'indignité suit de très près l'excès d'honneurs. L'on voudrait toujours que les grands hommes soient en tout point admirables. Dans le cas d'Einstein, cette illusion fut délibérément entretenue pendant des années par Helen Dukas. Ainsi la découverte tardive du tyran domestique que pouvait être l'illustre physicien n'a pas manqué de provoquer une réaction iconoclaste. On ne compte plus les livres et articles publiés aux États-Unis sur sa vie privée. Pour en donner une image peu flatteuse, on s'en doute. Au mieux, le grand savant aurait été aussi mauvais père que mauvais mari, au pire, il ne serait qu'un individu libidineux fort peu recommandable. Difficile de garder la mesure avec un personnage à ce point démesuré, difficile d'admettre tout simplement que les dons les plus éclatants pour les sciences se marient fort bien avec un comportement fort ordinaire dans la vie courante.

Parmi les reproches adressés à sa mémoire, le moins surprenant n'est pas de s'être approprié tout le mérite de la relativité au lieu de le partager. Concernant Poincaré, l'accusation ne manque pas de fondement. Mais il ne s'agit pas ici du physicien français. Le coauteur injustement repoussé dans l'ombre, c'est Mileva. Cette thèse, longuement développée par la physicienne yougoslave Desanka Trbuhovic-Gjuric au début des années quatre-vingt[3], fut reprise par la journaliste américaine Andrea Gabor dans son ouvrage *Einstein's Wife* et refait surface périodiquement dans la presse. « On a encore oublié Mme Einstein », titra joliment *Libération.* Ce procès en paternité abusive a-t-il quelque fondement ?

La question ne se pose que pour les années 1897-1902, puisque Mileva se désintéresse des questions scientifiques après son mariage en janvier 1903. Mais une partie du travail qui conduit à la relativité restreinte s'effectue tout au long de cette période où Mileva fut son interlocutrice privilégiée.

L'intelligence, la compétence de Mileva en faisaient plus qu'une simple confidente. Elle pouvait lui signaler des travaux, des articles qu'il aurait négligés, soulever des objections et formuler des critiques. Mais les tenants de « l'hypothèse Mileva » vont beaucoup plus loin : ils estiment qu'elle l'a mis sur la piste de la relativité et qu'elle a pris en charge la formulation mathématique. Si tel est le cas, elle est bien coauteur de la découverte.

Desanka Trbuhovic se fonde sur les écrits mêmes d'Einstein qui, dans ses lettres à Mileva, l'associe très étroitement à son travail. Il en fait « son égal » et utilise le « nous » en évoquant certains de ses travaux, ceux, notamment, qui se rapportent à la relativité. Ces formules peuvent exprimer la simple réalité d'un travail en commun, c'est vrai ; mais elles peuvent également traduire la volonté d'associer la femme qu'il aime à l'œuvre de sa vie et de faire en sorte que son travail les rapproche au lieu de les séparer. Impossible de conclure. Mais, dans cette correspondance, Mileva

3. Desanka Trbuhovic-Gjuric, *Mileva Einstein, une vie*, *op. cit.*

n'est rien d'autre qu'une confidente, elle n'apporte aucune contribution personnelle.

Mileva lui aurait-elle « livré les bases mathématiques de ses recherches[4] », comme le prétend sa biographe ? Certes, Einstein, surtout à cette époque, n'était pas un très grand mathématicien, mais les bases mathématiques avaient déjà été posées par Hendrik Lorentz et Henri Poincaré. Nous l'avons vu. Il rencontrera de véritables difficultés mathématiques avec la relativité généralisée, appellera Marcel Grossmann à l'aide et n'en fera pas mystère. La relativité restreinte, elle, ne requiert aucune compétence mathématique particulière. Il reste possible que Mileva ait corrigé certaines fautes de calcul dont il était coutumier. Cela n'en fait pas un coauteur.

Einstein termine le fameux mémoire de 1905 sur la relativité restreinte par un remerciement à Michel Besso pour « le soutien qui ne m'a jamais manqué et la stimulation précieuse dont je lui suis redevable ». Peut-on imaginer que, deux ans après son mariage, il aurait refusé à son épouse la reconnaissance publique qu'il accorde à son ami ?

Reste enfin l'aveu : « Albert Einstein remit à Mileva le montant de son prix Nobel[5]. » Le fait lui-même est indiscutable. Il résulte des accords passés en 1918. Lorsqu'en 1922 le prix Nobel lui est décerné avec dix-sept ans de retard, il se rend à Zurich et donne à Mileva les 32 500 dollars, qu'elle investit dans l'immobilier. Par ce geste, Einstein aurait reconnu que cette récompense revenait à son épouse autant qu'à lui, et ce cadeau serait, en quelque sorte, la marque d'un remords pour l'avoir injustement repoussée dans l'ombre.

Absurde ! Mileva, qui se retrouve seule, sans ressources, avec deux enfants à charge, veut des assurances financières. Quoi de plus légitime ? La meilleure garantie, c'est le versement d'un capital. Mais Einstein n'a aucune fortune. C'est alors que les intermédiaires imaginent de gager un prix Nobel à venir. Cet arrangement ne nécessite aucune interprétation particulière. En outre, il est en conformité avec un geste d'Einstein au début de son mariage. La famille Maric avait prévu de verser une dote de 10 000 francs. Einstein refusa et Mileva récupéra sa dote après son divorce.

4. *Ibid.*
5. *Ibid.*

Au reste, pourquoi Mileva Einstein n'a-t-elle jamais rien dit ? Elle le voyait monter au zénith tandis qu'elle restait avec leurs enfants dont le plus jeune allait sombrer dans la schizophrénie. Elle avait toutes les raisons non pas de régler ses comptes, mais, simplement, de mettre les choses au point. S'il fallait interpréter dans ce sens les lettres qu'elle avait en sa possession, il lui était bien facile de le faire. Se serait-elle abstenue par pusillanimité ? Allons ! Elle a prouvé tout au long de sa jeunesse qu'elle avait un caractère bien trempé. Par esprit de sacrifice ? Difficile à imaginer vis-à-vis d'un monsieur qui se serait aussi mal conduit. Bref, si Mileva avait eu quelque chose à dire, elle l'aurait dit et il est vain de prétendre parler à sa place.

Pourquoi donc avoir monté toute cette histoire ? Desanka Trbuhovic est serbe comme Mileva et le patriotisme inspire toute sa démarche. Elle ne s'en cache pas. « [...] Nous avons toutes les raisons d'être fiers, nous autres Yougoslaves, qu'elle appartienne à notre peuple [6]. » Il s'agit de donner aux Serbes une part de la relativité. La biographe n'a pas mené une recherche historique, elle a construit une démonstration avec toutes les faiblesses d'un tel exercice. Ajoutons que Desanka Trbuhovic a rencontré les plus grandes difficultés pour mener à bien ses propres études scientifiques. Comme Mileva. L'identification est donc évidente. À travers son héroïne, la biographe célèbre la femme serbe. Et l'hommage qu'elle prétend rendre à son héroïne vaut aussi pour elle.

*
* *

Milcva Einstein ne fut pas co-inventeur de la relativité, elle ne fut pas non plus une simple potiche auprès de son génial compagnon. Elle l'a aidé en lui prodiguant ses encouragements, en lui apportant un accompagnement tendre et averti. Einstein avait besoin de ce soutien pour conforter sa démarche, mais il sut le trouver ailleurs lorsque Mileva ne fut plus là pour l'assurer. En définitive, la question est sans doute mal posée ; mieux vaut la retourner et se demander

6. *Ibid.*

avec Françoise Balibar: «Einstein n'a-t-il aucune part dans le fait que Mileva ne soit pas devenue une grande physicienne[7] ?»

Question qu'elle accompagne d'une comparaison assassine entre le couple Einstein et le couple Curie. La découverte du radium fut une aventure conjointe dans tous les sens du mot. Pierre Curie a toujours pris soin de mettre en avant son épouse, de favoriser son destin scientifique. Le parallèle est saisissant, mais, précisément, il faut se ressaisir. Rien ne prouve que Mileva Einstein portait en elle le génie de la physique à l'égal de Marie Curie. Constatons simplement qu'elle n'a pas bénéficié du même soutien conjugal. Pourtant, le très jeune Einstein rêvait d'un couple à la Curie, fondé sur une alliance égalitaire et fusionnelle dans son grand projet scientifique. Puis, il a abandonné son rêve du double mixte pour s'en tenir au simple messieurs. C'est fort banal. Cela peut surprendre d'Einstein, et pourtant...

Après s'être accommodé de voir Mileva réduite à son rôle de ménagère, il épouse Elsa qui manifeste la plus grande aversion pour la physique – «ce n'est pas nécessaire à mon bonheur !» – et se contente d'inculquer un minimum de bonnes manières, voire d'hygiène élémentaire, à son rustaud de mari. Einstein reconnaît sans gêne: «Je suis heureux que ma femme n'ait aucune connaissance scientifique; ma première femme, elle, en avait beaucoup !» Comment expliquer que cet anticonformiste de tête et de cœur se soit ainsi conformé au modèle bourgeois qu'il avait si fort condamné dans sa jeunesse ? Le renoncement à ses exigences de jeunesse est à ce point répandu qu'il n'appellerait aucune explication particulière s'il n'était le fait d'Einstein. Le contraste paraît si grand entre l'élévation de sa pensée, la fermeté de son caractère et la banalité de son comportement privé que l'on doit s'efforcer de comprendre.

Peut-être faut-il chercher les raisons de cette banalisation dans la conscience qu'il avait de sa singularité. «L'essentiel dans l'existence d'un homme de ma sorte tient dans ce qu'il pense et dans la manière dont il le pense, non dans ce qu'il fait ou dans ce qu'il éprouve.» La formule est belle mais dangereuse, car elle dispense trop facilement de l'épreuve des faits. Ainsi cette primauté de la

7. Françoise Balibar, *Einstein. La joie de la pensée*, *op. cit.*

pensée revient-elle souvent à tolérer la démission individuelle sous le masque de l'exigence aristocratique.

Einstein n'a-t-il pas fait de sa rigueur intellectuelle un alibi trop commode ? N'a-t-il pas trouvé dans son génie créateur une dispense trop facile pour se soustraire aux servitudes quotidiennes ? Élever son esprit à de telles hauteurs permet d'oublier, en toute bonne conscience, des obligations plus terre à terre. S'agissant des idées scientifiques, il constatait que, bien souvent, les jeunes hommes révolutionnaires deviennent de parfaits bourgeois conservateurs. Sans doute ne voulait-il pas voir que cette loi, pour parler son langage, était invariante lorsqu'on la transposait du champ scientifique à celui de la vie privée.

Ayant rallié le camp des « philistins » qu'il avait si fort dénoncés, Einstein a raté, sur ce point, la construction de son personnage sans que l'on puisse l'exonérer de toute responsabilité, sans pour autant l'accabler d'une indémontrable culpabilité.

Ces années d'épreuves, succédant à l'effort titanesque qui lui a permis de boucler la relativité généralisée, pourraient marquer une pause dans son travail scientifique. Il n'en est rien. Il saute sans reprendre son souffle de la cosmologie aux quanta et des ondes gravitationnelles à la thermodynamique sans compter les ouvrages de vulgarisation. Quinze publications scientifiques entre 1916 et 1918. La science n'est pas une charge supplémentaire, c'est la force qui lui permet de tenir. Le monde est en feu, sa vie privée est lugubre, détestable, il n'a plus de recours que dans la recherche. C'est le moment ou jamais de se mesurer à l'univers.

*
* *

La gravité est à ce point familière que l'on finirait presque par l'oublier. Seuls les astronautes flottant en apesanteur nous donnent une pleine conscience de notre pesante condition. Nous ne faisons pas un geste, nous ne menons pas une action sans nous confronter à la gravitation. Une découverte portant sur un tel sujet devrait avoir un impact considérable. Dans le cas de la relativité générale, il fallut attendre quatre-vingts ans pour voir apparaître la première application. Bien modeste en vérité. Si la théorie n'avait pas prévu la perturbation des fréquences dans un champ de gravité, celles-ci n'auraient pu être corrigées et le système de guidage par satellite, le GPS, n'aurait pu fonctionner correctement. Comment se fait-il qu'une si grande percée théorique ait si peu de conséquences pratiques ? La réponse, nous la connaissons : Newton fait de l'ombre à Einstein. Dans notre monde, la gravité newtonienne marche à la perfection et dispense de se frotter aux tenseurs einsteiniens.

C'est à l'échelle de l'infiniment grand que la nouvelle gravitation se démarque de l'ancienne, qu'elle trouve son champ d'expansion. Einstein, qui s'est donné la clé de l'ordre cosmique, ne peut s'arrêter en si bon chemin. Il se doit d'appliquer sa théorie à l'univers dans son ensemble. Il devient le fondateur de la cosmologie moderne.

En soi l'interrogation sur la nature de l'univers n'est pas une nouveauté. Les pythagoriciens se demandaient déjà s'il est infini ou fini et, dans cette dernière hypothèse, s'interrogeaient sur la nature et sur l'au-delà de ces frontières. Depuis lors, l'humanité n'a guère progressé. L'attraction universelle de Newton ne donne aucune image cosmologique cohérente. L'astronomie, en ce début de XXe siècle, n'est toujours pas en état de mettre l'univers en question. À partir de 1916, tout change. Einstein ne pourrait-il remonter des lois qu'il a posées à l'architecture cosmique ? Il se lance dans une entreprise d'une audace folle : faire naître de ses équations la structure même de l'univers. « Je risque de me faire enfermer dans un asile d'aliénés », confesse-t-il à Ehrenfest en lui annonçant son grand dessein.

Il s'est efforcé de calculer le champ de gravité dans des situations particulières, il lui faut maintenant le décrire dans sa totalité. Pour mener à bien une telle opération, il doit connaître, ne serait-ce qu'approximativement, la répartition des masses qui vont générer ce champ. Qui donc peut prétendre savoir ce qu'il y a dans l'univers ? L'immensité cosmique cache peut-être des vides gigantesques, des astres énormes qui faussent tout. Impossible de se lancer dans une telle entreprise sans faire des hypothèses de départ. En se fondant sur les observations astronomiques, Einstein postule que la répartition de la matière, qui, à l'époque, se résume à celle des étoiles, est à peu près uniforme ; il postule également, ce qui semble vraisemblable, qu'elle est stable dans le temps. L'arpentage cosmique se trouve ainsi bien simplifié.

Mais Einstein ne s'en tient pas à ces hypothèses simplificatrices. Persuadé qu'« un esprit se manifeste au travers des lois de l'univers », il se fait, avant toute recherche, une première idée de ce cosmos métaphysique. Il pose en postulat que l'univers ne saurait être qu'éternellement semblable à lui-même, c'est-à-dire stable et fermé. « Dieu » ne saurait avoir fait un autre monde que celui-là, c'est une question d'esthétique qu'il s'agit de traduire en physique.

Il se trouve confronté à l'interrogation des pythagoriciens : quelles peuvent être les frontières qui assurent cette fermeture ? La relativité généralisée apporte une réponse évidente : elles n'existent pas. L'univers est tout à la fois limité, il ne s'étend pas à l'infini, et illimité, il n'a pas de limites. Retirons une dimension et songeons à la surface de la Terre. Est-elle infinie ? Certainement pas. On peut la mesurer au mètre carré près. A-t-elle une limite ? Certainement pas, on peut la parcourir indéfiniment sans jamais se heurter à une barrière. En géométrie courbe la fermeture se fait sans clôture, par le repli d'une surface ou d'un volume sur lui-même. Or, avec la relativité généralisée, les trajectoires ne sont plus des lignes droites mais des géodésiques comme les lignes de longitude sur la Terre. Ainsi peut-on imaginer qu'un voyageur cosmique qui filerait éternellement droit devant lui se retrouverait à son point de départ sans avoir jamais rencontré cette fascinante frontière.

Armé de ses équations, Einstein entreprend de décrire une sorte d'hypersphère d'espace-temps qui enferme tout ce qui existe, les étoiles et ces « nébuleuses », qui seront, dans les années suivantes, identifiées comme des galaxies. Il fait ses calculs et découvre qu'un tel univers n'est tout simplement pas possible. En bonne logique, toutes ces masses qui s'attirent les unes les autres devraient provoquer un effondrement général. Or les astronomes n'observent rien de tel et, Einstein, pour sa part, ne veut pas plus d'un univers centrifuge en expansion que d'un univers centripète en effondrement, il veut un univers parfait, donc stable. Il se trouve pris en tenaille entre son présupposé d'un monde « éternellement semblable à lui-même et spatialement clos » et la relativité qui « effectivement ne le permet pas ». Et là, il fait le choix crucial, il décide d'adapter sa propre théorie à ses idées. Pour, en quelque sorte « cheviller » ce monde instable, il imagine d'ajouter à ses équations un terme supplémentaire. Il s'agira d'une force répulsive qui contrebalance la gravité et maintient les étoiles à distance les unes des autres, sans se rapprocher et sans s'éloigner. Il n'a fait aucune découverte, ne possède pas la moindre preuve de cette force. Il postule son existence à seule fin d'équilibrer ses équations, de se donner l'univers stable de ses rêves. Il s'agit d'une « constante universelle pour le moment inconnue », qu'il baptise « constante cosmologique » et qu'il symbolise par la lettre grecque : lambda.

Einstein se met à faire de l'anti-Einstein. Il bricole ses équations à coups d'hypothèses *ad hoc* plutôt que chercher le phénomène physique qui permettrait de surmonter cette difficulté. L'avantage de ces rafistolages, c'est qu'ils donnent toujours le bon résultat puisqu'ils ont été calculés pour cela. Tel est donc l'univers « fermé sur lui-même, quant à son étendue spatiale et de volume spatial tridimensionnel fini » qu'il présente en février 1917, au terme, il le reconnaît lui-même, « d'un chemin quelque peu indirect et cahotant ». Événement majeur dans l'histoire des sciences : pour la première fois l'univers se trouve mis en équations. Vraies ou fausses, c'est une autre affaire.

*
* *

Car les critiques ne tardent pas. Dans le mois suivant, l'astronome hollandais Willem de Sitter se lance dans la cosmologie relativiste et parvient à un résultat tout différent. Il dessine le schéma d'un univers courbe mais vide, que la présence de la matière fait entrer en expansion. Cette courbure sans matière, cette instabilité pathologique sont inadmissibles pour Einstein. Mais de Sitter est un grand scientifique et ses calculs sont impeccables. Il lui donne quitus sur le plan mathématique mais décrète que cette solution « ne correspond à aucune possibilité physique ». Les équations ne peuvent l'emporter sur les principes divins. Elles prouvent toutefois que son modèle n'est pas le seul possible.

La démonstration en est définitivement apportée cinq années plus tard lorsque le théoricien russe Alexandre Friedmann lui adresse une note montrant que la relativité offre un bouquet de solutions dynamiques. Ces univers ont toutes sortes de courbures et, loin de rester figés, sont, les uns en expansion, les autres en contraction. Einstein refuse, par principe, ce genre de modèles et publie un article dans lequel il prétend démontrer l'erreur de Friedmann. En fait d'erreur, c'est la sienne qu'il doit confesser dans une note rectificative. Tout à sa volonté de détruire ces univers difformes, il s'est emmêlé dans ses équations et doit reconnaître que « mon objection était fondée sur une erreur de calcul ». Le chercheur russe publie en 1924 une seconde note poursuivant sa démonstration. Ses travaux tombent dans une totale indifférence. Il meurt l'année suivante de la fièvre typhoïde.

Ce dogmatisme d'Einstein est d'autant plus surprenant qu'il se passionne pour toutes les recherches qui ne remettent pas en cause son univers stable et clos. C'est ainsi qu'il reçoit en novembre 1915, dans les semaines qui suivent les premières présentations de sa théorie, le travail d'un jeune astronome allemand mobilisé sur le front russe, Karl Schwarzschild. Celui-ci a trouvé le temps d'appliquer les nouvelles équations à un problème d'apparence très simple : la structure du champ de gravité créé par une masse sphérique. Il montre qu'elles conduisent à un résultat fort étonnant. Lorsqu'on s'approche du centre de la sphère, les variations du champ arrivent à une limite où tout bascule. Qu'on en juge : le temps prend la place de l'espace et inversement, des coefficients partent en dérive vers zéro ou bien vers l'infini. Les lois de la physique semblent brusquement changer, l'espace-temps n'est plus l'espace-temps, la réalité échappe à tout formalisme connu : on bascule dans une singularité. Schwarzschild a découvert le phénomène des trous noirs avec un demi-siècle d'avance. Personne n'en comprend la signification.

Einstein trouve ce travail « très intéressant », et présente la note de Schwarzschild à l'Académie des sciences de Prusse en 1916. Une ouverture d'esprit qui contraste avec la rigidité qu'il manifeste sitôt que l'on touche à la perfection de son univers.

Il en apporte une nouvelle démonstration en 1927 lorsqu'un ingénieur belge reconverti dans l'astronomie, professeur à l'université de Louvain, et prêtre de surcroît, Georges Lemaitre, s'attaque de nouveau au problème. Partant de la relativité généralisée et des modèles d'Einstein et de Sitter, pas ceux de Friedmann qu'il ignore, celui-ci propose un univers en expansion d'une impressionnante cohérence. En développant son modèle, il découvre, sur des bases purement théoriques, que les astres lointains doivent être en récession et que leur vitesse est d'autant plus grande qu'ils sont plus éloignés. Il se risque même à donner la formule de cette accélération. La réaction d'Einstein est aussi négative que lors des précédentes tentatives : « Vos mathématiques sont superbes, lui dit-il, mais votre physique abominable. » Il ne fait aucune publicité à l'article de Lemaître qui passe totalement inaperçu. La physique est emportée dans la grande dispute de la mécanique quantique, et la question cosmologique n'est plus du tout à l'ordre du jour. Ce n'est pas la théorie, mais l'observation qui la fait resurgir dans l'actualité.

Dans ces années vingt, deux questions focalisent l'attention des astronomes : celle du décalage vers le rouge et celle des nébuleuses. D'un côté, ils observent dans la lumière de certains astres un glissement des raies spectrales, qui traduit un effet Doppler, donc un mouvement par rapport à la Terre ; de l'autre, ils s'interrogent sur la nature exacte de ces corps célestes que l'on appelle les nébuleuses. Au cœur du débat, Andromède, une nébuleuse qui semble se déplacer à 300 km/s.

C'est alors qu'entre en service le télescope du mont Wilson à Pasadena en Californie. Il mesure 2,5 mètres de diamètre, un record pour l'époque. L'astronome Edwin Hubble le pointe sur la nébuleuse d'Andromède, en calcule la distance, et conclut qu'elle se trouve en dehors de la Voie lactée. La preuve est faite que l'univers ne se résume pas à notre galaxie, mais qu'il en contient des milliers d'autres. Puis Hubble se lance dans un travail de bénédictin sur ces décalages vers le rouge. Il entreprend de mesurer pour un certain nombre de galaxies leur distance et leur vitesse. En 1929, il publie le résultat sous la forme d'une superbe droite le long de laquelle il aligne sa collection. Le résultat est évident : elles sont toutes en récession et, plus elles sont éloignées, et plus vite elles semblent s'enfuir. Le rapport entre la distance et la vitesse de récession est du même ordre que celui proposé deux ans plus tôt par Lemaître. Hubble est un observateur, pas un théoricien, c'est pourquoi il ne se permet qu'une allusion terminale à l'expansion de l'univers.

La cosmologie abandonnée par Einstein depuis une dizaine d'années se rappelle à son souvenir. L'observation a tranché, il doit s'incliner et replier son univers stable. Revenant d'un voyage aux États-Unis en 1931, il publie un article dans lequel il abjure le modèle de 1917. Il constate, en reprenant les travaux de Friedmann qu'il avait dédaignés, que la relativité généralisée s'accommode d'un univers en expansion, il parle de « dilatation », suivant la loi de Hubble. Cette fuite généralisée des galaxies compense l'effet d'implosion produit par la gravité et rend inutile la constante cosmologique. Il renonce à cette variable *ad hoc*[8] et se rallie à la cosmologie moderne qui se constitue autour du schéma de Lemaître. Précisément en cette même année 1931, ce dernier tire l'ultime conséquence de son modèle : l'univers a commencé par un « atome primitif » rassemblant toute la matière sous forme d'énergie. Tout est parti d'une « gigantesque explosion » qui, vingt ans plus tard, sera baptisée Big Bang.

*
* *

Einstein ne s'est guère expliqué sur la grande frustration qu'il a dû ressentir à la suite de ses mésaventures cosmologiques. Son intuition de départ est juste : l'univers est un système organisé et la relativité généralisée en représente la clé. Mais, voilà, il a choisi la mauvaise serrure. En soi, ce n'est pas grave, l'erreur fait partie de la recherche, même pour les plus grands. Sa façon de se tromper est plus gênante, plus significative. Einstein a trop peu investi dans la cosmologie. Guère plus que l'année 1916, dont on sait combien elle fut éprouvante et agitée. Ce n'est pas ainsi qu'il peut faire surgir ses géniales intuitions. Pour chaque théorie de la relativité, il a médité pendant sept années. Mais il a cueilli l'univers en passant, sans prendre le temps de maîtriser le savoir astronomique et de laisser mûrir sa réflexion. Il a fait preuve d'une témérité intellectuelle proche de la présomption. À force de voir ses constructions théoriques vérifiées au tribunal de l'observation, il n'a pas douté que la

8. Les astronomes ont récemment découvert que l'expansion de l'univers qui, selon le modèle cosmologique standard, devrait se ralentir, serait, au contraire, en accélération. Comme s'il existait une force supplémentaire d'origine inconnue qui s'ajoute à la seule récession née du Big Bang. C'est, en quelque sorte, le retour de la constante cosmologique, imposé par l'observation et non pas par un artifice de calcul, dont les astrophysiciens supputent qu'elle pourrait correspondre à l'énergie du vide cosmique !

nature confirmerait son schéma cosmologique au même titre que la déflexion de la lumière ou l'existence des quanta.

Sa persévérance dans l'erreur est plus étonnante. Il reste figé sur son modèle et rejette de façon systématique, sans un examen critique, toutes les hypothèses différentes. Hors de l'univers stable, point de salut ! Il semble porté par le sentiment le plus étranger à la démarche scientifique : la certitude. Celle-ci est la fille de la foi. La science, elle, est la fille du doute. Or Einstein est assuré que l'Univers correspond à l'idée qu'il s'en est faite. En abordant les modèles différents, il ne s'interroge pas sur leur véracité, il cherche l'erreur.

C'est ainsi qu'il passe à deux doigts d'une découverte majeure. Stimulé par les travaux de De Sitter et de Friedman, il aurait dû associer son nom à l'expansion de l'univers. Un triomphe qui aurait fait de la relativité générale la relativité universelle. Un tel dérapage, succédant à son parcours fulgurant des années 1905-1915, semble incompréhensible. Les raisons scientifiques ne manquent pas. D'une part, Einstein est très influencé par les conceptions d'Ernst Mach. Pour le physicien tchèque, la gravitation est produite par l'ensemble des masses contenues dans l'univers. Un modèle stable et fermé répond parfaitement à cette hypothèse. D'autre part, à partir des années vingt, sa réflexion scientifique est focalisée sur les quanta. Sans doute n'accorde-t-il qu'une attention relâchée aux questions cosmologiques. Il n'empêche, la démarche einsteinienne révèle dans cette affaire une raideur que l'on n'avait guère remarquée dans ses recherches précédentes, mais qui est en passe de devenir le trait dominant de son caractère. Voici donc l'épisode charnière qui donne peut-être une clé du divorce qui s'instaure à partir de 1925 entre Einstein et la communauté des physiciens, cette clé, appelons-là « Dieu ».

Le mot, on le sait, ne fait pas peur à cet athée. Il l'utilise couramment dans sa conversation et dans sa correspondance. Dieu impersonnel, Dieu sans nom et sans visage, divinité cosmique qu'il n'hésite pas à appeler « le Vieux ». Il ne s'agit pas d'une façon de parler, d'une métaphore, car Einstein n'en doute pas : l'ordre cosmique est d'essence transcendantale, c'est la divinité même. Cette métaphysique de la physique ne détermine pas seulement sa philosophie personnelle, elle exerce une profonde influence sur son travail scientifique. C'est elle qui fonde cette démarche si particulière partant des principes, principes qui sont les socles de l'ordre divin, pour élaborer des constructions intellectuelles qui se confrontent à la réalité. C'est elle surtout qui confère à sa pensée cette cohérence grandiose qui déjoue tous les pièges, cette force inflexible qui triomphe du doute. Il connaît la voie, avant de l'explorer. À l'évidence, les convictions scientifico-religieuses ont joué un rôle essentiel dans ses découvertes.

L'ordre qu'il cherche doit répondre à des exigences spécifiques de perfection, de symétrie, d'harmonie, d'unité. Tout ce qui ne correspond pas à ces canons de la beauté cosmique ne peut qu'être faux. Einstein a été conforté dans cette certitude par ses propres errements sur la voie de la relativité généralisée. Un instant le croyant s'est pris à douter. Faute de trouver une gravitation entièrement relativiste, il s'est persuadé que l'ordre cosmique n'était peut-être pas si parfait qu'il imaginait. Erreur totale. C'était lui, Einstein, qui se trompait et non pas ce « Dieu » qui tient l'univers en ses lois. Sa foi s'en est trouvée renforcée.

Il parle volontiers de « religiosité cosmique », terme ambigu et, sans doute, inapproprié. Pour reprendre la lumineuse distinction établi par Régis Debray entre le spirituel et le religieux, le premier concerne : « le sujet et sa vie intérieure [...] l'union de l'âme à Dieu », tandis que le second « est tourné vers le collectif ; extravertit l'intime [...] en renforçant la cohésion du groupe par toutes sortes de pratiques dévotionnelles, où chacun retrouve chacun. Le spirituel s'arrache à l'espace quotidien ; le religieux l'occupe[9] ». En précisant ainsi le sens des mots, il est évident qu'Einstein est tout sauf « religieux » et que sa démarche est profondément spirituelle. Une telle vision du monde et de l'homme transforme le travail scientifique en vocation « religieuse », stimule l'imagination et autorise toutes les audaces. Celle, par exemple, de défier Newton.

Pourtant dans l'interrogation cosmologique, le mécanisme s'est enrayé. Que s'est-il passé ? Einstein défie l'univers comme il a défié la gravitation, avec la seule conviction qu'un ordre rigoureux se cache sous l'apparence des choses, et que l'intelligence humaine peut et doit le découvrir. Dans un cas comme dans l'autre, la motivation ne pouvait qu'être philosophique car, pour les physiciens, ces

9. Régis Debray, *Le Feu sacré, fonctions du religieux*, Paris, Fayard, 2003.

questions n'étaient pas à l'ordre du jour. Cette foi en Dieu se révèle stimulante au moment d'entreprendre une recherche, elle peut aussi devenir dangereuse si le croyant prétend détenir les secrets de la divinité. Face à l'énigme de la gravitation, Einstein a justement pensé que la théorie de Newton ne pouvait correspondre à la perfection divine, mais il se serait fourvoyé en décidant que les champs électromagnétiques et gravitationnels doivent être du même type.

Ce pas de trop, Einstein l'a franchi dans la cosmologie en s'imaginant qu'un seul modèle pouvait répondre à ses exigences métaphysiques. D'autant que son univers stable, fermé, éternel, n'a rien de bien original. C'est une image de la perfection venue de l'ère préscientifique. Pourtant Einstein ne voit pas que cette notion est affaire de convention. L'expansion, qui élimine cette disgracieuse constante cosmologique, n'est pas moins admirable que l'immobilité. Péché de présomption, il préjuge de la vérité au lieu de la chercher. Or il y a plus d'imagination dans l'esprit de l'univers que dans celui de l'homme. À force d'en appeler à un ordre divin, la tentation devient irrésistible de se mettre à la place de Dieu pour définir avant toute découverte ce que l'on va chercher. La mésaventure cosmologique a révélé les limites et les risques de la démarche einsteinienne. Un avertissement pour l'avenir [10].

La relativité généralisée est promue maîtresse de l'univers, mais son règne restera longtemps théorique. Les prodigieuses moissons du cosmos ne viendront qu'après une très longue gestation, trop tard pour que son auteur puisse en connaître les trésors.

*

* *

L'univers entre en expansion et la relativité en récession. La synthèse finale de 1916 n'a été saluée que par une poignée d'initiés.

10. Les discussions sur la structure de l'univers n'ont jamais cessé. Selon les plus récentes théories publiées en 2003, l'univers aurait la forme d'un ballon de football. Il correspondrait à douze pentagones collés sur une sphère. Ce cosmos dodécaédrique serait donc bien fermé mais sans avoir pour autant de frontières. Le modèle mathématique en fut établi sur des bases purement théoriques en 1906 par un certain... Henri Poincaré !

L'époque ne s'y prêtait pas, le sujet non plus. C'est la fameuse confirmation pendant l'éclipse de 1918 qui suscitera l'engouement des chercheurs. Les articles se multiplient au cours des années 1920-1923. Et puis c'est la chute brutale. Les physiciens ne s'intéressent plus qu'à l'infiniment petit et laissent à leurs télescopes des astronomes qui ne veulent pas se mettre à l'algèbre tensorielle. Les « relativistes » ne sont plus qu'un tout petit club, presque une secte. De 1930 à 1960, leur science n'est enseignée nulle part. À Princeton, où Einstein s'établit à partir de 1933, les cours ne commencent qu'en 1952. La relativité généralisée devient la « mal aimée », elle paraît trop théorique, trop mathématique, plus philosophique que scientifique. Péché capital, elle échappe à l'observation. Les astronomes n'en finissent pas de rechercher l'effet Einstein dans les spectres lumineux ; pour les autres phénomènes relativistes, ils relèvent de la spéculation pure en attendant des découvertes qui ne viennent pas. Un physicien a pu parler de « l'oubli bienveillant de la communauté scientifique pendant une cinquantaine d'années ». Le chef-d'œuvre einsteinien est au purgatoire et ce sont les progrès de l'observation qui l'en feront sortir.

Les premiers satellites de télécommunication nécessitaient d'énormes antennes réceptrices. En France, celle de Pleumeur-Bodou installée sous son immense radôme avait permis les premières liaisons télévisées avec l'Amérique *via* le satellite Telstar. Mais les engins spatiaux font des progrès si rapides que, dès 1964, ces « grandes oreilles » ne sont plus nécessaires. Aux États-Unis, les laboratoires Bell envisagent d'utiliser leur antenne spatiale pour des expériences de radioastronomie. Ils la confient à deux jeunes ingénieurs Robert Wilson et Arno Penzias. Ceux-ci découvrent qu'en dépit de tous leurs efforts, ils ne peuvent se débarrasser d'un bruit de fond gênant pour les observations. Quelle que soit la direction vers laquelle ils orientent l'appareil, ils recueillent toujours ce même frémissement. Ils finissent par se convaincre que ce n'est pas l'antenne mais l'univers qui fait ce « bruit de fond ». Étrange découverte, l'émission ne provient pas d'objets célestes mais de l'espace lui-même. Oh ! le rayonnement est des plus faibles, il correspond à celui d'un corps proche du zéro absolu, c'est dire. Il n'empêche, l'espace, en tant que tel, ne peut être la source d'aucune émission radioélectrique. L'explication a été fournie, il y a des années déjà, par les théoriciens du Big Bang. Ils ont calculé que la déflagration originelle a dû emplir tout l'espace d'une radiation dont la fréquence a décru au fil de milliards d'années. Il ne reste qu'un rayonnement fossile, comme un très lointain écho de l'événement premier. Le bruit de fond enregistré par Wilson et Penzias correspond exactement aux prévisions, il confirme l'hypothèse du « big bang », fille légitime de la relativité généralisée.

Dans les années soixante-dix, quatre-vingt, de nouvelles classes d'objets célestes sont découvertes. Les uns très lointains, très petits, rayonnent une énergie prodigieuse, ce sont les quasars, les autres correspondent à des étoiles superdenses tournant comme des toupies, ce sont les pulsars. Dans un cas comme dans l'autre, on atteint des conditions extrêmes favorables à l'observation des effets relativistes. En 1976, dans un système de deux pulsars tournant l'un autour de l'autre, les astronomes mettent en évidence l'existence d'ondes gravitationnelles. Einstein en avait prédit l'existence en 1916 dans une note complémentaire de la synthèse finale. Les premières tentatives pour en détecter la présence sur Terre n'avaient rien donné. Leur existence ne fait plus de doute.

Puis les quasars prouvent l'existence de mirages gravitationnels. Encore un effet de la relativité généralisée. En imaginant des masses infiniment plus importantes que celle du Soleil, la déflexion des rayons lumineux atteint de telles proportions qu'elle peut dédoubler l'image d'un astre. Effectivement, deux quasars très proches se révèlent n'être qu'un seul et même objet. Depuis lors, les astronomes ont observé une configuration baptisée « Croix d'Einstein », dans laquelle un seul quasar nous envoie quatre images.

Enfin les grandes vedettes de ces dernières décennies, les trous noirs, font leur apparition. Encore des enfants de la relativité généralisée et même des plus précoces, puisque Karl Schwarzschild en avait fait la théorie dès 1915. Résumons. Les équations de la relativité généralisée montrent que, dans le champ de gravité d'une masse sphérique, à une certaine distance du centre, baptisée depuis le rayon de Schwarzschild, l'espace-temps semble se dissoudre. *A priori*, il s'agit d'une pure curiosité mathématique. Dans tous les corps connus et imaginables, ce rayon de Schwarzschild est beaucoup plus court que le rayon de l'astre lui-même. Cette limite est perdue à l'intérieur de la masse, c'est une frontière virtuelle sans signification physique.

Nul ne tente d'imaginer ce qui se passerait si la densité de la matière était telle que cette frontière passait à l'extérieur de l'objet céleste en sorte que ce dernier se trouverait plongé tout entier à l'intérieur de cette sphère magique. Pour obtenir un tel résultat, la matière doit atteindre un état de condensation vertigineux que nul à l'époque ne pouvait même concevoir. L'astronomie s'arrête pendant près d'un demi-siècle à mi-chemin des trous noirs, faute de pouvoir imaginer des densités suffisantes pour que la sphère magique ne soit pas emprisonnée dans l'astre mais, au contraire, l'emprisonne.

Dans les années soixante, l'astrophysique retrace le cycle de vie d'une étoile, découvre que celui-ci se termine par un effondrement cataclysmique, que cette implosion donne naissance à des objets superdenses et que cette densité finale augmente avec la masse initiale. Pour des étoiles géantes, gigantesques, l'écrasement gravifique prendrait de telles proportions que la taille de l'objet résiduel, du cadavre stellaire en quelque sorte, rétrécirait au point de franchir la limite de Schwarzschild. Que devient un corps qui bascule à l'intérieur de cette sphère magique ?

À la fin des années soixante-dix, les astrophysiciens s'aperçoivent que l'on peut continuer la physique au-delà de la limite fatidique. De leurs calculs naissent les trous noirs, astres créés par une implosion telle que la densité atteint localement une valeur monstrueuse qui referme l'espace sur lui-même. La lumière se trouve piégée et retombe au lieu de s'échapper. L'objet est devenu totalement invisible de l'extérieur. Le physicien John Wheeler baptise « trous noirs » ces tombeaux stellaires. Mais ces puits de l'espace ne sont refermés que dans un sens. Ils ne laissent rien sortir, mais ils peuvent tout aspirer. Ce champ de gravité monstrueux déforme l'espace tout alentour et attire tout ce qui passe à proximité. En dévalant cette vertigineuse pente gravifique, les molécules s'accélèrent, atteignent des énergies très élevées avant d'effectuer le grand plongeon. Un trou noir, de nature invisible, doit être entouré par une radiation intense qu'émet la matière accélérée par cette force centripète. Les astronomes ont établi une « signature » rayonnante, crachant les rayons X et sont partis à la recherche des trous noirs. La moisson est aujourd'hui abondante. Reste à faire le tri. Certains candidats sont récusés, d'autres viennent aussitôt tenter leur chance. Le plus récent se trouve être au milieu même de notre Voie lactée.

Les trous noirs, enfants de la relativité généralisée, sont devenus des vedettes de l'astronomie. C'est en permanence que les revues scientifiques publient de nouveaux travaux théoriques ou de nouvelles observations. Nul ne doute plus de leur existence. Grand dommage qu'en recevant l'article de Schwarzschild, Einstein ait raté cette superbe expérience de pensée : imaginons une densité telle que la dimension de l'astre devienne inférieure à ce cercle magique, que se passerait-il ? Mais, à l'époque, on ignorait les implosions qui marquent la mort des étoiles, on ne pouvait concevoir les étoiles à neutrons et autres objets superdenses, l'horizon fixé par Schwarzschild semblait infranchissable dans la réalité et, par conséquent, inintéressant pour la théorie.

Quatre-vingts ans après sa découverte, la relativité généralisée s'est imposée comme le principe organisateur du cosmos. L'univers qu'elle nous révèle n'est pas celui qu'Einstein avait imaginé, c'est vrai, mais s'il ne s'était pas lancé dans cette recherche folle, dont nul scientifique à l'époque ne ressentait la nécessité, la science aurait sans doute pris beaucoup de retard sur cette découverte. En ce sens, l'univers moderne est bien l'enfant d'Einstein.

CHAPITRE IX

L'heure de gloire...

1919, Albert Einstein arrive au mitan de sa vie : au grand basculement. En quarante années, il a construit le destin qu'il s'est choisi. La marche du génie en quelque sorte. À la veille du grand rendez-vous, sa vie est à ce point réussie, c'est-à-dire conforme à ses volontés, qu'elle constitue à elle seule une sorte de chef-d'œuvre. Seul et contre tout, il est devenu celui qu'il voulait être. Non pas seulement un physicien, mais le rénovateur de la physique. Ce défi insensé, il l'a relevé en marginal, venu de nulle part, avec son cerveau pour seul laboratoire. Rien ne peut arrêter ce diable d'homme.

Réussite scientifique doublée d'une réussite sociale, qui ne correspond à aucun « plan de carrière », à aucune route balisée, une position taillée sur mesure. S'il ne possède ni la puissance ni la richesse dont il n'a que faire et pas davantage la célébrité qu'il dédaigne, il a conquis la reconnaissance de ses pairs qui le tiennent pour un maître respecté et admiré. Il s'est donné cette souveraine liberté après laquelle il courait depuis tant d'années. Il ne dépend de personne, mène son travail à sa guise et les obligations académiques, auxquelles il se plie de bonne grâce, ne sont guère contraignantes. Il a même gagné une aisance matérielle qu'il apprécie plus qu'il ne le dit. Il a surmonté les obstacles, résisté aux tentations. Einstein il voulait être, Einstein il est devenu.

Ce succès annonce la seconde partie de son existence. Il poursuivra ses recherches à l'abri des soucis quotidiens dans le club aristocratique et discret des grands physiciens internationaux. Il se promènera de congrès en congrès, donnera des conférences d'une université à l'autre, collectionnera les titres de docteur *honoris causa* et ne lèvera la tête de ses équations que pour jouer une sonate de Beethoven ou naviguer seul sur son bateau.

La voie est tracée, il ne la suivra pas. Cette vie préparée et préservée comme un voyage organisé ne sera pas la sienne. L'Histoire rattrape l'insolent qui l'avait défiée et lui impose une existence qu'il n'avait ni prévue ni souhaitée. Il voulait être lui, il découvre qu'il est un autre. Il doit assumer tout ce qu'il a rejeté dans sa première vie : la célébrité, la judéité, la violence, la guerre et le divorce avec la communauté scientifique. Rude épreuve pour celui qui prétendait ne dépendre que de lui-même. Les destins individuels ne sont pas linéaires et l'on connaît des personnages qui, à la suite d'un drame, d'une rencontre, d'une illumination, changent d'histoire. Bien peu vivent une rupture aussi brutale, aussi radicale et, à ce point, irrémédiable.

*
* *

À l'automne 1919, Albert Einstein n'est encore qu'un universitaire allemand de bonne notoriété ; au printemps 1921, New York lui fait un accueil de chef d'État, la presse l'assaille, les photographes le mitraillent, la foule l'acclame. Le savant admiré et respecté s'est transformé en héros populaire, en star mondiale, dirait-on aujourd'hui. Il se faisait applaudir dans quelques congrès scientifiques, le voilà qui, partout dans le monde, déplace les foules. Cette mutation forcée remet en cause le compromis obstinément recherché entre son irréductible marginalité et sa croissante notoriété. Poussée à de telles extrémités, la célébrité ne se contente pas de bousculer les habitudes, elle s'attaque à la personne même. Einstein découvre qu'il a perdu la maîtrise de son existence, qu'il ne s'appartient plus, qu'il ne s'appartiendra jamais plus. Il se retrouve prisonnier d'un mythe qui l'emporte jusqu'à ce rendez-vous fatal de 1939, cette lettre au président Roosevelt.

L'évidence historique vient à nouveau fausser notre jugement. Elle donne aux événements, du seul fait qu'ils ont existé, une nécessité absolue : « Ce qui arrive devait arriver ! » Nous l'avons vu dans la marche à la bombe, il en va de même ici. La célébrité d'Einstein étant un fait avéré, on tend à conclure que l'inventeur de la relativité était condamné à devenir l'homme le plus connu de son temps.

Pourtant, si nous étions dans le roman, l'auteur n'imaginerait pas cette transfiguration du physicien. Beaucoup trop invraisemblable.

Les découvertes de la décennie 1905-1915 devaient faire d'Einstein un géant de la science, à l'égal des Pythagore, Copernic, Galilée et autres Newton, et certainement pas l'un de ces personnages historiques, héros, prophètes, messies qui trônent au Panthéon de l'humanité. Une telle consécration suppose un fait, une révélation qui s'impose à tous. Rien de tel chez Einstein. En tant que Messie, il lui manque un message qui bouleverse la conscience des hommes. Ses travaux sont incompréhensibles pour le commun des mortels. Au lendemain de la Première Guerre mondiale, quelques centaines de physiciens ont entendu parler de la relativité restreinte, quelques dizaines de la relativité généralisée et l'on compte à l'unité ceux qui comprennent ces théories. Qui donc a jamais soulevé les foules avec des équations, quel prophète a pu se faire reconnaître sans se faire comprendre ?

Sa vie même n'a rien qui puisse enflammer les imaginations. Il n'a pas réalisé d'exploits fantastiques, pas construit un empire, pas fait de miracle. Il s'est contenté de penser et de produire des théories. Si encore celles-ci avaient débouché sur des découvertes qui bouleversent la vie des hommes, l'évidence des faits pourrait compenser l'obscurité des idées. Mais non. Quarante années séparent $E = mc^2$ d'Hiroshima. Même abusive, la paternité de la bombe nucléaire n'a rien à voir avec sa mythification. Au lendemain de la Première Guerre mondiale, le travail d'Einstein est purement théorique.

Ainsi l'événement médiatique du XXe siècle est-il le plus improbable qui se puisse imaginer : un mythe populaire qui se crée spontanément, sur des idées incompréhensibles, en dehors de toute propagande organisée. Ce phénomène nous l'expliquerions aujourd'hui par la toute-puissance de la télévision, or Einstein s'est transformé en icône des temps modernes, en star mondiale avec la seule presse écrite comme support médiatique. Une correspondance secrète s'est établie entre le public et lui, laquelle ?

*
* *

Jusqu'en 1914, Einstein n'est qu'un homme de science. Dans sa correspondance, les affaires publiques ne tiennent qu'une place marginale, dans ses déclarations publiques, elles sont inexistantes. À aucun moment, il n'envisage une carrière politique, ou, plus modestement, une implication dans le débat social. À Prague, en 1911, lorsqu'il se trouve confronté à des tensions nationales et racistes, il fait tout pour se tenir à l'écart des conflits.

Cette distance n'est pas celle de l'ignorance ou de l'indifférence. Il a des opinions et des plus tranchées. Mais il les garde pour lui, il semble associer son travail scientifique à un devoir de réserve vis-à-vis de la politique et même de la société en général. Spectateur concerné mais non engagé, insoumis déterminé mais non militant, il n'en fait qu'à sa tête, sans prétendre changer le monde, ni même imposer son jugement. Il publie ses recherches et garde ses pensées. Et s'il vient à les théoriser, c'est à son usage personnel. Au reste ses choix sont affaire de tempérament autant que de raison. Il n'a besoin d'aucune analyse rationnelle pour détester la violence et les militaires, dédaigner la fortune et les conventions sociales, rejeter des croyances réduites au rang de superstitions. Mais il ne serait pas Einstein s'il ne voulait pas donner à l'ensemble une architecture logique, une cohérence intellectuelle. Ici comme en science, il construit à partir de principes, par un enchaînement logique de déductions. L'incohérence n'est pas son fort et, à ses yeux, ce qui irait sans penser va encore mieux en le pensant.

Au commencement est la raison. Logique de l'ordre universel, rationalité de la pensée humaine et, entre les deux, le mariage miraculeux de la science qui unit l'un à l'autre. Cette recherche ne peut qu'être individuelle. Surtout chez le savant qui « devient, du point de vue social, un individualiste forcené ne se fiant, au moins en principe, à rien d'autre qu'à son propre jugement ». Einstein n'a pas dévié de sa route depuis la crise de ses douze ans. Il entend toujours rejeter tous les systèmes : églises, nations, partis, doctrines, qui prétendraient lui dicter sa conduite et ne connaître de pensée que la sienne, forgée par lui, pour son usage particulier. Cette règle, qui lui a beaucoup nui dans sa jeunesse, le protège en son âge adulte.

Cette « spiritualité cosmique » qui fait de son métier un sacerdoce et de sa recherche une métaphysique, c'est tout à la fois son ambition, sa patrie, sa passion, ses racines et son idéal. Une science ainsi sublimée ne peut que rimer avec conscience. La même raison qui nous fait découvrir l'ordre de la nature nous donne aussi les fondements d'une éthique universelle à l'image de la vérité scientifique. Elle structure l'existence et définit une sagesse.

L'universalité de la science ne peut s'accommoder des frontières. Einstein ne voit dans les pays, les tribus, les États et les empires que des survivances et, dans les forces militaires, des horreurs. Apatride par rejet des nationalismes, il devient citoyen du monde par attachement à ces valeurs universelles. « Je ne m'enracine nulle part. J'ai navigué sans cesse à l'aventure, étranger partout », écrit-il.

Hiérarchie des valeurs, suspicion à l'égard du pouvoir, solidarité, tolérance et droits de la personne, les règles morales se fondent sur la nécessité rationnelle. Elles n'en sont que plus exigeantes. Il se retrouve ainsi pacifiste, socialiste mais également « mauvais Juif », c'est-à-dire en rupture avec la religion et la tradition de ses ancêtres.

Si l'on résume le tout, la « pensée Einstein » mêle un individualisme proche de l'anarchisme au mondialisme pacifiste, au rationalisme spiritualiste, au socialisme humaniste. Cette sagesse est à usage personnel, il n'entend jouer sur la scène publique ni les prophètes, ni les prédicateurs, ni même les moralistes. Il est physicien et cela lui suffit.

Une retenue qui ne peut résister au déferlement médiatique. Qu'il le veuille ou non, ses opinions, ses idées se retrouvent sur la place publique et participent à l'élaboration du mythe. Célébrer Einstein, c'est, dans une certaine mesure, adhérer à ses valeurs. À travers la sympathie et les antipathies qu'il inspire, il agit comme un révélateur de son époque. « Ce qui jusque-là était pour lui opinion, préférence ou aversion devient engagement[1]. »

*
* *

Pour lui, la fin du conflit signifie davantage la disparition de Guillaume II et de son régime que la défaite de l'Allemagne. Le 11 novembre 1918, il écrit aux Winteler : « Je craignais l'effondre-

1. Jacques Merleau-Ponty, *Einstein*, *op. cit.*

ment total de l'ordre. Mais, jusqu'à présent, le mouvement s'est déroulé d'une manière vraiment impressionnante [...]. Quelle chance que je puisse vivre cela. Chez nous le militarisme et la bureaucratie sont complètement balayés. » Il s'enflamme pour le pouvoir social-démocrate qui se met en place. Les nouveaux dirigeants, démocrates sincères, socialistes modérés, légalistes scrupuleux, partagent ses idées, sa rigueur, ils lui ressemblent. Trop sans doute. Car cette République de Weimar, trop raisonnable pour ces temps de déraison, vit dans la tourmente de sa naissance à sa mort.

Dès les premiers jours, elle est menacée par une extrême gauche qui veut retourner la dynamique révolutionnaire contre la social-démocratie afin de prendre le pouvoir selon le schéma bolchevique. Le monde universitaire est en ébullition. Einstein ne peut rester à l'écart.

En novembre 1918, tandis que se négocie l'armistice, des étudiants révoltés occupent le Reichstag. Dans l'atmosphère surchauffée d'un forum permanent, ils décident de séquestrer le recteur de l'université et d'imposer un ordre révolutionnaire. Les autorités sont prises de court. Elles appellent Einstein à la rescousse. Il est connu pour ses opinions de gauche, socialistes et pacifistes, certains le qualifient même de « rouge ». Lui seul, pense-t-on, peut se faire entendre de cette jeunesse exaltée. Einstein tire du lit son ami Max Born et tous deux acceptent d'aller jouer les médiateurs dans la fournaise du Reichstag. Ils se fraient un passage dans la foule surexcitée et se retrouvent face aux jeunes gens, brassards et cocardes rouges, qui contrôlent l'accès du bâtiment. Impossible de franchir le barrage. Einstein se fait connaître. Les étudiants le conduisent dans la salle des conférences où siège leur conseil.

Il se présente devant un aréopage fiévreux, emporté par la surenchère radicale, qui prépare le nouveau règlement « révolutionnaire » de l'université. L'ordre rouge prétend succéder à l'ordre prussien. Dans cette ambiance survoltée, Einstein, fort de sa légitimité, impose la voix de la raison. Il fait allégeance aux Comités de soldats et d'ouvriers, mais défend les libertés universitaires. Il met en garde son auditoire contre les dérives gauchistes et la dictature du prolétariat et apporte un soutien sans réserve au pouvoir social-démocrate qui se met en place. Les étudiants se laissent convaincre et acceptent d'ouvrir les négociations avec le gouvernement. Einstein et Born doivent maintenant obtenir l'accord de l'autre partie. Ils se rendent auprès du président Friedrich Ebert afin qu'il valide l'accord. Mais celui-ci a d'autres soucis en tête : il est en train de négocier les conditions de l'armistice. Impossible de voir le président. Une fois de plus, le nom d'Einstein fait sauter le barrage. Ebert signe entre deux portes l'accord qui permet la libération du recteur.

Au terme de cette journée mouvementée, Einstein éprouve le sentiment exaltant d'avoir été un acteur de l'histoire. Il jubile : « Les jeunes qui ont vécu tout cela ne deviendront pas des petits bourgeois de si tôt. » Son adhésion à la République de Weimar est sans réserve. Du coup, il renonce aux projets qu'il caressait depuis quelques mois de retourner en Suisse enseigner au *Polytechnicum*. Il décide de rester à Berlin, « le lieu auquel je suis le plus attaché par mes relations humaines et scientifiques ».

Einstein se trouve entraîné dans une spirale d'engagement. Le plus souvent, il se contente de répondre, voire de céder, à une sollicitation des hommes ou des événements. Dans un seul domaine, il prend les devants et milite sans retenue, c'est le pacifisme et son corollaire, le mondialisme. Tout au long de sa vie, on le retrouve dans les meetings, dans les mouvements du pacifisme. Avant même d'être touché par la grâce médiatique, il se fait un devoir de mettre sa notoriété au service de cette cause.

En ces lendemains d'armistice, des intellectuels veulent former une commission destinée à juger les crimes de guerre commis par l'Allemagne. Einstein adhère au projet et invite son maître respecté, Hendrik Lorentz, à les rejoindre. Il rêve déjà d'une autorité supranationale qui rendrait cette justice avec une compétence universelle pour sanctionner tous les crimes de tous les pays. Une Allemagne nouvelle est en train de naître, en rupture avec son passé militariste. C'est l'événement, l'avènement tant attendu.

Dans l'exaltation de ces folles journées, il a tourné la page de l'Allemagne prussienne et belliciste, il a, surtout, effacé la guerre. Mais il est bien le seul. L'effroyable conflit a laissé entre les nations et à l'intérieur même du pays des blessures qui risquent à tout moment de s'infecter. Pour Einstein, il faut au plus vite redonner à l'Allemagne sa place dans le concert des nations. À cette seule condition, la République de Weimar pourra s'imposer et conjurer les démons germaniques. Il ne songe qu'à la paix, à l'intérieur comme à l'extérieur.

Les puissances de l'Entente ont proclamé un embargo de dix ans sur la science allemande. Plus de contacts personnels, plus de publications, plus d'invitations, plus d'échanges. La mesure est absurde. La physique française va se couper de la mécanique quantique qui naît en Allemagne à partir de 1925. Einstein, en raison de sa nationalité suisse et de ses positions pacifistes, échappe à cette quarantaine, il reçoit encore des invitations qui irritent certains collègues germaniques. En 1923, il est invité au congrès Solvay. La réunion lui tient à cœur, mais il refuse d'y participer dès lors que les scientifiques allemands en sont exclus. Il n'admet pas cet ostracisme.

Lorsque les conditions de la paix sont connues, notamment les extravagantes réparations imposées par la France, il dénonce le caractère insupportable du traité pour le vaincu. Il perçoit l'irréalisme de ces clauses qui « dorent la pilule » à l'opinion française. Il vit, déjà, dans la hantise « que ne se répande l'odieuse idée de revanche ».

Un an après l'armistice, Einstein n'est plus le physicien perdu dans ses recherches, il a fait ses premiers pas dans la vie publique. Cette éducation politique est l'occasion d'affirmer un humanisme de gauche raisonnable à l'opposé des passions partisanes qui se déchaînent. Il se situe au-dessus de la mêlée, en dehors des camps en lutte, dans un avenir réconcilié. Il devient un homme de paix et de sagesse, dans ces temps d'affrontement et de haine. Mais le citoyen du monde n'est encore qu'un simple particulier, un particulier qui a rendez-vous avec l'Histoire.

*
* *

L'article de 1911, dans lequel Einstein invite les astronomes à mesurer la déviation des rayons lumineux lors des éclipses de Soleil, n'a guère passionné que le jeune assistant à l'observatoire royal de Prusse, Erwin Freundlich. Celui-ci alerte des astronomes américains qui vont aller observer l'éclipse de 1912. Ne pourraient-ils ajouter cette expérience à leur programme ? La ligne d'ombre traverse le Brésil, les équipes sont en place. Pourra-t-on prendre l'effet Einstein en photo ? La pluie et les nuages en décident autrement, le rendez-vous est manqué.

Freundlich reporte ses espoirs sur l'éclipse suivante prévue le 21 août 1914 et visible de Russie. Cette fois, il entend être de l'expédition. Mais il éprouve les plus grandes difficultés à rassembler les fonds nécessaires. Un moment, Einstein envisage même d'apporter son écot pour boucler le budget. En définitive, le jeune astronome s'associe aux Américains qui disposent du meilleur matériel et part pour la Crimée à l'été 1914. Il est prêt à réaliser l'observation décisive lorsque éclate la Première Guerre mondiale. Soldat réserviste allemand en pays ennemi, il se retrouve prisonnier de guerre et interné. Les Russes finissent par le renvoyer en Allemagne, quant aux Américains, ils ont, une fois de plus, observé un Soleil dissimulé par les nuages et la pluie. Le tribunal de l'expérience n'est décidément pas pressé de vérifier la déflexion de la lumière. Einstein se désole de cette météo défavorable qui vient pourtant de lui sauver la mise à deux reprises.

En effet, il s'est trompé dans ses premiers calculs en donnant une déviation de 0,86'' d'arc et n'obtient le bon résultat de 1'75'' qu'en novembre 1915. Que se serait-il passé si le Soleil avait été de la fête en 1912 ou 1914 ? Première éventualité, les astronomes se trompent dans leurs observations et donnent une valeur compatible avec la nouvelle théorie. Ce résultat n'aurait pas permis de départager la gravitation newtonienne de la gravitation einsteinienne. En effet, Newton voyait dans la lumière un nuage de corpuscules, c'est-à-dire d'objets infiniment petits. Qui dit « objets » dit « attraction ». L'astronome Johann von Soldner avait donc prédit, un siècle avant Einstein, que la lumière devait être sensible à la gravitation. Il avait même calculé la déviation que subirait un rayon lumineux frôlant le Soleil. Il avait trouvé 84'' d'arc, la valeur même à laquelle est parvenu Einstein. Au XXe siècle, les travaux de Soldner sont oubliés puisque la théorie ondulatoire l'a définitivement emporté et qu'une onde ne saurait être défléchie par un champ de gravité. Einstein, qui n'a jamais entendu parler de cette hypothèse, pense qu'une telle déviation prouverait le bien-fondé de son hypothèse. Si l'observation avait donné le résultat escompté, des astronomes n'auraient pas manqué de ressortir les calculs de Soldner. La relativité généralisée aurait fait match nul avec la gravitation newtonienne.

Seconde éventualité, la pire, les astronomes réussissent des clichés parfaits et mesurent, en conséquence, un effet deux fois supérieur à celui annoncé. Einstein, au prix d'un furieux corps à corps avec ses maudits tenseurs, finit par trouver la bonne valeur. Combien d'années, de démonstrations et de justifications auraient été nécessaires pour faire admettre qu'il n'avait pas manipulé les équations à seule fin d'arriver au bon résultat ? Grâce au ciel... pluvieux, cette épreuve lui fut épargnée.

L'éclipse suivante se produit en 1918 et peut être vue des États-Unis. Les astronomes américains présents sur place tentent de prendre deux photos entre deux nuages. Des documents guère exploitables. Ils vont pourtant être utilisés par l'astronome américain Herber D. Curtis pour affirmer au printemps 1919 que l'effet Einstein n'a pu être observé, qu'il n'existe pas. Une condamnation qui traduit un fort préjugé hostile aux idées d'Einstein. « En fait, c'est la théorie elle-même, tout particulièrement son appareil mathématique, que ces astronomes ne peuvent accepter », estime Jean Eisenstaedt[2]. Il est vrai que la relativité généralisée, en obligeant les astronomes à se recycler dans les mathématiques nouvelles, leur complique la tâche et n'est guère populaire dans les observatoires. Sa réfutation serait donc reçue comme une très bonne nouvelle.

Einstein compte tout de même deux chauds partisans parmi les astronomes, deux hommes qui se sont pris au jeu de l'éclipse : Erwin Freundlich et Arthur Eddington. Une même passion qui a fait du premier un prisonnier mais qui évite au second de le devenir. En effet, Sir Arthur Eddington est un quaker intransigeant. Il refuse de porter l'uniforme, ce qui, en pleine guerre, entraîne l'internement dans un camp pour réfractaires. L'astronome royal emprisonné pour insoumission, *shame* ! Le seul moyen d'éviter le scandale serait d'obtenir un sursis d'incorporation mais, pour y parvenir, il faudrait confier à l'intraitable quaker une mission de la plus haute importance dont il serait seul à pouvoir s'acquitter. Voilà précisément ce qu'Eddington, qui s'intéresse aux idées d'Einstein depuis 1911, propose avec l'observation de l'éclipse.

Eddington n'est pas seulement un observateur mais aussi un théoricien et un mathématicien. Avant la guerre, il s'est intéressé aux recherches d'Einstein et l'ouverture des hostilités n'a pas interrompu les échanges au sein de la communauté scientifique. En 1916,

2. Jean Eisenstaedt, *Einstein et la Relativité générale*, *op. cit.*

Eddington découvre la version définitive de la relativité généralisée par l'intermédiaire de l'astronome hollandais Willem de Sitter. Il s'enthousiasme pour cette nouvelle théorie qu'il est un des rares à comprendre. C'est alors qu'il propose à la Société royale d'astronomie de Londres une vérification de l'effet Einstein pendant l'éclipse solaire du 29 mai 1919. Les conditions, souligne-t-il, seront particulièrement favorables. D'une part, la ligne d'éclipse traverse les latitudes basses de l'Afrique à l'Amérique du Sud et permet d'espérer de bonnes conditions météorologiques. D'autre part, le disque solaire se détachera sur un champ d'étoiles très lumineuses, les Hyades, qui facilitera l'observation. Affaire conclue, il préparera d'hypothétiques expéditions au lieu de se morfondre dans un camp.

Eddington met d'autant plus de conviction à défendre son projet qu'il ne lui donne pas seulement une valeur scientifique. Son âme de quaker ajoute une dimension pacifiste et même religieuse. Il va renforcer l'amitié des peuples en donnant une vérification britannique à une idée allemande et cette découverte ne peut que glorifier le Seigneur. L'intention est admirable, mais sans doute pas à l'ordre du jour en 1917, l'année terrible de la Grande Guerre. Eddington n'en poursuit pas moins son entreprise avec cette hauteur aristocratique, ce mépris de l'urgence, qui peut conduire le flegme britannique aux limites du surréalisme.

Eddington envisage deux expéditions : la première se rendra à Sobral dans le nord du Brésil, la seconde, qu'il conduira en personne, sur l'île de Prince dans le golfe de Guinée. Pour peu que la paix soit revenue d'ici là. Condition remplie en 1918, les astronomes se mettent au travail. Les équipes partent au mois de mars 1919, avec, pour seule mission, de vérifier la déviation des rayons lumineux. Elles seront de retour six mois plus tard.

Le 29 mai, à Prince, Eddington essuie un bel orage et découvre, accablé, le ciel gris qu'il redoutait. Au moment fatidique, le Soleil noir est encore pris dans les nuages. Or l'équipe ne dispose que de trois cent deux secondes pour fixer sur la plaque les étoiles incertaines que l'on devine derrière la couronne solaire. Une procédure a été prévue pour assurer l'immobilité absolue du télescope. L'expérience a été répétée jusque dans ses moindres gestes. Un premier assistant change les plaques photographiques, tandis que le second vérifie les temps de pause et déclenche l'obturateur. « Une scène magique d'ombres chinoises », dira Eddington. Seize photographies sont prises. Les premières ne seront sans doute pas utilisables, mais les nuages ont fini par se dissiper et les dernières devraient faire apparaître les étoiles.

Sitôt les clichés développés, les astronomes écarquillent les yeux. Les Hyades sont bien présentes sur les dernières plaques. Ils se précipitent sur les clichés témoins qui les montrent en dehors du champ solaire. À première vue, elles semblent décalées, mais il est impossible de conclure.

À Sobral, les conditions météorologiques sont excellentes, mais les appareils ont, semble-t-il, moins bien fonctionné. Qu'importe, là aussi on a fait une bonne moisson d'étoiles. L'étude des résultats est prise en charge par l'observatoire de Greenwich. Un travail minutieux, fastidieux même, pour recalibrer les photos, éliminer les phénomènes parasites, calculer les marges d'erreur. Le compte fait et refait, les astronomes arrivent à des résultats en bonne conformité avec l'effet Einstein. La déviation observée est de 1'61'' d'un côté, de 1'98'' de l'autre pour une valeur prévue de 1'75''.

En septembre 1919, Lorentz est informé de ce résultat par Eddington et s'empresse d'avertir Einstein. Celui-ci donne lecture du télégramme à ses étudiants. L'amphithéâtre lui fait une première ovation. Sitôt rentré, il adresse une carte postale à sa mère pour lui annoncer « la bonne nouvelle ». Pauline n'a plus que quelques mois à vivre, mais elle ne mourra pas, comme Hermann, sans savoir que son fils est un génie.

Le jour de gloire est fixé au 6 novembre 1919. La Société royale d'astronomie de Londres entend donner à l'événement le plus grand retentissement. Elle a alerté la presse et réuni les plus célèbres astronomes britanniques. Mais il manque le principal intéressé. En ce premier anniversaire de la paix, il cst inconcevable qu'un savant, fût-il suisse, fût-il Einstein, fasse le voyage de Berlin à Londres.

La séance, ou plutôt la cérémonie, se déroule dans le décor victorien de l'auguste Société, elle est empreinte de solennité et chargée d'émotion. En arrière-plan, le portrait de Sir Isaac Newton semble bénir l'assemblée depuis l'empyrée de l'astronomie. « L'atmosphère fut exactement celle d'un drame grec, relate l'un des témoins, le philosophe Alfred Whitehead, nous formions le chœur qui commente les décrets du destin, tels qu'ils sont révélés par le cours de l'événement suprême. Il y avait une valeur de drame dans le très scénique, très traditionnel cérémonial [...]. Les lois de la physique sont les décrets du destin. » Les conclusions sont proclamées, plus qu'annoncées par l'astronome royal Frank Dyson. Les longues semaines d'incertitude pendant lesquelles les experts ont décortiqué les résultats sont balayées, ne reste que le verdict. « Après une étude soigneuse des plaques, je suis prêt à déclarer qu'il n'y a aucun doute, qu'elles confirment les prédictions d'Einstein [...]. La lumière est défléchie en accord avec la loi de gravitation d'Einstein[3] », décrète Dyson.

*
* *

À la suite de cette annonce, Einstein devient l'homme le plus connu du XXe siècle. Comment expliquer qu'une telle cause produise un tel effet ? Certes la théorie est belle et la confirmation superbe. Ici le génie solitaire accumulant ses calculs incompréhensibles, là les explorateurs revenant de lointaines expéditions avec leur message de succès, entre les deux, l'humanité dérobant au ciel ses secrets. Le 6 novembre 1919 devait faire date dans l'histoire des sciences. Dans l'histoire tout court, c'est moins sûr. La vérification d'une hypothèse entre dans la logique du progrès scientifique et de telles confirmations ont bien souvent révélé un aspect entièrement nouveau de la réalité, un continent inconnu de la nature.

Prenons deux exemples. Sur des bases toutes théoriques, Paul Dirac annonce, en 1931, l'existence de l'antimatière qui est découverte un an après et Murray Gell-Mann, en 1974, celle des quarks admise par tous les physiciens dans les années suivantes. Dans un cas comme dans l'autre, il s'agit de véritables révolutions conceptuelles. Imaginons l'audace d'un Dirac décrétant, sur la foi d'une équation, que la matière se double d'une sœur siamoise antagoniste dont nul n'a jamais vu la moindre trace, dont aucune expérience ne

3. Des mesures de cette déviation ont été faites à partir des signaux envoyés par les sondes spatiales. Les premières en 1979 avec les Vikings, les dernières en 2003 avec la sonde Cassini. Elles ont pleinement confirmé les prévisions d'Einstein.

postule la nécessité. Vous avez dit « antimatière » ? Une pure spéculation de science-fiction. Pourtant l'apparition des antiparticules ne fait pas de Dirac un prophète des temps modernes. Et que dire des quarks ? La physique ne doutait pas qu'elle tenait avec le proton la particule élémentaire, la fameuse brique insécable de toute matière. De même était-elle assurée que la charge électrique était unique, qu'elle constituait le quantum indivisible de l'énergie électrique. Une charge que l'on retrouvait partout la même : négative pour l'électron, positive pour le proton. Or Gell-Mann imagine un proton composé de sous-particules, des quarks, possédant des charges électriques fractionnelles. Un tiers ou deux tiers. Une hérésie physique qui vaut largement celle des quanta de lumière ou de l'espace courbe, une révolution aussi puisque les savants, qui croyaient avoir atteint le bout de la matière, voient s'ouvrir le mur sur lequel ils butaient et découvrent un monde ignoré qu'il leur faut explorer. Gell-Mann a reculé les frontières du réel. Hypothèses révolutionnaires et confirmations expérimentales valent à Dirac comme à Gell-Mann un prix Nobel, mais n'en font pas des « vedettes ».

Certes, l'annonce de 1919 est propre à frapper les imaginations. Tout d'abord elle concerne l'astronomie, discipline beaucoup plus fascinante que la physique. L'homme n'a jamais fondé ses croyances sur une image de la matière ou développé une interrogation métaphysique sur la nature de l'atome. Son esprit place le sacré dans l'infiniment grand, pas dans l'infiniment petit.

Cela posé, l'expérience de 1919 est bien peu de chose en comparaison de l'héliocentrisme ou du Big Bang. Elle ne bouleverse pas la représentation ordinaire de l'univers. Le choc culturel est davantage provoqué par la remise en cause des repères absolus d'espace et de temps. Lancée sans autre explication, cette conséquence de la relativité crée un sentiment désagréable d'aliénation. Pour Jean-Marc Lévy-Leblond : « Ce n'est pas le contenu scientifique des théories einsteiniennes qui a bouleversé l'opinion, mais la prise de conscience que les scientifiques mettaient la main sur ce tissu familier de l'expérience humaine, l'espace et le temps, pour les distordre sans égard[4]. »

4. Jean-Marc Lévy-Leblond, « L'idée de relativité », *Sciences et Avenir*, hors-série, décembre 1999-janvier 2000.

Ajoutons cette perte des repères à la déflexion de la lumière, cela ne provoque toujours pas une révolution culturelle.

Si la découverte astronomique ne peut à elle seule expliquer une telle onde de choc, c'est qu'elle n'a sans doute joué qu'un rôle de détonateur. Elle allume la mèche et c'est un mot qui explose : relativité. Le terme, on le sait, est malheureux puisqu'il signifie une chose et son contraire, selon qu'il est utilisé dans le langage scientifique ou dans le parler courant. Or le 6 novembre 1919, il se trouve projeté du petit monde de la physique au monde immense de la presse internationale. Le piège est diabolique. Lorsque la science forge un mot nouveau : laser, pulsar, quark, le public l'ignore ou bien en apprend la signification. Mais, lorsqu'elle utilise un mot courant pour dire une chose très compliquée, que se passe-t-il ? L'acception scientifique est balayée au profit de l'acception courante. Par cette dénomination, la relativité crée un quiproquo, qui dégénère en mystification et culmine en mythification. Le mot se répand tout d'abord dans son sens le plus banal : « ça dépend », « si l'on veut », « dans une certaine mesure ». Désormais, « relatif » et « relativité » sont des expressions-rengaines reprises dans les articles et les conversations ponctuées par « comme dit Einstein ». Des mots qui répandent partout le « virus Einstein ».

Deux universitaires américains, Alan J. Friedman et Carol C. Donley, ont longuement étudié l'ébranlement culturel provoqué par la relativité, ils en ont retrouvé les échos dans les secteurs les plus divers, mais ont surtout mis le doigt sur le contresens fondateur du mythe : « Einstein est un inspirateur pour certains qui interprètent son travail avec grâce et subtilité, mais aussi pour tous ceux qui, à l'opposé, voient dans le "tout est relatif" une caution pour proclamer la relativité de toute vérité, de toute morale, ce qu'Einstein lui-même réprouvait. À l'exception de son nom, la théorie de la relativité reste un monument érigé à la foi dans l'ultime certitude de la connaissance[5]. »

Voilà qu'une théorie scientifique ardue qui reconstruit la physique sur la recherche d'invariants se trouve présentée et entendue comme une philosophie à prétention scientifique qui entend contester tous

5. Alan J. Friedman and Carol C. Donley, *Einstein as Myth and Muse*, Cambridge, Cambridge University Press, 1985.

les principes, toutes les certitudes sur lesquelles se construisent les sociétés et les civilisations. « Ne croyons plus à rien. Tout est relatif, Einstein l'a dit. » « La doxa – ou l'opinion commune – veut ainsi que les conceptions einsteiniennes puissent être utilisées au moins comme exemple, au mieux comme argument, à l'appui de toute critique du caractère absolu d'idées et de valeurs, qu'elles relèvent de l'esthétique, de la théologie ou de la politique[6] », explique Jean-Marc Lévy-Leblond.

Ce passage en contrebande de la physique à la philosophie et de la quête de l'absolu à l'acceptation du n'importe quoi se fait avec une facilité déconcertante. D'une part, ce terme est vide de sens puisque sa signification scientifique est inaccessible au grand public, d'autre part, le bernard-l'hermite qui se glisse dans cette coquille correspond à l'air du temps. Au sortir de cette abominable boucherie, le monde cherche de nouveaux repères. Les valeurs fondatrices du patriotisme, de la morale, de la religion se trouvent ébranlées par l'horreur et l'absurdité du conflit. Le marxisme avait remis en cause le capitalisme, voici que la révolution bolchevique lance aux sociétés occidentales le défi d'une alternative totalitaire. Les références culturelles volent en éclats depuis le début du siècle, en peinture avec Picasso et les cubistes, en littérature avec Dada puis les surréalistes, en psychologie avec Freud et l'école psychanalytique. Dans tous les domaines, la création passe par la transgression, le sacrilège, la provocation, la révolution. Le vieux monde doit s'écrouler pour accoucher du nouveau. L'absolu, l'indiscutable, les invariants deviennent autant d'obstacles à la libération des esprits. Une perspective qui enthousiasme les progressistes, qui fait basculer les conservateurs dans une réaction hargneuse.

C'est alors que la science, détentrice de la vérité suprême, semble bénir au nom de la relativité cette remise en cause universelle. Les milieux intellectuels, artistiques, avant-gardistes se jugent confortés par la nouvelle théorie, ou, plutôt, le nouveau mot, et viennent se placer sous le patronage d'Einstein. Au nom d'une relativité qui n'a rien à voir avec sa théorie, il devient le prophète des temps nouveaux.

S'opposer à la relativité ne signifie plus contester une théorie de la gravitation ou bien la suppression de l'éther, mais refuser une

6. Jean-Marc Lévy-Leblond, « L'idée de la relativité », art. cit.

remise en cause généralisée de la société. C'est le parti de l'ordre contre le parti du mouvement, les conservateurs contre les progressistes, un débat qui concerne tout le monde.

Einstein est d'autant plus étonné, stupéfait, qu'il se méfie du mot « relativité » et ne l'a pas utilisé dans son texte fondateur de 1905. Pour sa part, il aurait préféré parler d'une « théorie des invariants » ou d'une « théorie du point de vue », appellations nettement moins médiatiques. C'est Max Planck qui, dans son premier article de 1906, parle d'une « théorie de la relativité ». Einstein se rallie à la formule et, lorsqu'en 1921 il mesure l'étendue des dégâts, il est trop tard pour faire machine arrière. « J'admets, écrit-il, que le mot est malheureux et a donné lieu à des malentendus philosophiques, [...] mais je crois qu'après tout ce temps, le changement d'un nom généralement accepté provoquerait la confusion. »

Il n'a de cesse de lutter contre ces dérives en rectifiant le tir chaque fois qu'il le peut. Il précise à l'archevêque de Canterbury qui s'inquiète des répercussions sur la religion : « La relativité est une théorie purement scientifique et n'a rien à voir avec la religion. » Il répond à l'auteur d'un essai *Le Cubisme et la Théorie de la relativité* : « Ce nouveau langage artistique n'a rien de commun avec la théorie de la relativité. »

Mais le mouvement est lancé et se développe, irrésistible, dans les décennies suivantes. Les écrivains, de Robert Frost à Thomas Mann, en passant par T.S. Eliot, Ezra Pound, Virginia Woolf ou William Faulkner veulent placer leur œuvre sous le signe de la relativité. Lawrence Durrell lance son *Quatuor d'Alexandrie* en annonçant qu'il « s'appuie sur le principe de la relativité » et fait dire à l'un de ses personnages que : « la théorie de la relativité était directement responsable de la peinture abstraite, de la musique atonale et de l'absence de formes en littérature ». Et penser que le mélomane Einstein n'a jamais aimé que la musique classique et romantique ! Quant à Jean-Paul Sartre, il n'hésite pas à prétendre que « la théorie de la relativité s'applique intégralement à l'univers romanesque [7] ».

Une fois lancée dans le public, la relativité fait l'objet de toutes les récupérations, elle prend des connotations philosophiques, idéo-

7. Gérald Holton, *Science en gloire, Science en procès. Entre Einstein et aujourd'hui*, Paris, Gallimard, « Bibliothèque des sciences humaines », 1998.

logiques, artistiques ou morales. Les uns la brandissent comme un étendard, les autres la dénoncent comme une imposture. Einstein doit assumer la paternité de cet enfant turbulent qui n'est pas le sien et qu'il ne peut désavouer. Sa popularité, totalement incompréhensible si l'on pense à ses théories hermétiques, s'explique beaucoup mieux en admettant que l'intérêt du grand public ne s'est pas porté sur la théorie de la relativité, mais sur une idéologie progressiste qui n'a de commun avec elle que le nom.

Dans l'apothéose d'Einstein, la science n'est guère plus que le grain de sable au cœur de la perle, c'est le contexte qui dépose la nacre. La théorie physique devenue construction idéologique provoque des réactions qui traduisent l'état du monde à un moment donné. Ainsi l'archétype du théoricien tombe-t-il dans une incroyable « niche médiatique ». Les ingrédients sont multiples : autorité de la science, rupture avec le sens commun, mais également, les égarements d'une opinion mondiale qui tantôt se réfugie dans le passé et tantôt se précipite dans l'avenir, qui cherche un espoir moderne entre les promesses du progrès et la montée de la barbarie. Comme l'homme-sandwich affichant un message que lui seul ne peut pas lire, Einstein devient le prophète des progressistes et la tête de turc des réactionnaires qui, chacun à sa manière, contribuent à sa « canonisation ».

*

* *

La presse est prise de court par l'annonce de la Société royale. Les journalistes qui doivent couvrir l'événement n'y connaissent rien. Ils n'ont jamais entendu parler de lumière défléchie, d'espace courbé et d'univers fermé et pas davantage de matière-énergie ou de dilatation du temps. À cette ignorance du sujet, s'ajoutent des préjugés nationalistes qui colorent fortement les réactions dans les différents pays.

La presse britannique célèbre la découverte de ses astronomes. Pour la théorie, elle l'attribue à Einstein et oublie l'Allemagne. C'est bien le moins. Journal de référence, le *Times* rend compte de l'événement dès le 7 novembre en saluant une « révolution scientifique ». Il y revient le lendemain en la personnalisant : « Einstein contre

Newton. » La rédaction demande au physicien de rédiger un article pour présenter sa théorie. Einstein pense favoriser le rapprochement entre les deux pays en acceptant. Son texte, qui fait l'éloge des astronomes britanniques, est publié le 23 novembre avec un post-scriptum ironique. L'auteur souligne « une autre application du principe de relativité ». « On me décrit aujourd'hui en Allemagne comme un “savant allemand” et en Angleterre comme “un Juif suisse”. Si le destin venait à faire de moi une “bête noire”, je deviendrais, au contraire, un “Juif suisse” pour les Allemands et un “savant allemand” pour les Anglais. » De fait, les différents points de vue, chers à la relativité, s'inverseront rapidement et ne seront pas équivalents.

La presse allemande qui ressasse depuis un an la rancœur et l'humiliation de la défaite n'est que trop heureuse de célébrer cette victoire du génie germanique et se plaît à souligner que les Britanniques n'ont fait qu'observer et confirmer la théorie. Elle oublie en un premier temps le « Juif suisse », pour ne retenir que le « savant allemand » et présente Einstein comme l'égal de Copernic et de Newton. La presse française, elle, est rendue muette par une grève et, en tout état de cause, ne s'intéresse guère à l'actualité scientifique. L'information met près d'un mois à traverser la Manche. L'accueil est tout sauf triomphal.

L'Amérique est peu sensible à ces considérations nationalistes, elle réagit à la découverte scientifique. Le *New York Times* a envoyé un journaliste sportif qui, après avoir joint Eddington, titre « La lumière du ciel est tordue. Triomphe de la théorie d'Einstein ». Mais le dénigrement commence dès le lendemain. L'éditorialiste brocarde les astronomes britanniques qui auraient considéré de simples illusions d'optique comme des preuves scientifiques. Dans les semaines suivantes, les attaques se multiplient. La presse s'adresse aux observatoires où l'on n'est guère favorable à la relativité généralisée. « L'annonce de la vérification des prédictions d'Einstein ira jusqu'à engendrer une véritable panique parmi les physiciens qui craignent de devoir étudier la théorie des tenseurs [8]. » Un astronome de l'université de Columbia affirme qu'Einstein fait partie de ces gens « à l'esprit dérangé par la guerre et la révolution bolchevique », un collègue de Chicago le dénonce comme « confusionniste ». Ce sont

8. Jean Eisenstaedt, *Einstein et la Relativité générale*, *op. cit.*

bientôt des ingénieurs, des philosophes, des médecins, qui prennent le relais et vilipendent les idées nouvelles. La courbure de l'espace, la déflexion de la lumière, la fermeture de l'univers sont dénoncées comme autant d'absurdités. Toutes ces attaques se fondent sur le sens commun, ce qui dispense de toute réfutation scientifique. En URSS, la relativité fait figure d'utopie bourgeoise, tandis qu'elle est fustigée par l'extrême droite allemande comme une spéculation judéo-bolchevique. Par chance, une partie de la presse salue l'événement considéré comme un facteur de paix.

L'annonce du 6 novembre 1919 a donc déclenché une belle cacophonie. Dans les mois qui suivent, les ennemis de la relativité mènent un tel tintamarre que nul ne peut plus ignorer le nom d'Einstein. Curieux paradoxe. Les partisans de la relativité, qui se recrutent essentiellement dans le monde scientifique, sont des gens discrets, utilisant un langage mesuré sinon savant, peu connus du public et ne s'exprimant guère dans la grande presse. Il en va de même pour les physiciens qui, de Michelson à Poincaré, récusent la nouvelle théorie. Ces querelles scientifiques n'ont aucune raison d'émouvoir le grand public. Mais l'enjeu s'est déplacé du terrain scientifique au terrain idéologique. Einstein se découvre des ennemis qui utilisent des arguments sommaires, des jugements outranciers, des condamnations péremptoires. Ce sont eux qui jettent son nom en pâture à l'opinion publique et font perdre au débat sa hauteur scientifique. Des millions de gens, qui n'ont pas la moindre notion de physique, découvrent ainsi qu'il existe un savant dont les théories font scandale.

En 1920, Einstein se rend à Prague pour prononcer une conférence ouverte au grand public. La salle est archicomble et, comme le remarque l'instigateur de cet événement, son ami Philippe Frank: « Le public ordinaire n'avait aucune possibilité de savoir s'il s'agissait d'une colossale charlatanerie ou bien d'un chef-d'œuvre scientifique. Il était prêt, dans les deux cas d'ailleurs, à s'émerveiller. Comme nous nous rendions à la séance, l'un des organisateurs de la soirée me demanda: "Dites-moi vite d'un mot, est-ce qu'il y a quelque chose de vrai chez cet Einstein, ou bien seulement des fumisteries [9] ?" » Ainsi les plus subtiles controverses scientifiques se réduisent-elles à un affrontement primaire : pour ou contre Einstein.

9. Philippe Frank, *Einstein, sa vie, son temps*, *op. cit.*

Ce faisant, elles sortent du laboratoire et se retrouvent sur la place publique. Par l'outrance et la personnalisation de leurs attaques, les ennemis de la relativité ont lancé un culte de la personnalité.

Le monde entier découvre un savant d'Épinal, un homme qui vit hors du monde, perdu dans ses calculs. Sa figure, son allure confirment son indifférence à la vie quotidienne. Il ne perd pas de temps chez le coiffeur et se fait couper les cheveux aux ciseaux par sa femme. Résultat : son visage est entouré d'une chevelure toujours ébouriffée qui, l'âge venant, deviendra la crinière blanche des mages. Sa mise, qui s'apparente davantage à celle d'un pauvre hère que d'un grand professeur, proclame son mépris des convenances. À l'évidence, cet homme vit en dehors des contingences matérielles. Lors d'un voyage à Vienne, l'épouse de son ami Félix Ehrenhaft s'aperçoit que son costume de rechange est en bien triste état. Elle prend sur elle de le faire repasser afin qu'Einstein fasse bonne figure pour sa conférence. Médusée, elle le voit arriver sur scène avec le vieux costume tout froissé. Il n'a pas daigné se changer pour paraître en public. Dans les très rares occasions où il consent à enfiler un smoking, il ne prend pas la peine de le repasser et le porte avec des « godasses » du plus bel effet.

Il a décidé que les chaussettes sont inutiles et n'en met pas. Il se rendra même à la Maison-Blanche pieds nus dans ses chaussures. Quant à ces dernières, il trouve absurde de les nettoyer alors qu'elles se resalissent aussitôt et suspecte un rite social pervers dans ce besoin maniaque de les cirer.

Au cours de ses nombreux déplacements, les photographes l'attendent à la descente du train. C'est ainsi qu'il apparaît périodiquement dans la presse, fagoté comme l'as de pique dans un costume trop petit ou un imperméable mal fermé, portant son éternel violon. L'air d'un musicien courant le cachet ou d'un ahuri qui n'a jamais regardé un magasin d'habillement. On connaît des personnages célèbres qui cultivent une tenue négligée par goût de la provocation. Rien de cela chez Einstein. Certes, il reconnaît qu'il a « une allure effroyable », mais cela ne traduit aucun souci de choquer ou de se distinguer, il se moque de son apparence et c'est tout. Avant leur mariage, il prévient Elsa qui le reprend sur sa tenue vestimentaire : « Si je devais commencer à faire attention à ma façon de m'habiller, je ne serais plus moi-même. » Son indifférence à toute forme « d'emballage », comme il dit, n'est donc pas une façon de paraître, c'est une façon d'être. Le public ne s'y trompe pas et voit dans cet accoutrement la tenue naturelle d'un homme étranger à la vie publique comme l'oiseau de nuit à la lumière du jour. Bref, il suffit à Einstein d'être lui-même pour représenter l'archétype du savant.

Sa biographie, relatée par la presse, confirme ce portrait. Son itinéraire d'enfant rebelle puis de chercheur marginal, sa démarche de pur théoricien, son indifférence aux honneurs comme à la fortune, sa distraction légendaire, tout concourt à forger le mythe du savant génial puisqu'il a compris en notre nom l'incompréhensible. Ses détracteurs en sont pour leurs frais lorsqu'en 1922 le jury de Stockholm se décide enfin à lui attribuer le prix Nobel.

Le génie suscite l'admiration plus que la sympathie. Il crée entre l'homme ordinaire et lui une distance infranchissable. On l'admire de loin comme une divinité froide, une intelligence désincarnée. Cette altérité du savant perdu dans ses pensées, Einstein l'impose au point d'en faire l'archétype de tous les professeurs de bandes dessinées, Nimbus, Cosinus, Tournesol, etc. Mais il n'est pas moins attaché à sa façon d'être qu'à sa façon de penser. On ne lui fera pas plus admirer une parade militaire que rechercher la moindre élégance vestimentaire. Einstein forme un tout depuis sa méthode scientifique jusqu'à sa façon de se raser, au savon ordinaire bien sûr, et la tornade médiatique n'y peut rien changer. Célèbre ou inconnu, il reste le paysan de tous les Danube qu'il a choisi d'être.

Les journalistes, condamnés à parler de sa personne faute de pouvoir rien dire de ses théories, traquent l'individu privé, ses multiples manies, ses moindres habitudes. Le violon et le bateau deviennent rapidement des clichés hors d'usage, la presse pousse plus avant le portrait et présente un homme ordinaire et singulier. Il fume comme une cheminée, dort dix heures par nuit, ronfle comme un soufflet de forge, adore les chiens et les chats, ne résiste jamais à un trait d'humour ou à une blague, s'esclaffe avec un rire à faire trembler les vitres, se laisse séduire par les femmes, se prend de sympathie pour le premier venu et rabroue les personnages importants et importuns. La distance du génie se trouve ainsi abolie par la bonhomie du personnage. Si haut que l'élève son esprit, ses pieds restent toujours sur terre. N'est-ce pas admirable que l'homme le plus intelligent soit aussi un type comme vous et moi, qu'il préfère une vie ordinaire au luxe des riches, à la pompe des puissants ? Aucun de nos « conseillers en communication » n'aurait pu fabriquer un personnage qui réponde si parfaitement à l'attente du public.

*

* *

À partir de 1920, Einstein ne peut plus se déplacer sans attirer la foule et cette popularité s'étend au monde entier. Le moindre de ses voyages crée l'événement. Il est attendu par la presse, son image s'étale dans les journaux, ses déclarations sont pieusement recueillies. Ses conférences se déroulent dans les plus grandes salles disponibles, de mille à cinq mille places. Et l'on doit toujours refuser du monde. Ce public, qui n'entend rien à la relativité, veut voir le maître. Et ceux qui n'ont pu se glisser dans l'assistance s'efforcent de l'entrevoir lors de ses déplacements, d'obtenir un autographe, un « cannibalisme symbolique », selon son expression. Lors de son séjour à Prague, la pression est telle devant son hôtel que Frank l'héberge dans son laboratoire. L'Amérique lui fait un accueil triomphal en 1921. L'année suivante, il se retrouve à Tokyo. Il parle pendant quatre heures dans un silence religieux devant une salle immense, pleine à craquer. Et ce n'est rien encore. « Le balcon de la suite d'Einstein à l'hôtel Impérial donnait sur une place où des milliers d'admirateurs l'attendirent toute la nuit en silence. Une gigantesque clameur le salua quand il se montra, au lever du soleil. Il s'inclina pour remercier en murmurant à Elsa qui se trouvait à ses côtés : « Aucun être vivant ne mérite un tel accueil. » Puis, comme les cris se poursuivaient : « J'ai l'impression que nous sommes des escrocs. Nous finirons en prison [10]. »

Dans le même temps, son courrier se fait diluvien. Des milliers de lettres qu'Elsa s'efforce de classer. Einstein disait que, dans ses cauchemars, le diable prenait les traits du facteur. Il s'impose de répondre et l'exercice lui dévore son bien le plus précieux, son temps. Les envois ne sont pas seulement des témoignages d'admiration, ils comportent des notes de plusieurs pages, voire des manuscrits. Tous les savants du dimanche, les francs-tireurs de la science, les

10. Denis Brian, *Einstein, le génie de l'homme*, *op. cit.*

autodidactes, les marginaux lui adressent leurs travaux dans l'espoir d'un mot, d'une approbation, d'une recommandation qui serait, à leurs yeux, la consécration suprême. Périodiquement, un correspondant lui propose un système de son invention pour tirer de la matière d'énormes quantités d'énergie en application de $E = mc^2$. Démonstrations classées sans suite. Einstein est persuadé que l'énergie de l'atome est à jamais indisponible et que l'étude de ces fariboles lui ferait perdre son temps.

Photographes et peintres se pressent pour faire son portrait, car ils sont assurés de le revendre à bon prix. Périodiquement il doit accepter et, toujours aussi surpris, prend la pose comme une vedette. Au voyageur d'un train qui, ne l'ayant pas reconnu, l'interroge sur sa profession, il répond : « Je suis modèle. Je pose pour les artistes. »

Cette célébrité l'accompagne tout au long de sa vie et, plus étonnant, lui survivra. Bien qu'il n'existe pas d'instrument fiable pour la mesurer, les moteurs de recherche sur l'Internet fournissent une première indication. Toute relative. Un demi-siècle après sa mort, le nom « Albert Einstein » appelle près de 800 000 références. Par comparaison, Winston Churchill est à 420 000, Franklin D. Roosevelt 220 000, Charles de Gaulle 340 000, Adolf Hitler 60 000, Joseph Staline 32 000. L'écart est encore plus impressionnant avec les physiciens. Niels Bohr 80 000, Édouard Teller 65 000, Enrico Fermi 70 000, Robert Oppenheimer 60 000, Werner Heisenberg 60 000, Paul Dirac 45 000. À l'aune d'Internet, qui n'a pas de signification en soi, Einstein est deux fois plus célèbre que les grands personnages historiques et dix fois plus que les physiciens de son temps. Il reste dans la mémoire collective la figure marquante du XXᵉ siècle. Il sera désigné comme « homme du siècle » par le magazine *Time* du 27 décembre 1999. L'usure du temps n'a aucune prise sur ce personnage devenu un mythe.

Einstein ne veut voir dans cette incroyable popularité qu'une manifestation de « psychopathologie ». Mais saurait-il donner une réponse plus construite ? Sans doute pas. Il est emporté par un véritable tsunami, dont les causes et les raisons lui échapperont toujours. Le fidèle Banesh Hoffmann confirme cette sidération. « Il avait autant de mal à comprendre sa popularité, que le profane à comprendre sa théorie [11]. » Il est conscient du « contraste grotesque entre les réalisations qu'on m'attribue et ce que je suis vraiment ». Ahuri mais pas dupe. Il sait que tout repose sur un malentendu, que les acclamations ne vont ni au physicien ni à la relativité. Elles s'adressent à un autre personnage, un double qui semble le suivre en tout lieu et dont il ne peut ni se débarrasser ni découvrir l'identité. Sans être insensible au courant de sympathie qu'il suscite, il ne s'accommodera jamais de ce « culte de la personnalité ».

Les défenses qu'il s'est construites craquent les unes après les autres : sa vie bascule dans le champ public. Dès le mois de décembre 1919, il s'en alarme : « Avec la gloire, je deviens de plus en plus stupide, ce qui, je le reconnais, est un phénomène très courant. » Il ira jusqu'à se comparer à « une prostituée » et l'on retrouve de telles plaintes à chaque étape de sa nouvelle vie. Au sortir d'une réception mondaine donnée en son honneur, il dit à un journaliste : « Quand j'étais jeune, je n'aspirais qu'à une chose, c'était de pouvoir rester tranquillement dans mon coin pour faire mon boulot et que personne ne s'occupe de moi. Voyez ce qu'il est advenu de moi ! »

La fausse modestie des gens célèbres est bien connue. Elle devient même une clause de style chez ces vedettes qui se prétendent harcelées par leurs admirateurs. Rien de tel chez Einstein. Ces feux de la rampe qui ne s'éteignent jamais sont insupportables à l'inguérissable solitaire, et que dire de cette popularité chronophage qui réduit sa chère physique au rang d'activité secondaire ?

Ses détracteurs lui reprochent de « se faire de la publicité » et d'organiser en sous-main sa glorification. L'accusation est injuste encore qu'il tienne dans sa médiatisation une part plus importante qu'il ne pense. « Si le mythe Einstein est une création médiatique, il y a lui-même fortement contribué pour des raisons d'éthique personnelle [12]. »

*

* *

11. Banesh Hoffmann, *Albert Einstein, créateur et rebelle*, *op. cit.*
12. Françoise Balibar, *Einstein. La joie de la pensée*, *op. cit.*

L'engagement devient une exigence personnelle. Il s'impose d'autant plus qu'il donne un sens à la célébrité qui l'accable. C'est à contre-emploi qu'il joue le jeu de la solitude médiatisée. « Mon sens ardent de la justice et de mes obligations sociales était toujours en opposition singulière avec une absence prononcée pour tout besoin d'attachement direct aux hommes et aux communautés humaines. »

Il accepte l'engagement mais pas l'embrigadement. Il adhère à des associations humanistes, des groupements divers, des mouvements, des ligues, des comités et autres rassemblements *ad hoc*, mais jamais à un parti politique. Individualiste il est, individualiste il restera.

Il connaît personnellement certains responsables de la République de Weimar, comme Walther Rathenau, et devient une sorte d'ambassadeur itinérant du nouveau régime. Pour desserrer le carcan du traité de Versailles, retrouver peu à peu sa place dans le concert des nations, regagner la compréhension sinon l'estime des vainqueurs, l'Allemagne doit changer de visage. Einstein est parfait dans ce rôle. Il incarne la rupture avec le militarisme prussien, le retour à une culture germanique. Une note diplomatique allemande le désigne comme un bon outil de « propagande culturelle ».

Au cours des années vingt, Einstein effectue une véritable tournée des capitales européennes. Sans doute répond-il à des invitations, mais également aux sollicitations de la diplomatie allemande qui accompagne en sous-main ces déplacements. Ce que l'on appellerait aujourd'hui « une campagne de promotion ». Des visites qui lui réservent parfois de bien curieuses réceptions. Lors d'un séjour en Tchécoslovaquie, la minorité slovaque germanophile l'utilise au service de ses revendications nationalistes : « Le monde entier voit à présent qu'une race qui a produit un homme comme Einstein, la race allemande des Sudètes, ne disparaîtra jamais. » Einstein revendiqué par la « race allemande » ! Rien ne lui sera épargné.

*

* *

De tous ces voyages, le plus délicat est sans conteste celui qu'il effectue en France au printemps 1922. Une première invitation programmée pour 1914 avait été annulée pour cause de guerre. La paix revenue, Langevin renouvelle son offre. Les haines sont encore si fortes d'une rive à l'autre du Rhin, qu'Einstein commence par se récuser. Il n'accepte que sous la pression du ministre des Affaires étrangères, Walther Rathenau. Les organisateurs se méfient des provocations. Car les protestations des universitaires et scientifiques allemands ostracisés par l'étranger ne sont pas moins vives que celles de la droite française toujours aussi hargneuse vis-à-vis des « Boches ».

Le programme se déroule sous haute surveillance et la prudence conduit à exclure toute manifestation populaire. Einstein a posé ses conditions à Langevin : pas de mondanités et, surtout, pas de journalistes qui risquent d'« épier toute parole libre que je prononcerai pour la jeter en pâture aux lecteurs des journaux après l'avoir arrangée à leur convenance ».

Paul Langevin et l'astronome Charles Nordmann vont attendre leur invité au poste frontalier de Jeumont et tous trois font le voyage en train jusqu'à Paris... ou, du moins, jusqu'à la banlieue parisienne. Car Langevin, craignant des manifestations hostiles, profite du dernier arrêt pour s'informer auprès de la police. Celle-ci confirme que des groupes suspects se sont formés en gare du Nord. Langevin fait descendre Einstein et tous deux gagnent la capitale en métro laissant en plan la presse qui attendait au bout du quai. En fait, le comité d'accueil était composé de jeunes admirateurs réunis par le propre fils de Langevin !

Pour la conférence du 31 mars 1922, le Collège de France est entouré de cordons de police, l'entrée ne se fait que sur invitations nominatives strictement contrôlées. De Marie Curie à Henri Bergson, c'est bien l'intelligence française qui lui rend hommage. Einstein parle en français, avec une certaine difficulté. À ses côtés, Langevin lui souffle ses mots à l'oreille. La discussion qui suit porte sur la relativité, la vraie et non pas son double fantasmatique. À plusieurs reprises, elle échappe à l'entendement des non-scientifiques. Nouvelle rencontre le lendemain avec la Société française de philosophie.

Et, là encore, les échanges entre Einstein et Bergson sur la notion de temps, s'ils tournent au dialogue de sourds, placent le débat à un très haut niveau.

Un succès qui masque de nombreuses défections. La Société française de physique, qui aurait dû être la puissance invitante, n'a pas souhaité le recevoir, l'Académie des sciences l'a boycotté. La communauté scientifique française, hormis les mathématiciens et le petit cercle des « relativistes » autour de Langevin, reste réservée. Cette théorie lui semble trop abstraite, trop loin de sa tradition d'ingénieurs. Quant à l'Académie française, qui avait un temps envisagé d'inviter Einstein en son sein, elle a renoncé lorsqu'une trentaine d'immortels ont annoncé qu'ils ne participeraient pas à une telle cérémonie. Des attitudes bien plus politiques que scientifiques ou même nationalistes. « Je ne comprends pas les équations d'Einstein, reconnaît un universitaire. Tout ce que je sais, c'est que les dreyfusards proclament qu'il est un génie tandis que les antidreyfusards disent que c'est un âne. »

Pas d'enthousiasme populaire, mais une évidente sympathie. Le public est ravi de le reconnaître dans la salle lorsqu'il vient assister au spectacle de la Comédie-Française. Car la presse, d'abord divisée, tombe sous le charme d'Einstein et, du *Figaro* à *L'Humanité*, vante sa simplicité, sa chaleur, son sens de l'humour. L'accueil est bien le meilleur qu'un Allemand pouvait recevoir de Paris en 1922. Mission accomplie.

Le séjour se termine par une visite éprouvante sur les champs de bataille en compagnie de Solovine, l'ami de Berne devenu parisien. À son retour en Allemagne, lorsque Einstein reprend sa place à l'Académie des sciences de Prusse, il constate que plusieurs fauteuils autour de lui sont ostensiblement vides.

*
* *

Il s'engage aux côtés de la République de Weimar, soutient de même le pacifisme et fera campagne en faveur du mouvement sioniste. Pour ces trois causes, il agit de façon délibérée ; pour le reste, il ne contrôle à peu près rien. Car il subit un véritable harcèlement médiatique. Les journalistes ne le lâchent pas, s'efforçant de lui arracher une déclaration la plus étonnante, la plus incisive, la plus croustillante possible. Les défenseurs de toutes les veuves et de tous les orphelins, mais sait-on tout ce qu'on peut cacher derrière une veuve et un orphelin ?, ne cessent de faire appel à lui. Aujourd'hui, tout scientifique couronné par le Nobel, tout intellectuel accédant à la notoriété sait qu'il devra faire face à une telle pression. Telles sont les obligations de la charge. À chacun de se préserver. En 1920, ces « politiques de communication » n'existent pas et ce n'est pas Einstein qui pourrait les inventer. Il ne connaît rien au sujet et, pis, ne sait pas dire non. Pour peu que son interlocuteur lui soit sympathique, que la cause présentée lui paraisse digne d'intérêt, il est prêt à tomber dans tous les pièges. Einstein, c'est du pain bénit pour les médias.

Il n'a de référence que la communication scientifique, avec ses règles, ses codes, sa rigueur. En 1920, il est sollicité par un obscur écrivain, Alexandre Moszkowski, pour un livre d'entretiens. Le projet ne présente aucun intérêt pour lui, mais Moszkowski lui a manifesté de la sympathie pendant sa maladie et se trouve dans le besoin. L'argent du livre le sortirait de la gêne. Einstein, toujours à l'écoute de son bon cœur, accepte. Il parle très librement de tous les sujets, la religion, les femmes, la société, la science-fiction. Des conversations à bâtons rompus pendant lesquelles il oublie qu'il ne s'adresse pas seulement à son interlocuteur, mais au public.

Il fait relire le manuscrit à ses amis Max et Heidi Born qui sont horrifiés. Cette dernière, qui a toujours eu son franc-parler, lui fait valoir qu'il ne peut se commettre avec un écrivain aussi peu recommandable. « Ce sera votre arrêt de mort moral. » Born jette tout son poids de grand universitaire dans la balance et le réprimande comme un grand frère. « Si tu ne comprends pas ça, tu es un enfant. On t'aime, tu dois obéir. » Il ajoute même, *in coda venenum*, « aux gens raisonnables, pas à ta femme ». Car Elsa, toujours flattée par l'effervescence médiatique, se réjouit qu'un livre soit consacré à son mari. Einstein se rend aux raisons de ses amis et envoie des lettres recommandées afin que l'ouvrage ne paraisse pas. Trop tard, Moszkowski a déjà reçu l'argent et les *Conversations avec Einstein* sortent en librairie.

Revenant sur cette affaire avec trente ans de recul, Max Born reconnaît qu'il n'y avait pas de quoi fouetter un chat. Les propos assez désinvoltes d'Einstein n'avaient rien de scandaleux et la publication ne déclencha pas la tempête annoncée. La réaction si vive du physicien s'explique par la sévérité du monde scientifique sur de tels sujets. Le plus grave reproche, c'est l'« autopublicité ». Un chapitre sur lequel les physiciens ne plaisantent pas. Born, lui-même, ayant publié un ouvrage de vulgarisation sur la relativité, avait cru pouvoir insérer une courte biographie d'Einstein accompagnée d'une photo. Honte et scandale dans le milieu ! Il dut supprimer dans la deuxième édition cette coupable concession au culte de la personnalité.

Einstein bascule de cette austérité janséniste à la foire médiatique avec une candeur désarmée et désarmante. Il met des années à prendre conscience qu'il est un personnage public, qu'il se trouve dépossédé de sa vie privée et, surtout, de sa libre parole. En 1921, au retour de sa grande tournée américaine, il s'entretient avec un journaliste hollandais. Sans retenue, comme toujours. C'est dire qu'il émaille ses propos d'humour et de dérision, qu'il parle au second degré. Retranscrit dans les gazettes, cela donne une consternante caricature de l'Amérique avec des femmes qui portent la culotte, des scientifiques inférieurs à leurs collègues européens, une société inculte, etc. Bref, des jugements outranciers très éloignés de sa pensée et contraires à ses déclarations officielles. Les réactions sont vives malgré ses dénégations. L'occasion d'apprendre qu'aucun démenti n'efface ce qui est écrit et qu'un grand silence vaut mieux qu'un petit malentendu.

Dînant peu après chez les Ehrenfest, il bavarde sans retenue avec son voisin, Raymond Recouly, qui, pourtant, lui a été présenté comme un journaliste français. Une semaine plus tard, il est décontenancé quand son ami Sommerfeld lui fait parvenir l'article du *Figaro* relatant cette conversation. Il reconnaît que, à quelques nuances près, il a bien tenu ces propos. Impossible de démentir. Il proteste cependant : « Il n'est pas acceptable de reproduire dans la presse des propos privés. » Il refuse d'admettre que, désormais, la notion de « propos privés » n'existe plus.

« Il ne m'est jamais venu à l'esprit que chacune de mes remarques, même les plus banales, serait relevée et consignée par écrit », constate-t-il ingénument. Il doit pourtant se rendre à l'évidence : « Ce qui est terrible, c'est que le moindre mot de ma part est exploité par les journalistes. Il faut vraiment que je vive en reclus. » Cela non plus n'est pas possible. Il est sollicité, invité et sa solitude n'est pas celle de l'ours mais de l'ermite. Il lui faudrait de la froideur, de la brutalité, du mépris pour écarter les importuns, alors qu'il est généreux, affable, disert. C'est en philanthrope plus qu'en misanthrope qu'il s'efforce de se protéger, autant dire que ses défenses ne résistent guère. Il s'efforce bien de tenir les journalistes à distance mais, parfois, il se prend de sympathie pour l'un d'entre eux. Il accepte de lui parler en le jugeant sur sa bonne mine, sans prendre le moindre renseignement. En 1929, il se laisse embobiner par un certain George Viereck, présenté comme un journaliste américain d'origine allemande. Celui-ci, qui a l'art de faire parler les célébrités, entre si bien dans le jeu de son interlocuteur qu'Einstein croit s'adresser à un Juif comme lui. Il accorde l'une de ses plus longues interviews, avant de découvrir que Viereck est un sympathisant nazi.

Einstein parle. Non pas au travers de grands discours, de sermons moralisateurs ou de traités politiques, mais au hasard des rencontres, des sollicitations. Tantôt c'est une phrase à un journaliste, tantôt une pétition qu'il signe sans en avoir bien soupesé les termes. La presse y voit des prises de position et se les renvoie d'un journal à l'autre. Ainsi le savant génial se double-t-il d'un citoyen du monde qui n'a pas sa langue dans sa poche.

Einstein est sollicité par les journalistes, mais, plus encore, par les événements. L'histoire s'est faite brûlante, convulsive, révolutionnaire, impossible de garder la moindre distance. Il s'implique dans les soubresauts que connaît l'Allemagne, mais il n'est pas moins concerné par les bouleversements du monde, à commencer par l'instauration du communisme en Russie. Comme tant d'intellectuels, il réagit en fonction des intentions affichées par le nouveau régime. « Il faut que je t'avoue que les bolcheviks ne me déplaisent pas vraiment, même si leurs théories sont bizarres », écrit-il dès janvier 1920 au physicien Max Born. Ce dernier témoigne qu'Einstein ne connaissait rien au marxisme. « Les espoirs qu'il plaçait dans la Révolution russe se fondaient plus sur son aversion, on pourrait même dire sa haine, envers les pouvoirs établis en Occident que sur la conviction rationnelle que les principes du communisme étaient justes. » Au nom de cet *a priori* favorable, il souhaite le succès du nouveau régime. Dans les années suivantes, il est déchiré entre l'approbation des fins et la condamnation des moyens. D'un côté, il refuse malgré les invitations pressantes de se rendre à Moscou, de l'autre, il milite, à partir de 1923, dans différentes associations pour le rapprochement avec l'URSS. Ce qui ne l'empêche pas de préfacer, en 1925, les *Lettres des prisons russes* d'Isaac Levine, recueil de témoignages accablants sur les persécutions que subissaient les opposants au régime. Mais, tout en dénonçant « ceux qui imposent en Russie un régime de terreur », il prend soin de préciser que cela ne se passe « pas seulement en Russie ». Il conserve envers l'URSS cette attitude ambivalente, mêlant la sympathie pour le projet annoncé, l'admiration pour les réalisations affichées, les réserves et condamnations pour les méthodes totalitaires utilisées. Sans être le communiste ou l'agent soviétique que dénoncera le FBI, Einstein ne prend jamais la mesure du totalitarisme soviétique et ne peut renoncer aux espoirs nés de la révolution d'Octobre.

Au hasard des sollicitations, il se prononce contre la peine de mort, prend parti pour la légalisation de l'avortement et de l'homosexualité, préconise l'éducation sexuelle, se montre très critique vis-à-vis du mariage. Ces réparties, ces réponses, ces prises de position ne forment pas une doctrine, ne correspondent à aucun parti, mais elles révèlent un esprit progressiste qui dérange et séduit tout à la fois.

Au lendemain de la Grande Guerre, des millions d'hommes et de femmes épris de paix ne peuvent qu'être attirés par les valeurs pacifistes et internationalistes portées par Einstein. Pèlerin de la paix, il devient aussi l'avocat de la liberté individuelle et prêche d'exemple, lui l'esprit original et frondeur qui résiste à la séduction des honneurs et de l'argent, qui défie la violence antisémite. Einstein, c'est encore une aspiration sociale qui ne tombe pas dans la terreur bolchevique, qui conteste le capitalisme sans applaudir le communisme.

Ainsi le physicien voué à la thermodynamique, à l'électromagnétisme, à la cinématique et autres disciplines austères, finit-il par réunir en sa personne tous les ingrédients de la popularité. Les peuples voient en lui l'avenir, le progrès, l'espoir. L'acclamer, c'est plébisciter l'intelligence, la liberté, la tolérance, la justice, la fraternité, c'est conspuer les forces obscures de la violence, du fanatisme, du bellicisme, du racisme, de l'injustice, de l'oppression. Einstein donne un visage au rêve du XXe siècle, celui de voir l'humanisme triompher de la barbarie. Cela fait beaucoup pour un seul homme.

Einstein n'est pas l'alchimiste qui détient le secret de son or médiatique. Il s'est contenté d'être lui-même, l'histoire a fait le reste. « Pour châtier mon mépris de l'autorité, le destin a fait de moi-même une autorité », constate-t-il avec mélancolie. La foudre médiatique l'a frappé. Ajoutant la célébrité à la notoriété, elle lui a retiré la protection de l'anonymat, le confort de l'irresponsabilité. Du costume fripé à l'espace courbé, le mythe a tout récupéré.

CHAPITRE X

Le défenseur de la tribu

En avril 1921, Einstein est reçu à la Maison-Blanche par le président Warren G. Harding. À ses côtés, se trouve Chaïm Weizmann, le leader de l'Organisation sioniste mondiale. Le président les salue au titre de représentants du peuple juif et souligne que « leur visite doit rappeler à tout le monde les grands services que la race d'Israël rendit à l'humanité ».

Ce même Einstein, qui récusait la religion de ses pères, qui n'avait pas fait sa bar-mitsvah, qui ne mettait pas les pieds dans les synagogues, qui tenait la Torah et le Talmud pour des vieilleries, devient, aux yeux du monde entier, représentant et défenseur du peuple juif. Une fois encore, l'histoire rappelle à l'ordre l'individualiste qui prétendait n'en faire qu'à sa tête.

Si Einstein a été le spectateur passif d'une explosion médiatique qu'il n'a jamais comprise ni cherché à comprendre, en revanche, il fut l'acteur conscient d'une révolution personnelle qui transforma le « mauvais Juif » en Juif militant. « J'ai découvert que j'étais juif à l'âge de trente-cinq ans lors de mon arrivée en Allemagne et cela me fut davantage révélé par les non-Juifs que par les Juifs. » Pas de doute, le Juif Einstein est le pur produit de l'antisémitisme, selon le schéma sartrien. La haine raciste lui a craché au visage cette identité dont il s'était détaché, l'a mis au défi de l'assumer. Renvoyé à sa « tribu », comme il dit, il se fait un devoir d'en être le plus ardent défenseur. Célébrité oblige.

Le jeune Albert, si prompt à faire le tri dans son héritage, n'a jamais remis en cause la rupture familiale avec la judéité. Son esprit scientifique et son culte de la raison ne peuvent se déployer que dans l'universel, ils doivent dépasser les religions, les peuples et les nations et n'ont que faire d'une tradition particulière. Par un choix rationnel, c'est-à-dire chez lui naturel, il suit le mouvement d'assimilation qui emporte la bourgeoisie juive allemande.

C'est *a posteriori* qu'il s'est interrogé sur cette attitude. « Après quelques générations, il ne serait plus resté aucune trace visible du peuple juif. Sa complète dissolution paraissait inévitable en Europe centrale et occidentale. » À l'évidence, cette éventualité ne l'a pas troublé avant sa trente-cinquième année. Lorsqu'en 1911, il découvre à Prague la réalité de l'antisémitisme, il ne veut y voir qu'une survivance condamnée à disparaître. Même l'affaire Dreyfus ne peut lui ouvrir les yeux.

Il est vrai que la condition juive en Allemagne a connu, tout au long du XIXe siècle, une amélioration constante et que celle-ci a laminé la conscience juive. Devenus citoyens, les Juifs se germanisent. Bien souvent même, ils se convertissent au protestantisme. Deux mille ans de persécutions antisémites doivent trouver une conclusion paisible dans la dissolution du fait juif. Einstein épouse le courant sans manifester la moindre nostalgie. Il a rompu avec ses racines.

*

* *

Si l'antisémitisme semble s'apaiser à l'ouest, il redouble de violence à l'est. En Russie, en Pologne, en Ukraine, les Juifs sont l'objet d'incessantes persécutions. Ils servent de boucs émissaires toujours disponibles en cas de malheur ou, simplement, de crise. En 1881, l'assassinat du tsar Alexandre II déclenche une vague de répression. En 1905, après la défaite navale et les troubles sociaux, ils sont désignés à la vindicte publique. Le gouvernement russe multiplie les brimades, favorise en sous-main les pogroms et le sinistre Pobedonostsev propose déjà sa « solution finale » pour les Juifs de l'empire : un tiers converti, un tiers chassé et un tiers exterminé. L'assimilation heureuse n'est pas pour eux. Ils sont de plus en plus nombreux à chercher le salut dans la fuite. Un tiers se réfugie à l'ouest, entre 1870 à 1914. Les plus hardis poussent jusqu'en Palestine.

Le fondateur du mouvement sioniste, Theodor Herzl, Juif d'origine hongroise, fort éloigné du judaïsme, ne connaissait ni l'hébreu ni le yiddish. À l'évidence plus proche d'Einstein que des malheureuses victimes des pogroms. C'est à Paris qu'il reçoit le choc de sa vie. Journaliste, venu couvrir l'affaire Dreyfus, il découvre que l'antisémitisme a conservé toute sa virulence dans le pays qui, le premier, a accordé la citoyenneté aux Juifs. La cause est entendue. La voie de l'assimilation est illusoire, car les Juifs ne pourront éviter, un jour ou l'autre, d'être renvoyés à leur altérité. Il leur faut donc assumer cette identité et se donner une terre. Un message qui s'impose aux Juifs de l'Est avec la force de l'évidence, mais qui est ignoré, voire franchement rejeté, par les Juifs de l'Ouest encore bien loin d'une telle prise de conscience.

Einstein, qui compose avec l'antisémitisme larvé germanique, est d'abord révolté par la forme violente et intolérable qu'il prend en Russie. En mai 1914, il reçoit une invitation flatteuse de l'Académie des sciences de Saint-Pétersbourg. Son refus est cinglant : « Je trouve scandaleux de me rendre sans nécessité dans un pays où les gens de ma tribu sont persécutés avec tant de brutalité. » Le rêve du sionisme prend corps en 1917, lorsque la Grande-Bretagne, par la déclaration Balfour, s'engage à créer un foyer de peuplement juif en Palestine. L'événement n'intéresse guère la population juive d'Allemagne tout entière engagée dans la guerre. Mais Einstein se réjouit « qu'il y ait quelque part un petit bout de terre où les membres de notre tribu ne seraient pas des étrangers ».

Au lendemain de l'armistice, le flot des réfugiés augmente brutalement. Des hordes plus misérables que jamais. Bourgeoisie nationale et prolétariat étranger, les deux mondes juifs se trouvent en contact mais la première manifeste à ce dernier plus d'animosité que de solidarité. Elle ne proteste guère lorsque la République de Weimar organise un régime de type concentrationnaire pour contenir cette immigration. Pour la première fois, Einstein est directement confronté au malheur juif. L'égoïsme des germanophones ne le choque pas moins que la misère des yiddishophones. En lui, l'anarchiste généreux l'emporte sur le notable berlinois, il prend leur défense dans le *Berliner Tageblatt* et dénonce l'antisémitisme qui les frappe.

C'est alors que l'Organisation sioniste s'adresse à lui. Elle sollicite son appui pour construire à Jérusalem une université hébraïque. Einstein s'inquiète, depuis longtemps déjà, de ces jeunes réfugiés, intelligents, désireux d'apprendre, auxquels l'antisémitisme européen interdit l'enseignement supérieur. Il s'enthousiasme à l'idée qu'il puisse exister une université d'accueil pour ces réprouvés. Dans sa réponse du 5 novembre 1919, c'est-à-dire à la veille de la fameuse annonce, il apporte son soutien au projet d'université juive.

Les trompettes de la renommée n'ont pas encore sonné qu'Einstein est devenu un Juif concerné, sinon engagé. Il fonde sa révolte sur la condition de ses frères étrangers et non pas sur la sienne. Entre les Juifs repus et les Juifs faméliques, il a pris son parti.

La République de Weimar qui, en un premier temps, avait écarté le danger de l'extrême gauche, voit surgir à l'extrême droite le péril mortel. Militaires en demi-solde, nationalistes revanchards, antidémocrates de tout poil communient dans une même haine du « régime de la défaite ». Ils se retrouvent dans des bandes armées, les Corps francs, qui entretiennent un climat de violence endémique. Le pouvoir social-démocrate, humilié par la morgue française, tenu par le respect des institutions, assiste, impuissant, à cette montée du fanatisme.

La droite militariste ne peut admettre la défaite de l'armée allemande et forge le mythe du « coup de poignard dans le dos ». Les traîtres qui portent la responsabilité du désastre sont les pacifistes, les socialistes et, plus que tout, les Juifs. Un antisémitisme virulent ronge les esprits, empoisonne la société. Des Allemands, toujours plus nombreux, cherchent dans la haine du Juif un dérivatif aux misères individuelles, à l'humiliation collective. Ils feignent de trouver dans le *Protocole des sages de Sion*, ce faux grossier de la police tsariste, la preuve que le sionisme a projeté la ruine de la civilisation germanique. L'Allemagne malade de l'après-guerre affiche au grand jour l'antisémitisme larvé, parfois même résiduel, du XIXe siècle.

Einstein est devenu le Juif le plus connu du monde, le plus détesté, le plus attaqué. Ses ennemis ne font aucune différence entre lui et ses frères étrangers, ils n'oublieront jamais cette judéité qu'il prétendait rejeter. Sa conscience juive se forge dans l'instant et dans le combat.

*
* *

Réveil terrible pour Einstein, comme pour ces milliers de Juifs allemands qui ont troqué leur identité traditionnelle pour la culture germanique. En 1920 encore, il refuse de payer le denier du culte au Synode de Berlin et, « voulant rester indépendant de tout groupe religieux quel qu'il soit », décide d'en verser le montant à des œuvres philanthropiques. Mais il doit se rendre à l'évidence : ce besoin de haïr propre à l'antisémitisme impose au Juif son altérité. Juif il est, Juif il restera, socialiste et pacifiste de surcroît. Le père de la relativité focalise sur sa personne une exécration à la mesure de sa gloire. Les louanges qui ont suivi l'annonce de novembre 1919 suscitent, dès le mois suivant, alors que Pauline, sa mère, agonise chez lui à Berlin, les premières attaques antisémites. En février 1920, ses cours sont chahutés et interrompus. Rien que des escarmouches précédant la campagne qui se prépare en sous-main.

Un agitateur professionnel doublé d'un escroc international, Paul Weyland, met sur pied une véritable organisation anti-Einstein. Il dispose de fonds importants fournis par de riches donateurs et peut acheter des journalistes, des provocateurs, des perturbateurs, bref des acolytes stipendiés pour tous les mauvais coups.

Weyland reçoit le soutien de deux physiciens éminents, deux prix Nobel, qu'Einstein tenait en grande estime. Tout d'abord Philippe Lenard dont les expériences sur l'effet photoélectrique ont inspiré ses découvertes sur les quanta de lumière, ensuite Johannes Stark qui, en 1907, lui a commandé le grand article sur la relativité lorsqu'il dirigeait le *Jahrbuch der Radioaktivität und Elektronik.* Ils ont compté parmi les premiers défenseurs d'Einstein. Ils ont correspondu avec lui, ont loué son travail. Et réciproquement. En 1909, Einstein disait de Lenard : « C'est un grand maître, un esprit original. » Mais ils ne se sont jamais remis de la guerre et de la défaite. Lenard en particulier cède à une fureur nationaliste et antisémite et rejoint très tôt le parti nazi.

Il attaque Einstein sur le terrain le plus sensible : sa légitimité scientifique et son honnêteté personnelle. Fort de son prix Nobel, il dénigre la relativité auprès des jurés de Stockholm, qui, depuis dix ans, voient revenir chaque année le nom d'Einstein. Les Suédois, pressés par la communauté scientifique, mais retenus par l'avis de Lenard, décident en 1922 de décerner le prix Nobel à Albert Einstein, pour la découverte des quanta de lumière. Décision paradoxale car, à l'époque, la relativité est admise par tous les physiciens alors que l'existence des quanta reste hautement hypothétique et la théorie couronnée fut élaborée d'après les travaux d'un certain Philippe Lenard. Dans son discours de remerciement, le récipiendaire ne parlera que de la relativité et pas du tout des quanta.

La relativité n'est pas un bon cheval de bataille pour combattre Einstein car l'opinion, qui ne comprend rien à la théorie, ne comprendrait pas non plus sa réfutation. Lenard tire une flèche plus perfide, celle de l'usurpation.

La gloire d'Einstein est attachée à l'équivalence $E = mc^2$. Lenard ressort les travaux d'un physicien autrichien, Friedrich Hasenohrl, qui a effectué des recherches en ce domaine et utilisé cette équation. Il prétend démontrer que Hasenohrl est le véritable inventeur de cette loi et qu'Einstein l'a copié. Commodité de l'exercice : la victime est morte et, qui plus est, morte au combat sous l'uniforme allemand. Le Juif Einstein aurait dépouillé un héros germanique... lequel, de son vivant, professait la plus grande admiration pour lui et n'avait jamais contesté son antériorité. Le pétard fait long feu. Comment expliquer que Lenard ait monté cette histoire absurde, alors que son attaque aurait été beaucoup plus cruelle si elle avait révélé l'escamotage de la part bien réelle prise par Poincaré dans la relativité ? À cela deux raisons. Tout d'abord Lenard est un pur expérimentateur, il n'est pas assuré qu'il connaissait et comprenait les travaux théoriques de Poincaré et, surtout, il n'est pas moins nationaliste qu'antisémite. Il ne saurait dépouiller de ses lauriers un Juif pour célébrer un Français. Il entend, au contraire, germaniser la physique et remplace dans ses mesures électriques les ampères par des webers !

Lenard poursuit son offensive le 25 août 1920, en faisant organiser par Weyland à la Philharmonique de Berlin un grand meeting contre la relativité sous le signe de la croix gammée. Einstein, courage et inconscience mêlés, décide de s'y rendre en compagnie de son ami Walther Nernst. Non pas sur la scène mais dans la salle, comme spectateur anonyme. Il est qualifié de plagiaire, de charlatan, de faux savant assoiffé de publicité, etc. Il s'esclaffe et applaudit sans paraître autrement affecté. Il a décidé de traiter ces attaques par le mépris.

Leur multiplication lui fait perdre son flegme. Le mois suivant, il adresse au *Berliner Tageblatt* un article cinglant intitulé « Ma réponse ». « On ne m'attaquerait pas ainsi si j'étais un nationaliste allemand portant la svastika au lieu d'être un Juif internationaliste. » Il rappelle les références internationales de la relativité, souligne que Lenard n'est qu'un expérimentateur et pas un théoricien et traite Weyland d'insolent. Bref, il dit son fait à la meute raciste en des termes que l'on jugerait aujourd'hui bien mesurés. Mal lui en prend. Ses amis Born, Ehrenfest lui reprochent cet emportement. Et Einstein, tout penaud, de regretter cette « bêtise ». Décontenancés par la bassesse de ces attaques, Einstein et ses amis ne savent comment répliquer.

Mais la calomnie gangrène la communauté scientifique. Einstein est contraint de faire face. L'affrontement a lieu au Congrès des savants et physiciens allemands qui se tient en septembre 1920 à Bad Nauheim. Pour la première fois sans doute, un congrès de physique théorique se déroule sous haute surveillance policière. Lenard et les siens ont « fait la salle » et disposent d'une « claque » importante. Max Planck assure la présidence et entend étouffer la controverse sur la relativité afin de conserver au débat sa dignité. Il n'aborde le sujet qu'en fin de séance lorsqu'il donne la parole à Lenard. Celui-ci dénonce les « absurdités » de la relativité, notamment l'abandon de l'éther. La réplique d'Einstein est couverte par les sifflets. Planck s'efforce en vain de rétablir le calme. Le débat dégénère en simple échange de slogans. « La relativité est une insulte au bon sens », lance Lenard. « Le bon sens évolue avec le temps », réplique Einstein. « La portée de la relativité est limitée », « Au contraire, elle est universelle »[1]. D'autres intervenants contestent à Einstein la paternité de la théorie, Max Born prend la défense de son ami. Le président Planck regarde sa montre et déclare que la séance est terminée. Les deux clans n'en sont pas venus aux mains, c'est le mieux que l'on pouvait espérer.

*

* *

Einstein revendique son identité face à ses ennemis, mais aussi, face à la communauté juive. La rupture intervient dès le mois d'avril 1920, lorsqu'il reçoit une invitation de l'Association centrale des

1. Denis Brian, *Einstein, le génie de l'homme*, *op. cit.*

citoyens allemands de confession juive. Sa réponse claque comme un camouflet et un acte de foi. Il dénonce l'« antisémitisme », l'« esprit de servilité » et la « lâcheté » des Juifs germanisés. Tout à sa colère, il fustige l'appellation même de l'Association. Pour lui cela revient à dire : « 1) Je ne veux rien avoir à faire avec mes pauvres frères juifs orientaux ; 2) Je ne veux pas être regardé comme un enfant de mon peuple mais seulement comme un membre d'une communauté religieuse. » Bref, c'est la judéité réduite à la religion. Or, dit-il, moi, je ne suis pas un « citoyen allemand » – à l'époque, il est encore citoyen suisse – et je n'ai pas la « foi juive ». Et il lance son défi : « Moi, je suis juif, et je suis heureux d'appartenir au peuple juif, même si je ne le considère pas comme le peuple élu. Laissons donc aux goys leur antisémitisme et préservons chez nous l'amour de nos frères. » Il saute le pas et proclame la nécessité pour les Juifs de se « considérer comme une nation ».

Quelques jours plus tard, il développe son argumentation dans un article. Les Juifs n'ont pas à dissimuler leurs particularismes, à les réduire à une croyance religieuse, puisque, de toute façon, les non-Juifs les renverront toujours à leur altérité. Ils sont détestés pour ce qu'ils sont et non pour ce qu'ils font, ce qu'ils croient ou ce qu'ils disent. « Rien ne peut étouffer ce sentiment d'être étranger qui sépare les Juifs de leurs hôtes européens. » N'était son pacifisme viscéral, il pourrait ajouter, en ce lendemain de guerre : pas même le fait d'avoir combattu pour sa patrie et sacrifié sa vie. D'où sa conviction qu'il ne cesse de marteler : « Il n'y a pas de Juifs allemands, pas de Juifs russes, pas de Juifs américains, il n'y a, en fait, que des Juifs. »

L'assimilation lui paraît « inefficace et moralement douteuse ». Car cela revient à distinguer radicalement les Juifs occidentaux et orientaux. « Les Juifs n'ont pas à plaider à charge contre une partie de leur peuple pour être acquittés par les antisémites. » Il en appelle donc à la fierté juive. « Nous ne devons pas consacrer tous nos efforts *à ne pas passer pour des Juifs*, bien au contraire, nous devons mettre un point d'honneur à nous imposer en tant que Juifs », dira-t-il en 1924. Et, parlant d'une « communauté qui repose sur la race et la religion », il la baptise, « pour faire court », dit-il, « nationalité juive ».

C'est dans ce nouvel état d'esprit qu'il considère le sionisme. La constitution d'un État en Palestine lui a longtemps semblé souhaitable autant qu'utopique. Il redoute que cette entité soit invivable sur le plan économique, qu'elle ne génère un nationalisme juif, que des tensions insurmontables apparaissent avec les Arabes. Mais il faut désormais « que nous autres Juifs reprenions conscience de notre existence en tant que nationalité et que nous acquérions de nouveau cette estime de nous-mêmes ». L'idéal sioniste devient alors pour le peuple juif le ferment de l'unité et le catalyseur d'une nouvelle conscience.

*
* *

Pour le mouvement sioniste, la glorification d'Einstein est une aubaine. Le voilà intégré au groupe de travail sur l'université hébraïque et invité à une réunion de travail qui doit se tenir à Bâle. Il donne son accord et, tout heureux, annonce à Michel Besso sa prochaine venue en Suisse : « Mon nom est à la hausse et peut servir la bonne cause. » Tant qu'à être célèbre, que cela profite aux siens.

Au début de 1921, la demande sioniste se fait plus précise. Chaïm Weizmann, le président du Mouvement, voudrait l'avoir à ses côtés dans une tournée américaine destinée à réunir des fonds pour l'université. Einstein est décontenancé. Certes il a très envie de découvrir les États-Unis. Mais a-t-il besoin d'aller « faire la quête » pour cela ? Des universités américaines l'ont déjà invité. Il a refusé pour des questions d'opportunité, mais il sait que d'autres occasions se présenteront. Ses interlocuteurs font pression, ils en appellent à sa conscience juive et mettent en avant l'autorité du Président. Chaïm Weizmann est un personnage considérable. Professeur de chimie à l'université de Manchester, il a pris la direction du mouvement après la mort de Herzl et s'est imposé comme un leader charismatique. C'est lui, par son sens aigu de la diplomatie, qui a obtenu la déclaration Balfour. Il s'est donné une stature de chef d'État, d'un État virtuel sans doute, mais qui trouve en lui son incarnation. Après quelques jours d'hésitation, Einstein donne son accord.

La nouvelle, sitôt rendue publique, suscite deux sortes de réactions. En Amérique, c'est l'enthousiasme et les invitations arrivent de toutes parts ; en Allemagne, au contraire, c'est la consternation et les mises en garde se multiplient. La bourgeoisie juive ne peut admettre que son enfant terrible se commette dans cette équipée sioniste.

Fritz Haber, qui incarne jusqu'à la caricature le Juif allemand assimilé, converti au protestantisme et professant un nationalisme intransigeant, s'efforce de le dissuader. Cette parade en pays ennemi au moment où l'Allemagne est étranglée par les exigences de ses vainqueurs, passera pour une trahison. Veut-il que l'on doute du patriotisme des Juifs allemands ? « Vous sacrifiez froidement les fragiles fondations sur lesquelles repose l'existence de professeurs et d'étudiants de confession juive. » Autrement dit : vous allez braquer les antisémites qui nous confondront avec les Juifs étrangers. C'est bien là le meilleur argument pour conforter Einstein dans sa détermination. Il s'empresse de répondre qu'il a suffisamment prouvé sa fidélité à l'Allemagne en refusant d'aller s'établir à l'étranger et conclut : « Cher Haber, une de mes relations m'a récemment qualifié d'"animal sauvage". L'animal sauvage vous aime et vous rendra visite avant son départ[2]. » Il n'empêche qu'à la veille de prendre le bateau, il écrit encore à Solovine : « Je n'ai pas du tout envie de me rendre aux États-Unis, mais je le fais uniquement dans l'intérêt des sionistes, qui doivent quémander des dollars [...] Je fais tout ce que je peux pour aider mes frères de race qui sont partout si maltraités. » Bref, c'est une corvée, mais aussi un devoir.

Le navire arrive à New York, le 1er avril 1921, jour de shabbat. Afin de ne pas choquer les Juifs religieux, Weizmann décide qu'ils attendront le coucher du soleil pour descendre à terre. Mais les journalistes qui sont venus en nombre n'entendent pas battre la semelle au risque de rendre la copie en retard. Ils montent à bord d'autorité et pressent Einstein de questions. Celui-ci, utilisant la langue allemande faute de maîtriser l'anglais, s'efforce de répondre à un interrogatoire absurde autant que convenu. Elsa, qui n'est guère plus anglophone que son mari, fait office de traductrice. Sommé par la meute journalistique de définir la relativité en trois phrases, il explique, faute de mieux, qu'avec les théories antérieures l'espace et le temps auraient subsisté en l'absence de matière, mais qu'avec la relativité, ils disparaîtraient si la matière elle-même disparaissait.

2. Fritz Stern, *Grandeur et Défaillances de l'Allemagne...*, *op. cit.*

Comprenne qui pourra ! Qu'importe, la presse n'est pas là pour suivre un cours de physique, elle s'intéresse au personnage et le trouve simple, chaleureux, souriant, blagueur, tout ce qu'aiment les Américains. Avant même d'avoir foulé le sol du Nouveau Monde, Einstein a réussi son entreprise de séduction.

L'arrivée à New York se fait au milieu d'un cortège de voitures jouant de l'avertisseur sonore sous les applaudissements des badauds qui se transforment en ovation dans le quartier juif de Brooklyn. Einstein est ahuri autant qu'amusé par l'atmosphère festive, bruyante et bon enfant des triomphes à l'américaine. Elsa est ravie. « C'est le cirque Barnum ! » lance-t-elle à son mari qui s'étonne de jouer les « éléphants à la parade ». Tout au long de sa tournée, accompagné par une presse qui, l'ayant adopté, ne cesse d'assurer sa promotion, il déchaîne le même enthousiasme populaire. La mentalité américaine se retrouve dans les différentes facettes de son personnage. Cette façon de mettre son interlocuteur de plain-pied avec lui, son individualisme, son humanisme, ses bons mots, bref, ce génie bonhomme, font merveille. « Loin de correspondre à l'image habituelle du scientifique, il donne une impression rare de cordialité, de gentillesse et d'intérêt pour les moindres aspects de la vie quotidienne », lit-on dans le *Washington Post.* Pour la réunion publique du 12 avril, il a fallu retenir l'une des plus grandes salles de New York. Elle est encore trop petite. Huit mille personnes s'entassent à l'intérieur, trois mille ne peuvent prendre place. Un si vaste public pour une théorie incompréhensible ! Quand l'Amérique adopte un héros, elle ne fait pas dans le détail.

L'accueil est toujours aussi chaleureux dans les principales villes de l'est américain, mais les visites ne sont pas toujours les mêmes. Il y a les réunions avec Weizmann pour collecter des fonds et puis les rencontres scientifiques. Pour les premières, Einstein est conscient de n'être qu'un : « attrait publicitaire prometteur d'une riche moisson auprès des Juifs fortunés de la Dollarie ». Bien souvent, il se contente de faire de la figuration et laisse à Weizmann le soin d'assurer le prêche. Bien qu'il ne soit pas un tribun, celui-ci sait à merveille séduire, convaincre, voire manipuler son auditoire, ce dont Einstein serait sans doute incapable.

La bourgeoisie juive américaine est encore plus éloignée des frères orientaux et guère plus solidaire. Pour convaincre ces notables du

New Jersey ou de Chicago, Weizmann doit les impliquer dans le projet sioniste en général et l'université de Jérusalem en particulier. Il démontre que celle-ci représente une garantie pour tous les Juifs dans toutes les universités du monde. « Vous devez avoir une université à vous, si vous voulez être assurés de l'égalité dans les autres universités. » Weizmann tourne si bien sa démonstration que les dons se transforment en investissement.

Le plus souvent, Einstein se contente d'une courte exhortation. L'une de ses interventions fut si brève que la presse put la reproduire *in extenso*. Elle ressemble à un ordre du jour lancé sur le front des troupes. « Votre leader, le docteur Weizmann, a parlé et il a fort bien parlé pour nous tous. Suivez-le. Vous ne sauriez mieux faire. C'est tout ce que j'ai à dire. » Finis la mesure, la réserve, la réflexion et l'humour. Le penseur perdu dans ses réflexions s'efface derrière le militant en service commandé.

Le rôle ne lui convient guère, mais il l'assume avec d'autant plus de gravité que l'université hébraïque, exaltée dans les discours à Cleveland ou Boston, se réduit en Palestine à un arbre symbolique planté à Jérusalem sur le mont Scopus. Alentour, les colonies juives dispersées sont en butte à l'hostilité des populations arabes. Pendant la tournée américaine, Weizmann et Einstein apprennent que de nouvelles émeutes antijuives ont eu lieu. Le sionisme n'est encore qu'un rêve au bout d'une route dont nul ne connaît ni la longueur, ni la difficulté, ni les périls.

*

* *

En définitive, la tournée d'Einstein permet de recueillir un million de dollars, un résultat inférieur aux espérances, mais supérieur aux craintes. La construction de l'université peut commencer à Jérusalem.

Einstein a été invité par de nombreuses universités pour prononcer des conférences scientifiques fort bien payées. Il retrouve avec bonheur sa chère physique et parle pendant des heures devant des auditoires, plus restreints, certes, mais plus éclairés, voire avec de simples étudiants. Il découvre la science américaine à travers les plus fameuses universités de la côte Est : Columbia, Princeton,

Harvard. À l'université de Chicago, il rencontre Albert Michelson, qui n'est toujours pas convaincu par la relativité et rêve d'une nouvelle expérience qui démontrerait la réalité de l'éther, puis Robert Millikan, dont les expériences ont confirmé l'interprétation einsteinienne de l'effet photoélectrique, mais qui doute toujours des quanta de lumière.

Le voyage est épuisant, le couple Einstein a tout juste le temps de faire du shopping. Entre achats et cadeaux, il repart avec une foule de gadgets dont le principal mérite est de ne pas exister en Allemagne. Einstein peut enfin prendre quelques jours de repos en mer après ces « deux mois merveilleux dans ce pays béni ». Car il n'a pas été moins séduit par l'Amérique que l'Amérique par lui. Il est impressionné par la jeunesse, la santé, l'optimisme de cette population qui contrastent avec la fatigue, le pessimisme et la rancœur des Allemands. Il aime encore l'individualisme d'une société dans laquelle chacun peut vivre à sa guise. Plus que tout, il apprécie la paisible cohabitation des différentes « tribus » et juge que, comparé à l'antisémitisme germanique, l'antisémitisme américain n'est guère plus qu'un préjugé. Sans doute se serait-il indigné du racisme anti-noir, mais il ne lui a pas été donné de le découvrir.

Sur le chemin du retour, avant de retrouver l'Allemagne et ses démons, il fait une halte en Grande-Bretagne. Le temps de saluer sir Arthur Eddington, de rencontrer Bernard Shaw et quelques autres célébrités, de poser une gerbe sur la tombe de Newton, et de prendre un mois de vacances, il se retrouve à Berlin, plus haï que jamais par les antisémites, mais, en outre, détesté par la bourgeoisie juive allemande.

Ses nouvelles convictions de Juif militant sont chaque jour renforcées par des agressions qui ne se cachent même plus derrière l'alibi scientifique et prennent la forme d'un harcèlement permanent. Les hommes de Weyland font le piquet devant son domicile et chacune de ses apparitions est l'occasion de le conspuer et de le menacer. Il est chahuté, agressé à l'université. Dans les lieux publics, dans l'autobus, au restaurant, il risque d'être reconnu, apostrophé, injurié.

À l'été 1922, il doit songer à se protéger. « Moi aussi, je reçois sans cesse des mises en garde, écrit-il à Solovine. J'ai cessé de faire cours et je suis officiellement absent, mais en vérité, je suis ici. » Il est interdit de cours et même de conférences. Invité à ouvrir un congrès scientifique à Leipzig, il apprend que des commandos antisémites l'ont placé en tête de liste des personnes à abattre. À son grand regret, il doit renoncer. « Comme j'ai encore quelque envie de vivre, j'ai décidé de mettre mon cadavre à l'abri immédiatement », explique-t-il à Max Planck. Un humour de rigueur car la menace est sérieuse. L'extrême droite a banalisé l'assassinat politique dans la République de Weimar. À son tableau de chasse, on trouve, en 1919, les leaders communistes Karl Liebknecht et Rosa Luxemburg, en 1921, le signataire de l'armistice, Matthias Erzberger, et, plus récemment, le ministre des Affaires étrangères, Walther Rathenau, dont la mort a bouleversé Einstein.

Dans les années suivantes, Einstein parcourt la planète. Par goût des voyages, sans doute ; par dégoût de l'antisémitisme, certainement. L'air du grand large le change de l'atmosphère empuantie de Berlin. Depuis l'Amérique du Sud jusqu'à l'Asie, en passant par la Californie, c'est partout le même accueil enthousiaste. Une version bien particulière du Juif errant qui l'amuse et le fatigue tout à la fois. Acclamé par les foules, honoré par les dirigeants, il conforte son statut de vedette mondiale sans jamais organiser sa propre publicité. C'est la diplomatie germanique qui met à profit ces visites pour valoriser l'image de l'Allemagne. En 1925, il se trouve à Buenos Aires et note dans son journal : « Drôles de gens que ces Allemands ! Je suis pour eux une fleur qui empeste et pourtant ils la portent toujours à leur boutonnière. »

Par tout ce qu'il est, par tout ce qu'il fait, Einstein attire la haine d'une droite en voie de nazification. Son nom revient sans cesse dans les slogans et les diatribes antisémites. En 1928, paraît un ouvrage collectif d'une centaine d'écrivains : *Cent Auteurs contre Einstein*. Les bandes antisémites agressent les Juifs, saccagent les magasins, mais, en dépit, ou bien à cause, de ces menaces, il refuse de partir s'installer à l'étranger. Il n'entend pas laisser le champ libre à ses ennemis et s'érige plus que jamais en défenseur de « sa tribu ».

Contrairement à la plupart des Juifs allemands qui veulent croire à l'apaisement spontané, Einstein ne se fait pas la moindre illusion. Il ne s'agit pas d'une crise passagère, il le sait. Lors de son passage à Prague en 1921, il confie à son ami Philippe Frank qu'il ne pourra pas rester en Allemagne plus d'une dizaine d'années. Prévision exacte, à deux années près !

*
* *

Einstein est devenu sioniste par réaction et non par réflexion. Mais il n'entend pas renoncer à cette sagesse particulière qu'il s'est forgée dans sa vie de mécréant. Entre sionisme et rationalisme, la contradiction le guette à chaque instant. Il lui faut établir son propre mode d'emploi.

L'antisémitisme a plaqué sur lui une judéité vide de contenu. Rien qu'une marque indélébile. Le Juif n'est que le bouc émissaire des non-Juifs, l'objet de toutes les haines. Face à cette agression, Einstein entend retourner contre l'ennemi cette altérité imposée. Il appelle ses frères à porter les valeurs historiques, spirituelles, culturelles du peuple juif, à « retrouver la fierté ». Ce sentiment, qu'il n'est pas le seul à éprouver, conduit beaucoup de Juifs à se ressourcer dans la religion et les coutumes ancestrales, à retrouver la piété perdue et les règles de vie traditionnelles. C'est un choix auquel Einstein ne peut se résoudre. Assumer son histoire ne peut signifier revenir en arrière. Lors de son séjour à Jérusalem, il assiste atterré aux incantations devant le mur des Lamentations. Il note dans son carnet de voyage : « Certains parmi les plus obtus de notre tribu y priaient tout haut, leur visage tourné vers le mur, leur corps se balançant d'avant en arrière. Le spectacle pathétique d'hommes ayant un passé, mais dépourvus de présent. »

Pour concilier cette fidélité avec sa propre exigence rationnelle, Einstein se fabrique une version très particulière de la judéité. C'est dans l'histoire du peuple errant, dans la conscience de « sa tribu » et pas seulement dans la Torah ou le Talmud qu'il recherche les valeurs juives. Il dégage ainsi les croyances ancestrales de leur aspect religieux pour en retenir une spiritualité et une sagesse. « Le judaïsme n'est pas une foi, n'est pas une religion transcendante. Il me paraît douteux qu'on puisse l'appeler une "religion". [...] Il n'existe pas de conception juive du monde », décide-t-il. Cette laïcisation lui permet d'ériger le judaïsme en philosophie des temps modernes.

Il veut y voir « une attitude morale dans la vie et pour la vie », une sacralisation du vivant, doublée « d'un étonnement et d'une joie enivrante en présence de la sublime beauté du monde ». Il retrouve ainsi dans son héritage « le sentiment qui donne à la recherche sa force intellectuelle ». À croire qu'en prônant la « religiosité cosmique », il faisait du judaïsme sans le savoir ! La tradition de solidarité, si forte dans la Diaspora, préfigure les idéaux socialistes : « Ce n'est pas un hasard si les revendications socialistes ont émané pour la plus grande part des Juifs. » Sans doute passe-t-il un peu vite sur le rôle tenu par les Juifs dans l'essor du capitalisme, mais qu'importe ! Enfin les victimes des persécutions antisémites ne peuvent qu'être « les soldats du combat pour la paix ».

Construisant son judaïsme dans son miroir, Einstein y trouve, tout naturellement, ses propres traits : « la soif de la connaissance pour elle-même, l'amour quasi fanatique de la justice et le désir d'indépendance personnelle ». Il déplore, pour mieux l'oublier, le sentiment de peur et de culpabilité qui fonde la morale juive. Car la vertu einsteinienne ne doit pas être inspirée par la crainte de l'Éternel, mais par la raison humaine.

Au terme de cette refondation, il peut lire sur les tables de la Loi : la recherche scientifique tu vénéreras, le socialisme tu pratiqueras, le pacifisme tu défendras, ta destinée personnelle tu accompliras. Il n'y a plus de différence entre la religion du peuple élu et la sagesse du Juif malgré lui. Une même fidélité l'attache à ses convictions et à sa tradition.

*

* *

Reste le sionisme. Einstein a contourné l'obstacle de la religion, mais il se heurte à celui de la nation, sa bête noire. Ne va-t-il pas en fonder une de plus ? Et celle-ci ne risque-t-elle pas d'être belliciste, impérialiste, intolérante à l'égal des autres ? D'autant que le « foyer de peuplement » se développe au milieu d'une population arabe hostile. Pour déjouer ce piège, le sionisme doit se distinguer, dans ses principes mêmes, des autres revendications nationales : « Notre but n'est pas politique mais culturel, social et civilisateur. » La prise de conscience qui fait renaître Israël ne peut se pervertir dans une démonstration de force et de puissance.

Il a été séduit par les premières visions utopistes d'Herzl, imaginant des colons juifs qui ne viennent pas en conquérants, mais en pionniers, qui construisent un pays pour tous ses habitants, Juifs et Arabes. Il veut croire que la dynamique sioniste sera contagieuse et entraînera dans un même progrès les populations locales et les nouveaux arrivants. Cet Israël de rêve, foyer de civilisation, de paix et de concorde bute sur des réalités toutes différentes. Celles d'une Palestine où les colons font face à l'hostilité du monde arabe, celle d'un mouvement sioniste où ses scrupules pacifistes et antinationalistes sont loin d'être partagés. Dès son retour des États-Unis, il s'inquiète d'« un nationalisme juif très virulent qui menace de dégénérer en intolérance et en étroitesse d'esprit ». Le sioniste Einstein vit dans la hantise d'une Terre promise se transformant en une Terre de haine.

En 1922, revenant de son voyage au Japon, il fait escale quelques jours en Palestine. Les autorités britanniques lui réservent un accueil empreint de solennité, mais il va d'abord à la rencontre des colons juifs dont le nombre ne cesse d'augmenter. « C'est le plus beau jour de ma vie, leur dit-il. C'est un grand moment, le moment de la libération de l'âme juive. » Dans ces instants d'enthousiasme partagé, ses interlocuteurs lui demandent même de venir s'établir en Palestine à leurs côtés ! Il découvre des Juifs qui ne sont plus parqués dans des ghettos, qui n'ont plus à dissimuler leur identité derrière une nationalité, qui vivent au grand jour leur judéité en travaillant dur pour construire leur patrie. Le sionisme donne un visage à la nouvelle conscience juive. Mais il a perçu les signes de la tension croissante entre Juifs, Arabes et Britanniques. Il n'est pas moins exalté par ce qu'il a vu qu'inquiet par ce qu'il a deviné.

Deux ans plus tard, son message pour l'inauguration de l'université n'est qu'une longue mise en garde contre le nationalisme. Il parle du nationalisme juif comme d'une « nécessité » en espérant qu'il puisse être un jour dépassé et, pour finir, exhorte le corps enseignant à se préserver de « l'obscurantisme national et de l'intolérance agressive ». Aucun doute, son sionisme n'est pas messianique. Il avoue en 1929 : « Si nous n'étions pas contraints de vivre au milieu de gens intolérants, violents, étroits d'esprit, je serais le premier à rejeter le nationalisme au profit d'un humanisme universel. »

La grande affaire reste pour lui l'université hébraïque. Il s'implique personnellement dans la définition des programmes pour la physique et les mathématiques. Il veut un enseignement de haut niveau qui donne à l'établissement une renommée internationale et se heurte au chancelier de l'université. Incompréhension prévisible entre la Diaspora et les pionniers. Il quitte même, pendant quelques années, ses fonctions au sein du curatoire qui dirige l'établissement. Simple brouille qui ne l'empêche pas, à la fin de sa vie, de lui léguer ses archives.

Pour l'utopie sioniste, la pierre d'achoppement c'est la cohabitation judéo-arabe. Août 1929, des agitateurs, dont le sinistre Mufti de Jérusalem, fomentent des émeutes antijuives dans les principales villes du pays. Massacres, mises à sac, pillages, les troupes britanniques doivent intervenir en force. Presque des opérations de guerre. 133 Juifs et 116 Arabes trouvent la mort dans les tueries ou les combats. L'angélisme n'est plus de saison. À New York, des militants juifs manifestent devant le consulat britannique ; dans les capitales européennes, des volontaires se proposent pour aller combattre en Palestine.

Comment tenir un discours de raison dans un tel déchaînement de violence ? Einstein s'y essaie dans un grand article que publie le *Manchester Guardian* en octobre 1929. Il s'indigne de la passivité, voire de la compréhension, dont la presse anglaise fait preuve à l'égard des extrémistes arabes, il célèbre le travail des pionniers juifs qui font sortir des sables une nouvelle patrie. Il s'efforce surtout de regarder au-delà de l'actualité sanglante. Le mot « paix » revient à plusieurs reprises sous sa plume. Il affirme sa foi dans l'avenir : « Les Juifs se présentent en ami à la nation sœur arabe » et instaureront une « coopération amicale » avec les arabes. *Wishful thinking !*

Au fond de lui-même, Einstein en est beaucoup moins sûr. Il sait que les « meneurs » ne sont pas seuls en cause, que les tensions entre les deux communautés ne se sont jamais réduites et, surtout, que les Juifs n'ont dû leur survie qu'à la protection de l'armée britannique. Or la pérennité de la patrie sioniste ne peut reposer sur les baïonnettes anglaises, elle doit se fonder sur une cohabitation pacifique. Il s'ouvre à Weizmann de ses angoisses et le met en garde contre les dérives nationalistes. « Si nous nous révélons incapables de parvenir à une cohabitation et à des accords honnêtes avec les Arabes, martèle-t-il, nous n'aurons strictement rien appris pendant nos deux mille années de souffrances et mériterons ce qui nous arrivera. » Pour conclure sombrement : « Les Anglais nous laisseront tomber. »

Le message passe mal auprès de Weizmann. S'agit-il de négocier avec les instigateurs des émeutes ? Coupable faiblesse, qui scandalise le leader sioniste. Einstein bat en retraite : « Je garderai le silence », promet-il. C'est compter sans les appels au secours. Vingt-cinq émeutiers ont été condamnés à mort. Einstein ne peut refuser son nom à une demande de grâce. En définitive, trois d'entre eux seront exécutés.

Tout au long des années trente, il va répétant que : « La création d'une coopération satisfaisante des Juifs et des Arabes n'est pas un problème anglais, c'est notre problème. » Il imagine un embryon d'institution judéo-arabe, il rêve d'une Suisse du Moyen-Orient où les communautés réconciliées vivraient en bonne intelligence, il refuse cette évidence, pourtant incontournable : le « foyer de peuplement » ne peut subsister qu'en devenant une nation et une nation ne peut subsister qu'en se dotant d'un État. En 1938, il se débat toujours entre idéal et réalité : « Ma conscience du judaïsme résiste à l'idée d'un État juif avec des frontières, une armée et une part de pouvoir temporel. » Quelle place en Palestine pour une conscience juive désarmée ? Il n'ose affronter la question.

Prisonnier de ses contradictions, le sioniste Einstein ne veut pas voir que son idéal implique un rapport de force, qu'une nationalité et une terre ne sont pas viables sans un État. Il a fait un long chemin jusqu'à la Terre promise, il a tordu certains principes nécessaires à son confort personnel, mais il ne peut se faire violence au point de sacrifier son pacifisme viscéral. Pourtant, ce reniement aussi, il devra le faire. Pas en Palestine, mais en Europe.

*
* *

S'il entretient des illusions sur une réconciliation entre Juifs et Arabes, en revanche, il sait à quoi s'en tenir avec Hitler. L'antisémitisme allemand n'est plus le fait de groupes irréguliers, il s'est organisé et la NSDAP, le parti nazi, puissante, disciplinée, est lancée à la conquête du pouvoir. Face à une telle machine de guerre, la résistance individuelle est dérisoire. Einstein sait que la vague brune risque de submerger l'Allemagne et de le contraindre à l'exil. Au début des années trente, il a fait son choix. C'est l'Amérique qui deviendra sa nouvelle patrie. Il ressent de profondes affinités avec cette société libre et démocratique qui l'accueille à bras ouverts.

L'américanisation d'Einstein commence dès 1930 lorsqu'il devient *visiting professor* au Californian Institute of Technology, le Caltech. La proposition lui est venue d'un homme qu'il connaît bien : Robert Millikan. Cet expérimentateur, qui a tant bataillé contre les quanta de lumière, a fini par rendre les armes et devenir un chaud partisan de la physique einsteinienne. Porté à la tête du prestigieux établissement, il a invité le maître à venir chaque année à Pasadena dans la banlieue de Los Angeles donner un trimestre de cours.

Belle occasion pour Einstein de rompre avec cette errance qui l'épuise sans lui apporter grande satisfaction. En 1928, il a été victime d'un accident cardiaque sérieux qui le condamne à la prudence. Plutôt que s'exhiber aux quatre coins de la Planète, il va reprendre une vie d'universitaire avec des cours, des collègues, des étudiants et la Californie en prime. L'offre de Millikan est acceptée. Au nouvel an 1931, il arrive à Pasadena. Le voilà bien loin des querelles d'écoles qui déchirent la physique européenne et le coupent de ses collègues les plus chers. La science américaine lui offre un bain revigorant au Caltech, pour la physique, mais aussi à l'observatoire voisin du mont Wilson pour l'astronomie. Il rencontre Edwin Hubble qui vient de mettre en évidence la fuite généralisée des galaxies et l'expansion de l'univers. Découvertes qui l'obligent à reconsidérer ses théories cosmologiques.

À ce pur bonheur de scientifique s'ajoutent les mille attraits de la vie californienne. Il devient une coqueluche d'Hollywood et noue une amitié complice avec Charlie Chaplin. À la première des *Lumières de la ville*, ils arrivent bras dessus, bras dessous, saluant la foule qui les acclame. Chaplin lui glisse à l'oreille : « Moi, on m'acclame parce que tout le monde me comprend et vous on vous acclame parce que personne ne vous comprend. »

Seule ombre au tableau, l'activisme d'Einstein qui, pendant son séjour californien, trouve le moyen d'afficher ses convictions socialistes, de dénoncer les persécutions des Croates, d'intervenir en faveur de Noirs injustement condamnés à mort, etc. Millikan, scientifique rigoriste, estime inconvenant qu'un savant se mêle ainsi de politique. Le *visiting professor* doit convenir qu'il a, peut-être, dépassé les bornes de l'hospitalité. Mais il ne peut être question pour lui d'un quelconque « devoir de réserve ». La prise de position est devenue une seconde nature.

Revenant en Allemagne, Einstein trouve une société déliquescente. La crise est insurmontable, la misère sans fin, les hommes sans espoir et l'ombre du nazisme s'est encore étendue. En son for intérieur, il sait que la peste brune est en passe de submerger le pays. Sur le bateau qui l'emporte pour son deuxième séjour californien, il note dans son journal : « J'ai décidé d'abandonner mon poste à Berlin. Je serai un oiseau migrateur tout le reste de ma vie. »

À Pasadena, il a été contacté par Abraham Flexner. Cet universitaire de renom a entrepris de fonder aux États-Unis un temple de la pensée, un « Collège de l'Amérique » comme l'on dit « Collège de France ». Les plus grands esprits de ce temps vivront dans cette abbaye du savoir, travailleront en toute liberté, à l'abri des soucis matériels. Les fonds nécessaires ont été fournis par des mécènes généreux autant que fortunés, Flexner a choisi le lieu : ce sera Princeton, célèbre dans le monde entier pour son université. Il lui reste à trouver les grands prêtres qui occuperont son « Institut pour les études avancées ». Einstein vient en tête de liste. La proposition le séduit, mais, dans l'immédiat, il se trouve lié au Caltech.

Printemps 1932, l'histoire se précipite. L'Allemagne joue son avenir dans les prochaines élections. Einstein, retour de Californie, s'engage dans la campagne électorale. Il appelle la gauche à former un Front populaire, seul moyen de faire barrage aux nazis. Les communistes, qui englobent dans une même détestation social-démocratie et national-socialisme, ne veulent rien entendre. La gauche part au combat en ordre dispersé et se fait laminer. Certes le général Hindenburg l'emporte, mais, derrière lui, Hitler, avec ses 5 millions de voix, se tient en embuscade. Le nouveau, mais si vieux président s'imagine faire pièce aux nazis en s'appuyant sur l'armée. Einstein n'en croit pas un mot. Les militaires n'ont ni la capacité ni la volonté de s'opposer à la poussée nationale-socialiste. Quel parti prendre : partir sans attendre, rester aussi longtemps que possible ? Flexner le rencontre à nouveau, lui réitère ses propositions. Il ne dit ni oui ni non. Ils conviennent de se revoir.

Sa vie est en danger, mais il ne veut pas le savoir. De différents côtés, ses amis lui recommandent de quitter l'Allemagne. Le conseil est sérieux, car les nazis ont bel et bien décidé de l'éliminer. Les appels au meurtre, les menaces de mort se multiplient. Elsa le supplie de renoncer à toute activité publique. Il refuse et s'emporte : « Je ne veux pas passer pour un couard. » Skipper impassible dans la tempête, il déconcerte son entourage par ce courage paisible qui se donne l'élégance de la banalité.

À l'été 1932, il voit Flexner pour la troisième fois. La rencontre a lieu à Berlin, il faut conclure. Après de nombreuses tergiversations, Einstein donne son accord et feint de croire qu'il partagera son temps entre Princeton et Berlin. Il sait bien, au fond de lui-même, qu'il n'en est rien. Reste à régler les questions financières. L'Américain n'entend pas négocier avec sa « vedette » et prie Einstein de fixer lui-même son salaire. La somme demandée est à ce point dérisoire par rapport aux normes américaines que Flexner refuse. Sur de telles bases, il ne pourrait recruter aucun scientifique américain de haut niveau. Il prend sur lui de multiplier le chiffre par six. Einstein, décontenancé, laisse à Elsa le soin de régler ces questions d'intendance.

Le savant a toujours eu des relations bizarres avec l'argent. D'un côté, il déteste la dépense. Dans son grand appartement de Berlin, les pièces qu'il occupe sont dépouillées comme des cellules de moine, alors que les autres, meublées par Elsa, sont cossues. Lors de ses voyages, il n'hésite pas à faire de longs trajets ferroviaires en troisième classe plutôt qu'en première. Une économie personnelle qui ne traduit aucune avarice, sa générosité est bien connue, mais plutôt une mauvaise conscience. Il a l'argent coupable, comme l'on dit des prodigues qu'ils ont l'argent facile. Cela ne l'empêche nullement de se montrer parfois dur en affaires. « Einstein éprouvait pour l'argent des sentiments mêlés. Il était à la fois indifférent et par moments avide [3] », estime Fritz Stern. Les années de misère où il se

3. *Ibid.*

battait pour faire vivre sa famille sont loin. Depuis son arrivée à Berlin, il est délivré des soucis matériels. S'il peut sembler âpre au gain, c'est pour d'autres raisons. Ne pas « se faire avoir », lorsqu'il discute les clauses de son divorce, assurer son indépendance ou bien se prouver qu'il aurait pu s'enrichir s'il l'avait voulu. Le plus souvent, il laisse à son épouse, ou bien à Haber, le soin de négocier les conditions financières des collaborations qu'il entretient avec certaines entreprises ou bien des conférences qu'il va donner à l'étranger. Bref, l'argent n'est certainement pas une préoccupation majeure, un but en soi, rien qu'une nécessité conjoncturelle. Et, dans l'immédiat, Einstein a bien d'autres soucis en tête.

*

* *

À l'automne 1932, il quitte l'Allemagne pour son troisième séjour californien. Depuis 1929, il passe le plus clair de son temps dans sa maison de campagne et n'occupe son appartement berlinois au 5 Haberlandstrasse que contraint et forcé par ses obligations professionnelles. Il n'a jamais aimé Berlin. Prévenu contre cette métropole orgueilleuse, il s'est pourtant attaché à son incomparable communauté scientifique. Il a partagé les souffrances de la population pendant les années de guerre. Mais l'atmosphère berlinoise, empuantie depuis 1919 par les violences antisémites, lui est odieuse. Et s'il parcourt le monde, c'est aussi pour s'en évader.

En 1929, à l'occasion de ses cinquante ans, la municipalité de Berlin a décidé de lui offrir une maison de campagne. L'intention est sympathique, c'est l'occasion d'échapper aux tensions de la capitale. Mais l'opération a été sabotée par ses ennemis au sein de l'administration. La demeure, qui paraît fort agréable..., n'est pas disponible et Einstein n'entend pas déloger les occupants. Pour se rattraper, la municipalité l'invite à choisir un terrain qu'elle lui offrira. Elsa dirige ses recherches vers Caputh près de Potsdam au bord des lacs Havel. Là, sur une colline verdoyante, en bordure de la forêt, elle trouve un terrain en hauteur à la lisière de la forêt. Une vue superbe et le plan d'eau à quelques pas. Le calme, la campagne, la navigation, ce sera parfait pour son mari. Nouveau traquenard, une campagne de presse dénonce cette largesse aux frais de la collectivité. Einstein refuse tout net ce cadeau empoisonné, mais n'entend pas renoncer à ce projet de villégiature qui lui tient à cœur. Il achète le terrain et entreprend de faire construire sa maison. Elsa la voudrait en pierre comme il se doit et lui, en bois, comme il en rêve. Konrad Wachsmann, un jeune architecte, lui propose ses services. Il se prend au jeu, décrit sa maison à Wachsmann qui entreprend de la construire.

La façade sombre, en pin d'Oregon, sur laquelle se détache le blanc des volets, est dominée à l'arrière-plan par les frondaisons du massif forestier. Les vastes pièces sont habillées de bois du plancher au plafond et meublées dans un style résolument moderne. Einstein ne veut pas que le téléphone vienne le troubler dans sa thébaïde. On ne peut le joindre qu'en appelant chez le voisin complaisant qui sonne la trompette pour le faire venir en cas d'urgence. Tel est « le paradis » qu'il occupe à l'automne 1929, ce même paradis qu'il quitte en cet automne 1932 pour effectuer son troisième séjour en Californie. Au moment de partir, alors qu'ils vont prendre place dans la voiture, Einstein se retourne vers son épouse : « Regarde bien cette maison, Elsa, car tu ne la reverras plus. »

*
* *

C'est à Pasadena qu'il apprend la nomination d'Hitler au poste de chancelier, puis les élections-plébiscite qui, un mois plus tard, lui donnent 20 millions de voix et les pleins pouvoirs. Le 5 mars 1933, la main de fer nazie s'est refermée sur le pays. Cinq jours plus tard, Einstein annonce à la presse américaine qu'il ne retournera pas en Allemagne. « Tant que j'en aurai la possibilité, je ne résiderai que dans un pays où règnent la liberté politique, la tolérance et l'égalité des droits. Ces conditions ne sont pas remplies actuellement en Allemagne. »

Il traverse les États-Unis en train pour rejoindre New York. Les mauvaises nouvelles d'Allemagne lui parviennent aux étapes. Les sections d'assaut ont mis à sac la maison de Caputh, sous prétexte de rechercher des armes et des munitions destinées aux communistes. Lors d'une première incursion, les nervis se sont contentés de voler l'argenterie. Margot, sa belle-fille, s'est empressée de mettre le mobilier et les archives à l'abri. L'ambassade de France a bien voulu servir de garde-meubles en attendant de jouer les déménageurs *via* la valise diplomatique. L'appartement de Berlin connaît le même sort dans les jours suivants.

Arrivé à New York, Einstein se rend au consulat d'Allemagne pour s'entendre dire qu'il peut rentrer sans crainte dès lors qu'il n'a rien à se reprocher. Trop aimable ! Il ne remettra pas les pieds à Berlin. Le consul, soulagé par cette décision, le prend à part et lui dit, d'homme à homme : « Vous faites bien. Ils vous traîneraient dans la rue par les cheveux si vous y retourniez. »

Philippe Frank se souvient que la haine nazie était concentrée sur Einstein « à un degré effrayant ». « Les nazis croyaient qu'il était le chef d'un mouvement international clandestin, tantôt présenté comme "communiste", tantôt comme "judaïque international", qui travaillait contre le nouveau régime[4]. »

Il en reçoit une démonstration à l'été 1933. Un déserteur des sections d'assaut tente de lui vendre des informations secrètes sur les nazis. Elsa s'étonne : pourquoi faire une telle proposition à un simple universitaire et pas à un service de renseignement ? Le transfuge répond, le plus naturellement du monde, qu'Einstein est le dirigeant des mouvements antinazis dans le monde. Tous les militants savent cela !

Dès le mois de mars, sa position à l'Académie des sciences de Prusse n'est plus tenable. Doit-il attendre d'être chassé, doit-il prendre les devants ? Il pense à son vénéré maître Max Planck qui préside la Compagnie. Lorsque tombera l'ordre, il devra se soumettre et se déshonorer ou bien résister et s'attirer de graves ennuis. Pour lui éviter ce « sale boulot », il envoie sa démission dès la fin mars 1933. Les nazis sont pris de court et ne peuvent admettre ce départ plein de panache. Einstein ne doit pas claquer la porte, mais être cloué au pilori ! Ils exigent de l'Académie qu'elle dénonce publiquement « la campagne de dénigrement systématique menée par Einstein contre l'Allemagne ». Seul Max von Laue, le premier physicien à être venu le voir à Berne en 1906, s'oppose à cette

4. Philippe Frank, *Einstein, sa vie, son temps*, *op. cit.*

condamnation. Les autres académiciens votent comme un seul homme. Parmi eux, Fritz Haber, le proche des proches, le médiateur du divorce, mais aussi le Juif nationaliste, père de la guerre chimique.

Einstein, Haber : le Juif qui croyait à l'antisémitisme, celui qui n'y croyait pas. La fable éternelle du malheur juif. Au départ, l'un comme l'autre ont dépassé la judéité et misent sur la fin prochaine de l'antisémitisme. Seule différence, le premier a choisi la voie de l'internationalisme et le second celle du nationalisme. Mais le destin veille et chacun, par des parcours opposés, se retrouve au même rendez-vous de l'Histoire. L'un comme l'autre devront livrer la science aux militaires. Haber leur apporte la chimie pour faire les gaz asphyxiants lors de la Première Guerre mondiale, Einstein la physique pour fabriquer la bombe atomique lors de la Seconde.

Haber a tout misé sur la germanisation. Il suffit que les Juifs soient deux fois plus Allemands que les Allemands pour que l'antisémitisme perde sa raison d'être. Il sert la République de Weimar avec la même ferveur que l'Empire germanique de Guillaume II. Promoteur des gaz de combat, il se retrouve en 1918 le savant le plus détesté, le plus dénoncé. Qu'importe ! Il a sa conscience nationaliste pour lui ! Le sionisme fait horreur à ce Juif qui se veut un Allemand « comme les autres », meilleur que les autres, celui qui donne à sa patrie l'arme de la victoire.

En 1920, Einstein comprend dans l'instant que ni le Juif ni l'antisémite ne peuvent disparaître. Il faut donc affirmer haut et fort la judéité et résister... jusqu'à construire l'arme absolue. Haber, au contraire, s'efforce de rester au contact de son peuple, le peuple allemand pas le peuple juif. Il veut croire que la vague antisémite s'apaisera si l'on évite de jeter de l'huile sur le feu. C'est ainsi qu'il accepte de condamner les attaques d'Einstein contre le régime nazi. Ses illusions ne durent guère. Dans les semaines qui suivent, les nazis lancent la chasse au Juif dans toute la société allemande. Max Born, James Franck, Otto Stern et tant d'autres scientifiques doivent abandonner leurs postes. Haber préside l'Institut Kaiser Wilhelm dont il fut l'un des fondateurs. En tant qu'ancien combattant, il est maintenu à son poste, mais il se voit intimer l'ordre d'éliminer tous les « non-aryens ». Un pas qu'il ne peut franchir. Le 30 avril 1933, la mort dans l'âme, il est contraint de remettre sa démission. Dix jours plus tard, les autodafés flambent dans toute l'Allemagne dévorant des milliers de livres d'auteurs « judéo-démocrates ». Einstein en tête.

Haber n'a plus le choix, il quitte précipitamment l'Allemagne, gagne la Suisse et se retrouve Juif réfugié parmi des milliers d'autres. À l'égal de tous les autres. Il reste l'un des plus grands chimistes de son temps et, à ce titre, l'université hébraïque de Jérusalem, ce temple du sionisme, lui ouvre ses portes. Il accepte avec bonheur. Mais il meurt foudroyé par une attaque cardiaque au début de 1934. Sans avoir pu rejoindre la Terre promise.

Par contraste, Einstein incarne le Juif résistant. Lui non plus n'est pas au bout de ses découvertes. Blessé par la condamnation de ses collègues, il tente encore de se justifier et leur adresse une lettre protestant de sa loyauté vis-à-vis de l'Allemagne et les assurant qu'il n'a « jamais participé à aucune campagne de dénigrement contre son pays ». Désarmante naïveté ! Comme si un Juif pouvait plaider sa cause dans l'Allemagne nazie. Quelques jours plus tard, il est rappelé à la nouvelle réalité : tous ses biens ont été saisis et sa tête est mise à prix.

Un homme tente de se dresser contre cette fureur antisémite, le grand Max Planck. Il prend position contre les autodafés et, en mai 1933, sollicite d'Hitler un rendez-vous pour plaider la cause de grands savants, notamment de Fritz Haber. Il montre le tort que de telles exclusions peuvent faire au Reich. Le Führer, comme l'on imagine, ne veut rien entendre et finit par exploser : « Sur ce, il se frappa violemment le genou, se mit à parler de plus en plus vite et entra dans une telle fureur qu'il ne me resta rien d'autre à faire que de me taire et de m'en aller. » Planck ne devra qu'à son âge et à son prestige de ne pas finir en camp de concentration.

Revenu en Europe, le réfugié Einstein prend contact avec sa grande amie la reine Élisabeth de Belgique. Les autorités lui trouvent une maison très discrète, perdue dans les dunes, battue par le vent, à Coq-sur-Mer. Einstein s'y installe avec sa famille, mais il n'entend ni se taire ni se terrer. Il se rend à Londres pour participer à un meeting antinazi aux côtés de Winston Churchill devant 10 000 personnes. À ses amis pacifistes belges qui le sollicitent, il fait savoir que le temps n'est plus à l'objection de conscience, qu'il faut se défendre par les armes face au péril nazi. Il a fait, en Europe, le pas qu'il ne peut se résoudre à franchir en Palestine.

Tout le monde, sauf l'intéressé, s'inquiète pour sa sécurité. Coq est trop près de la frontière. En Allemagne, les attaques incessantes de la presse nazie, notamment du *Volkischer Beobachter*, sont autant d'appels au meurtre. Un magazine publie sa photo en couverture demandant ce qu'on attend pour le pendre ! Des assassins n'auraient aucune peine à venir se mettre sous la protection nazie une fois le coup fait. Einstein en parle avec son détachement coutumier. Il écrit à Max Born, lui-même exilé en Grande-Bretagne : « J'ai été promu en Allemagne au rang des monstres dangereux. » Il vit désormais avec deux gardes du corps qui le protègent vingt-quatre heures sur vingt-quatre. Une protection qu'il supporte mal, mais la Reine l'a décidé. Lourde tâche de garder un homme qui n'a aucun sens de la menace et doit vivre caché alors que sa tête est connue de la Terre entière et qu'il raconte à tout le monde où il se trouve et comment on peut le joindre.

Einstein n'est plus à sa place en Europe. Dans les premiers jours d'octobre, il prend le bateau. Adieu le cauchemar européen, bonjour le rêve américain. Mais les rêves aussi peuvent virer au cauchemar.

*
* *

Au lendemain de la Première Guerre mondiale, on a vu Einstein prêcher la réconciliation entre les belligérants. Au soir de la Seconde Guerre mondiale, ce pèlerin de la concorde universelle professe à l'égard des nazis une haine incommensurable. Il réclame justice et même vengeance. Mais il ne prononce plus guère les mots abhorrés : Hitler, nazisme, SS, non, il ne dit plus que : « Allemands ». Dès 1944, faisant un éloge funèbre aux victimes du ghetto de Varsovie, il pose l'équivalence : « C'est en tant que peuple dans son entier que les Allemands sont responsables des massacres. [...] Derrière le parti nazi, il y a le peuple allemand qui a voté pour Hitler. »

D'une guerre à l'autre, l'histoire ne se répète pas. En 1918, les puissances occidentales ont étranglé une Allemagne qui, en définitive, n'était guère plus coupable que ses vainqueurs. En 1945, elles s'efforcent de relever une Allemagne vaincue qui a commis les plus abominables des crimes. Cette mansuétude plus réaliste que généreuse, Einstein ne l'admettra jamais. Il ne peut accepter que la condamnation des nazis, quand ce n'est pas la simple condamnation du nazisme, suffise à exonérer la population. Au nom de ses frères martyrisés, c'est une responsabilité collective qu'il dénonce, une responsabilité imprescriptible.

Il est sollicité par tous ceux qui, se souvenant des années vingt, voient en lui l'homme de l'apaisement et de la réhabilitation. Dès 1946, il refuse de signer un appel pour adoucir la condition du peuple allemand. Physicien, allemand et ami d'Einstein, Arnold Sommerfeld lui propose de reprendre sa place à l'Académie des sciences de Prusse. La réponse tombe comme une sentence : « Après les massacres de mes frères juifs en Europe par les Allemands, je n'ai plus rien à faire avec ces derniers. » Dans les années suivantes, il sera constamment approché pour renouer les liens avec l'Allemagne à travers des nominations, des décorations, ce sera toujours le même refus hargneux.

En 1949, Otto Hahn, dont l'attitude fut très courageuse sous le régime hitlérien, lui propose de reprendre sa place au sein de la société Max Planck. Loin d'enrober sa réponse de formules diplomatiques, il parle haut et fort. Il rappelle que « le crime des Allemands est véritablement le plus abominable dont on ait gardé le souvenir dans l'histoire des nations dites civilisées ». Or on ne trouve « pas trace de repentir » dans le peuple ou dans l'élite. Il éprouve une « aversion irrépressible » à l'égard de l'Allemagne et veut s'en tenir éloigné, « par crainte de se souiller ».

En 1951, lorsque les Allemands veulent le réintégrer dans l'Ordre allemand du mérite, il se récrie : « Aucun Juif qui se respecte ne voudra plus jamais être lié à une manifestation ou une institution allemande quelle qu'elle soit. »

Pendant la guerre, son ami Max Born, juif comme lui, s'est réfugié à l'université d'Édimbourg. Sitôt la paix revenue, il reçoit des appels du pied de collègues allemands qui le verraient bien revenir au pays. Lui-même souhaite une telle réconciliation. C'est chose faite en 1953, lorsque, n'ayant plus de poste en Grande-Bretagne, il accepte de reprendre son enseignement à Göttingen. Un retour qui se voulait discret mais qui est signalé par un énorme coup de cymbale lorsque Born se voit attribuer le prix Nobel de physique en 1954.

Einstein est choqué que son ami puisse ainsi tourner la page du nazisme et tendre la main aux Allemands. Pour se justifier, Born tente d'expliquer qu'ils ne sont pas tous également coupables. Il prend pour exemple l'église quaker à laquelle appartient son épouse et qui a été persécutée par les nazis. Son interlocuteur ne concède qu'avec les plus grandes réticences l'existence de quelques justes dans ce « pays des assassins de nos compatriotes ».

Cette haine, il ne pourra jamais la dominer car il s'agit d'un sentiment étranger à sa nature. Il l'a combattue sous toutes ses formes pendant les cinquante premières années de sa vie. Il ne lui trouvait aucune place dans l'humanisme qu'il avait chevillé au corps. L'horreur nazie la lui a imposée. Le crime contre l'humanité, c'est aussi d'avoir retiré à des milliers de justes comme Einstein une parcelle de leur humanité.

*

* *

Le nazisme lui fait découvrir la haine, le sionisme va le ramener à la réalité. Le 11 janvier 1946, alors que les rescapés de la Shoah se battent pour rejoindre la Terre promise, Einstein dépose devant la commission d'enquête anglo-américaine sur la Palestine. C'est l'occasion d'attaquer violemment la politique britannique. Les Anglais, explique-t-il, sont les grands responsables des affrontements, ils divisent pour mieux régner. Derrière cette accusation, pointe l'espoir que Juifs et Arabes puissent vivre en bonne intelligence. Il s'oppose à la création d'un État juif, né d'une division du pays, qui serait une source éternelle de conflits avec les Arabes. Il veut croire à une sorte de Palestine binationale et laïque, qui garantirait les droits de chaque communauté sous le contrôle de l'ONU.

Pour les Juifs de Palestine, les choses sont plus simples : « Hors d'un État point de salut. » David Ben Gourion, leur leader, obtient de l'ONU, le 29 novembre 1947, le vote historique qui partage la Palestine et crée l'État d'Israël. Les pays arabes déclenchent la guerre. Les Juifs doivent conquérir leur indépendance les armes à la main. Une fois de plus Einstein se rend au verdict de l'Histoire et admet que ses frères « doivent se battre pour leurs droits ». Le 4 mai 1948, il salue la proclamation de l'État d'Israël comme « l'accomplissement de nos rêves ». Il y voit « un des rares événements politiques qui ait un sens moral ». La partition de la Palestine et la création d'Israël sont devenues des faits irréversibles, c'est dans cette direction désormais qu'il faut réaliser l'idéal sioniste. Il est donc plus attaché que jamais à la cohabitation pacifique avec le monde arabe.

Entre une Allemagne vouée à une haine éternelle et une Amérique en proie au maccarthysme, dans laquelle il pressent une dérive fasciste et antisémite, il trouve dans l'État juif une patrie lointaine et présente tout à la fois. Il ne manque pas une occasion de lui manifester son attachement. « La relation que j'entretiens avec le peuple juif est devenue le lien humain le plus fort que je puisse éprouver », constate-t-il.

Devenu le premier président d'Israël, Chaïm Weizmann meurt en novembre 1952. David Ben Gourion pense à Einstein pour le remplacer. La proposition lui est transmise par l'ambassadeur Abba Eban. La fonction est, certes, plus honorifique que politique, mais, pour l'ermite de Princeton, il ne peut être question de se transformer en chef d'État. Il en est quitte pour tourner et retourner les termes de sa lettre afin que son refus ne puisse en rien être interprété comme un manque d'intérêt ou de solidarité vis-à-vis d'Israël. Ce qui ne l'empêche pas de dire à sa belle-fille : « Si j'avais été président, il m'aurait fallu dire parfois au peuple israélien des choses qu'il n'a pas envie d'entendre. »

En 1955, Israël va fêter son septième anniversaire. Dans des conditions difficiles. Les pays arabes n'ont toujours pas admis l'existence de l'État juif, la guerre peut reprendre à tout moment. Einstein voudrait faire entendre sa voix. Mais il est à bout de forces. Le 12 avril, il reçoit à Princeton Abba Eban et lui propose de faire une déclaration radiodiffusée qui serait un témoignage en faveur d'Israël... et de la paix bien sûr. Eban, qui mesure la grande faiblesse de son interlocuteur, le remercie et prend rendez-vous pour l'enregistrement.

Einstein commence à rédiger son allocution. Il n'est pas très satisfait de son texte. Mais il n'est guère en état. Il recommence, termine une phrase : « Les passions politiques, une fois attisées dans les flammes, exigent leurs victimes. » Puis il est pris de douleur et s'effondre. Il doit être hospitalisé. Il meurt quatre jours plus tard. Signe du destin, son travail s'arrête sur la pensée d'Israël.

*

*   *

Citoyen du monde, étranger dans tous les pays, il avait projeté ses racines dans le cosmos. Du moins le croyait-il, jusqu'à ce qu'il retrouve la longue mémoire de sa tribu. Juif errant, il n'a jamais habité dans la cité, qui, pourtant, reste, après sa disparition, son plus authentique lieu de mémoire, Jérusalem. La Ville sainte se découvre depuis le mont Scopus qui la domine à l'est. C'est de là que, au fil des millénaires, les conquérants ont embrassé du regard le Temple, les basiliques, les mosquées, le centre du monde, dont ils voulaient s'emparer. Lorsque Einstein se rendit sur ce belvédère mythique en 1923, il ne tint pas un discours de conquête mais de connaissance, il parla de la relativité. Une manière de consacrer au savoir ce lieu qui allait accueillir l'université hébraïque.

L'inauguration de l'établissement en 1925 fut ressentie chez les colons, mais aussi dans la Diaspora, comme l'acte fondateur du nouvel Israël. Jusque-là la Palestine n'avait été pour les vagues successives d'immigration qu'une terre de peuplement, pas une patrie. Avec cette université, c'est l'esprit même du peuple juif qui revient en Israël. Et cet esprit n'était pas celui de la religion traditionnelle qui exclut les incroyants, mais celui du savoir moderne qui inclut tous les hommes.

Pour Einstein, ce temple juif du savoir symbolise mieux que toute démonstration sa vision d'un sionisme culturel et civilisateur. C'est pourquoi il lui demeure si fort attaché, depuis sa conception jusqu'aux péripéties de son existence. En 1949, lorsqu'il reçoit le titre de *docteur honoris*, il célèbre : « Cette université qui est aujourd'hui une chose vivante, un havre d'étude et d'enseignement libre et de travail paisible et fraternel. » Une vision fort idéalisée de la réalité. Lors des combats de 1948, le mont Scopus avait été âprement disputé et, si les Israéliens l'avaient conservé par miracle, il constituait une enclave juive, sous protection onusienne, en territoire arabe. Le rêve einsteinien d'une renaissance culturelle juive s'épanouissait à l'intérieur de l'université, mais, à l'extérieur, celui d'une cohabitation fraternelle judéo-arabe était toujours aussi lointain.

L'université hébraïque se trouve dépositaire des archives d'Einstein et même de ses droits qui, en raison de sa célébrité persistante, sont fort importants. Des chercheurs, des historiens étudient sa vie et son œuvre. Du monde entier, on vient ici consulter les documents et les spécialistes. Einstein qui n'a pas voulu de tombeau a trouvé sur le mont Scopus le lieu où souffle son esprit. C'est ici qu'il se perpétue dans une jeunesse de toutes les nationalités, de toutes les ethnies pour se plonger dans un savoir universel et juif tout à la fois. C'est ici aussi, dans la cafétéria « Sinatra », au cœur du campus, que le 1er août 2002 explose une bombe, tuant neuf étudiants, en blessant soixante-dix autres. L'engin, bourré de clous et de boulons, véritable bombe à fragmentation, a frappé indistinctement des Israéliens, des Arabes, des Américains, des Italiens, des Coréens, un Français.

L'attentat fut revendiqué par le Hamas pour venger la liquidation, huit jours plus tôt, d'un de ses chefs. Une opération qui avait coûté la vie à dix-sept Palestiniens dont dix enfants. L'intervention de l'armée israélienne était elle-même justifiée par des attentats qui venaient en réponse à des actions des Israéliens... C'est l'engrenage de la violence qui broie tout espoir de paix. Une fois de plus, le rêve d'Einstein s'est fracassé sur le mur de la haine.

CHAPITRE XI

La trahison des quanta

Célèbre ou anonyme, mauvais juif ou sioniste, Einstein reste le géant de la physique, le plus grand, le plus novateur, cela seul importe. Ce statut de *primum inter pares* est à l'abri des intrigues, disgrâces et autres événements contingents, car il ne tient qu'à sa suprématie intellectuelle. C'est, du moins, ce qu'il peut croire en 1925. Les physiciens vivent à l'affût de ses moindres pensées, guettent ses publications, s'inquiètent de ses opinions. Et pourtant, en l'espace de dix ans, le génie qui annonce les vérités à connaître, le maître qui indique la route à suivre laisse place à l'ermite de Princeton que le public prend pour le plus grand savant du monde, mais dans lequel les scientifiques ne voient que l'homme le plus célèbre de son temps.

Seul contre tous, il répète pendant les trente dernières années de sa vie : « Dieu ne joue pas aux dés. » Jusqu'à s'entendre répondre par Niels Bohr : « Mais qui êtes-vous, Einstein, pour dire à Dieu ce qu'il doit faire ? » Einstein a été abandonné par ce « Dieu » qui l'avait guidé vers ses plus grands succès. Et les agents de cette trahison sont les diables qu'il a fait surgir des mondes souterrains : les quanta.

*
* *

L'affaire, il est vrai, s'est mal engagée. Les nouveaux venus ont « désespéré » leur père, Max Planck, lorsqu'il les a présentés en 1900. Les ayant découverts dans ses équations, il n'est pas allé les chercher dans la lumière. Quel désordre affreux dans la physique si ces entités mathématiques se retrouvent dans le rayonnement ! Une retenue qui ne convient guère au révolutionnaire de 1905. Il s'interroge sur cette lumière qui naît sous forme de gouttes et se propage sous forme d'onde et conclut que les quanta sont une réalité dans la source lumineuse, mais également dans la lumière.

Connaissant la fin de l'histoire, on imagine que le petit génie a tout de suite pensé aux photons mais s'est abstenu d'en parler afin de ne pas effaroucher ses aînés. Vision rétrospective erronée. Einstein mettra plus de dix ans à se persuader que ces quanta de lumière correspondent à une réalité physique, dix années d'interrogations, de doutes, d'avancées et de reculs ; dix années à se débattre contre ces maudits « je ne sais quoi » qui le poursuivent et le harcèlent comme un essaim d'abeilles bourdonnantes.

Perplexité naturelle : l'hypothèse n'est pas audacieuse, elle est absurde, puisque contradictoire dans ses termes. Car la lumière est ondulatoire, Einstein est le premier à en convenir. L'onde est continue, elle se répand de proche en proche, s'étale à mesure qu'elle progresse, possède des propriétés vibratoires : fréquence, longueur d'onde, etc. La particule, à l'inverse, est un grain de matière individualisé qui possède une masse, une vitesse, donc une impulsion, qui suit une trajectoire, etc. Des vagues sur l'eau d'un côté, une balle de fusil de l'autre. C'est l'un *ou* l'autre, certainement pas l'un *et* l'autre. En ce début de siècle, une onde-corpuscule est à la physique ce qu'une sirène est à la biologie : un non-sens.

« Quanta ! Vous avez dit quanta ? » Les physiciens préfèrent ne pas entendre. Ils oublient cette chimère corpusculo-ondulatoire. L'impétueux Albert, qui annonçait un article « révolutionnaire » sur les quanta de lumière, en est pour ses frais. En 1909, lorsque, pour la première fois de son existence, à Salzbourg, il prend la parole devant un aréopage de scientifiques, avec Max Planck au premier plan, il présente ses réflexions qui n'ont guère progressé en quatre ans. Les bestioles restent fantomatiques autant qu'énigmatiques. Le jeune prodige postule que les caractéristiques ondulatoires et quantiques « ne doivent pas être tenues pour incompatibles » et appelle de ses vœux « une fusion de la théorie ondulatoire et de la théorie [par quanta] de l'émission lumineuse ». Vœux pieux, car Einstein est bien le seul physicien que ces chimériques quanta empêchent de dormir.

Il a beau travailler « sans discontinuer », ce n'est pas chez lui une façon de parler, force est de reconnaître que ses idées « ne valent pas un clou ». Insaisissables quanta ! Et s'ils n'étaient qu'un artefact, qu'une illusion ? Dans une lettre à Lorentz, il en vient à les renier : « [...] à mon avis il est exclu que la lumière soit constituée de points discrets, indépendants les uns des autres ». Quanta ou pas, la réalité exige une explication. Il creuse le champ électromagnétique pour la trouver, mais ça ne donne rien. En 1910, il en est toujours au même point : « [...] peut-on concilier les quanta et le caractère ondulatoire ? Les apparences sont contre, mais Dieu semble avoir trouvé un truc. » De fait, dans une autre lettre de la même époque, il affirme : « La théorie des quanta ne fait pas de doute pour moi. » L'année suivante, on le retrouve « travaillant comme une bête de somme » sur cette énigme « qui l'obsède ». Il est à nouveau pris par le doute : « Je ne suis pas le quantiste orthodoxe que vous croyez », écrit-il à Lorentz.

Arrive le premier congrès Solvay de 1911. Dans ce saint des saints de la physique, Einstein revient sur sa ménagerie diabolique. Il régale ses collègues d'une superbe expérience de pensée avec une boîte, un rayonnement du corps noir, un gaz parfait, un miroir, pour démontrer la structure, ondulatoire et quantique, de la lumière. Le président de l'assemblée, Hendrik Lorentz, rappelle que rien dans les théories de Maxwell n'autorise une quantification de la lumière.

Les quanta sont déroutants, l'atome incompréhensible, les questions progressent plus vite que les réponses, la physique se retrouve en panne au milieu du gué. « Le congrès avait tout l'aspect d'une lamentation sur les ruines de Jérusalem », écrit Einstein, qui constate avec accablement : « plus la théorie des quanta remporte de succès, plus elle a l'air bête ». Le monde des physiciens n'est pas intéressé par ses personnages pour contes de fées et n'y voit qu'une erreur de jeunesse. En 1913, Max Planck, grand défenseur d'Einstein et de la relativité, cite « les spéculations sur les quanta de lumière » comme un échec de son protégé.

C'en est trop ! Il abandonne ses ectoplasmes lumineux à leur double nature et se lance dans l'expédition au long cours qui le conduira, cinq ans plus tard, aux rives de la relativité générale. En son absence, les physiciens remisent les quanta de lumière au garage des problèmes sans solution. C'est l'atome qui leur vole la vedette.

*
* *

Il existe, cela ne fait plus de doute, mais à quoi ressemble-t-il ? Une première réponse est fournie en 1910 par le Britannique Ernest Rutherford. La fameuse « brique élémentaire » se révèle d'abord pleine de vide. Au centre, un noyau minuscule, dix mille fois plus petit que l'ensemble et, tout autour, des électrons qui tournent. Cela fait penser... mais oui, bien sûr, au système solaire. Une analogie entre l'infiniment petit et l'infiniment grand qui frappe les esprits. Hélas ! le temps de refaire les calculs et l'atome de Rutherford s'effondre.

Un électron qui tourne en orbite doit rayonner de la lumière, il va en quelque sorte s'user et finir, épuisé, par s'écraser sur le noyau. Désolé professeur Rutherford, le « microsystème solaire » n'est pas viable. Au reste, les atomes ne rayonnent pas comme des toupies électroniques. Certes, ils émettent de la lumière, ils en absorbent aussi, mais pas n'importe laquelle, pas n'importe comment, puisque chacun imprime sa signature à travers ces fameuses raies correspondant à des couleurs bien précises. Ces « codes-barres » atomiques deviennent le sphinx de la physique atomique. Or le noyau-soleil et les électrons-planètes de Rutherford n'expliquent en rien les spectres atomiques et vont être recalés lorsque arrive un jeune Danois de génie. On aura reconnu Niels Bohr.

Il reprend l'atome de Rutherford et lui impose la discipline quantique. L'espace atomique n'est plus continu comme une pente, il est structuré comme un escalier. Tout autour du noyau, Bohr trace des orbites bien précises et les électrons se voient interdire de tourner ailleurs que sur ces itinéraires autorisés. Accrochés à ces pistes aménagées, ils sont en roue libre, n'émettent aucune radiation, ne se fatiguent pas et peuvent faire la ronde éternellement. Pourtant les électrons ne sont pas rivés à leurs orbites, ils en changent même constamment. Mais ils ne peuvent passer progressivement de l'une à l'autre puisqu'il est interdit de tourner dans ces espaces intermédiaires. Ils doivent les franchir d'un bond. Bohr a inventé les puces électroniques, les vraies, qui sautent sans cesse d'une orbite à l'autre. Mais où trouvent-elles l'énergie nécessaire pour cette existence bondissante ? En jouant avec les quanta de lumière. Lorsqu'elles en absorbent un, leur énergie augmente et hop ! elles sautent sur la marche du dessus, si elles en libèrent un, au contraire, elles perdent de l'énergie et tombent sur la marche du dessous.

Voilà donc expliquée la stabilité de l'atome, les électrons ne se fatiguent pas quand ils ne font que tourner, et les raies spectrales qu'ils émettent correspondent tout simplement à leurs sauts. Comme chaque atome a son architecture orbitale particulière, les transitions d'un étage à l'autre ne sont jamais les mêmes. Or cet écart va déterminer l'énergie du quanta émis ou absorbé. Le code-barres spectral, c'est tout simplement la structure atomique qui s'inscrit dans la lumière. L'atome nous dit ce qu'il est à travers son rayonnement. Encore faudrait-il savoir déchiffrer le message.

Lorsqu'en 1913 Bohr présente son travail, Einstein parle de « miracle », mais il se débat avec ses maudits tenseurs de la relativité généralisée et n'a pas la tête à cela. Dans les années suivantes, le modèle perd de sa superbe. Il prédit certaines raies spectrales que l'on n'observe pas, bute sur la structure bizarre de certaines autres et ne peut expliquer les différences d'intensité lumineuse. Bohr a beau « améliorer » son invention, l'atome n'a toujours pas livré ses secrets. Sans compter cette diabolique ambivalence ondes-particules à laquelle il n'apporte aucune réponse.

*
* *

1916, la relativité généralisée a été menée à bonne fin, mais les quanta font toujours tache sur une physique qui ne peut ni les éliminer ni les intégrer. Einstein les retrouve là où il les a laissés et désespère d'en venir à bout. Et c'est à nouveau l'illumination : il écrit à Besso qu'il vient d'avoir un « trait de lumière ». Sans doute a-t-il « vu » les atomes jouer au ballon avec les quanta, une image qu'il lui faut traduire en bonne physique. En l'espace de deux ans, il publie deux articles : « la première théorie des quanta ».

Premier point qu'Einstein avait déjà établi en 1906 : ce phénomène de quantification est général, il porte sur la matière, l'énergie, le rayonnement, la chaleur, il concerne l'émission du rayonnement, sa propagation et son absorption. À tous les stades, les processus sont découpés et la constante de Planck bat la mesure. Second point : dans un gaz à l'équilibre, les atomes ne cessent d'échanger des quanta de lumière [1], des photons, qu'ils émettent et absorbent en permanence. Les absorptions devant bien sûr équilibrer les émissions et se traduisant par ces raies d'émission ou d'absorption.

Einstein entreprend de décrire les mécanismes de cette interaction. Tantôt l'atome crache de manière spontanée un photon. Tantôt il en avale un. Et voici la vraie trouvaille. Il arrive que le choc d'un photon ne débouche pas sur une absorption, mais sur une émission. Comment cela ? L'atome se trouve en quelque sorte stimulé par cette interaction et, plutôt qu'avaler l'importun, il réagit en émettant un second photon en tout point comparable au premier. Imaginons que le phénomène se produise des milliards de milliards de fois, nous aurions un faisceau lumineux dont les photons seraient tous semblables et, qui plus est, marcheraient tous au même pas, c'est ce que nous appelons aujourd'hui un faisceau laser. Einstein pose dès 1917 le principe de cette émission stimulée qui est à la base de cette nouvelle lumière, mais il faudra un demi-siècle pour passer de la théorie à la pratique et construire les premiers lasers.

Troisième point : ces interactions entre les atomes et les photons ne se présentent pas du tout sous forme ondulatoire. Les processus sont orientés, ils ont nettement le caractère corpusculaire.

Quatrième point : la théorie permet d'établir qu'à chaque instant les émissions équilibrent les absorptions, de calculer la fréquence de ces processus, d'évaluer les directions privilégiées de ces interactions, mais elle ne peut faire cette description pour un atome en particulier. Elle est statistique, probabiliste. C'est la véritable rupture, mais Einstein n'en mesure pas l'importance.

En soi la probabilité n'est pas pour le déranger. Il s'en est même fait le champion. Lorsque la physique doit traiter d'objets infiniment petits et infiniment nombreux, atomes ou molécules, elle ne s'embarrasse pas de reconstituer les comportements individuels. En soi, ceux-ci seraient parfaitement descriptibles avec les lois de la mécanique. Mais cela n'aurait pas d'intérêt et même aucun sens pour

1. Disons, pour plus de clarté, des « photons », puisque c'est ce dont il s'agit, bien que la notion n'ait été admise que quelques années plus tard et que le mot n'ait été introduit qu'en 1926 par le physicien américain Gilbert Lewis.

décrire la dynamique d'un gaz par exemple. C'est alors que les physiciens doivent raisonner par populations en s'appuyant sur la mécanique statistique et les lois des grands nombres. Ils arrivent ainsi à des résultats très satisfaisants au seul niveau qui les intéresse, le niveau macroscopique. Cette probabilité n'est jamais qu'une façon de modéliser les phénomènes. C'est de la statistique. Définir les comportements collectifs des Français n'empêche nullement de suivre tel ou tel d'entre eux si on le souhaite. Pour Einstein, en ce tout premier stade de la physique quantique, il ne fait pas de doute que la probabilité sur laquelle il bute est du même ordre. Ce n'est pas la nature des phénomènes qui est en cause, c'est une façon de les observer. Il n'y a pas lieu de s'en étonner, encore moins de s'en alarmer.

Notons qu'à l'époque une autre probabilité a montré le bout de l'oreille. Les chercheurs ont observé que, pour chaque élément radioactif, il existe une durée au terme de laquelle la moitié des atomes se sont désintégrés spontanément. Cette « période » très précise est caractéristique de chaque corps radioactif. Certains se désintègrent en quelques minutes, d'autres mettent des millénaires. Mais cette précision statistique ne peut être transposée à l'échelle individuelle. Si l'on prend un atome en particulier, il est impossible de prévoir l'instant de sa désintégration. Que la « période » soit de dix jours ou de cent ans, peu importe, il peut également exploser dans les heures qui suivent ou bien rester stable pendant des siècles.

Ainsi les lois de la désintégration radioactive ne sont pas de même nature que les autres lois scientifiques. Celles qui président à la chute des corps par exemple ne laissent aucune place à de telles incertitudes. Une pierre qui est lâchée tombe et l'on peut prévoir quand et comment. C'est dans les dessins animés que les personnages au-dessus du vide hésitent avant d'entamer leur chute. Dans la réalité, l'objet obéit nécessairement et instantanément. Chaque phénomène est enchaîné à sa cause et se produit à l'identique dans toutes les situations comparables.

Cet ordre absolu, totalitaire, n'est plus vérifié avec la radioactivité. Chaque atome semble faire ce qu'il veut à l'intérieur d'une contrainte qui ne s'applique qu'à la collectivité. Comment une telle anarchie individuelle peut-elle se combiner avec une discipline collective aussi stricte ? Heureusement, il s'agit d'une exception, d'une bizarrerie, limitée à la seule radioactivité et que la communauté scientifique s'efforce d'oublier. En 1916, Einstein n'envisage pas un instant qu'un tel phénomène puisse s'appliquer aux quanta.

Car son ordre cosmique ne saurait s'accommoder de ce désordre individuel. Il implique que le moindre événement ait une cause précise, que les lois de la science enchaînent, par des étapes nécessaires, un état final à un état initial. Et cela doit rester vrai pour les particules comme pour les planètes. On ne fait pas de la science avec des « à-peu-près » qui finiraient par dissoudre cet influx nerveux du réel : la causalité.

La théorie des quanta que présente Einstein est une ébauche et rien de plus. Elle ne fournit donc qu'une description très grossière. Lorsqu'elle sera complète, chaque événement sera analysé en détail et permettra de suivre pas à pas l'enchaînement des causes et des effets. Une théorie probabiliste n'est pas fausse, elle est incomplète. À mesure qu'elle se perfectionne, le détail individuel reprend ses droits sur la vérité statistique.

Au tournant des années vingt, Einstein connaît un peu mieux le comportement des quanta, mais reste toujours aussi ignorant de leur nature. D'autant que la période n'est guère propice aux spéculations théoriques. Entre la fin de la guerre, les troubles politiques, l'apothéose de l'éclipse et les persécutions antisémites, il n'a plus le temps de fouailler ses diaboliques chimères. Il s'en plaint dans ses lettres, parle de sa vie « fébrile et trépidante », du « tourbillon » permanent qui l'empêche de travailler. En dépit de ce progrès, la notion lui paraît « toujours aussi obscure ». Ses efforts solitaires ne mènent à rien et les théoriciens n'ont aucune envie de s'aventurer sur un terrain aussi mal assuré. Seuls les expérimentateurs explorent les terres quantiques. Einstein a conduit la physique au seuil du monde quantique, mais il ne parvient pas à franchir les derniers obstacles.

*

* *

Parmi les expérimentateurs se trouve un personnage hors du commun : le duc Maurice de Broglie. Aristocrate et fortuné, officier de marine de formation, il est devenu physicien par vocation. Une passion qu'il satisfait en dehors des circuits officiels dans les laboratoires privés qu'il a fait installer au château familial dans l'Eure ou bien à l'intérieur de son grand appartement parisien. Cet amateurisme donne rarement de bons résultats. Maurice de Broglie sera l'exception. Il choisit Paul Langevin comme mentor, se lance dans la « physique atomique » et poursuit des recherches qui lui vaudront de figurer en 1911 parmi les invités d'Ernest Solvay. Une caution bourgeoise bienvenue lorsque les reconnaissances aristocratiques sont superflues.

Le duc a pour frère Louis, de dix-sept ans son cadet, dont il assure l'éducation et auquel il transmet sa passion de la physique. Seule différence, l'aîné a le virus de l'expérience et le cadet celui de la théorie. Pendant la Grande Guerre, le duc Maurice travaille sur les transmissions sous-marines et le très jeune Louis fait le télégraphiste à la Tour Eiffel. C'est ainsi que le 10 novembre 1918, il découvre avant tout le monde le télégramme annonçant que les plénipotentiaires allemands vont signer l'armistice. En 1918, tous deux retournent à la physique. Maurice à ses appareils, Louis à ses pensées.

Le cadet s'est donné à la physique au point de rompre ses fiançailles et vivre dans le célibat, hors du temps, hors du monde, figé dans son costume strict et son col cassé à l'ancienne. Il poursuit en solitaire sa réflexion sur les quanta, ne participant à aucune école, ne subissant aucune influence. C'est ainsi que ce très jeune homme, d'une timidité maladive, révèle une audace époustouflante. Au lieu de s'interroger sur la nature insaisissable des « particules lumineuses », il s'intéresse à celle, en apparence plus simple, des « particules de matière ». Et voilà l'idée de génie : les unes et les autres – c'est-à-dire à l'époque l'électron, car on ne fréquente guère le proton et l'on n'a pas encore rencontré le neutron – ont une composante ondulatoire. Quand il parle de son hypothèse à Langevin, celui-ci la trouve absurde, mais le laisse aller son chemin.

En l'espace d'une année, entre 1923 et 1924, Louis de Broglie construit une théorie cohérente qu'il résume en trois petites notes. L'électron revu par Broglie reste un point de matière, mais se déplace au milieu d'une onde. Entre les propriétés de la particule – énergie, vitesse – et celles de l'onde – fréquence, longueur d'onde –, la relation se fait en passant par l'incontournable constante de Planck.

Il s'agit d'une théorie quantifiée et son inventeur l'applique tout de suite à l'atome de Bohr. Avec des électrons ondulatoires, ces vélodromes aux pistes obligatoires s'expliquent aisément. C'est tout simplement une histoire d'ondes stationnaires, de résonances et d'interférences. Tantôt les ondes s'amplifient, tantôt elles s'annulent. Les orbites autorisées correspondent à un nombre entier de longueurs d'onde et les électrons doivent jouer à la corde à sauter de l'une à l'autre.

Puisque l'électron est une onde au même titre que la lumière, il doit se comporter comme elle. Or un rayon lumineux qui s'est diffracté sur un obstacle va ensuite se recomposer en faisant apparaître des franges alternées sombres et lumineuses, des interférences. Un électron ondulatoire devrait de même interférer avec lui-même ! La prévision est audacieuse et l'auteur estime, avec une retenue toute aristocratique, qu'il « faudra peut-être chercher de ce côté des confirmations de nos idées ». Tout naturellement, il se retourne vers le laboratoire qu'il connaît le mieux, celui de son frère, et suggère des expériences destinées à mettre en évidence ces interférences électroniques. Maurice de Broglie et ses collaborateurs disposent des appareils nécessaires, mais ils n'ont qu'une idée en tête : la télévision. Ils mettent au point un dispositif mécanique pour assurer le balayage de l'écran par le faisceau d'électrons. Cette télévision mécanique verra le jour, le temps d'être supplantée par notre télévision à balayage magnétique. Engagé dans ce cul-de-sac, il n'accorde qu'une attention distraite à son jeune frère dont la proposition lui aurait ouvert la voie du prix Nobel. Distrait par la télévision, Maurice de Broglie ne sera pas aux côtés de Louis à Stockholm en décembre 1929 pour recevoir la récompense suprême.

La confirmation vient d'Amérique et doit plus au hasard qu'à la recherche. Aux Bell Laboratories, Clinton Davisson et Lester Germer, poursuivant des travaux bien différents, bombardent des plaques de nickel avec des faisceaux d'électrons. En avril 1925, ils polluent la cible, la chauffent pour la nettoyer et négligent le fait qu'ils viennent de modifier la structure cristallographique du nickel. Lorsqu'ils reprennent l'expérience, à leur grande stupéfaction, ils voient les électrons incidents adopter une nouvelle répartition. Curieuses figures sur lesquelles alternent de façon régulière les zones claires et sombres. Mais oui, il s'agit d'interférences ! Les électrons diffractés par le nouveau réseau cristallin interfèrent avec eux-mêmes, selon la prédiction de Louis de Broglie. La preuve est faite de leur caractère ondulatoire.

Peu après, le physicien américain A.H. Compton prouve que les photons rebondissent sur les électrons comme des boules de billard et que ces chocs suivent les lois de la mécanique. Une preuve qui convertit à l'hypothèse corpusculaire de la lumière tous les saint Thomas de la physique. Pour les expérimentateurs, les électrons sont donc des ondes et les photons des particules.

Dix-huit ans après l'article fondateur d'Einstein, les théoriciens se trouvent mis au pied du mur. En l'espace de quatre ans, ils vont construire une nouvelle science, la physique quantique.

*
* *

Paul Langevin est décontenancé par le travail de son protégé et lui demande un second exemplaire qu'il s'empresse de communiquer pour avis à Einstein dès 1924. Celui-ci lit le premier chapitre et, saisi par l'évidence des idées, au regret peut-être de n'y avoir pas songé, suspend sa lecture pour développer son propre travail sur ces bases nouvelles. Il écrit sans attendre à Langevin : « Il a soulevé un coin du grand voile. » Puis il diffuse les travaux de Broglie et les cite en référence dans les articles qu'il publie en 1924. Un appui décisif sans lequel les travaux du jeune Français n'auraient pas eu grand écho dans une physique très germanophone et fort peu réceptive aux travaux français. Le disciple et admirateur d'Einstein, Paul Ehrenfest, est à ce point stupéfait par les thèses de Broglie qu'il s'écrie : « Si ce qu'il dit est vrai, c'est que je ne comprends rien à la physique ! » s'attirant une réponse sans appel d'Einstein : « Mais non, la physique, tu la comprends très bien. C'est le génie que tu ne comprends pas[2]. »

En 1924, le promoteur des quanta est toujours à l'avant-garde de la physique quantique en gestation. Mais son règne se termine. Avec Louis de Broglie, c'est une nouvelle génération de physiciens qui entre en scène. Ils ont moins de trente ans, l'âge de toutes les

2. Georges Lochak, *Louis de Broglie*, Paris, Flammarion, 1992.

hérésies, et fomentent une révolution dont la première victime sera leur père spirituel : Albert Einstein.

Quelle est cette mystérieuse réalité subatomique qui répond comme un écho aux questions qu'on lui pose. « Êtes-vous une particule ? », « Je suis une particule » ; « Êtes-vous une onde ? », « Je suis une onde ». C'est dans les contes de fées que le même personnage change d'apparence d'un instant à l'autre, tantôt prince charmant, tantôt hideux crapaud. Mais on ne voit rien de tel dans le monde ordinaire. La double nature n'existe pas. La réponse ne saurait être qu'« extraordinaire ». Elle va naître de deux approches simultanées qui semblent fort différentes et se révèlent convergentes.

De quels éléments disposent les physiciens pour résoudre l'énigme ? Essentiellement de ces fameux spectres atomiques et, pour commencer, du plus simple de tous, celui de l'atome d'hydrogène. Il y a là une série de fréquences dont on sait depuis plus d'un demi-siècle qu'elle suit une règle aussi précise qu'incompréhensible : l'échelle de Balmer. Selon quelles lois un électron, devenu un mélange onde-particule, émet-il ces fréquences ? Pourquoi celles-là et pas les autres ? Il y a deux façons de mener l'enquête. Soit partir de ce résultat et travailler sur ces données jusqu'à obtenir une description cohérente. Soit faire une hypothèse explicative, la développer et regarder si elle est bien confirmée par l'expérience. En 1925, deux physiciens, travaillant indépendamment l'un de l'autre, tentent l'aventure, l'un en partant de l'observation et l'autre de l'hypothèse.

*
* *

Le premier, c'est Werner Heisenberg. Il n'a que vingt-trois ans mais travaille déjà avec les plus grands. Il fait la navette entre Göttingen, où il a pour maître Max Born, et Copenhague, où il est l'assistant de Niels Bohr. Depuis un certain temps déjà, il s'interroge sur la méthode à suivre pour percer à jour les secrets de ce monde déroutant. Et si l'on renonçait à l'expliquer, à le comprendre ? Si l'on se contentait de chercher les relations qui unissent les mesures d'observation ? L'idée peut paraître folle, mais est-il sûr que chacun de ces phénomènes correspond à une « cause » au sens où nous l'entendons ? Ne vaudrait-il pas mieux procéder comme le policier qui, face à un crime totalement mystérieux, décide de s'interdire toute hypothèse pour s'en tenir aux faits ? Il en discute longuement avec Max Born son patron et, au printemps 1925, décide de tenter l'aventure.

Il ne retient qu'une seule règle : la quantification. Le continu n'existe pas, la constante de Planck découpe en tranches toute cette réalité subatomique. Sur cette seule base, il faut reprendre les observations chiffrées, c'est-à-dire, pour l'essentiel, le spectre de l'hydrogène et chercher les relations qui relient ces valeurs, sans se charger d'hypothèses comme les orbites électroniques, par exemple. Pendant un certain temps, cela ne donne rien du tout. Il a beau tordre et distordre les états, les positions, les énergies, les fréquences dans lesquels les physiciens ont observé « le suspect », il n'y a pas moyen de le faire parler.

En ce mois de mai 1925, la végétation se réveille à Göttingen, l'air est riche de pollen et le jeune Werner se retrouve prisonnier d'un rhume des foins qu'il ne parvient pas à maîtriser. Seule solution : fuir cette effloraison des arbres et des prés en se réfugiant dans une nature plus sauvage. Il connaît une île de l'Héligoland, désolée à souhait, battue de vents et d'embruns, qui conviendrait mieux à son état. Avec son nez rouge agité d'éternuements et son sac bourré de notes, il part faire retraite une quinzaine de jours face à la mer.

Il passe des journées en tête à tête avec ses données combinant et recombinant les pièces du puzzle sans parvenir à les assembler. Puis l'idée lui vient de former des carrés analogues à ces horaires de chemin de fer qui, pour les différents itinéraires, figurent les villes à la verticale et les heures d'arrivée à l'horizontale. Et cela semble fonctionner. Ces grilles, qui génèrent une multitude de nombres, pourraient constituer une base de cohérence, un formalisme qui rend compte de l'observation. À condition de remplacer les coordonnées cartésiennes par de tels tableaux et de poursuivre le calcul sur de telles bases. Or ces ensembles numériques ne se manient pas aussi aisément que des nombres simples. Frénétiquement, entre deux éternuements, le jeune physicien jette les bases d'une nouvelle algèbre. En quelques jours, il met au point une recette mathématique qui permet de retrouver le manège quantique, ses fréquences et ses sauts. Après avoir passé la nuit sur ses calculs, il part au petit matin célébrer sa victoire en escaladant un « rocher solitaire en forme de tour » à la pointe de l'île.

Comme il le reconnaîtra lui-même, il vient de « quitter les modèles pour passer à l'étape de l'abstraction mathématique ». Car il ne propose aucune représentation permettant d'expliquer les phénomènes, il construit simplement une machine algébrique pour prévoir des résultats. Prévision ne vaut pas explication, sans doute, mais le résultat est déjà appréciable.

Il revient à Göttingen au mois de juillet 1925, débarrassé de son mauvais rhume et embarrassé d'un résultat dont il ne sait trop que penser. Il consulte Max Born qui trouve ce travail « très mystique » et lui apprend... qu'il s'est donné beaucoup de mal pour rien. Cette nouvelle algèbre, si difficile à mettre au point, a été inventée par le mathématicien britannique A. Cayley en 1858, c'est l'algèbre des matrices. Le professeur la connaissait, l'étudiant l'ignorait. Une fois de plus les mathématiciens ont ouvert la voie aux physiciens. Cette mathématique présente la bizarrerie de rendre la multiplication non commutable. Nous avons tous appris que 3 x 5 est égal à 5 x 3, nous aurions pu en tirer la conclusion que la multiplication est commutable. À l'inverse, 5 – 3 n'est pas égal à 3 – 5, la soustraction ne l'est donc pas. Eh bien, pour l'algèbre matricielle, 3 x 5 est différent de 5 x 3. L'ennuyeux, c'est que l'on doit sans cesse multiplier les deux nombres quantiques que sont la position et l'impulsion, q et p pour les physiciens. Il faut donc admettre que q x p n'est plus égal à p x q. On ne sait pas encore pourquoi, mais c'est ainsi.

À partir de cette « mécanique quantique », Heisenberg prétend reconstruire l'atome d'hydrogène, ou, du moins, ce que l'on en sait : son spectre lumineux. Mais qu'est-ce que l'électron ? La question n'a pas à être posée. Ce n'est pas un « objet » ou une « onde » au sens habituel, mais un système protéiforme qui paraît simple à l'observation, mais se révèle inextricable lorsqu'on prétend le décrire « en soi ».

Max Born comprend qu'Heisenberg a ouvert une brèche et qu'il faut s'y précipiter. Quelle est donc la nouveauté, hormis le fait que l'on ne sait plus décrire ce dont on parle ? Elle réside en ceci que la physique renonce à retracer chaque phénomène pris isolément comme un enchaînement de causes et d'effets, elle se contente d'un calcul statistique qui, sur un très grand nombre d'événements, permet de prévoir les résultats. Théorisant la méthode d'Heisenberg, Born érige les probabilités en principe de connaissance et met la vérité en pourcentages. Ce n'est plus, comme dans la mécanique statistique, la méthode qui est en cause, c'est la nature elle-même qui cesse d'être soumise aux lois ordinaires de la mécanique, de l'électricité, de la chute des corps, etc. Jusqu'à présent la réalité suivait un enchaînement rigoureux de causes et d'effets qui la rendait totalement prédictible, comme le fonctionnement d'une horloge. Et voici qu'apparaît une nouvelle réalité sur le modèle du casino dans lequel des milliards de machines à sous enchaînent frénétiquement les parties. À la différence des horloges si désespérément prévisibles, ces « bandits manchots » génèrent de la surprise. Non pas du hasard pur mais du hasard calculé, contrôlé. Les résultats possibles sont en nombre limité et leurs chances parfaitement connues. Dans cette nature-casino, les physiciens peuvent prendre la position du joueur ou celle du directeur. Dans la première, ils sont face à une seule machine dans l'impossibilité de prévoir le coup suivant. Quelles que soient les statistiques, elles ne peuvent annoncer avec certitude un résultat particulier. Dans la seconde, ils ont à gérer un parc de machines à sous et des parties par dizaines de milliers. Du coup, toutes les incertitudes disparaissent. Le directeur calcule avec une précision absolue le pourcentage des jackpots sur l'ensemble de la saison. Il n'a pas besoin pour cela de comprendre le fonctionnement des machines. Il suffit de compter les coups et de faire la statistique.

Telle est la physique de Born et Heisenberg, qui voit flous les individus et nettes les populations, qui est incertaine à l'unité et certaine dans les grands nombres. La compréhension n'est plus dans le détail, mais dans l'ensemble. Les probabilités des quanta ressemblent bien à celles de la radioactivité et pas à celles de la mécanique statistique.

Mais, déjà, un autre jeune homme a sauté dans l'arène. Paul Dirac, vingt-trois ans. Il est britannique, ingénieur électricien de formation, et travaille seul à Cambridge. Faute d'avoir trouvé un job dans sa spécialité, il s'est mis à la physique théorique. Détail qui change tout : Dirac est un pur génie mathématique. Après avoir lu la première publication d'Heisenberg, il ne lui faut que quelques semaines pour en fournir une version mathématique plus élégante. Voici un autre surdoué qui vient se joindre au trio de Göttingen, c'est Wolfgang Pauli, vingt-cinq ans. En dépit de son âge, il s'est déjà fait remarquer par une découverte retentissante. À vingt ans tout juste, il a mis au jour la loi qui préside au peuplement des orbites atomiques par les électrons. Pas plus de deux occupants par étage. Cette règle d'exclusion qui permet de construire les atomes du plus simple, l'hydrogène, au plus peuplé, l'uranium, a fait la renommée de son très jeune découvreur.

Pauli reprend le travail d'Heisenberg et, en janvier 1926, il effectue le passage des matrices aux fréquences caractéristiques de l'hydrogène. Ainsi, en l'espace d'un semestre, Max Born et les trois merveilleux jeunes gens ont posé les bases d'une nouvelle science : la mécanique quantique.

*
* *

Le physicien Richard Feynman, qui fit les plus grands efforts pour expliquer ces nouvelles théories, avait coutume de dire à ses étudiants : « Si vous avez le sentiment d'avoir compris, remettez-vous au travail, c'est que vous n'avez rien compris. » Pour des profanes, il ne peut être question de « comprendre », mais, plus modestement, de se faire une idée. Difficulté majeure : les physiciens renoncent dans le monde quantique à toute représentation en termes de langage commun ou d'images familières. La réalité ne s'appréhende plus qu'à travers les constructions algébriques les plus abstraites.

La nouvelle science utilise des termes incompréhensibles pour le profane : « vecteurs d'état », « espace de configuration », « amplitude de probabilité », à moins qu'elle n'attribue à des mots connus – « superposition », « matrice » – un sens inconnu, ou qu'elle garde des étiquettes scientifiques – « électron », « particule » – en changeant le contenu des flacons. Cet hermétisme n'a rien de délibéré, il est imposé par une réalité qui ne s'exprime qu'en langage mathématique, qui, de toute traduction, fait une trahison. Nul espoir de trouver une image salvatrice comme le pamplemousse sur l'édredon qui nous fait comprendre intuitivement ce que peut être la relativité généralisée. La raison ne tient pas à une quelconque difficulté de communication, mais à la nature même de la théorie. La relativité est essentiellement géométrique, elle se fonde sur le primat du continuum espace-temps à quatre dimensions. La théorie quantique est une théorie algébrique dont le cadre principal est constitué par des espaces abstraits. Qu'on se rassure, il n'est pas nécessaire de plonger au cœur de ces équations pour comprendre le drame humain qui se noue et qui bouleverse la vie d'Einstein.

Born est de la même génération que lui, mais, à la différence de son grand ami, il ne cultive pas le superbe isolement. À Göttingen, il dirige le département de physique, il vit au contact des plus brillants thésards auxquels il apporte ses connaissances et son expérience, dont il reçoit en retour la créativité juvénile, l'audace intrépide. Il en va de même pour Niels Bohr, dans son institut de Copenhague. Einstein, si chaleureux, si fraternel avec ses élèves, est d'abord un solitaire. De nombreux assistants se succèdent à ses côtés pour l'aider dans ses calculs, mais il est incapable de diriger une équipe, de se vivifier au contact de la jeune génération. Dans son jeune âge, il ne fut jamais « l'élève de... », il a tiré de cette indépendance l'extraordinaire originalité de sa démarche. La quarantaine venue, il n'est pas « le professeur de... », et paie cette liberté d'une coupure et même d'une incompréhension vis-à-vis des jeunes générations.

*
* *

Séjournant à Göttingen en 1924, il a entendu Max Born et Heisenberg exposer leurs nouvelles orientations. La désinvolture de ce jeune homme qui range la causalité au magasin des accessoires le choque. Il le fait savoir, mais le jeune présomptueux ne cède rien. Trop brève rencontre. Seule une maturation commune aurait permis de comprendre, sinon de surmonter, leurs divergences. Peu après cette première rencontre, Einstein écrit à Max Born : « Mon instinct se rebiffe contre ce genre de conception. » Une réaction immédiate, une répulsion viscérale, la rupture est consommée avant même que la mécanique quantique n'arrive à maturité.

Ce rejet « instinctif » n'a pas sa place dans l'argumentation scientifique. Einstein n'est pas confronté à des astrologues, des mages, des charlatans. Born et Heisenberg sont les esprits les plus rationalistes qui soient et leur théorie, la moins irrationnelle qui puisse être. *A priori*, il s'agit d'une controverse scientifique classique. Hypothèse d'un côté, critique de l'autre, ainsi va la science. Dans de telles discussions, les interlocuteurs ne font pas appel à leur « instinct », ils ne poussent pas de hauts cris, ils argumentent, raisonnements et calculs à l'appui. D'où vient qu'Einstein rompe avec cette démarche qui constitue l'esprit même de la recherche scientifique ?

La singularité einsteinienne surgit en pleine lumière. Le père de la relativité ne reproche pas à la nouvelle théorie d'être aventureuse ou erronée, mais hérétique et impie, de contrevenir à l'ordre divin dont il prétend connaître la logique. Cette préscience lui faisait savoir que la gravitation de Newton était fausse et devait se plier à la cohérence relativiste. Il en va de même ici. L'erreur ne se démontre pas, elle se renifle. Tout ce qui ne répond pas à un certain nombre de critères d'harmonie, de logique, de symétrie, bref, de perfection, est erroné. Un monde divin ne peut être bancal, inachevé. C'est ainsi qu'Einstein a fait ses plus grandes découvertes et ce triomphe prouve que son Dieu existe, qu'il en est le prophète et que sa démarche est la bonne.

Mais en quoi les travaux d'Heisenberg et Born remettent-ils en cause ce credo einsteinien ? En ceci qu'ils violent sa conception de la causalité. Einstein découvre horrifié ce passage d'une probabilité du calcul à une probabilité de la nature. S'arrangeant de la première, il s'indigne de la seconde, et s'en explique avec Max Born dès 1925 : « L'idée qu'un électron exposé à un rayonnement choisit en toute liberté le moment et la direction où il veut sauter m'est insupportable. S'il en était ainsi, j'aimerais mieux être cordonnier ou même employé dans un tripot que physicien. » Cette « liberté » de l'électron est inconcevable en mécanique classique. Lors d'un vol spatial, les corrections de trajectoire se calculent avec la plus extrême précision. Les techniciens connaissent, avec toutes les décimales nécessaires, l'effet que produira une impulsion donnée, dans la direction choisie. Si la fusée fonctionne normalement, la déviation ne peut qu'être conforme aux anticipations. Jamais on n'a vu et jamais on ne verra un engin spatial réagir tantôt d'une façon et tantôt d'une autre. Jamais non plus, on n'a vu un astre se dérober au rendez-vous prévu par les astronomes. Les probabilités – à l'exception gênante mais oubliée de la radioactivité – ne pouvaient être que des méthodes de calcul et non pas des propriétés de la matière.

Dans le monde divinisé d'Einstein, les causes et les effets s'enchaînent avec une nécessité absolue, dans un déterminisme implacable. C'est pour cela que le cosmos est parfait, parce que les lois le commandent, de l'infiniment grand à l'infiniment petit. Il s'agit du principe fondamental, sacré, aucune exception n'est admissible. L'électron n'est que le produit des forces qui s'exercent sur lui. Qu'un seul puisse se rebeller et tout est désordonné.

Le flou qui condamne à la statistique ne peut être que le produit de l'observation. C'est ainsi que de mauvaises lunettes astronomiques nous donneraient une vision approximative de l'engin spatial et de la correction de trajectoire. Mais cela ne remettrait pas en cause la rigueur de la mécanique céleste, seulement la qualité de notre matériel.

Einstein est en train de reproduire à l'échelle de l'infiniment petit l'erreur qu'il a commise en 1917 à l'échelle de l'infiniment grand. En physique comme en astronomie, il croit sacraliser l'ordre cosmique, alors qu'il en sacralise une version particulière, celle de la physique classique. De ce fait, la nouvelle physique probabiliste lui paraît être une horreur, au même titre qu'un univers ouvert en expansion. Elle trahit ce « Dieu » dont il est tout à la fois l'inventeur, le serviteur et le grand prêtre, ce « Dieu » qui l'a comblé de ses lumières.

Heisenberg en est tout marri, car il a fait d'Einstein son modèle, son idole. Tous les physiciens de sa génération rêvent de trouver, comme lui, la nouvelle théorie qui serait l'égale de la relativité. Ils souhaitent tous obtenir son approbation, sa caution. C'est raté pour Heisenberg qui, pourtant, est convaincu de suivre la route tracée par Einstein vingt ans plus tôt. Il la poursuit donc avec ses deux patrons Born et Bohr. Sans Einstein, hélas !

Lorsque le pape de la relativité découvre la première publication d'Heisenberg, il affiche son scepticisme. « Heisenberg a découvert la Lune quantique. À Göttingen, ils y croient. (Moi pas.) » La démarche même lui semble inadmissible. Il a toujours procédé par déduction, en posant la théorie d'abord, en recourant aux mathématiques ensuite, en se reportant à l'observation pour finir. Heisenberg fait tout juste le contraire. L'observation et la mathématique d'abord. La théorie ensuite et en fin de course. C'est ce que les épistémologues appellent l'induction. Pour le pur théoricien qu'est Einstein, cette façon de procéder est inadmissible. N'a-t-il pas fondé toutes ses découvertes sur la pure déduction ? Il laisse tomber la sentence : « On n'aboutira jamais par voie inductive à une théorie rationnelle. »

Lui-même, en cet été 1925, pense être sur le point d'unifier l'électromagnétisme et la gravitation. Il va mettre au pas les quanta en les réduisant à l'état de vagues sur l'océan du grand champ unifié. Ainsi la tentative de fonder la nouvelle physique sur ce monde discontinu lui semble-t-elle vaine, dans son principe même. Ce rêve unificateur ne semble nullement utopiste. « À l'époque, nous avons tous cru à l'importance du but qu'il poursuivait et à la possibilité de l'atteindre », reconnaît Max Born.

Ce refus de principe ne l'empêche pas d'être fasciné, voire admiratif, face aux recherches conduites par Max Born et son équipe. Sans doute y a-t-il quelque chose de vrai dans cette approche, un certain reflet de la réalité subatomique, mais c'est prendre le problème par le mauvais bout qu'abandonner les principes et les idées pour s'en tenir aux faits et aux outils. Il parle des matrices comme de « tables de multiplication de sorcières » et voit dans cette algèbre une « machine infernale ».

Il est conforté dans son rejet par l'apparition d'une théorie rivale qui défie la mécanique quantique et lui convient beaucoup mieux : la mécanique ondulatoire.

*
* *

Le magicien des ondes qui a pris le relais de Louis de Broglie est un physicien autrichien qui enseigne à Zurich, un proche d'Einstein : Erwin Schrödinger. Tous deux appartiennent à la même génération, huit ans de différence, ont le goût du travail solitaire et, surtout, partagent une certaine idée de la science : respect des principes, rigueur de la démarche, attachement au réalisme. Une exigence éthique et pas seulement intellectuelle. Ce n'est pas Schrödinger qui jetterait aux orties la causalité comme les chevau-légers de Göttingen. Au reste, il souhaitait prendre ses distances avec la physique pour se consacrer à la philosophie, lorsque son ami Einstein lui a fait découvrir les travaux de Broglie.

Schrödinger pressent que la mécanique ondulatoire pourrait franchir une étape de plus. Plutôt qu'imaginer ce système bâtard pourquoi ne pas se débarrasser de la particule ? Pourquoi ne pas pousser plus avant dans la voie ouverte par Broglie et décrire l'électron comme une onde en oubliant cet aspect matériel ? Tel est le parti, le pari, de Schrödinger.

Il dispose avec la physique des ondes d'un outil extrêmement puissant qui offre bien des analogies avec le monde vibrant, vibrionnant, complexe et quantifié que l'on devine dans l'infiniment petit. L'onde sonore, évidente à notre oreille, est un fouillis d'ondes élémentaires. Elle s'accompagne d'harmoniques qui sont des multiples entiers, une fois, deux fois, trois fois, de la fréquence fondamentale. Le caractère ondulatoire crée des phénomènes d'interférence avec des phases d'annihilation et d'amplification. Or les physiciens ont établi les lois qui permettent de décomposer et de recomposer les systèmes complexes d'ondes. Ne peut-on, à partir de ces outils mathématiques, se donner une équation qui rende compte des états d'énergie de l'électron, de ses émissions lumineuses ? Schrödinger tourne autour de cette hypothèse en liaison avec Einstein et l'intuition géniale lui vient dans une station de ski à l'hiver 1925.

En l'espace de quelques semaines, il termine son travail et le fait connaître dans quatre articles publiés par les *Annalen der Physik* au début de 1926. Joyau de l'ouvrage : une fonction d'onde, baptisée psi, qui donne tout naturellement les raies spectrales de l'hydrogène. Voilà l'électron rendu à sa nature ondulatoire, mais que faire de son aspect corpusculaire ? Pour Schrödinger, celui-ci est créé par des « paquets d'ondes » qui se superposent lorsqu'une même fréquence condense l'énergie en certains points. Fort bien, mais une onde ne suit pas une trajectoire, elle se répand dans l'espace. Qu'en sera-t-il dans l'atome ? Il n'est plus possible d'imaginer l'orbite comme un anneau filiforme sur lequel tourne l'électron. L'onde électronique se déploie dans une sorte de nuage circulaire, d'écharpe entourant le noyau. Les orbites cèdent la place aux orbitales.

*

* *

La physique dispose de deux théories pour expliquer les spectres atomiques. D'un côté, l'électron sauteur jouant à la marelle sur les matrices d'Heisenberg, de l'autre l'électron vibratoire jouant des harmoniques, des interférences et des battements d'ondes.

Deux approches qui ne sont pas équivalentes. Sur le plan de la méthode tout d'abord. Heisenberg et ses associés sont partis des fréquences observées pour construire une machine algébrique qui permet de les prévoir. C'est tout. Schrödinger, au contraire, s'est donné une hypothèse de départ puis l'a développée jusqu'à retrouver, mais seulement à l'arrivée, les radiations attendues. Tous deux ont joué aux Indiens surpris par les panaches de fumée noire qui apparaissent derrière la colline. La tribu de Göttingen s'est contentée de noter les horaires, la forme et le déplacement des nuages noirs afin d'en prévoir le retour. Le sachem de Zurich a fait l'hypothèse qu'ils proviennent d'une locomotive et qu'il faut partir du passage des trains pour comprendre leur apparition. Une différence de méthode qui devrait entraîner une différence de résultat.

Le retentissement de ces publications est considérable. Les physiciens classiques, Einstein, mais aussi Planck, Lorentz, Broglie exultent et donnent dans le superlatif : « génial », « fascinant », « un travail qui fera date », etc. Ils ne doutent pas que Schrödinger, comme il en avait l'intention, a bien trouvé une présentation causale et réaliste, une explication au sens fort, et se voient débarrassés de l'horrible mécanique quantique. D'autant que les premières expériences démontrent que la nouvelle théorie décrit mieux que la précédente un certain nombre de phénomènes.

À Göttingen, la nouvelle école est sous le choc. Si vraiment la mécanique ondulatoire tient ses promesses, alors le modèle probabiliste ne sera qu'une théorie avortée, un brouillon pour les archives. Puis Born et les siens se ressaisissent et regardent de plus près cette rivale ondulante.

Les deux théories, inductive et corpusculaire d'un côté, déductive et ondulatoire de l'autre, révèlent à l'analyse bien des points communs. On retrouve dans la fonction d'onde les coefficients à la base de ces matrices d'Heisenberg ainsi que les multiplications non commutables. Les approches sont différentes, mais les résultats équivalents. À la fin de l'année, Dirac a unifié les deux mécaniques en une physique quantique. Mais le vrai débat n'est déjà plus là, il porte sur l'interprétation. Que signifient ces équations ? C'est toute la question.

*
* *

Pour Einstein, la démarche de Schrödinger devrait remettre sur ses rails une science malmenée par la physique *a minima* que pratique l'école de Göttingen. Il croit retrouver les exigences auxquelles il ne renoncera jamais. Notamment l'explication fidèle et complète de la réalité et non pas une simple prévision de résultats, fille d'une abstraction algébrique. Nul doute pour lui, la main de Dieu s'est posée sur la fonction psi et le conforte dans son opposition aux idées de ses bons amis Bohr et Born.

Au printemps 1926, Heisenberg vient faire une conférence à l'université de Berlin et Einstein l'invite chez lui. Nouvelle tentative de l'aîné pour déstabiliser le cadet, et de ce dernier pour convaincre le maître. Einstein conteste cette réduction de la physique aux seules observations : « Cela peut sans doute donner des résultats, mais cette sorte de philosophie n'en reste pas moins absurde. » Heisenberg répond du berger à la bergère en se référant à son contradicteur. N'est-ce pas lui qui a introduit les discontinuités, les probabilités, qui a rejeté l'inobservable comme le temps absolu de Newton ? Durant ces passes d'armes, Einstein ne peut marquer le point. Il finit par rompre l'échange en lançant : « Pourquoi donc croyez-vous si fermement à votre théorie ? » Heisenberg, cherchant une dernière fois sa réplique dans la partition adverse, évoque, comme gage de vérité, la simplicité et la beauté de la nouvelle physique. Einstein est pris à son propre jeu, mais n'entend rien céder.

Le maître est à la fois choqué et impressionné par cette inébranlable confiance. Le disciple est décontenancé de ces critiques, car Einstein incarne pour lui l'audace du théoricien assuré de son hypothèse avant toute confirmation expérimentale. Entre les deux générations l'incompréhension est totale. Einstein, réconforté par les résultats de Schrödinger, veut croire que la physique va sortir de cette mauvaise passe. Heisenberg, lui-même, n'est pas loin de le penser. L'illusion est de courte durée.

Born et son équipe soumettent la rutilante fonction d'onde à une analyse décapante. Première interrogation, que signifient ces « paquets d'ondes » ? Certes le phénomène est connu, mais lesdits paquets se défont aussi vite qu'ils se forment. Comment peuvent-ils assurer la permanence des particules ?

Second point, Schrödinger, pour construire son équation, a dû s'échapper de l'espace réel tridimensionnel et se donner un espace mathématique avec des dimensions supplémentaires, un « espace de configuration », il lui a fallu recourir à des artifices algébriques très sophistiqués. Est-il assuré, dans ces conditions, qu'il propose une photographie fidèle de la réalité, qu'il restitue une stricte causalité ?

Dès le mois de juin, Max Born démontre que la fonction d'onde n'est pas moins statistique que l'algèbre des matrices. Elle ne donne aucune certitude sur les positions, les trajectoires, les états d'énergie, elle ne fournit que des probabilités entre lesquelles l'électron « choisit ». Bref, les ondes de Schrödinger n'ont rien de réel et la mécanique ondulatoire ne dit pas autre chose que la mécanique quantique.

Pour Schrödinger, cette interprétation est tout bonnement intolérable. Il a mis au pas le monde de l'infiniment petit, l'a ramené dans la discipline déterministe et ne supporte pas de le voir retomber dans les brouillards probabilistes. En septembre, répondant à l'invitation de Niels Bohr, il se rend à Copenhague. Le Danois entame la dispute scientifique en accueillant son invité sur le quai de la gare. Il ne le lâchera plus. Les deux physiciens discutent des journées et des soirées entières. Schrödinger finit par tomber malade et prend le lit. Qu'à cela ne tienne, Mme Bohr le soigne et Niels, imperturbable, poursuit l'échange à son chevet. « Oui, mais les sauts quantiques sont inexpliqués ? » « ... Et le calcul des trajectoires ? » « Que devient la réalité ? » « Pourquoi les probabilités ? » Les mêmes arguments sont cent fois échangés. Peine perdue, chacun reste sur ses positions. Mais déjà une nouvelle tornade s'abat sur la toute jeune physique quantique.

À l'automne 1926, Heisenberg s'interroge sur ces mesures dont il a fait l'alpha et l'oméga de la physique. Il constate que la précision se dérobe au moment même où l'on semble l'atteindre. Imaginez un appareil photo sur lequel la mise au point est impossible car l'image est surexposée lorsqu'elle est nette, ou floue lorsque l'on se donne la bonne ouverture. Eh bien, il en va de même avec ces damnées « particules ». On ne peut avoir en même temps des valeurs certaines pour la trajectoire, la position et la vitesse. Lorsque l'on « fait le point » sur l'une de ces grandeurs, les autres deviennent floues. En sorte qu'il y a toujours quelque chose qui cloche.

Dans une telle situation, c'est tout naturellement que l'on met en cause l'instrument de mesure. La solution consiste à le réparer, le changer ; à moins que l'on ne préfère attendre un modèle plus performant. Faut-il, ici aussi, espérer que, les méthodes d'observation s'améliorant, les techniques utilisées progressant, les physiciens finiront par avoir une image « nette » sous tous les angles : position, vitesse, masse, temps, trajectoire. Une question qui revient ordinairement aux expérimentateurs et non pas aux théoriciens, à moins que... C'est alors qu'Heisenberg repense à l'objection que lui a faite Einstein : « Seule la théorie décide de ce que l'on peut observer. » Il s'appuie sur ce précepte einsteinien pour élaborer la théorie la plus anti-einsteinienne qui se puisse concevoir.

L'observation progresse au rythme des instruments. Elle ne connaît pas de limite, car la nature ne joue pas les timides et ne se dérobe pas à la curiosité humaine. Quant au regard scientifique, il se distingue du regard ordinaire par sa neutralité, son objectivité. Il enregistre, constate, mesure en se faisant le plus discret, le plus distancié possible. Il ne doit ni perturber ni se laisser perturber. Toute la méthode scientifique vise à neutraliser le dispositif instrumental pour saisir la chose en soi, telle qu'elle existait avant et telle qu'elle existera après.

Ainsi marche la physique classique, qu'en est-il pour la physique quantique ? Heisenberg s'interroge. Toute observation est interaction. Pour prendre la plus simple de toutes : la vue est un échange de photons. Cela ne fait ni chaud ni froid au niveau macroscopique, mais qu'en est-il à l'étage microscopique ? Les projectiles deviennent alors du même ordre de grandeur que les cibles, toute émission ou réception devient déstabilisante. L'état de la particule s'en trouve affecté en sorte que l'information que l'on a recueillie a dégradé les autres que l'on pourrait rechercher. C'est ainsi qu'un spéléologue qui braque une torche puissante dans une grotte voit s'envoler les animaux cavernicoles éblouis et, ayant découvert leur présence, il ne peut plus connaître leur comportement dans l'obscurité. Dans ce monde atomique, la recherche de l'information n'est plus neutre, ce n'est pas le safari écolo dans lequel les animaux ignorent qu'ils sont photographiés, c'est une partie de chasse ponctuée de coups de feu qui mettent en fuite le gibier.

Heisenberg se fixe tout d'abord sur cet effet secondaire de la mesure. Il se met en expérience de pensée à l'affût d'un électron pour en connaître tout à la fois la position et la vitesse. Un photon va jouer les agents de renseignement, de dérangement aussi. Avec un photon de très petite énergie, disons un rayon infrarouge, la bousculade est faible, mais on n'apprend pas grand-chose. Pour une localisation certaine, il faut des photons de plus haute énergie, qui provoquent un véritable carambolage. Comment venir ensuite calculer la vitesse initiale ? Conclusion : l'exactitude est perturbatrice, ce que l'on gagne sur une mesure, on le perd sur l'autre. Et, seconde conclusion, la grandeur naît de la mesure, elle ne préexiste pas et ne subsiste pas. Ce n'est qu'un instantané. Cela peut surprendre. Le géomètre qui mesure mon appartement ne déplace pas les murs avec ses règles en sorte que la superficie est la même avant et après son passage. Dans la mécanique quantique, il n'est pas de toise innocente, la mesure est toujours perturbatrice et le sujet observé toujours transformé.

Et voilà le secret de la non-commutabilité : le $p \times q$ qui n'est pas égal à $q \times p$. C'est une histoire de recettes de cuisine tout simplement. Dans la liste des ingrédients nécessaires, l'ordre n'a aucune importance. Je peux mettre la farine avant le sucre, ou faire le contraire. En revanche, lorsque je prépare le plat, l'ordre des opérations devient essentiel pour réussir la recette. Une mayonnaise ce n'est pas seulement le jaune d'œuf, l'huile, la moutarde, le vinaigre, le sel et le poivre. Si les éléments ne sont pas introduits les uns après les autres, dans l'ordre et au rythme définis, il y a peu de chances que la cuillère tienne droit dans la mayonnaise terminée. Il en va de même dans la cuisine quantique. Les grandeurs ne naissent pas d'une simple constatation, elles sont le fruit d'une opération. Or l'ordre dans lequel on énumère des constatations est indifférent, tandis que celui dans lequel on fait des opérations ne l'est pas. Selon que l'on effectue l'une avant l'autre ou l'inverse, on obtient un résultat différent. La commutation, neutre avec des mesures de constatation, devient essentielle avec des mesures d'opérations.

Au monde des particules, notre système d'observation se trouverait donc pris en défaut, incapable de « mettre au point » sous tous les angles en même temps. Au total, il ne nous donnerait qu'une vision incomplète de la réalité. Ce flou de l'image n'est pas seulement un désagrément, c'est une véritable barrière qui tombe entre la réalité et nous. Car la compréhension est fille de la précision. Des phénomènes essentiels ne se révèlent que derrière la énième décimale après la virgule. C'est pour cela qu'Einstein ne peut se résigner à cette science de l'à-peu-près et pense que l'on retrouvera rapidement la précision, le réalisme et la causalité, autant dire : Dieu.

*
*   *

Heisenberg, qui passe l'automne 1926 à Copenhague, discute des semaines entières avec Niels Bohr sur ces sujets. Ce flou tient-il à nos méthodes insuffisantes, notre vision deviendra-t-elle nette à mesure qu'elles s'amélioreront ? Ce défaut est-il inscrit dans une réalité quantique qui se joue des plus habiles photographes ?

Au printemps 1927, Heisenberg tranche : l'indétermination est liée à la nature même de la réalité quantique. Il en fait un principe constitutif de la nouvelle physique. Au monde des quanta, les paramètres ne sont pas indépendants les uns des autres, mais liés par un système de vases communicants, tel que tout ce qu'on gagne sur l'un est perdu sur l'autre. Plus de précision ici, moins de précision là, c'est mathématique et les équations qui traduisent cette relation d'incertitude font intervenir l'inévitable constante de Planck. Voici donc le système pervers qui nous condamne à ignorer la vitesse si nous connaissons la position, ou l'inverse, mais également à ne connaître précisément que l'énergie ou la durée, mais pas les deux, etc. Bref, à ne saisir jamais qu'un bout de la réalité.

Nous aurons beau améliorer les performances de nos instruments, nous ne pourrons jamais suivre et prévoir le mouvement des particules comme celui des planètes. La cause de cette bizarrerie se trouve dans la nature même des quanta. Une réalité ainsi quantifiée comporte inévitablement une part d'incertitude.

La science peut-elle se donner pour objet des machines à sous qui fonctionnent au rythme des probabilités ? Einstein ne peut l'admettre. En décembre 1926, mis au courant des recherches d'Heisenberg, il écrit : « La mécanique quantique force le respect. Mais une voix intérieure me dit [...] qu'elle nous approche à peine du secret du Vieux. De toute façon, je suis convaincu que lui, au moins, ne joue pas aux dés. »

Voilà ! Les dés, ces fameux dés, sont jetés. Born reçoit cette lettre comme « un coup terrible », il ne peut comprendre qu'Einstein condamne la nouvelle théorie « sans argumentation véritable, en se fondant plutôt sur une "voix intérieure" ». C'est le début d'un dialogue pathétique entre les deux amis, un dialogue dans lequel Born et Bohr seront alternativement les interlocuteurs d'Einstein. Et tout de suite apparaît la véritable divergence. Pour Born, il s'agit d'un débat scientifique. Il n'est pas question de croire ceci ou cela, puisque, de toute façon, l'expérience finira par trancher. C'est elle qui énoncera la vérité et les physiciens l'admettront quelle qu'elle soit. Les hypothèses ne sont qu'un jeu intellectuel, elles ne peuvent être avancées ou réfutées au nom de présupposés philosophiques. Einstein, au contraire, réagit en croyant et ne s'en cache plus. En défendant ce qu'il estime être une transcendance, il confère à ses préjugés une sorte d'infaillibilité. Un jeu de la vérité très dangereux.

Mais cette dimension spirituelle ne crée pas le dilemme auquel est confrontée la physique, elle ne fait que l'exacerber. La science se fonde sur la cause et le hasard sur l'absence de cause. Les deux notions sont donc antagonistes et le projet scientifique consiste à faire reculer le hasard, ce *deus ex machina* du monde préscientifique. Si longtemps que les lois qui commandent les phénomènes ne sont pas connues, ceux-ci paraissent incompréhensibles, donc aléatoires et arbitraires. À charge pour la religion ou la mythologie de trouver un sens à ce cours imprévisible des choses, de masquer l'ignorance sous les traits de la fatalité. Le défi de la science, c'est précisément de transformer l'inexplicable en inexpliqué, de poser en postulat que le « c'est ainsi » doit céder la place au « parce que », que l'absurde hasard sera supplanté par la nécessaire causalité. Dans cette optique, la soumission à l'incertitude paraît être une régression de l'idéal scientifique. Ce n'est pas seulement une offense à un ordre cosmique sacralisé, c'est, en tout état de cause, le renoncement à l'exigence épistémologique qui fonde la physique classique.

Les promoteurs de la mécanique quantique en sont bien conscients. Le « je ne sais quoi » n'a pas sa place dans cette construction intellectuelle. Mais ils ne capitulent pas devant le hasard, ils composent avec lui. Encore n'admettent-ils ce compromis que contraints et forcés par l'évidence des faits. Einstein, comme l'on sait, n'admet pas que l'observation prenne le pas sur la pensée. « Je pense donc je suis l'expérience », dit-on à Göttingen. « Je pense donc je précède l'expérience », répond-il en écho. Le refus einsteinien est donc celui du savant et pas seulement celui du croyant, il n'est pas l'enfant d'une science divinisée, mais de la physique classique. C'est elle qui conduit à penser que la mécanique quantique, comme la gravitation newtonienne, ne représente qu'une étape, qu'à ce titre elle est inaboutie et sera dépassée.

*

* *

Précisément, les points de vue opposés ne pourraient-ils se réconcilier sur l'idée que la physique quantique, dont Einstein ne conteste ni l'intérêt ni les résultats, n'est qu'une théorie incomplète ? Prenons-la donc comme elle est, pour ce qu'elle est, et passons à l'étape suivante, qui nous permettra d'y voir clair et net, de retrouver les bases de la science classique : la précision, la mesure, la causalité, bref tout ce qui a fait la gloire de la science jusqu'à l'apparition de ces diaboliques quanta.

Il ne faudra que quelques semaines à Niels Bohr pour fracasser ce dernier espoir. À partir des relations d'Heisenberg, il fait un pas dans l'abstraction et pose les principes qui deviendront *l'interprétation de Copenhague*. Il revient sur cette insurmontable contradiction : l'onde-particule. Comment en sortir ? Sa réponse ressemble à celle de Gribouille : pour se débarrasser du dilemme, il faut plonger dedans. Au lieu de choisir une branche *ou* l'autre de l'alternative, il faut prendre l'une *et* l'autre, comme la nature nous y invite. Facile à dire, mais lorsque deux routes divergent, on ne peut les suivre toutes deux en même temps, il faut prendre à droite ou à gauche. Pour Niels Bohr, cela prouve simplement que le monde de l'infiniment petit est fort différent du nôtre. Et c'est là précisément la source de nos difficultés. Nous pensons en fonction de notre expérience quotidienne, nous projetons nos représentations de tous les jours sur le monde des quanta. Ainsi exigeons-nous que tout objet puisse s'y représenter exactement dans l'espace, qu'il possède une nature univoque non contradictoire, que tout processus puisse être suivi en continu, qu'une cause soit attachée à chaque effet, etc. Mais cette nécessité n'existe que dans nos esprits.

Puisque l'observation nous révèle des objets corpusculaires et ondulatoires, cela signifie que ces deux aspects sont complémentaires et qu'au total ils nous donnent une information complète sur lesdits objets. Onde et particule sont comme l'envers et l'endroit d'une pièce. On ne peut jamais les voir en même temps, mais on sait que, si l'on voit l'un, alors l'autre existe. Et l'on reconstitue la médaille à partir des informations que l'on recueille tantôt sur un côté et tantôt sur un autre.

Cela n'est évidemment pas représentable, mais quelle importance ? L'évidence selon laquelle les notions d'onde et de particule s'excluent mutuellement n'existe que dans nos esprits, force est d'admettre que cette exclusion n'est pas transposable dans ce nouveau monde : exclusion ici, inclusion là-bas. La mécanique quantique se trouve confrontée à des phénomènes qui ne relèvent pas de nos catégories et ne suivent pas la logique qui leur est associée. Quand nous disons : « c'est l'un *ou* l'autre », celle-ci affirme sans complexe : « c'est l'un *et* l'autre », ou, mieux, ce n'est ni l'un ni l'autre.

Pour Einstein, c'est la rupture définitive. D'où lui vient cette croyance dans le Dieu de l'ordre cosmique ? D'une évidence miraculeuse, la correspondance entre la logique qui gouverne le monde et la raison humaine. Le monde est intelligible. Nous pouvons en connaître les lois, nous pouvons également nous représenter les phénomènes. Cela ne peut être le fait du hasard, seule une transcendance commune a pu ainsi marier l'homme et la nature. Si la réalité ignore le principe de non-contradiction, si elle peut être une chose et son contraire, si l'homme n'en a qu'une représentation floue, non causale et intermittente, alors c'est l'intelligibilité même qui est remise en cause. Car Einstein n'en imagine qu'une et une seule : hors de la physique classique, point de salut pour l'humanité. Y renoncer ce serait passer par profits et pertes cette union sacrée de l'esprit et de la nature. L'homme ne serait plus qu'un étranger stupide dans un chaos incompréhensible.

Telle est pourtant la nouvelle science qu'annoncent les prophètes de la physique quantique. Ils s'accommodent de ce divorce, se résignent à une nature qu'ils décrivent sans la comprendre. « Le seul but de la physique théorique consiste à calculer des résultats qu'il est possible de comparer à l'expérience et il est tout à fait inutile de fournir une description satisfaisante de la totalité du cours suivi par les phénomènes », tranche Dirac.

Le défaut de représentation tient à la nature et non pas à une quelconque insuffisance théorique ou instrumentale. Quant au monde quantique, il ne correspond pas à nos façons de penser et ne nous est accessible qu'à travers des observations. Nous ne pourrons jamais le connaître « en soi », car il ne nous adresse que l'écho de nos questions. Qu'importe puisque l'on retrouve sur un grand nombre d'expériences la prédictibilité qui devient impossible sur une seule.

Bohr présente cette interprétation lors d'un congrès international de physique qui se tient à Côme en Italie au mois de septembre 1927. Einstein n'y assiste pas, car il refuse de se rendre à une réunion organisée et financée par le gouvernement fasciste. Il renonce d'autant plus facilement qu'il se fait communiquer l'exposé de Bohr et qu'il aura tout loisir d'en débattre le mois suivant lors du congrès Solvay.

*
* *

Tous les acteurs qui, depuis 1925, s'interpellent et se répondent d'un bout à l'autre de l'Europe, de Copenhague à Zurich et de Berlin à Cambridge, se retrouvent en octobre 1927 dans un grand hôtel de Bruxelles pour cette cinquième rencontre. Une délibération indispensable après les tensions créatrices que vient de traverser le petit club des « quantistes ».

Heisenberg, Dirac, Schrödinger, Bohr ont travaillé dans un état d'exaltation quasi mystique, à une vitesse phénoménale. Ils s'isolaient, s'enfermaient, oubliaient de dormir et de manger, partaient seuls dans la nature pour discuter pendant des heures au retour, se plongeaient dans leurs calculs pour les détruire et recommencer. Ils sont allés au bout de leurs forces, portés par la certitude de vivre des moments historiques, de pénétrer dans un monde secret, tel Carter forçant, quelques années plus tôt, la tombe de Toutankhamon. Cette atmosphère surexcitée s'est répandue dans les laboratoires, au sein des équipes où l'on s'arrache les dernières informations, les plus récentes publications, où l'on reprend les arguments et les calculs pour trouver la faille, contester les conclusions. Car l'audace sacrilège de la jeune garde provoque les réactions étonnées, critiques, voire indignées de la vieille garde. Conflit de générations : les dates de naissance font foi. Autour de *l'interprétation de Copenhague* se regroupent Heisenberg, Dirac, Pauli qui ont moins de trente ans, on parle en Allemagne de « la physique des gamins », avec leurs mentors Bohr, quarante-deux ans, Born, quarante-cinq. Parmi les tenants de la physique classique, Broglie, trente-cinq ans, et Schrödinger, quarante ans, sont soutenus par Einstein, quarante-huit ans, Planck, soixante-huit, et Lorentz, soixante-treize. Impossible de ne pas voir une querelle des Anciens et des Modernes.

Une dispute, certes, mais qui ne peut dégénérer car les protagonistes s'estiment et se respectent. C'est ainsi qu'en 1928 Einstein propose Heisenberg pour le prix Nobel. D'autant que la controverse porte moins sur les modèles que sur les interprétations. Einstein lui-même admire la physique quantique, en reconnaît les succès et n'en conteste nullement l'utilisation. Sa seule divergence, mais essentielle, porte sur le statut qu'il convient de lui reconnaître : une théorie incomplète, intermédiaire, ou bien, au contraire, une théorie complète et définitive ? La physique quantique nous dit-elle : « Voici ce qu'on peut dire aujourd'hui de la réalité » ou « Voici ce qu'est la réalité » ?

Einstein polarise l'attention de toute la communauté. N'est-il pas le père des quanta, le Moïse qui a conduit le peuple physicien aux marges de la Terre promise ? N'a-t-il pas derrière lui ce parcours trop exceptionnel pour être envié ? Lui-même vénère Lorentz et Planck, est lié à Born et Bohr par une amitié profonde, presque fraternelle, et reçoit de Broglie et Schrödinger, qui est devenu son collègue à l'université de Berlin, respect et admiration. Quant aux jeunes mousquetaires, ils rêvent tous, comme Heisenberg, de recevoir la bénédiction de papa Einstein. N'ont-ils pas établi cette « véritable théorie du rayonnement » qu'il appelait de ses vœux en 1916 ?

Et lui, le virtuose de la pensée, l'aventurier de la physique, qui avait ébloui les précédents congrès, se fige dans le personnage du Commandeur. Il n'a rien à proposer, d'ailleurs il a refusé de faire la communication qu'on lui demandait, il vient écouter, contester, juger. Durant cette semaine, le sphinx Einstein garde, le plus souvent, un silence obstiné. « Rien ne peut le faire changer. Il n'est pas venu au congrès pour rejoindre la nouvelle mécanique, mais pour tenter de l'enterrer[3] », juge Thomas Levenson.

L'école quantique a bien conscience de « passer son examen ». Devant les physiciens sans doute, mais d'abord et avant tout devant Einstein. Elle a construit son argumentation, élaboré ses présentations, en imaginant ses réactions et ses critiques. Il ne s'agit pas de s'opposer à lui, de triompher de ses théories, puisque aussi bien il ne propose aucune solution alternative. Il faut le convaincre, réussir la grande réconciliation. Bohr et Born ne supportent pas d'être rejetés par Einstein, ils en sont aussi malheureux pour eux que pour lui, car ils le voient avec angoisse se couper de la nouvelle physique. Einstein réactionnaire ! C'est inconcevable, ils ne doutent pas qu'ils sauront le rallier à leurs vues, car leur démonstration est imparable.

Born et Heisenberg présentent le rapport sur la nouvelle physique. Ils prennent bien soin de la relier aux premières découvertes de Max Planck et d'Einstein sur les quanta. Ils se veulent des continuateurs et non pas des révolutionnaires. La quantification de l'infiniment petit change les règles du jeu. Elle oblige à remettre en cause les bases de la science : l'observation, les représentations, la causalité. Non pas pour les abandonner mais pour les modifier. Car la nouvelle physique est née de contraintes inattendues et constitue bien une théorie complète et achevée, puisqu'elle permet de prévoir tous les résultats expérimentaux. La présentation revient à dire : « Cher Einstein, vous avez donné à la physique sa feuille de route. Nous avons été vos fidèles continuateurs. Voici le fruit de nos recherches

3. Thomas Levenson, *Einstein in Berlin*, *op. cit.*

qui sont aussi les vôtres. Vous ne pouvez qu'être d'accord avec nous. »

Bohr complète cette présentation sur le plan doctrinal en rappelant que les étrangetés et limitations de la physique quantique tiennent à la nature particulière du monde microscopique et qu'il est vain de prétendre dépasser ou compléter la théorie pour revenir à la physique classique. Et Bohr conclut à l'attention d'Einstein en soulignant l'analogie entre cette rupture et celle qui fut provoquée par la relativité. Il convient, une fois de plus, d'abandonner les représentations dictées par le sens commun et l'intuition pour nous adapter aux lois de la Nature. Mais, plus les physiciens de Göttingen-Copenhague veulent persuader Einstein qu'ils sont en tout point fidèles à sa démarche, plus ce dernier ressent leur philosophie comme « la négation de sa propre démarche [4] ».

Les opposants se défendent pied à pied. Broglie est attaché à une réalité que l'on visualise, à une science déterminée jusqu'au niveau le plus élémentaire, Schrödinger refuse de ne voir dans ses ondes que des calculs de probabilités et dénonce une dérive outrancière dans la mathématisation, Lorentz ne peut admettre que la réalité devienne insaisissable entre deux observations. La discussion est vive, passionnée. Dans une brève intervention, Einstein montre que la description des phénomènes est beaucoup plus complète dans les conceptions réalistes de Broglie et Schrödinger que dans l'approche algébrique et probabiliste. L'accord sur les démonstrations n'empêche pas le désaccord sur les conclusions. C'est un dialogue de sourds. Einstein ne peut que renouveler son soutien aux tenants de la physique classique.

Mais le congrès Solvay ne se réduit pas à ces séances de travail. Les physiciens vivent en phalanstère. Ils se retrouvent sans cesse et notamment aux petits déjeuners. C'est là qu'Einstein engage les plus vives discussions, notamment avec Bohr. Il lui présente des objections très pointues pour mettre ses thèses en porte-à-faux. Bohr est d'abord décontenancé, puis, le lendemain, apporte des réponses imparables pour se heurter à de nouvelles objections. Et le débat reprend puisque aucune démonstration ne saurait entamer la foi einsteinienne. L'intensité de cette dispute s'incarne dans un homme

4. Michel Paty, « Einstein dans la tempête », *op. cit.*

d'une grande intégrité : Paul Ehrenfest. Spécialiste de la relativité, contemporain, ami et admirateur d'Einstein, il ne peut supporter de le voir se fermer de la sorte, d'autant que lui-même est ébranlé par les arguments de Bohr. Il tente de provoquer un sursaut de sa part. « Tu me fais honte, Einstein. Tu critiques la mécanique quantique de la même façon que tes détracteurs attaquaient la théorie de la relativité. » Remarque judicieuse, les antirelativistes « croyaient » au sens commun, tout comme Einstein « croit » à son ordre cosmique. C'est pourquoi l'interpellation d'un Ehrenfest au bord des larmes le laisse de marbre. Il ne reniera pas le Vieux. Advienne que pourra !

Au fil des jours, les opposants doivent se rendre à l'évidence : la majorité des physiciens accepte, enthousiaste ou résignée, l'hérésie quantique. Les objections d'Einstein, qui n'ont guère retenu l'attention de la jeune classe, n'ont pas davantage ébranlé les certitudes de Bohr et de Born. Si Lorentz, qui meurt trois mois plus tard, et Planck restent inébranlables, Schrödinger est troublé et Broglie se rallie à l'interprétation probabiliste. Désabusé, Einstein confie à ce dernier : « Ces problèmes de physique quantique deviennent trop complexes. Je ne peux plus me mettre à étudier des questions aussi difficiles : je suis trop vieux. » Mélange de lassitude et de clairvoyance. Il sait que sa période de plus grande créativité est passée, il aimerait se consacrer à des tâches moins ardues, mais il ne peut se dérober. Il est pris au piège d'un champ de bataille qu'il n'a pas choisi et sur lequel il se retrouve bientôt seul. Illustrant par cette solitude, et non par le succès, la justesse de sa cause.

CHAPITRE XII

La physique de Sisyphe

Seul contre tous, Einstein doit réunifier la physique, autant dire la réinventer. Pour les physiciens, la cause est entendue : la science, à l'image de la nature, est double. Elle prend une forme représentable, continue, déterministe dans le macrocosme, et abstraite, discontinue, probabiliste dans le monde microscopique. Un dualisme aberrant, incompréhensible, contradictoire, mais indiscutable.

Les théoriciens préfèrent aller de l'avant plutôt que jouer les penseurs à l'arrêt devant l'énigme qu'ils ne peuvent résoudre. Pour Einstein, c'est une tout autre affaire. Lui seul a passé avec « Dieu » cette alliance secrète qui l'a porté dans les batailles et lui interdit de flancher dans l'épreuve. Ses succès n'ont-ils pas prouvé que cette voix intérieure, instinctive, intuitive, inexprimable est aussi infaillible ? Telle une boussole, elle ne dit pas la vérité, elle montre une direction. En cela, du moins, il ne peut se tromper, il ne peut être trompé.

La dimension prophétique du personnage éclate dans sa seconde vie de physicien. Elle a toujours existé, mais elle était masquée par la réussite du chercheur. De telles découvertes portent la marque d'un génie qui dispense de toute explication. Lorsque les résultats ne sont plus là pour masquer la croyance, lorsque le miracle ne dispense plus du discours, alors le verbe se trouve mis à nu, réduit à la seule pensée. Einstein a toujours cru que « Dieu ne joue pas aux dés », il le disait à sa façon, mais qui s'en souciait ? Que le physicien croie au ciel ou qu'il n'y croie pas, peu importe pourvu qu'il trouve.

À partir de quarante-cinq ans, Einstein ne trouve plus. Il est contraint de mettre en avant sa foi, sa philosophie, ses convictions, faute de pouvoir présenter les modèles, les démonstrations et les calculs qui l'en dispenseraient. Ainsi s'affirme dans l'échec une différence qui s'estompait dans le succès : cet homme n'est pas un mercenaire de la physique disponible pour tous les combats, c'est un croisé qui n'admet de victoires que pour se rapprocher du « Vieux ». Un engagement qu'il a poussé trop loin et qui, désormais, l'emprisonne.

Qu'il postule une transcendance cachée dans l'ordre cosmique, pourquoi pas ? Qu'il donne une dimension spirituelle à ce mariage de la raison humaine et de la logique universelle, qu'il fasse de l'exploration du monde le destin de l'humanité, cela reste admirable. Tout se gâte lorsqu'il prétend connaître les principes organisateurs du « Vieux ». Sans en avoir conscience, il commande à celui qu'il prétend servir. Il se fait l'interprète de ses desseins, l'architecte de son univers. Et, croyant respecter les principes éternels, il donne le sceau divin à ses préjugés. Lui qui déteste les religions n'a pu éviter leur péché originel : parler au nom de Dieu. Sans le savoir, il a « dit à Dieu ce qu'il doit faire », comme le lui reproche Bohr, il a décidé que le projet divin ne peut s'incarner que dans la physique classique. Le peuple physicien, qui ne croit pas en ce « Dieu », s'abandonne aux jeux de la nouvelle physique, le prophète reste seul face à la trahison des quanta.

Cette solitude conforte Einstein dans son rôle prophétique. Son ralliement à la nouvelle orthodoxie enterrerait définitivement l'espoir d'une physique unifiée dans le retour au classicisme. Pour premier devoir, il doit tenir la position, témoigner par son refus. Peu importe, en définitive, qu'il ne vienne pas à bout de son grand œuvre, qu'il ne soit pas l'artisan de la grande synthèse. La science ne se joue pas sur un homme et, s'il ne peut « achever » la mécanique quantique, les prochaines générations s'en chargeront... à condition de ne pas oublier qu'elle est « inachevée », que le divorce actuel du continu et du discontinu est une injure à la beauté de l'ordre cosmique et, comme tel, ne peut constituer l'ultime vérité.

Cette retraite hautaine comporte une bonne part d'orgueil, peut-être même de mégalomanie. Il n'en fallait pas moins pour se lancer dans ses recherches et les mener à bien. Mais cette force qui le poussait en avant le paralyse à présent. Le moment est mal choisi. Entre le tourbillon de la célébrité, le combat contre l'antisémitisme, il n'est plus qu'un physicien à mi-temps et, qui plus est, vieillissant. Un Einstein de trente ans n'aurait-il pas découvert la mécanique quantique ? Et n'aurait-il pas adopté une autre attitude s'il en avait lui-même, avant tout le monde, perçu les singularités ? Hélas ! ce n'est plus lui qui effectue les percées. Il se détermine par rapport aux travaux des autres. Un changement de situation qui peut aussi entraîner un changement de comportement. C'est le refus de l'âge que décrit Max Planck : « Une vérité nouvelle en science n'arrive jamais à triompher en convainquant les adversaires [...] mais plutôt parce que finalement ces adversaires meurent et qu'une nouvelle génération grandit à qui cette vérité est familière[1] ? »

*

* *

Complète ou incomplète, la mécanique quantique « marche ». Elle apporte chaque jour de nouvelles preuves de son efficacité. Les physiciens y trouvent l'outil indispensable pour explorer l'infiniment petit. C'est dire qu'ils se soucient assez peu de son statut. Les règles du jeu ont changé et, puisqu'elles fonctionnent, il n'est que de s'en servir.

Deux voies s'ouvrent devant Einstein. Soit démontrer que la mécanique quantique présente des incohérences qui dénoncent son caractère inachevé, son incomplétude ; soit, et ce serait la meilleure réponse, présenter la théorie qui restaure l'unité de la physique en ramenant le monde des quanta dans le champ de la science traditionnelle. Deux combats qu'il entend mener de front en se faisant tout à la fois l'impitoyable procureur de la nouvelle physique et l'infatigable réconciliateur du continu et du discontinu, du causal et du probabiliste, du représentable et du non-représentable. Un travail de Sisyphe qu'il poursuit jusqu'à l'extrême limite de ses forces, incapable de monter son rocher jusqu'au sommet des certitudes, mais incapable aussi d'abandonner ce fardeau devenu pour lui le poids du destin.

Le congrès Solvay de 1927 se termine sur un invraisemblable *quiproquo*. Einstein se veut fidèle à lui-même alors que ses contradicteurs et amis ne le reconnaissent plus. Mais cela n'est rien encore.

1. Max Planck, *Autobiographie scientifique*, Paris, Albin Michel, 1960.

Depuis vingt ans, les physiciens soutiennent Einstein dans les controverses suscitées par la relativité. À ses côtés, ils ont réfuté par une argumentation rationnelle les critiques fondées sur des présupposés intuitifs, sur le sens commun. Et voilà que le maître rejette leurs théories avant toute discussion scientifique, au nom d'un mystérieux « instinct ». C'est d'autant plus incompréhensible qu'ils ont le sentiment de n'avoir jamais failli à son enseignement, d'avoir tracé leur chemin à la lumière de son expérience. Ils ne cessent de lui rappeler qu'il a été le premier à rejeter des notions qui paraissaient évidentes comme celle de simultanéité, à introduire la discontinuité avec les quanta, les probabilités avec l'émission de photons, à ne vouloir connaître de juge que l'expérience, etc. Qu'ont-ils fait sinon reproduire son modèle ? Et comment peut-il condamner une ligne de conduite qui fut la sienne ? Einstein, de son côté, ne voit que permanence et continuité dans son refus. S'il est inébranlable, c'est précisément parce qu'il n'entend pas dévier de sa route. Ainsi chaque camp oppose-t-il sa propre fidélité aux déviances de l'autre. C'est Einstein contre les einsteiniens, une querelle scientifique mais aussi une querelle familiale.

En dépit de son échec au congrès Solvay de 1927, Einstein entend toujours battre en brèche la mécanique quantique et, pour cela, la pousser dans ses retranchements. C'est ainsi qu'il en révélera les failles. Rendez-vous a été pris pour le prochain congrès, celui de 1930. Trois ans pendant lesquels le fossé se creuse entre Einstein et les « quantistes ». Il a fait chou blanc dans ses premières tentatives de théorie unitaire, ils ont beaucoup progressé dans la construction d'une véritable physique quantique. Lorsque les uns et les autres se retrouvent à Bruxelles, Bohr et ses disciples ne sont pas moins sûrs de leurs faits qu'Einstein de ses critiques. Pour les physiciens, cette deuxième confrontation ne peut être que l'épreuve de vérité. Il faut qu'un camp ou l'autre capitule.

Le procureur Einstein prend la parole dans une ambiance survoltée. Il présente, en guise de réquisitoire, une de ses diaboliques expériences de pensée. Il entend prendre en défaut l'indétermination. Puisqu'elle n'est pas un simple constat mais un principe fondateur, elle ne peut souffrir la moindre exception. Quelles que soient les méthodes, quelles que soient les circonstances, les grandeurs antagonistes, l'énergie et le temps, par exemple, ne peuvent se mesurer avec précision. Voilà pourtant ce que le maître sorcier prétend faire dans son monde imaginaire. Car Einstein situe plus que jamais sa démarche dans la pensée. Depuis un quart de siècle, il poursuit une exploration purement intellectuelle de la réalité. Ses découvertes ne se fondent que sur des expériences théoriques, la plupart du temps irréalisables. Jamais il n'est parti d'une observation originale pour accoucher de ses idées. C'est ensuite qu'il demande aux expérimentateurs de procéder aux vérifications. Mais ses trains, ses ascenseurs ne sont que des fictions et ne fonctionnent que dans son cinéma intérieur. C'est donc ainsi, par une expérience de pensée et non pas de réalité, qu'il prétend prendre en défaut la mécanique quantique. L'auditoire, suspendu à ses paroles, le voit mettre en place son arme fatale contre l'incertitude. Einstein prend tout d'abord une boîte qui émet de la lumière, la suspend à une balance. Il fixe dessus un obturateur commandé par une horloge qui, à un instant précis, l'ouvrira puis le refermera. Passons à l'expérience. Ouverture et fermeture se succèdent si rapidement qu'un seul photon a le temps de s'échapper. L'instant de l'émission se lit sur le cadran de l'horloge. Pour cette mesure de temps, l'exactitude n'est limitée que par les performances techniques de l'appareil. Celui-ci étant imaginaire, il est parfait. Reste à déterminer l'énergie de la particule émise. Rien de plus simple en pensée. Pour être immatériel, le photon n'en possède pas moins une énergie, donc une masse. La boîte s'allège lorsqu'il la quitte tout comme la matière radioactive qui émet un rayonnement.

Pour mesurer cette perte, il suffit de faire une première pesée au début de l'expérience et une seconde à la fin. La différence de poids donne la masse-énergie du photon. Cette opération, tout comme la précédente, peut être poussée jusqu'à la plus extrême précision puisque, dans ce laboratoire virtuel, les balances atteignent la perfection. Il n'existe donc aucune limite à la précision de ces deux mesures : celle du temps donnée par la pendule et celle de l'énergie résultant de la double pesée. Voici levée l'incertitude sur les grandeurs caractéristiques d'un événement et conjurée cette fatalité de l'indétermination à laquelle Heisenberg avait condamné l'infiniment petit. Peu importe qu'une telle expérience ne soit pas réalisable, sa description théorique suffit à contredire la base même de la mécanique quantique. Une fois, une seule, c'est une fois de trop, c'est une fois pour toutes.

Lorsque Einstein termine son exposé, le silence qui s'abat sur l'assemblée prouve que sa démonstration a fait mouche. Les physiciens ont beau refaire l'expérience dans leur tête, assembler de mille façons l'horloge, l'obturateur, le photon et la balance, ils ne voient pas la faille. Ainsi l'indétermination ne serait pas un interdit posé par la nature, mais une constatation de fait liée à des insuffisances théoriques ou techniques ? Comment imaginer que l'on puisse construire une physique sur l'imperfection de nos observations ?

Au soir de ce premier jour, Einstein peut savourer son succès, et, disons-le, sa revanche. Il a mis la physique quantique échec et mat. Trois ans plus tôt, dans ce même hôtel, Niels Bohr après avoir tenu l'échange avait eu le dernier mot. C'est à son tour de connaître la fébrilité malheureuse du joueur pris de court. Les participants ont décrit ces heures cruciales, témoignages pleinement confirmés par les photos. Voici Einstein qui a retrouvé sa lumineuse sérénité, teintée d'une ironique satisfaction. Bohr, lui, va de l'un à l'autre, s'agite, interpelle ses collègues. Il leur annonce, mélodramatique, que, si Einstein dit vrai, c'est la fin de la physique. Puis les deux amis-adversaires s'en vont ensemble et le calme de l'un contraste avec l'excitation de l'autre. Pour Bohr, il ne peut être question de rendre les armes, de ne voir dans la mécanique quantique qu'une recette à succès. Il ne doute pas que la démonstration d'Einstein comporte un vice caché. Reste à le trouver.

Après une nuit de réflexion, Bohr apporte la réponse, la plus déroutante qui soit. Einstein a tout simplement oublié... la relativité. S'il effectue une pesée, c'est qu'il y a un champ de gravité et s'il y a un champ de gravité ses variations influent sur la mesure du temps. La réfutation est taillée dans la plus pure logique einsteinienne. Irréfutable ! Niels Bohr a gagné, la mécanique quantique a prouvé sa validité. Einstein est pris à son propre piège. Il croyait tenir sa revanche, il a perdu la seconde manche. Il tire les conclusions de ces passes d'armes : « Il faut abandonner l'idée d'une localisation complète des particules. Cela me paraît être le résultat durable de la relation d'indétermination d'Heisenberg. »

*

* *

La mécanique quantique progresse tout au long des années trente, soumet tout l'électromagnétisme à la loi quantique et s'impose comme la norme unificatrice de l'infiniment petit. Einstein ne conteste nullement ses succès et sa fécondité. « On n'a probablement jamais bâti une seule théorie qui permette d'interpréter et de calculer une aussi grande diversité de faits expérimentaux que le fait la mécanique quantique », reconnaît-il en 1938.

Sa réflexion critique se reporte sur son interprétation physique, sur sa cohérence au-delà des constructions algébriques. Admettons les équations, mais interrogeons-nous sur leur signification. Au prisme du formalisme quantique, la réalité devient méconnaissable, elle se superpose. Voilà sans doute la différence majeure entre le macroscopique et le microscopique. D'un côté, chaque chose existe dans un état bien déterminé, elle est ce qu'elle est, observable, mesurable, analysable, unique et individualisée. Chacun en fait l'expérience à chaque instant. De l'autre côté, c'est l'inverse. Les « choses », dont les correspondants dans notre monde s'appellent ondes, champs ou particules, ne sont qu'une superposition d'états virtuels. Allez comprendre ! Pour prendre une très incertaine analogie – on sait que le monde quantique n'autorise plus les métaphores et la visualisation –, pensons aux hologrammes. Ces photos prises au laser créent un effet de relief saisissant. Lorsqu'on les regarde, chaque œil voit une image différente, et le cerveau reconstitue la représentation spatiale comme dans la réalité. Il y a donc deux images superposées sur la plaque. L'effet persiste lorsqu'on se déplace devant l'hologramme. À chaque position, il faut deux nouvelles images. C'est dire qu'il en existe une multitude qui s'entremêlent sur la plaque grisâtre et dont aucune n'apparaît lorsqu'on ne prend pas le bon angle de visée.

Ainsi, toute réalité plonge ses racines dans un « je ne sais quoi » vibratoire aussi informe que le réseau entremêlé des interférences holographiques. Ce champ quantique entretient en permanence dans ses fluctuations une multitude d'états potentiels superposés les uns sur les autres. Et c'est l'observation, jouant comme le regard qui puise l'image dans l'hologramme, qui fait surgir de ce magma virtuel les particules, les ondes, les événements qu'analyse la physique. Car celle-ci n'a pas accès à ce monde quantique qui reste irrémédiablement au-delà de l'horizon.

Dans un détecteur de particules, le chercheur peut suivre des projectiles, reconstituer des trajectoires, assister à des collisions, voir les microbolides qui rebondissent dans toutes les directions. Une vraie partie de billard ! Or, pour jouer au billard, il faut des boules et pas des « superpositions d'états ». Dans d'autres expériences, ce sont des franges d'interférence qui apparaissent, les mêmes qui pourraient se former sur la surface d'un lac paisible. Là encore, il s'agit d'un phénomène bien connu qui correspond à des ondes et non pas à des « amplitudes de probabilités » et autres ectoplasmes algébriques.

Bohr nous demandait d'admettre que les mêmes « choses » puissent être tantôt ondes et tantôt particules, mais il faut ajouter qu'elles ne sont réellement ni l'un ni l'autre. Pour reprendre notre analogie, la photo normale, même classée dans un dossier, présente son image en permanence, tandis que l'hologramme, rangé dans un placard, n'est qu'une plaque translucide. Il possède deux états. L'un sans image lorsqu'il n'est pas observé et l'autre avec image face au spectateur. Et comment passe-t-on de l'un à l'autre ? Par l'observation précisément. C'est elle qui, en quelque sorte, va extraire les représentations d'une accumulation d'interférences microscopiques.

Oublions l'analogie, revenons à notre univers quantico-fantomatique. Il s'apparente à ces monstres imaginaires, esprits, vampires, démons qui peuplent le monde en notre absence et prennent une apparence anodine sitôt qu'un regard humain se pose sur eux. Mais quel est ce tour de magie qui transforme ces états vibratoires non visualisables en des objets microscopiques assimilables à ceux que nous connaissons ? C'est précisément l'observation. Et là, il nous faut oublier l'analogie holographique. En effet, la plaque n'est qu'un support inerte. Elle n'est pas perturbée par le photon incident, elle se contente de le moduler et de le renvoyer. Telle elle était avant, telle elle reste après.

Il n'en va pas de même dans le monde atomique. Ici l'observation n'est jamais neutre. Elle se traduit toujours par une interaction. Ce fatras d'ondes superposées réagit fortement au photon ou à quelque autre messager de notre curiosité qui vient le titiller. Instantanément l'empilement virtuel s'écroule et se retrouve dans un état et un seul, un état observable. C'est alors que la particule ou l'onde émerge de ce monde virtuel comme l'image de l'hologramme. Les dix mille fantômes invisibles ne feront plus qu'un seul personnage sur la photo. Ainsi le réel ultime ne s'offre-t-il jamais à nos regards. Il reste « voilé », selon l'expression du physicien Bernard d'Espagnat, se contente de répondre à notre interpellation et cette réponse naît de la question. Elle ne préexiste pas. Le monde quantique nous renvoie des échos et, comme l'on sait, les murs sont silencieux, ils ne font que retourner les appels qu'ils reçoivent. Voilà pourquoi la mécanique quantique ne connaît que des successions d'observations et renonce à décrire le non-observé, alors que la mécanique classique sait fort bien à quoi ressemblent les planètes lorsqu'elles disparaissent derrière le Soleil. Ce qu'Einstein traduisit un soir de pleine Lune en demandant à son interlocuteur : « Est-ce que vous croyez à la Lune lorsque vous ne la voyez pas ? »

Pour donner une idée, n'en demandons pas plus, de cette opération qui consiste à extraire une information cohérente d'un fouillis vibratoire, le physicien Thibault Damour parle de l'« effet cocktail ». Dans ces réunions mondaines tout le monde papote, se bouscule, s'esclaffe, s'interpelle, créant, au total, un bruit de fond dont n'émerge aucune information distincte. « Mais, poursuit-il, si deux personnes dialoguent, elles finissent par avoir l'impression que seule leur conversation existe, alors qu'un observateur extérieur les verrait et les entendrait au beau milieu d'un brouhaha incohérent de paroles aléatoires [2]. » Notre cerveau est donc capable d'extraire une réalité cohérente d'un invraisemblable embrouillamini d'ondes. Il existe de même des procédés de vision en relief qui superposent deux images prises avec des polarisations différentes. Regardées à l'œil nu, celles-ci se confondent et se brouillent. Si l'on superposait ainsi non pas deux, mais un grand nombre d'images, on ne discernerait plus rien d'interprétable. Mais, lorsque l'on chausse des lunettes ayant des polarisations différentes de l'un et l'autre côté, l'œil gauche extrait l'image correspondant à sa vision, l'œil droit extrait l'autre,

2. Thibault Damour et Jean-Claude Carrière, *Entretiens sur la multitude du monde*, Paris, Odile Jacob, 2002.

les deux se combinent dans le cerveau et font apparaître l'image de façon parfaitement nette, le relief en plus.

Ainsi la physique quantique nous fait-elle prendre conscience d'une interaction avec la réalité qui la reconstruit pour en faire une perception cohérente. Cela semble invraisemblable et pourtant... Interrogeons-nous un instant sur les couleurs. Rien ne nous semble si naturel que la vision colorée. Celle-ci tient un rôle essentiel dans la lecture de notre environnement et nous ne doutons pas que cette signalétique soit inscrite dans la nature même. Ce n'est pas nous qui l'inventons, nous ne faisons que l'enregistrer. Que nous regardions ou pas le paysage, le ciel est toujours bleu, l'herbe verte, les moutons blancs et les fraises rouges.

Cette évidence est une pure illusion. La couleur n'apparaît que dans la représentation que nous construisons, elle n'existe pas en tant que telle dans la nature. Avec d'autres capteurs rétiniens, d'autres transcodeurs cérébraux, nous pourrions voir en noir et blanc comme la plupart des animaux ou bien mettre le ciel en rouge, la mer en jaune et l'herbe en bleu. De notre environnement, ne nous parvient qu'une profusion d'ondes lumineuses, porteuses de fréquences et non pas de couleurs, que nous allons traiter, décoder, interpréter pour fabriquer des images et les colorier.

Cette idée vertigineuse, affolante même, que la réalité ultime n'a rien à voir avec notre monde ordinaire est, peut-être, moins déroutante, si nous prenons conscience de l'immense décalage qui existe entre celui-ci et l'image que nous en avons. Car nous sommes prisonniers de l'évidence sensorielle. Comment douter que nous percevons la réalité en soi, telle qu'elle est ? Comment imaginer que nous sommes transpercés par des milliards de neutrinos, pris dans des champs magnétiques, environnés par un nuage d'ondes hertziennes sans rien percevoir ? Que nous opérons une lecture très sélective et totalement reconstructrice pour arriver à l'image familière qui nous paraît être la réalité même ? La physique quantique nous fait faire un bond prodigieux dans cette redécouverte du réel en nous révélant ces océans bouillonnants de la virtualité quantique qui sont à la base de toute chose et qui échappent tout à la fois à nos sens et aux structures logiques de notre pensée. C'est en quelque sorte le milieu nourricier riche, en chaque point, de toutes les potentialités, dont renaît à chaque instant notre monde, l'étang magique dans lequel le poisson n'apparaît qu'en mordant à l'hameçon. Certains théoriciens en viennent même à penser que ce n'est pas une mais plusieurs réalités qui émergent ainsi donnant naissance à des univers parallèles et non communicants. « Einstein nous avait démontré que le temps n'est qu'une illusion, explique Thibault Damour, nous devons renoncer à l'illusion – plus tenace encore – d'une seule réalité [...]. L'univers est une superposition d'histoires différentes des configurations de toute matière, c'est un *multivers.* » N'est-ce pas Niels Bohr qui disait : « Celui qui n'est pas choqué par la mécanique quantique n'y a rien compris[3] » ? Einstein a bien compris, mais il confie à Louis de Broglie qu'une théorie physique doit pouvoir, en dehors de tout calcul, être illustrée par des images si simples « qu'un enfant même devrait pouvoir les comprendre ». Avec la nouvelle physique, il est servi !

La mécanique quantique n'existe, en tant que science, qu'en raison de sa capacité à définir les règles qui président au passage de cette réalité sous-jacente au réel observable. Que se passe-t-il lorsque la complexité vibratoire se fige dans la simplicité d'une particule ? Lequel de ces états emmêlés émerge dans l'expérience ? C'est alors que joue « l'effet machine à sous ». Le hasard choisit entre ces états virtuels superposés selon des probabilités rigoureuses qui interdisent de prévoir un résultat isolé mais permettent la plus grande rigueur sitôt que l'on passe au calcul statistique. C'est le coup de dés que refuse Einstein.

Une conséquence de cette dissolution du réel, c'est que la valeur naît de la mesure. Dans notre monde familier, les objets existent avec leurs caractéristiques propres avant, pendant et après l'observation. Je n'ai pas besoin d'arpenter le terrain de football toutes les cinq minutes pour vérifier que ses dimensions n'ont pas changé. En mécanique quantique, au contraire, chaque mesure confère à l'objet une valeur réelle dans une gamme de valeurs potentielles. Un peu comme un prix sur le marché. Une marchandise a toute une gamme de prix possibles avant les enchères. Mais celui qui lui est attribué lors de la vente change sa nature même. Le tableau devient authentique ou faux selon qu'il est vendu cher ou bon marché, le cheval est un crack ou un toquard, le baril de pétrole un bien rare à rechercher ou, au

3. *Ibid.*

contraire, un bien pléthorique à éviter. La grandeur n'existait pas avant et ne se retrouve pas nécessairement dans la mesure suivante, car l'évaluation même a modifié la grandeur.

*
* *

Que « Dieu » joue à ses serviteurs de tels tours, il faut bien l'admettre ; qu'il ait tout construit sur de telles règles, c'est intolérable. Einstein veut montrer que ce formalisme conduit à des aberrations qui prouvent les limites de la mécanique quantique. Il est assisté dans cette critique par Schrödinger. Bien que n'étant pas juif et pas directement menacé par les persécutions antisémites, l'inventeur de la mécanique ondulatoire n'a pas supporté la venue au pouvoir d'Hitler. Il a quitté Berlin en 1933 et se trouve à Oxford.

En 1935, il imagine le paradoxe du chat pour mettre en lumière l'inadmissible étrangeté de cette théorie. Histoire cruelle mais imaginaire comme il se doit. Il était une fois un chat enfermé dans une chambre. L'expérimentateur sadique a disposé une capsule contenant une dose mortelle de cyanure et, comble de raffinement, prévu pour la briser un dispositif qui est déclenché par la désintégration d'un atome radioactif, événement imprévisible comme l'on sait. L'élément ayant été choisi avec une période de soixante minutes, il y a une chance sur deux pour que l'atome soit désintégré, le cyanure libéré et le chat mort au bout d'une heure. La malheureuse bête se trouve confrontée à un futur aussi aléatoire que celui d'un condamné à mort dans une prison américaine. Sa vie ne dépend pas d'une décision de justice mais d'un phénomène quantique, une désintégration radioactive en l'occurrence, ce qui vaut tout de même mieux que d'attendre la grâce d'un gouverneur texan. Or l'atome, si l'on en croit la mécanique quantique, oscille entre deux états superposés, l'un désintégré l'autre non désintégré. Au bout d'une heure, les probabilités sont égales pour l'un et pour l'autre. Et l'ensemble du dispositif doit suivre cette loi. La superposition devrait donc valoir pour le chat comme pour l'atome. Passe encore que ce dernier puisse être tout à la fois désintégré et non désintégré, mais un animal peut-il être mort et vivant ? Pas ceux que nous connaissons en tout cas. La théorie débouche sur un non-sens. Bohr s'empresse de confirmer que la mécanique quantique n'autorise nullement à passer ainsi du microscopique au macroscopique.

Cette aporie vise à remettre la mécanique quantique à sa place, à freiner le zèle interprétatif de ses théoriciens. Les « réalistes » comme Einstein ou Schrödinger estiment qu'elle peut conduire à des situations aberrantes dont les physiciens, perdus dans le calcul, ne sont pas conscients et qui dénoncent les limites mêmes de l'entreprise. Dans la même logique, Einstein a publié en cette année 1935 un article à ce point percutant qu'à soixante-dix ans de distance, il ébranle encore la physique. Pour ce travail, il s'est associé à deux jeunes physiciens : Boris Podolsky et Nathan Rosen. Ensemble, ils font paraître dans *Physical Review* un article au titre très explicite : « La description par la mécanique quantique de la réalité physique peut-elle être considérée comme complète ? » qui passera à la postérité sous l'appellation du « paradoxe EPR » pour Einstein, Podolsky, Rosen bien sûr.

*

* *

Refusant de réduire le monde à un jeu de questions-réponses, Einstein doit prouver que la mécanique quantique a oublié quelque chose en chemin. C'est la démonstration qu'il prétend apporter grâce au paradoxe EPR. Avec ses complices, il a découvert une conséquence trop peu remarquée de cette fuite dans le formalisme : deux de ces « ondicules » peuvent interagir jusqu'à posséder une fonction d'onde commune. Or, si l'on sépare dans l'espace les deux parties de cet ensemble, le calcul ne prévoit nulle part que chacune reprend son individualité. Dans ce monde totalitaire, tout ce qui n'est pas interdit est obligatoire. Si la théorie ne permet pas de distinguer ces particules, c'est qu'elles ne forment qu'un seul système. Ce qui implique que toute mesure, toute interaction, sur l'une influe sur l'autre, bien qu'elles n'interagissent plus depuis longtemps et soient très éloignées l'une de l'autre. Qui plus est, cette « influence » est instantanée. Bizarre pour ne pas dire étrange ou même choquant.

Imaginons deux sœurs siamoises passant un examen. Chacune

peut se tromper. Mais celle qui est interrogée en second a entendu sa sœur et ne donnera que la bonne réponse. Autrement dit les résultats de l'expérience ne sont pas les mêmes selon que la sœur est interrogée en premier ou en second. Rien que de très logique. Une question suffit à déstabiliser le « système gémellaire ». Reprenons maintenant l'expérience avec des jumelles ordinaires, c'est-à-dire qui peuvent se séparer. Elles se trouvent à bonne distance l'une de l'autre, dans l'impossibilité de communiquer. La chronologie devient alors indifférente. Que la première soit interrogée avant ou après sa sœur ne change rien au résultat.

Voilà ce qu'impose la raison, la logique, le bon sens, disons « le réalisme », et voici précisément ce que récuse la mécanique quantique. Les particules qui portent, ineffaçable, la marque de leur interaction originelle, continuent à « faire comme si » elles étaient toujours en train d'interagir. Qu'en est-il si elles se trouvent à une grande distance l'une de l'autre ? Rien dans les équations n'indique que cette corrélation cesse, l'« intrication » postulée par la théorie doit se maintenir jusqu'à ce qu'une autre interaction la détruise. Se trouveraient-elles à des kilomètres l'une de l'autre qu'elles seraient toujours siamoises face à l'expérience, que les mesures effectuées sur la première se répercuteraient *instantanément* – ce qui signifie sans être limitées par la vitesse de la lumière – sur la seconde. Et, cela, alors qu'il n'existe aucun échange, aucune communication entre les deux. N'est-ce pas absurde ? Comment justifier que, sans la moindre perturbation, sans la moindre information, l'observation de la première détermine l'état de la seconde ? « Aucune définition de la réalité un tant soit peu raisonnable n'autorise cela », tranchent Einstein, Podolsky et Rosen. Ils concluent que la fonction d'onde, cœur du formalisme quantique, qui prévoit une telle possibilité « ne fournit pas une description complète de la réalité physique ».

Cette « intrication » qui permet à une particule d'être influencée par une autre avec laquelle pourtant elle n'a aucun lien d'aucune sorte tient de la prestidigitation. Mais justement cette dernière repose toujours sur une observation incomplète. Pour le spectateur, le magicien agit à distance sur un objet. Une action mystérieuse puisqu'ils sont éloignés l'un de l'autre. Nous savons qu'en réalité, le « fluide magique » n'y est pour rien et qu'il existe un dispositif invisible qui permet un tel résultat. Mais seul le machiniste à l'arrière de la scène qui peut découvrir l'ensemble de l'appareillage comprend que le magicien n'est qu'un illusionniste. Ainsi, le merveilleux et l'incompréhensible naissent d'une vision incomplète de la réalité et, en un certain sens, dénoncent cette incomplétude.

Pour Einstein, il doit en aller de même au royaume des quanta. Il existe « quelque chose » dont la mécanique quantique ne rend pas compte, et qui permet à deux particules d'être tout à la fois distantes et non séparées. S'agit-il d'un « lien » que l'on ne perçoit pas, d'une sorte de « programme » donné au départ, peu importe la nature de cette « variable cachée », elle doit exister pour que le monde préserve sa cohérence, que chaque chose retrouve sa place, qu'ici ne soit pas ailleurs et que la fusion à distance ne concerne que les cœurs amoureux et non pas les particules quantiques.

Or la relativité interdit toute interaction instantanée et la mécanique quantique toute « préprogrammation ». En effet, le résultat d'une mesure ne peut être déterminé à l'avance puisqu'il ne préexiste pas à la mesure. Revenons à nos jumelles séparées l'une de l'autre. Si l'examen est un jeu de questions-réponses, on peut toujours imaginer qu'elles se sont entendues pour donner des réponses identiques, vraies ou fausses. Il devient possible d'imaginer un « truc » dans la logique d'Einstein. Mais la mécanique quantique est plus perverse que cela. On sait que le résultat proposé, le résultat individuel, comporte toujours une part de hasard. C'est « Dieu qui joue aux dés ». Il faut donc changer l'épreuve et remettre à chaque jumelle un cornet contenant un dé. Au signal convenu, elles n'ont pas à donner une réponse, mais à lancer les dés. Quatre pour l'une, quatre pour l'autre. Six d'un côté, six de l'autre. Les résultats, sous la dépendance du hasard, doivent pourtant rester les mêmes. Voilà qui exclut toute combinaison occulte, qui nous confronte à l'impossibilité absolue. Dans notre monde et avec notre logique s'entend. Pour Einstein et ses disciples une telle aberration traduit à l'évidence le caractère inachevé d'une théorie qui décrit le tour sans deviner le « truc ».

*
* *

La démonstration est imparable et Niels Bohr est interdit en découvrant dans la *Physical Review* le dernier missile de son très cher adversaire. Une fois de plus, Einstein lui fait passer une nuit blanche. Dès le lendemain, il a rédigé sa réponse qu'il adresse à la revue et qui paraît dans le numéro suivant. Le Maître de Copenhague ne conteste pas l'expérience sur le plan théorique mais en propose une interprétation différente. La réfutation n'est guère convaincante. En vérité, le résultat est à ce point nécessaire et inexplicable que le théoricien ne se hasarde pas trop à le commenter.

Les physiciens adoptent la même attitude. Mais le faible retentissement de l'article prouve surtout qu'Einstein a mis le doigt sur une difficulté réelle et dérangeante de la théorie. Le silence illustre un autre principe d'incertitude : quand on ne sait pas quoi dire, mieux vaut se taire. Il est si pesant que les physiciens finirent par oublier le paradoxe EPR. Il y a tant de bizarreries dans le monde quantique !

La démonstration débouchait sur deux explications possibles. La première, celle d'Einstein, suppose qu'il y ait une raison cachée à découvrir, la seconde, celle des « quantistes », admet que deux particules puissent rester « intriquées » tout en étant à distance ou, pour dire les choses autrement, qu'après avoir été corrélées, elles ne soient plus séparables alors même qu'elles sont distantes. Cela nous paraît absurde, mais la réalité n'a pas à suivre nos règles logiques. Si la première explication est vraie, la théorie doit être complétée, si la seconde explication est vraie, elle est déjà complète et le monde quantique est plus incompréhensible que jamais. Mais Einstein ne propose aucune expérience pour faire la distinction entre la prestidigitation et la magie. Lorsqu'il meurt en 1955, la physique n'a toujours pas la réponse.

Et, pourtant, il existait bien un test susceptible de trancher le débat. Mais il n'est imaginé, dans son principe, qu'en 1964 par le physicien irlandais John Bell. Il part du dispositif décrit dans l'article de 1935. Il s'agit de faire naître une paire de particules « corrélées » puis de diriger la première dans un sens, la seconde dans le sens opposé. À un instant donné, une mesure est effectuée sur l'une et l'on regarde si elle influe sur le résultat de la même mesure effectuée sur l'autre. Une telle expérience, qui, en 1935, n'était encore que de pensée permet d'établir la présence ou l'absence d'un tel effet. En revanche, elle ne permet pas de trancher entre les deux explications. Or John Bell montre que, sur un grand nombre de cas, les résultats ne sont pas les mêmes selon que l'épreuve est régie par la « magie quantique » ou par la « prestidigitation einsteinienne », qu'elle reflète la seule mécanique quantique ou bien utilise des « variables cachées » comme l'imagine Einstein. Les probabilités recalculées par Bell ne permettent aucune confusion entre l'hypothèse « réaliste » et l'hypothèse « quantique ».

Les physiciens, qui avaient bien perdu de vue le paradoxe EPR, sont tout émoustillés par ce résultat car les progrès de la technique, les horloges atomiques, les lasers, etc., permettent de faire l'expérience en laboratoire et pas seulement en pensée. Après quelques tentatives américaines, l'épreuve de vérité se déroule à l'Institut d'optique d'Orsay en 1982. C'est la fameuse expérience d'Aspect qui prend aussitôt place dans l'histoire des sciences. Alain Aspect et son équipe font courir des photons corrélés de droite et de gauche avant d'en observer la polarisation. Albert Einstein, pardon ! Les résultats confirment les prévisions de la mécanique quantique et excluent toute interprétation réaliste. Les deux photons séparés de plusieurs mètres, observés dans des temps qui, excluant toute communication à la vitesse de la lumière, sont encore « intriqués ». Ce que l'on fait sur l'un influe bien sur l'autre et nulle « variable cachée » ne peut expliquer un tel résultat.

L'article de 1935 avait fait peu de vagues, l'expérience d'Aspect soulève une tempête. D'autant que la physique théorique, un peu passée de mode dans les décennies précédentes, reprend du poil de la bête et la « non-séparabilité » devient une pièce maîtresse dans toute construction nouvelle. Les résultats sont examinés à la loupe, le montage expérimental disséqué, les effets parasites et artefacts traqués. En fonction de ce bilan critique, l'expérience est refaite à Genève avec un dispositif amélioré. Le professeur Nicolas Gisin et son équipe mettent sur pied un protocole qui exclut tous les défauts, toutes les incertitudes qui pouvaient entacher l'expérience française et se lancent en 1998 sur les traces de l'intrication quantique.

Au départ un laser émet un photon qui passe dans un cristal et « se coupe en deux », disons donne naissance à la paire de photons corrélés. Chacun se précipite sur une « autoroute à lumière », une fibre optique. L'un part vers la droite, l'autre vers la gauche. Ils parcourent ainsi plusieurs kilomètres et finissent par tomber sur un miroir semi-réfléchissant. Ils ont 50 % de chances de passer au travers et 50 % de chances d'être réfléchis. Le phénomène est purement aléatoire : le coup de dés. Chaque photon tente sa chance. Au terme de la partie, le résultat ne fait aucun doute. Les deux font la paire. Ils adoptent à tout coup le même comportement, traversant ou se réfléchissant, comme s'ils se donnaient le mot, comme s'ils se donnaient la main, alors qu'ils se trouvent à des kilomètres l'un de l'autre, qu'ils ne peuvent avoir aucune information sur le « choix » de l'autre. Et la statistique exclut toute cause secrète, tout mécanisme caché, c'est un pur effet quantique.

Il nous était difficile de concevoir les états virtuels superposés, mais, pour les particules qui ne sont pas séparées tout en étant distantes de plusieurs kilomètres, nous sommes perdus. Pourtant le résultat est là. Le fait est indiscutable et n'aura jamais d'autre explication que le formalisme quantique... qui, d'ailleurs, n'explique rien. « L'espoir d'Einstein d'une théorie "complète" échappant à la statistique est mort. Avec les inégalités de Bell et les vérifications qui ont suivi, la cause est entendue », tranche le théoricien Albert Messiah.

Ainsi Einstein a-t-il démontré la vérité dans l'erreur qu'il dénonçait ! Sans cette ultime charge contre les quanta, les physiciens n'auraient sans doute accordé qu'une attention distraite à l'intrication et à la non-séparabilité. Peut-être en serions-nous encore à les mentionner comme une bizarrerie indémontrée de la mécanique quantique. Sans l'obstination einsteinienne, le monde des quanta aurait été entaché d'une certaine invraisemblance ; grâce à elle, il s'affirme invraisemblable mais vrai. Jusqu'au bout, les quanta se sont bien moqués de leur père.

*
* *

Prouver cette « incomplétude » de la mécanique quantique, ce ne serait jamais pour Einstein qu'une demi-satisfaction. Les vraies victoires ne consistent pas à démontrer l'erreur mais à découvrir la vérité, en l'occurrence l'unité de la nature qu'exige la divine perfection de l'ordre einsteinien. La dualité de la physique qui existait au début du siècle s'est recréée. Le champ géométrique qui décrit la gravitation était dans son principe même fort différent du champ électromagnétique. Avec la physique quantique le divorce est total. D'un côté, le monde de la relativité généralisée repose sur une réalité continue, respecte scrupuleusement la causalité, de l'autre, le monde de l'infiniment petit n'est plus qu'un casino, siège de milliards d'événements séparés, royaume du hasard et de la probabilité. Impossible d'imaginer deux réalités plus différentes. Ce divorce ne peut représenter l'ultime vérité.

Les physiciens n'ont pas besoin d'en appeler à « Dieu » pour tenter d'unifier ces mondes antagonistes. Dès 1916, ils s'efforcent de rassembler l'électromagnétisme et la gravitation. Ils se font un devoir d'adresser leurs travaux à Einstein qui a vite fait de trouver la faille. Ces essais ne sont riches que de promesses non tenues.

Une idée retient particulièrement l'attention d'Einstein, celle du polonais Théodore Kaluza. Celui-ci propose en 1919 d'ajouter une dimension à l'espace-temps qui n'en comporterait plus quatre mais cinq. Cette dernière servant en quelque sorte de passerelle pour rassembler les deux forces dans le même champ. Quatre ans plus tard, Einstein doit reconnaître que la théorie résiste mal à l'épreuve du calcul. Ce qui ne l'empêchera pas de la reprendre par la suite.

Car Einstein n'est pas de reste dans cette course à l'unification. Il a déjà essayé puis abandonné quatre pistes lorsque il se trouve confronté à la mécanique quantique. Ses prises de position l'obligent à découvrir la théorie unitaire alors même que la nouvelle physique rend la synthèse plus difficile que jamais.

La réunification du monde pourrait se concevoir à partir de l'un ou l'autre pôle. Dans un cas, la mécanique quantique finirait par absorber la relativité généralisée, dans l'autre, ce serait l'inverse. Faut-il concevoir la grandiose synthèse sur le modèle de l'infiniment grand ou sur le modèle rival de l'infiniment petit ?

Pour Einstein, cette seconde hypothèse est inconcevable. Elle reviendrait à troquer Dieu pour le diable, la vérité pour l'erreur. Il ne supporte pas de voir le hasard s'immiscer dans une partie de l'ordre cosmique, ce n'est pas pour lui abandonner le reste. « Malgré tous les succès remportés par la mécanique quantique, je ne crois pas que cette méthode puisse donner à la physique un *fondement* valable », explique-t-il dans une lettre à Paul Langevin. Car, estime-t-il, cela conduirait à « une physique purement algébrique. Du point de vue logique, cela est tout à fait possible [...]. Mais pour le moment, l'instinct s'insurge contre cette idée ».

Toujours cette évidence instinctive qui guide sa démarche ! À ses yeux, la mécanique quantique n'est qu'un avatar de la mécanique classique, un « expédient », sa capacité à calculer des résultats ne doit pas nous dispenser de répondre au « pourquoi ». Einstein reprend la physique dans sa forme classique la plus accomplie, celle de la relativité généralisée, pour sortir la réalité de ses abstractions mathématiques. Il est profondément attaché à cette notion de champ qui, gravitationnel ou électromagnétique, n'est pas une entité algébrique mais une réalité physique « aussi certaine que la chaise sur laquelle je suis assis », comme il aime à dire. Il faut donc trouver le champ unique qui s'épanouit dans les différentes forces de la nature. Telle serait cette théorie unifiée des champs qui engloberait et dépasserait la mécanique quantique, qui en expliquerait les caractéristiques extravagantes et, par là même, en résorberait le caractère inacceptable. Lorsqu'il entreprend ce travail, l'objectif paraît audacieux mais réalisable, un défi typiquement einsteinien. Born reconnaît dans sa correspondance-souvenirs que, dans les années vingt, les physiciens ne doutent pas qu'il saura le mener à bonne fin.

Leur attitude change avec le congrès Solvay de 1930, car ils ont le sentiment que la question est dépassée. Ils tiennent un véritable paradigme scientifique et n'entendent plus se perdre dans des hypothèses hautement spéculatives. Mais ils n'ont pu convaincre le plus illustre d'entre eux. Celui-ci est parti de Bruxelles plus résolu que jamais à poursuivre dans sa voie : « J'ai décidé d'employer à ma guise le peu de forces qu'il me reste pour travailler, sans tenir compte de la tendance actuelle », écrit-il à Ehrenfest en août 1928.

La « clause de santé » n'est pas de pure forme. Einstein vient de connaître une sévère alerte cardiaque. Il doit renoncer à toutes ses activités pendant de longs mois. Un repos forcé qu'il met à profit pour se lancer à corps perdu dans la grande unification. Partant de ses travaux sur la relativité généralisée, il veut intégrer dans un champ unique les forces gravifiques et électromagnétiques. Le voilà qui retrouve ses pires amis, les tenseurs. Ne pourrait-il en fabriquer qui rendent compte tout à la fois de la gravité et de l'électromagnétisme sans basculer dans une pure abstraction algébrique, en conservant le réalisme spatio-temporel et la géométrie ? Puis il revient à son idée de faire « pousser » les particules sur un champ. Longtemps il retourne ses équations, sans aucune récolte significative. À mesure qu'il construit son modèle pour répondre à une exigence, il s'aperçoit qu'une autre lui échappe ; à force de vouloir intégrer les phénomènes électromagnétiques, il perd la gravitation ou l'équivalence matière-énergie. À la fin de l'année 1928, il pense toucher au but.

*
* *

En 1929, la rumeur se répand: « Einstein serait sur le point d'annoncer une découverte majeure. » La presse flaire le scoop et se met en chasse. Les journaux titrent avec un conditionnel de rigueur et sans fournir la moindre précision sur la théorie à venir. Les journalistes le harcèlent et le guettent devant son immeuble. Il refuse de répondre, s'enferme dans son mutisme, n'ose plus sortir de chez lui. Mais son silence ne fait qu'exacerber la curiosité et ajouter à la confusion. On parle de l'équation magique qui expliquerait le monde. Le miracle qui viendrait célébrer son cinquantième anniversaire !

En janvier 1929, il confie à Besso : « Le travail sur lequel j'ai passé des journées et des nuits à me creuser la tête et à calculer est là devant moi, terminé et condensé en sept pages sous le titre : "Théorie unitaire des champs". Cela a l'air vieux jeu, et mes chers collègues, comme toi d'ailleurs, vous allez d'abord me tirer la langue aussi longtemps qu'il faudra... Mais lorsqu'on aura atteint les limites de la toquade statistique, on reviendra repentant à la représentation spatio-temporelle et ces équations constitueront alors un point de départ. »

En définitive, il fait publier son travail par l'Académie des sciences de Prusse. Six pages bourrées d'équations, un message crypté livré sans la moindre clé pour le déchiffrer. Les journalistes font le siège d'Einstein pour obtenir des éclaircissements, mais il se refuse à tout contact, laissant libre cours aux spéculations les plus débridées. Pour mettre fin à « un tapage journalistique et publicitaire si déplaisant », il accepte de recevoir l'envoyé du *New York Times*. Reporter et non pas scientifique, celui-ci s'attache à décrire Einstein chez lui, ses rapports avec Elsa, et passe bien vite sur la nouvelle théorie. Pour le public, ces travaux resteront encore plus inaccessibles que les précédents qui, pourtant...

Mais déjà s'annonce la célébration de son cinquantième anniversaire. Rien qu'une corvée en perspective ! Il va se réfugier dans la résidence campagnarde d'un ami berlinois afin d'être aux abonnés absents à la date fatidique. Ce 14 mars, un nombre invraisemblable de messages provenant de chefs d'État comme d'admirateurs anonymes converge vers l'appartement déserté dans lequel la fidèle Helen Dukas a pour consigne de répondre que le professeur est injoignable.

Les journalistes et le public ne comprennent goutte au message chiffré d'Einstein, mais, par malheur, il en va de même pour les physiciens. Leur impatience n'est pas moins grande que celle des profanes, et leur déception est à la mesure de leur attente. Ils ont beau manipuler en tous sens cette ribambelle d'équations, ils ne peuvent rien en sortir. Il n'y a là qu'une construction mathématique subtile dont le rapport avec les phénomènes physiques semble fort incertain. Un silence poli et attristé accueille la théorie du champ unifié. Seul Pauli joue les affreux Jojo et dit tout haut ce que les autres pensent tout bas. Il fait le pari qu'Einstein aura abandonné sa théorie dans un an... et en proposera une nouvelle tous les ans. Qu'importe ! Einstein trouve dans sa démonstration cette qualité esthétique dont il a toujours fait le critère de la vérité. Il se déclare confiant dans le développement de son hypothèse.

Une confiance qui dure deux ans. Il doit finalement jeter l'éponge et reconnaître que « cette théorie est une boîte fermée et je ne sais pas ce qu'il y a dedans ». Beau joueur, il concède à Pauli : « Vous aviez raison après tout, sacré canaille ! » et part dans une autre direction. En juillet, il écrit à Niels Bohr : « Je me bats toujours avec la théorie du champ unitaire, pour laquelle je n'ai pas trouvé jusqu'à maintenant de solution véritablement satisfaisante », mais il ajoute aussitôt : « Je continue à croire que l'on en reviendra un jour à une conception causale des phénomènes physiques. »

Dans sa retraite dorée de Princeton, la vie serait fort agréable si la spécificité de sa démarche n'élevait progressivement un mur entre les autres chercheurs et lui. Il est honoré, célébré, protégé, mais il ne s'intègre pas à la vie du campus. Au reste, il refuse d'enseigner. Pour ne pas faire de concurrence aux professeurs, dit-il, mais, en fait, pour n'avoir pas à exposer une physique qui ne lui convient pas. La recherche de la théorie unitaire devient pour Einstein une prison-labyrinthe. Il s'engage dans une direction, bifurque, une fois, deux fois, se trouve dans un cul-de-sac, revient au centre, prend un autre chemin, tourne et retourne, marche sur ses pas, reprend une voie déjà explorée et, sans cesse, se retrouve au point central cherchant vainement une sortie qui n'existe pas.

Ce piège infernal se referme sur lui et le coupe du monde. Elsa, d'un tempérament très sociable, a besoin de voir des gens, de recevoir et d'être invitée. À la mode américaine. Mais le temps lui est compté. En 1934, elle doit retourner en Europe au chevet d'Isle, sa fille aînée atteinte par une tuberculose mortelle. Lorsqu'elle revient, l'année suivante, le couple emménage dans la grande maison de Mercer Street qui devient aussitôt sa dernière demeure. Dès la fin de 1935, Elsa ressent les premières attaques des troubles cardiaques qui finiront par l'emporter. Sa santé décline tout au long de l'année. Au mois de décembre 1936, elle agonise. Einstein l'assiste à sa façon, c'est-à-dire en travaillant. Son assistant Peter Bergmann raconte que le bureau était adjacent à la chambre mortuaire et qu'ils entendaient les râles et cris de souffrance d'Elsa. Lui-même était bouleversé tandis qu'Einstein restait totalement absorbé dans son travail[4]. Scène tragique qui illustre l'ambivalence de sa passion : une recherche mais aussi une fuite. Pour se donner à la science, il doit se refuser aux autres. Et la distance est bien faible entre le détachement de l'ascète et l'indifférence de l'égoïste.

Einstein ne semble pas avoir été affecté outre mesure par son veuvage. Rien de comparable avec l'affliction qu'il ressentit à la mort de son père. C'est une association plus qu'un amour qui se termine.

Désormais sa secrétaire-gouvernante, Helen Dukas, veille sur lui vingt-quatre heures sur vingt-quatre. Recrutée en 1928, elle vivra dans l'ombre d'Einstein jusqu'à sa mort en 1982, réglant la vie du

4. Roger Highfield et Paul Carter, *The Private Lives of Albert Einstein*, *op. cit.*

grand homme de son vivant puis protégeant sa mémoire après sa disparition. Elle prend en charge les soucis domestiques, mais, pour la vie sociale, elle agit comme un filtre faisant s'étioler les liens qu'Elsa s'efforçait de créer.

En 1938, Einstein croit, une fois de plus, avoir trouvé la sortie du labyrinthe : « Je travaille avec mes jeunes gens à une théorie extrêmement intéressante par laquelle j'espère vaincre la mystique probabiliste actuelle », écrit-il à Solovine. La confiance se renforce dans les mois suivants : « Il y a espoir de détruire de cette façon la base statistique de la physique qui m'est insupportable. » L'année suivante, il n'en est plus question. Il se trouve à nouveau embourbé et doit tout reprendre depuis le début.

*
* *

Einstein s'est lancé à corps perdu dans l'unification au moment même où les physiciens s'en détournent. Pendant les années trente, il se trouve encore quelques théoriciens qui poursuivent la même recherche, s'intéressent à son travail, explorent des voies parallèles, bref, il peut avoir le sentiment de travailler avec une minorité, marginale certes, mais fort créative, de la communauté scientifique. La guerre met fin à ces échanges et l'isole définitivement. Il ne participe plus à l'aventure de la physique, il creuse son sillon, seul sur son hypothétique champ unitaire.

Sa solitude ne fait que s'accroître. Il lance de nouvelles idées, s'enlise, revient à une hypothèse précédente, juste le temps de s'épuiser en calculs interminables et de l'abandonner à son tour. Banesh Hoffmann le décrit se débattant avec un tenseur gravito-électromagnétique, un monstre « asymétrique contenant seize quantités, dix combinaisons de ces dernières servant à la gravitation et six à l'électromagnétisme[5] ». Il s'enfonce de plus en plus dans la mathématique et n'en sort la tête que pour constater des insuffisances criantes par rapport à la réalité physique. Un travail épuisant dans une ambiance sinistre au chevet de sa sœur Maja qui s'était réfugiée

5. Banesh Hoffmann, *Albert Einstein, créateur et rebelle*, *op. cit.*

chez lui en 1939 et se trouve hémiplégique. Tous les soirs, le frère fait longuement la lecture à sa sœur invalide.

Au fond de lui-même, il doute de jamais venir à bout d'une telle entreprise. En 1948, il confie ses difficultés à Solovine : « Je suis toujours bloqué par les difficultés mathématiques qui m'empêchent d'infirmer ou de confirmer ma théorie générale relativiste du champ [...]. Je n'y arriverai plus : on oubliera ma théorie et on la redécouvrira plus tard. »

Ses recherches portent la marque de l'âge. Elles ne sont plus impulsées par cette audace créatrice qui le portait dans ses grandes années. « Il manque à la création d'Einstein un ingrédient essentiel : une idée centrale, une intuition physique, une réflexion sur un élément connu qui aurait apporté un indice fondamental[6] », constate Silvio Bergia. Einstein est resté sur la brèche pendant une trentaine d'années. Ce qui est tout à fait exceptionnel. Mais reconstruire la physique à plus de soixante ans relève de la gageure.

*

* *

D'autant qu'Einstein est prisonnier d'une solitude encombrée. Le courrier est toujours aussi abondant. Il suffit de s'y plonger aujourd'hui pour être effaré. À côté de ses anciennes relations comme Besso ou Solovine, avec lesquels il entretient le commerce de l'amitié, de grands physiciens comme Born ou Schrödinger avec lesquels il nourrit sa propre réflexion, il est assailli par un nombre invraisemblable de casse-pieds qui veulent leur lettre-réponse destinée à devenir une relique. Jusqu'à cet anar folklorique du Ve arrondissement de Paris, Mouna Aguigui, qui le prie d'adhérer au club des « Aguigistes » ! Et Einstein répond et Einstein accepte. Il n'est pas protégé par ces accusés de réception préécrits qui ne demandent qu'une signature. Il pèse ses mots, pour chaque lettre, pour chaque réponse. Jamais il ne se dérobe à la corvée épistolaire.

Heureux encore lorsqu'il s'agit d'un témoignage de sympathie

6. Silvio Bergia, « Einstein, le père du temps moderne », *Pour la science*, mai 2002.

n'appelant que trois lignes de réponse. Chaque jour, son patronage est sollicité pour une nouvelle cause, noble et généreuse par définition. Il ne sait toujours pas résister à ces demandes et si d'aventure, il refuse, il se croit obligé de s'en expliquer longuement.

Son engagement pour la cause sioniste fait converger sur lui tous les appels à l'aide de Juifs en difficulté qui ne doutent ni de son pouvoir, ni de sa fortune, ni de sa générosité. Il attire encore de nombreux jeunes qui, face à leurs choix de vie, veulent un conseil, un encouragement, pour ne pas dire une bénédiction. Sans compter l'engagement politique contre le maccarthysme, l'armement nucléaire, la mise en coupe de la science par les militaires, l'attention, toujours vive, pour le problème juif et la difficile jeunesse d'Israël.

Il attire toutes sortes de pseudo-scientifiques qui lui exposent leurs idées dans l'espoir d'une caution. En 1946, il est contacté par Immanuel Vélikovsky, un esprit bizarre qui s'est mis en tête de prouver que tous les épisodes légendaires de la Bible – Josué arrêtant le Soleil, les plaies d'Égypte, la traversée de la mer Rouge, la manne céleste, etc. – correspondent à des événements réels provoqués par des phénomènes cosmiques. Vélikovsky imagine que, deux mille ans avant notre ère, Jupiter accouche d'une comète monstrueuse, grosse comme la Terre, qui se précipite à travers le système solaire. Son passage aux abords de notre planète a les conséquences cataclysmiques que l'on peut imaginer. La rotation terrestre s'arrête puis change de sens, les pires catastrophes s'abattent sur notre monde, puis tout rentre dans l'ordre car, au terme de cette partie de billard planétaire, la comète maléfique prend sa place dans le système solaire et se met à tourner bien sagement sur son orbite, devenant Vénus, la paisible étoile du Berger. Tel est donc le projet extravagant que Vélikovsky expose à Einstein, ne doutant pas que celui-ci va réviser ses théories en conséquence et lui donner sa caution. Or le physicien prend la peine de lire ce tissu d'élucubrations, de répondre à l'auteur. Le grand cataclysmique ne tient aucun compte de ses objections, publie son ouvrage *Mondes en collision* qui devient un énorme best-seller. Et la correspondance Einstein-Vélikovsky continue jusqu'en 1955 !

Harcelé par ces extravagants, il est ignoré de la communauté scientifique. Ce n'est plus à lui qu'un authentique chercheur songerait pour évaluer ses travaux. Les physiciens respectent le savant mais ignorent le chercheur. Einstein appartient à l'histoire de la physique, pas à son présent.

Cette coupure entre le génial précurseur et la physique en marche éclate à l'occasion de son soixante-dixième anniversaire. L'Institut des études avancées de Princeton prend l'initiative de composer un livre jubilaire. Les plus grands noms de la physique sont sollicités et apportent leurs contributions. Celles qui touchent à la relativité sont louangeuses, comme l'on peut imaginer. Pour la physique quantique, c'est une autre affaire. Tous les pionniers, Niels Bohr et Max Born en tête, rappellent les batailles des années trente et soulignent cruellement son obstination à refuser les voies nouvelles qui se sont révélées si fécondes. Une cruauté qui naît d'une souffrance partagée. Born, lui reprochant de s'être « déjugé », manifeste un sentiment de trahison. Einstein répond point par point à ces critiques et ne concède rien. Lucide et attristé, il constate : « Ce n'est pas un jubilé en mon honneur, c'est une mise en accusation. »

La cérémonie, qu'il qualifie bien sûr de « corvée », a lieu le 19 mars 1949, dans l'auditorium de Princeton. La communauté des physiciens est représentée par une belle brochette de prix Nobel. À son entrée, la salle lui fait la *standing ovation* d'usage. Les hommages se succèdent, à commencer par celui de Robert Oppenheimer. Ils traduisent une vénération dont il n'est sans doute plus conscient. Les polémiques sur la mécanique quantique ont fini par occulter le respect et l'admiration que les physiciens, toutes générations confondues, lui portent. Ils ne croient plus aux travaux du « vieux », mais ils n'ont pas oublié ceux des années 1900-1920.

*
* *

Son impuissance présente le fait même douter de son travail passé. À Solovine, qui lui a souhaité son anniversaire, il écrit : « Vous vous imaginez que je considère avec calme et satisfaction l'œuvre de ma vie. Mais, vu de près, c'est complètement différent. Il n'y a pas un seul concept dont je sois convaincu qu'il demeurera, et je ne suis pas sûr, en général, d'être sur la bonne voie. Les contemporains voient en moi tout à la fois un hérétique et un réactionnaire qui s'est, pour ainsi dire, survécu à lui-même. » En 1952, il avoue à sa cousine que la recherche est devenue une obligation stérile : « Quant à mon travail, il ne donne plus grand-chose : les résultats sont devenus médiocres et je dois me contenter de jouer le politicien à la retraite et le saint Juif, le second surtout. »

Un quart de siècle à chercher sans trouver, à montrer l'objectif sans l'atteindre, à promettre des résultats qui ne viennent pas, ont miné sa confiance après avoir ruiné sa crédibilité. « Je dois ressembler à l'oiseau du désert, l'autruche, qui, sans cesse, cache sa tête dans les sables relativistes afin de ne pas regarder en face les méchants quanta. »

Image pathétique du prophète abandonné par son Dieu et bien près d'abjurer sa foi. « On voit s'installer peu à peu dans sa pensée des doutes concernant les vertus du continuum, au point même qu'à la fin de sa vie Einstein en était venu à envisager l'hypothèse d'un univers fondamentalement discontinu [7] », note Françoise Balibar.

Il ne nourrit plus aucune illusion sur son statut scientifique : « Ici, à Princeton, on me considère comme un vieux fou. » Mais cette ironie ne va pas sans une certaine fierté. Gardien du phare pour une science aventureuse, il compare sa solitude à celle de Leibniz, le seul à n'avoir pas admis l'attraction universelle de Newton et son action instantanée à distance. S'il tient jusqu'au bout, c'est moins dans l'espoir de ce qu'il pourrait encore trouver, que dans la défense de ce qu'il a découvert, de ce qui reste à découvrir. Un Einstein qui rendrait les armes à la physique quantique ne trahirait-il pas le père de la relativité ?

La joie de penser s'est transformée en devoir. À quelques mois de sa mort, il entretient encore Solovine des améliorations qu'il apporte à ses équations. Il est accroché à sa réflexion solitaire, crépusculaire, en sachant qu'il ne connaîtra de son obstination que la servitude et non pas la récompense. Trop riche de son passé, trop encombré de son présent, il ne peut plus miser que sur l'avenir. En sachant qu'il ne sera pas pour lui.

7. Sous la direction de Françoise Balibar, Albert Einstein, *Œuvres choisies*, 1, *Quanta*, Paris, Éditions du Seuil, Éditions du CNRS, 1989.

*
* *

Les physiciens contemporains d'Einstein ne doutent pas qu'il se soit enferré dans un combat d'arrière-garde, celui du conservateur contre les progressistes. Ainsi aurait-il gâché sa fin de vie en s'accrochant au passé, en ratant l'avenir. Péché de vieillesse sur lequel il convient de jeter un voile pudique pour ne retenir que les quarante premières années de son existence. Le jugement cruel se voulait sans appel. Un demi-siècle plus tard, le temps de la révision est venu. Le critique malheureux de la mécanique quantique et chercheur infructueux du champ unitaire mérite mieux qu'une condamnation définitive.

La mécanique quantique a relevé le défi qu'Einstein lui avait lancé avec le paradoxe EPR. Elle n'a pas besoin d'être étayée par des « variables cachées ». Sans doute, mais pour autant elle ne représente pas le terme indépassable de la physique. Elle reste purement descriptive et, superbe dans le « comment », se dérobe face au « pourquoi ». En outre, la physique elle-même est toujours déchirée entre les mondes inconciliables de la relativité généralisée et des quanta. Seule différence mais d'importance : les physiciens sont conscients de ces imperfections, ils ne s'en accommodent plus et souhaitent les dépasser. La nouvelle génération a repris le flambeau de l'ancêtre qui avait su poser les questions de l'avenir, mais n'avait pu proposer que les réponses du passé.

Einstein ne s'est pas trompé de combat mais d'époque. En 1905, il est l'homme de la situation. Il jaillit dans la physique au moment précis où elle attend son messie, il cherche ce qu'il faut trouver, qu'en tout état de cause d'autres auraient fini par découvrir. En 1930, il joue à contretemps et se lance dans une recherche qu'il n'a pas la moindre chance de mener à bien. Il raisonne sur un schéma primitif de la matière, la préhistoire de la physique. Il prétend reconstruire un puzzle dont il ne possède pas les pièces, faire la synthèse du tout à partir des quelques éléments qu'il possède. La chance a tourné, elle lui tendait les bras à vingt ans et des pièges à quarante. Avec le recul, son entreprise paraît à ce point prématurée que son obstination devient pathétique.

Sa solitude prouve que ses collègues ne doutent pas seulement de ses réponses, mais, surtout, de ses questions. La recherche de la grande unification leur est aussi étrangère que celle d'une nouvelle gravitation en 1910. Cette indifférence va se prolonger pendant des décennies. Les années cinquante-soixante sont celles des découvertes. Les physiciens s'enfoncent dans la matière et font une abondante moisson de particules, les astronomes vont de surprise en surprise en explorant l'univers. Dans cette atmosphère, la synthèse unificatrice n'est pas le sujet du jour mais une sorte de « point Oméga » de la recherche, un rêve philosophique plus qu'une construction scientifique. Einstein s'est évertué sur des problèmes sans nécessité et sans solution, il aurait mieux fait d'occuper sa retraite à jouer du violon et naviguer sur son bateau.

À la fin des années soixante, la science est accablée par ses succès. Elle a rassemblé une prodigieuse collection de pièces détachées qui semblent appartenir à des machines différentes. Pourtant il s'agit bien des éléments d'un même ensemble. Le temps des grandes interrogations est arrivé.

En ce début de XXIe siècle, le progrès a changé de chapitre, la croisade de la réunification est lancée. Les Américains parlent de la *Theory of Everything*, ToE, prononcez : *Tou*, ou, comme disent, sarcastiques, les Français, la TDT, la « Théorie Du Tout », qui est devenue le Saint-Graal de la physique. Il n'est de mois, de semaine, où ne jaillisse quelque idée nouvelle, encore plus vertigineuse, plus spéculative aussi. La Synthèse, avec la plus grande des majuscules, est à l'ordre du jour et l'imagination a tous les pouvoirs.

Les études publiées sur le sujet depuis une vingtaine d'années rempliraient une pleine bibliothèque et l'hommage rendu aux intuitions précoces d'Einstein est une clause de style pour ces prospecteurs des causes premières, qui reconnaissent la légitimité et le bien-fondé de son exigence. Les questions qu'il posait étaient les bonnes. Il les avait anticipées au nom de ses visions spiritualistes, elles naissent aujourd'hui du progrès scientifique. Tant de découvertes accumulées doivent s'intégrer dans une théorie globale et cohérente. L'unification n'est plus un rêve, c'est une nécessité, un but de recherche. Cela, Einstein l'avait « vu », et ce n'est pas un mince mérite, mais il n'avait pas « vu juste ». Il appelait de ses vœux une synthèse classique, continue, causale, réaliste, etc., à l'opposé de celles qui se préparent.

Les cordes, c'est l'idée-miracle qui a relancé la science dans la voie de l'unification. Elles pourraient constituer l'objet élémentaire à la base de toute réalité. Jusqu'à présent ce rôle est tenu par les particules. Les unes possèdent une dimension, la longueur, alors que les autres sont ponctuelles. Une corde, tous les violonistes et guitaristes le savent, peut émettre des vibrations. Dans le monde des physiciens, elle est son propre instrument et, seule dans l'espace, elle vibre sur les modes les plus divers. Ces ondes interférant, entrant en résonance, seraient à l'origine des particules. La matière naîtrait de notes primordiales.

Les théoriciens jouent avec les cordes qui se divisent, fusionnent, se tordent, bref interagissent de multiples façons. Ils reconstruisent peu à peu la physique. Et, tout de suite, apparaît une découverte majeure. Les cordes sont capables de se refermer sur elles. Former des cercles, un peu comme des élastiques. Que devient une corde refermée ? Elle a toutes les caractéristiques d'un graviton, c'est-à-dire de cette particule qui serait le quantum du champ gravitationnel, l'équivalent du photon pour le champ électromagnétique. Ainsi, dès l'origine, la théorie donne naissance à la réalité quantique et à la relativité généralisée. Une cause unificatrice. À partir des années quatre-vingt, la communauté des physiciens se lance à corps perdu dans cette voie.

Alors que le vieux savant poursuivait sa recherche en solitaire dans sa retraite de Princeton, des dizaines de laboratoires, des milliers de théoriciens, poursuivent un travail collectif. Les résultats des uns et des autres circulent sur Internet, les publications répondent aux publications, l'idée de Stanford est reprise au CERN et repart vers Paris, c'est un cerveau planétaire, humain mais aussi électronique qui, depuis une trentaine d'années, traque cette réalité ultime que le présomptueux Einstein prétendait découvrir à lui tout seul.

Ce monde serpentiforme n'a d'existence que théorique et se dérobe à toute observation, car la particule représente l'infiniment grand de cet infiniment petit. La longueur de référence devient 10^{-35} mètre. C'est dire que la corde élémentaire est cent milliards de milliards de fois plus petite qu'un noyau atomique ! Qu'il faudrait une machine un million de milliards de fois plus puissante que le grand accélérateur du CERN à Genève pour l'observer ! Mais les physiciens ne désespèrent pas de mettre au point des expériences qui permettront de prouver son existence.

Les cordes ne suffisent pas, la grande synthèse exige en outre des dimensions supplémentaires. Cette physique ne s'épanouit que dans un espace d'une infinie complexité. Dans les années vingt, le polonais Kaluza avait imaginé un espace-temps à cinq dimensions pour unifier gravitation et électromagnétisme. Ces travaux, tombés dans l'oubli, ont été ressortis du purgatoire. Hélas l'univers de cordes ne se contente pas d'une dimension supplémentaire, il peut en compter jusqu'à 26 qui sont totalement imperceptibles dans notre réalité quotidienne et ne se déploient que dans cet infiniment-infiniment petit.

Cette physique des cordes n'a pas connu moins d'avatars que la théorie du champ unitaire d'Einstein. Elle n'a cessé de se transformer, de s'enrichir, de progresser, de se compliquer, de se fourvoyer aussi. Dans sa dernière version, la fameuse théorie M – M comme « Mère », « Mystère », « Membrane » ou « Magie », c'est selon –, il ne faut pas moins de 11 dimensions, des « membranes » et des « sacs » s'ajoutent aux cordes et l'on parle d'entités nouvelles des « branes » et des « bulks ». Étant entendu qu'il n'existe aujourd'hui aucun appareil mathématique suffisamment puissant pour appréhender une telle complexité. La théorie M n'est pas un modèle accompli, c'est un plan de travail qui recompose toutes les exigences à satisfaire pour réussir la grande unité.

Mais les cordes se trouvent concurrencées dans cette fonction unificatrice par le vide. Que le rien puisse être à l'origine du tout, l'idée a de quoi choquer. Voilà pourtant l'une des théories les plus riches, les plus effervescentes de la physique contemporaine. Rapide retour en arrière. La mécanique quantique dit quelque chose d'essentiel sur le vide : il doit contenir de l'énergie, de l'énergie vibrante et quantifiée, cela va de soi. Cette conséquence fut mise en évidence par Wolfgang Pauli. Car il ne s'agit pas d'un postulat arbitraire, mais d'une conséquence inéluctable des postulats quantiques. Ce formalisme ignore le « rien » et laisse toujours subsister une sorte de bruit de fond, inobservable mais inévitable. Quels peuvent être la nature et le rôle de cette énergie quantifiée du vide qui s'impose dans les équations et commence seulement à se révéler dans les expériences ?

Pendant un demi-siècle, les physiciens ne s'en sont guère souciés. Puis, depuis une dizaine d'années, ils en ont fait un de leurs thèmes de recherche prioritaire. Les premières expériences ont démontré l'existence de cette universelle vibration quantique qui constitue le bain nourricier de toute réalité. Depuis lors, on ne compte plus les travaux sur le vide quantique, sa structure, ses fluctuations, ses métamorphoses. Celui-ci figure en bonne place dans tous les modèles cosmologiques et s'impose dans les synthèses unificatrices. La théorie globale devra très vraisemblablement le marier avec les cordes. Un mariage qui risque de n'être pas célébré avant des années, voire des décennies.

La physique contemporaine a donc repris le chantier einsteinien de la grande synthèse. Mais on sait déjà que cette TDT n'aura rien à voir avec le paradis du champ unitaire qu'il a vainement recherché. Le principe premier, le vide, les cordes ou tout autre, ne pourra qu'être un infiniment petit quantifié. Il suivra des lois de probabilité et non pas un principe de causalité. Certains théoriciens n'en viennent-ils pas à spéculer sur les fluctuations du vide quantique pour expliquer l'origine de l'univers ? Ainsi Dieu ne se contenterait pas de « jouer aux dés » pour des interactions individuelles, il aurait abandonné l'origine même du monde au hasard !

Au terme d'une telle construction, si jamais la physique achève cette tour de Babel, l'unité cosmique serait bien reconstituée, mais si différente de ce qu'imaginait Einstein ! La physique classique ne serait pas première, ainsi qu'il l'espérait, mais seconde. Toute réalité puiserait dans cet univers quantique qu'il diabolisait. Quelle idée aussi de vouloir dire à Dieu comment faire le monde ! N'est-il pas suffisamment admirable d'avoir compris que cette construction, quelle qu'elle soit, ne peut qu'être parfaite ?

Les physiciens ont cru qu'Einstein était perdu dans le passé. Erreur totale. « Où est passé Einstein ? » L'interrogation d'Eugène Wigner en juillet 1939 était aussi, sur un autre mode, celle de tous les physiciens. Ils ne doutaient pas qu'il était perdu quelque part en arrière de la physique. Erreur. Il s'était bien perdu, loin, très loin même. Devant.

CHAPITRE XIII

La bombe

Einstein le solitaire est devenu l'homme des foules, Einstein le mauvais Juif est devenu le défenseur de la tribu, Einstein le physicien est devenu le dissident de la physique et, pourtant, il n'en est toujours pas quitte avec le destin. Einstein le pacifiste a signé la lettre au président Roosevelt, le voilà entraîné dans l'aventure atomique. Pour être, une fois de plus, floué par l'histoire.

En ce mois d'août 1939, tandis qu'il appose son paraphe au texte mis au propre par Wigner, le conflit est inévitable et chaque camp se prépare. Pour contrer le pacte d'acier signé au mois de mai entre Hitler et Mussolini, les démocraties misent sur l'alliance soviétique. Elles envoient à Leningrad des négociateurs français et britanniques discuter les conditions d'un accord militaire. Le 21 août, Staline suspend *sine die* les conversations. Deux jours plus tard, le ministre des Affaires étrangères du Reich, von Ribbentrop, arrive à Moscou pour signer avec son homologue soviétique Molotov, le pacte germano-soviétique. Français et Britanniques sont pris de court, Hitler a les mains libres. Dès le 1er septembre, il envahit la Pologne. Quarante-huit heures plus tard, la France et la Grande-Bretagne déclarent la guerre. Roosevelt n'a toujours pas reçu la lettre d'Albert Einstein.

L'ouverture des hostilités porte au paroxysme l'angoisse des physiciens. C'est tout de suite qu'il faut alerter Roosevelt. Mais la mission devient encore plus difficile. Le président a d'autres préoccupations en tête ; d'abord recevoir les membres influents du Congrès afin d'obtenir la levée de l'embargo sur les armes à destination de la Grande-Bretagne et de la France. Alexandre Sachs fait antichambre pendant tout le mois de septembre, tandis que la

Wehrmacht et l'armée Rouge écrasent la Pologne. La pression des événements est telle qu'un ami, fût-il banquier, ne pèse pas lourd.

Einstein qui, pour avoir pris le train en marche, n'est pas le moins impatient, adresse à la Maison-Blanche les fameux articles de Fermi et Szilard de la *Physical Review* qu'en son temps il n'avait pas lus. Une bouteille à la mer perdue dans les Sargasses du courrier présidentiel. Wigner, Teller et Szilard se téléphonent fébrilement. Ils échangent les dernières informations, les dernières rumeurs sur la progression des physiciens allemands. Puis ils bombardent Sachs d'appels comminatoires. Le banquier s'efforce de calmer ses interlocuteurs et finit par les exaspérer.

Peu à peu, le doute s'insinue dans leurs esprits : et s'ils faisaient fausse route ? Sachs est-il le bon intermédiaire, a-t-il le poids suffisant pour parvenir jusqu'au président ? À supposer même qu'il décroche ce rendez-vous, ne va-t-il pas noyer Roosevelt dans un pathos tel que le Président transmettra la lettre d'Einstein à son conseiller militaire sans même la lire ? L'incertitude croissant, ils envisagent une solution de rechange. Leur messager n'a pas besoin d'une autorité scientifique, la caution d'Einstein suffit, il faut une notoriété publique qui fasse s'ouvrir les portes de la Maison-Blanche et, même, du bureau présidentiel. Ils cherchent l'Américain le plus fameux, le plus respecté... un nom traverse l'esprit de Wigner : Charles Lindberg. Le vainqueur de l'Atlantique est, de très loin, le héros le plus apprécié des Américains. Nul doute que, s'il demande un rendez-vous, il l'obtiendra. Son ignorance de la physique nucléaire n'est pas un obstacle. Il est aviateur, donc formé à la mécanique, aux raisonnements scientifiques, il suffira d'une rencontre préliminaire pour le mettre au courant. Pour le reste, le président et ses conseillers se reporteront à la lettre et aux annexes. Va pour Lindberg, ils se lancent sur la piste de l'aviateur. Deux jours plus tard, c'est la catastrophe. Szilard s'est renseigné. Il a découvert que Charles Lindberg professe des opinions très germanophiles et farouchement isolationnistes. Pis encore, Roosevelt lui porte une aversion toute personnelle. Bref, on ne saurait choisir plus mauvais ambassadeur. La leçon est rude.

Dans la société américaine, ils ne sont pas des physiciens de renom mais des immigrés de fraîche date, et leur autorité scientifique ne les met pas à l'abri d'un faux pas. Ils en reviennent à Sachs qui, dans l'intervalle, a obtenu un rendez-vous à la Maison-Blanche, le 11 octobre 1939. Près de deux mois ont été perdus, peu importe, il faut maintenant convaincre le Président. À force de répéter à leur porte-parole ce qu'il doit faire et ne pas faire, dire et ne pas dire, les « atomistes juifs hongrois » finissent par semer le doute dans son esprit. Sachs se persuade qu'il ne saurait débiter meilleur compliment que le texte même de la lettre. Ainsi, pour éviter un mauvais discours, il tentera de faire une bonne lecture.

Après cinq semaines d'attente, Sachs, très ému, pénètre enfin dans le bureau ovale. Ainsi qu'il le prévoyait, le Président ne lui prête qu'une attention distraite et risque de mettre bien vite un terme à leur entretien. Seul le nom d'Einstein semble éveiller sa curiosité. Alexandre Sachs entreprend la lecture du message einsteinien qu'il complète par quelques remarques de son cru sur la gravité de la menace allemande. Transpirant fortement, il termine son ambassade en posant sur le bureau présidentiel la lettre ainsi que les deux documents en annexe.

F.D. Roosevelt garde le silence. Il prend le temps de mesurer ce qu'il vient d'entendre. Lorsqu'il relève la tête, son interlocuteur comprend au premier regard que le message est passé. Roosevelt en vient tout de suite à l'essentiel.

« Ce que vous êtes en train de faire, Alex, c'est d'essayer d'empêcher que les nazis nous fassent tous sauter en l'air. »

« Exactement. »

« Il faut faire quelque chose », conclut-il.

Pour un chef d'État, « faire quelque chose », cela signifie donner des ordres à ses collaborateurs. Roosevelt alerte son conseiller militaire, le général Edwin Watson. Ils conviennent de créer une commission qui réunira les physiciens et les militaires selon les recommandations d'Einstein. Le soir même, Alexandre Sachs est mis en contact avec le directeur du Bureau des standards, Lyman J. Briggs, qui doit organiser cette concertation et lancer les programmes. Une semaine plus tard, Einstein reçoit la réponse présidentielle. Sa lettre est qualifiée d'« intéressante et très importante », ce qui est bien le moins. Mais surtout, Roosevelt annonce la création d'un Comité consultatif de l'uranium qui sera chargé de « mener une investigation minutieuse des possibilités incluses dans votre suggestion relative à l'élément uranium». Formule ô combien alambiquée, qui reflète les incertitudes présidentielles.

Ces bonnes intentions sont immédiatement traduites dans les faits. Le Comité est convoqué dès le 21 octobre 1939. Il rassemble les représentants des états-majors et le groupe des physiciens : Szilard, Wigner, Fermi et Teller sans compter l'inévitable Alexandre Sachs. La machine se met rapidement en marche puisque, dès le 1er novembre, le Comité transmet au Président un rapport qui reprend, pour l'essentiel, les propositions des scientifiques.

Hélas ! les physiciens vont rapidement déchanter. Ils ont été payés de mots mais, pour l'argent, c'est une autre affaire. Ils ne se voient allouer que 6 000 dollars pour financer leurs recherches. Un budget purement symbolique, qui d'ailleurs sera versé avec des mois de retard. À peine une politesse.

Cette pingrerie traduit le profond scepticisme des militaires. Leur participation au Comité est imposée par l'obéissance hiérarchique et leur aimable retenue ne laisse rien paraître de leurs sentiments véritables. Ils sont d'autant plus réticents qu'ils ont été prévenus contre Einstein par une note du FBI. Pour cet organisme, l'inventeur de la relativité cumule toutes les tares : n'est-il pas juif, étranger, socialiste, pacifiste et sioniste ? « Étant donné son passé radical, ce bureau [celui du FBI] ne recommanderait pas l'emploi du Dr. Einstein sur des questions de nature secrète sans une enquête très poussée, car il semble très improbable qu'un homme ayant un tel passé puisse devenir en si peu de temps un loyal citoyen américain. » Une attaque *ad hominem* qui renforce la méfiance des militaires sur de telles affaires. Ce n'est ni la première ni la dernière fois qu'ils se voient proposer par des civils des armes mirifiques. Ils connaissent toutes les versions possibles et imaginables du « rayon de la mort ». Mais, en attendant, le sort des batailles dépend toujours des armes classiques. Cette bombe atomique ne saurait être, dans le meilleur des cas, qu'un projet à très long terme. Certainement pas une arme pour la guerre actuelle.

Par malheur, Lyman Briggs n'est pas loin de partager cette façon de voir ou, plutôt, de ne rien voir. Nomination catastrophique ! Comment le directeur du Bureau des standards pourrait-il imaginer la révolution qu'il a devant lui, alors qu'il traîne quarante ans d'administration derrière lui ? À ses yeux, le Comité de l'uranium n'est qu'une bonne façon faite à Einstein, un gros édredon jeté sur les lubies des savants. Il s'empresse de le plonger en hibernation profonde pour la plus grande rage des physiciens. Car « le clan des Hongrois » trépigne. Les bribes d'informations qu'il reçoit confirment la mobilisation scientifique autour d'Heisenberg. Ainsi prise en main, la science allemande ne peut que progresser à grande allure.

De son côté, Szilard calcule que la réaction en chaîne contrôlée est sans doute plus facile à réaliser qu'on ne pense. Les physiciens ont découvert que l'eau utilisée par Fermi dans ses premières expériences n'est pas le ralentisseur de neutrons idéal. Les résultats sont bien meilleurs lorsqu'elle est remplacée par de l'eau lourde, dans laquelle l'oxygène est combiné à une forme particulière d'hydrogène, le deutérium. Cette eau lourde n'a été découverte qu'en 1932 car elle est très rare dans la nature : 1 molécule d'eau lourde pour 10 000 d'eau ordinaire. Quant à sa fabrication, elle est aussi difficile que coûteuse. Elle est surtout fort limitée car ce produit n'a encore trouvé aucune application industrielle. La seule usine au monde est située en Norvège et la société propriétaire Norsk Hydro est pour les deux tiers française et pour un tiers allemande. Le passage par l'eau lourde crée un goulot d'étranglement dans la course à l'énergie nucléaire. Or Szilard calcule que le graphite, abondant et bon marché, peut très bien faire l'affaire. Il s'abstient de publier ce résultat, mais il sait que les Allemands parviendront à la même conclusion et n'auront aucune peine à se procurer tout le graphite nécessaire.

Pour mettre en œuvre ses découvertes, il voudrait assembler à grande échelle l'uranium et le graphite afin d'obtenir une réaction en chaîne entretenue et contrôlée. L'expérience ne serait pas très coûteuse, mais il ne possède rien et n'obtient aucun appui. Sans argent, sans uranium, il ne lui reste qu'à pester. Il ne s'en prive pas. Car il pense aux Allemands. Ils ne vont pas se contenter des stocks belges, ils vont remonter à la source du minerai. « Szilard, avec qui je me promenais parfois le soir, à la recherche d'un peu de fraîcheur le long du lac Michigan, était hanté alors par une éventuelle mainmise nazie sur l'Afrique et, plus spécialement, sur la mine d'uranium du Congo belge, se souvient Bertrand Goldschmidt. Il allait jusqu'à se demander si l'on ne pourrait pas, après la mise en marche de la réaction en chaîne, préparer suffisamment de produits radioactifs pour les jeter au-dessus de la mine et la rendre inutilisable pour les Allemands [1]. »

*
* *

En réalité, il n'était besoin ni de la reine-mère Élisabeth ni du président Roosevelt pour alerter le président de la compagnie minière du Haut Katanga, Edgard Sengier. Joliot-Curie puis les Britanniques s'en chargent au début de 1940. Pour préserver son trésor et ne pas favoriser les entreprises nazies, l'industriel loue un paquebot et fait mettre son uranium en sécurité de l'autre côté de l'Atlantique, à Staten Island. Le temps venu, les Américains achèteront au prix fort cet uranium qui finira dans les explosions nucléaires. Tout fut ainsi que l'avait souhaité Szilard, mais sans qu'il n'y soit pour rien. Étranger dans sa propre histoire, il était le mieux à même de comprendre et le plus mal placé pour agir.

Car, dans l'hiver de la « drôle de guerre », les Américains sont d'abord préoccupés par la fin de la Grande Dépression, accessoirement par la guerre en Europe et pas du tout par l'âge atomique qui s'annonce. Fermi lui-même, découragé par l'indifférence générale, ne peut réaliser ses nouvelles expériences. Il se détourne de la physique nucléaire et entreprend des travaux théoriques sur les rayons cosmiques ! Quant aux informations sur la fission en chaîne, elles ne sont toujours pas classifiées.

Dans cette somnolente Amérique, Einstein reçoit de nouvelles informations, toujours plus inquiétantes, qui le font passer de l'abattement à l'exaspération. Le physicien hollandais, Petrus Debye, qui avait pris la suite de Lise Meitner au Kaiser Wilhelm Institut, vient d'être expulsé par les autorités nazies. Après s'être réfugié aux États-Unis, il confirme la mainmise des militaires sur les laboratoires de physique. Un autre physicien, Fritz Reiche, arrive à Princeton avec des nouvelles fraîches. Il évoque Houtermans, le physicien suisse qui poursuit ses recherches en liaison avec les Allemands. « Ses messages sont de plus en plus alarmistes, dit-il. Selon Houtermans,

1. Bertrand Goldschmidt, *Les Rivalités atomiques*, *op. cit.*

Heisenberg est soumis à de terribles pressions de l'état-major et ne pourra plus résister longtemps. Il va devoir se lancer à fond dans la fabrication de la bombe. Ils sont certainement au travail et accélèrent. » À quoi bon disserter sur la responsabilité du savant en Amérique pour aller se jeter dans la gueule du loup à Berlin ! Et voici que les Allemands font pression sur Norsk Hydro afin de rafler tout le stock d'eau lourde disponible. Nul doute : les équipes allemandes se sont mobilisées et les équipes américaines enlisées. « Nous sommes englués dans un bain de sirop », se lamente Eugène Wigner.

Éternel divorce du réfugié entre son histoire et la géographie ! Pour les physiciens européens, l'Atlantique n'existe pas. Ils vivent toujours à l'heure du Vieux Continent, en éprouvent tous les déchirements, en ressentent dans leur chair les drames et les périls. Pour leurs collègues américains, cette histoire n'est pas la leur. Ils n'en perçoivent que de très faibles échos et, ceux-là mêmes qui ne vivent pas repliés sur leur continent ne peuvent partager l'angoisse propre aux Juifs européens. Comment communiquer ce sentiment d'urgence vitale à des Américains paisibles ? Le « clan des Hongrois » ne trouve pas la réponse.

De son côté, Alexandre Sachs n'a pas manqué de nouer un lien direct avec l'illustre Einstein. Les deux hommes se téléphonent, se rencontrent et communient dans un même désespoir. Einstein enrage : « La majorité des gens dans ce pays ne mesurent pas les dangers de la situation. Il est, en vérité, très difficile de ne pas perdre confiance dans le sens de l'histoire humaine. » Au fil des mois, l'évidence s'impose : la première démarche n'a été qu'un coup d'épée dans l'eau, le gouvernement et l'armée n'ont toujours rien compris. Il faut repartir en campagne avec ce seul atout : la renommée d'Einstein.

Depuis vingt années, il doit se battre pied à pied contre les escrocs qui tentent d'usurper son invraisemblable célébrité. Cet été, tandis qu'il désespérait de jamais atteindre Roosevelt, il s'était opposé aux prétentions d'un publicitaire, Frank Finney, qui s'autoproclamait « l'Einstein de la publicité ». Par quelle malédiction est-il accablé d'une notoriété que tant d'hommes lui envient, dont il n'a que faire et qui devient inefficace quand elle pourrait servir ?

Au début de mars 1940, il décide d'envoyer un nouveau message au président. Pour modifier le scénario, il s'agira d'une lettre adressée à Alexandre Sachs et dont celui-ci donnera connaissance à Franklin D. Roosevelt. Par rapport à la missive de l'été précédent, le niveau d'alerte monte d'un cran. L'accent est mis sur les plus récentes informations en provenance d'Allemagne et les derniers progrès dans la maîtrise de la fission en chaîne. Einstein insiste sur le retard dramatique que prennent les Américains. Il recommande d'imposer le secret et de créer un organisme véritablement efficace pour conduire ces recherches.

Le président reçoit le message le 15 mars 1940 et réagit sans tarder. Trois semaines plus tard, le Comité de l'uranium est élargi et Einstein invité à le rejoindre. Une invitation qu'il décline, arguant tout à la fois de sa faible compétence en physique nucléaire et de son mauvais état de santé. Il peut user de son autorité, mais se transformer en bureaucrate de l'atome, au contact des militaires, non merci ! Hélas ! les décisions sont toujours aussi décevantes. Au lieu d'ouvrir des crédits, de lancer les recherches, le Comité invite les scientifiques à convenir d'un embargo sur les publications. De quoi faire trembler les nazis ! Wigner, écœuré – il tente, depuis des mois, de faire débloquer un crédit de 2 000 dollars –, claque la porte du Comité.

Il s'est déroulé plus d'une année depuis la découverte de la fission en chaîne et rien ne s'est passé en Amérique. Il n'est pas question de course à la bombe, même pas de marche. C'est l'immobilisme absolu.

Mais la science, elle, va de l'avant. Un physicien de Princeton, Louis Turner, calcule, sur une base toute théorique, que l'uranium, lorsqu'il est irradié, se transforme en un autre élément, le plutonium, qui propagerait encore plus efficacement la fission en chaîne. Ainsi un réacteur nucléaire, que l'on ne sait pas encore construire, permettrait de fabriquer un super explosif nucléaire. Non seulement la découverte ne semble guère émouvoir les autorités, mais elle n'est même pas classifiée. Szilard parvient tout juste à bloquer la publication dans la *Physical Review*.

Dans le monde libre, les physiciens français regroupés autour de Frédéric Joliot-Curie sont les seuls à s'être lancés sans attendre sur la voie de l'énergie nucléaire. Une aventure qu'ils vivent dans la fièvre, aux limites de la science-fiction. « C'était tout à fait l'atmosphère d'un roman de Jules Verne », dira plus tard Lew Kowarski.

Mais, à Paris, on ne croit pas trop aux applications militaires. « Trop sceptiques sur les bombes, les savants français étaient presque trop optimistes pour l'avenir de l'énergie nucléaire[2]. »

En toute priorité, l'équipe Joliot veut construire un réacteur nucléaire. Elle recherche l'uranium et l'eau lourde indispensables. Dès le mois de mai 1939, Joliot s'est fait livrer 5 tonnes d'uranium par la Compagnie minière belge. Il lui faut maintenant de l'eau lourde. Le seul stock disponible se trouve là-bas, en Norvège : 200 litres. Joliot persuade le gouvernement français d'envoyer une mission sous le commandement de Jacques Allier pour le récupérer. Mais les nazis sont déjà sur la piste. Par chance, le contre-espionnage réussit à décoder un message des services allemands qui ont eu vent de la mission française et lui préparent un guet-apens. Allier et ses hommes, qui ont repéré les agents de la Gestapo, se dirigent ostensiblement avec leurs bidons vers l'avion en partance pour Amsterdam. L'appareil décolle et se fait intercepter par la chasse allemande qui le contraint à atterrir sur l'aéroport de Hambourg. Mais les nazis font chou blanc car Allier s'est discrètement glissé avec son précieux chargement dans un autre vol en partance pour Édimbourg. Après ce crochet par l'Écosse, l'eau lourde arrive sans encombre à Paris. Ainsi en ce mois de mars 1940, tandis qu'Einstein s'efforce, à nouveau, et sans plus de succès, d'alerter le président Roosevelt, la guerre nucléaire a bel et bien commencé entre Français et Allemands. Une guerre feutrée, celle des services secrets.

Cette histoire, qui n'en finit pas de commencer, prend véritablement son départ en 1940. Non pas en Amérique, mais en Grande-Bretagne. Otto Frisch, le neveu de Lise Meitner et co-inventeur de la fission, travaille à Londres avec un physicien réfugié d'Allemagne, Rudolf Peierls. Lui n'est pas resté indifférent à l'étude de son patron Niels Bohr montrant que, dans l'uranium, seul l'isotope 235, soit moins de 1 %, est fissile. Les physiciens au contraire ont toujours supposé que la bombe utiliserait de l'uranium naturel. Que se passerait-il, se demandent Frisch et Peierls, si elle était faite à partir de l'uranium 235, si elle ne contenait plus 1 % mais 100 % d'atomes susceptibles de subir la fission ? Bref que donnerait une bombe à l'explosif nucléaire pur ? Calcul encore théorique car on ne sait pas,

2. Spencer Wear, *La Grande Aventure des atomistes français*, *op. cit.*

à cette époque, séparer ces deux formes d'uranium et obtenir cet U 235. Les résultats sont stupéfiants. Voici que la masse critique pour provoquer la réaction en chaîne, cette masse que l'on estimait à plusieurs dizaines de tonnes avec l'uranium naturel, n'est plus que de quelques kilos ! L'explosion n'en dégagerait pas moins une puissance terrifiante. Quant à l'engin lui-même, il serait de petite taille et pourrait être emporté par un avion. Rien de commun avec le monument qu'évoquait Einstein dans sa première lettre. Il s'agit d'une arme, la plus redoutable de toutes.

Au printemps 1940, Frisch et Peierls rédigent un mémorandum de trois pages à l'intention du gouvernement britannique. Ils préconisent le remplacement de l'uranium naturel par l'uranium 235 et décrivent l'engin avec une telle précision que leur document constitue le véritable acte de naissance de la bombe atomique. Encore faut-il séparer les deux isotopes 235 et 238 de l'uranium, ce qu'on ne sait pas faire.

Telle est la nouvelle qui, à l'automne 1940, commence à filtrer en Amérique parmi les initiés. Comment ne pas penser que les équipes allemandes sont arrivées à la même conclusion ! Les Britanniques font bien parvenir aux Américains une copie du mémorandum Frisch-Peierls, mais cela ne suffit toujours pas à provoquer le sursaut attendu. Lyman Briggs se contente de classer le document sans suite. Dix-huit mois après la découverte de la fission en chaîne, en dépit des mises en garde d'Einstein, l'Amérique n'en a toujours pas mesuré les implications militaires.

*
* *

En cet été 1940, Albert Einstein est désespéré par la frilosité américaine qu'il assimile à celle des démocraties européennes face à la guerre d'Espagne ou, pire encore, à la capitulation munichoise. Il prend également la mesure de sa propre impuissance. Tandis qu'il se laissait submerger par ses déchirements intérieurs, ses conflits moraux, il négligeait la question préalable. Peut-il, à lui seul, infléchir la politique américaine, provoquer cette indispensable mobilisation atomique ? Il connaît maintenant la réponse : l'énergie einsteinienne n'est pas à la mesure de l'inertie américaine ! Il s'en explique dans une lettre douloureuse qu'il adresse au découvreur de l'eau lourde, le physicien américain Harold Urey. « Après la Première Guerre, je croyais encore qu'il était possible d'agir en prêchant la raison. Aujourd'hui, j'ai cessé de le croire. » Il sait désormais que l'autorité morale d'un intellectuel, si illustre soit-il, est insuffisante : « La confiance aveugle en des personnes qui se sont distinguées par leur production intellectuelle se trouve extrêmement affaiblie par le triomphe de la violence et de l'oppression. » Il imagine un rassemblement des intellectuels, un rassemblement qui irait bien au-delà des seuls prix Nobel, et qui ferait pression sur les autorités américaines afin qu'elles s'engagent totalement aux côtés des Britanniques. Mais, dans le moment même où il évoque une telle mobilisation, il sait qu'elle ne pourra se faire. « Croyez-vous que ceux qui détiennent une autorité intellectuelle dans ce pays vont être prêts à signer des vérités aussi impopulaires ? Je suis convaincu qu'ils n'en feront rien [...]. Car les intellectuels sont lâches, plus lâches que le commun des hommes, et ils ont échoué lamentablement chaque fois qu'il s'est agi de s'engager pour une cause dangereuse. » L'hagiographie einsteinienne nous a transmis l'image pieuse du vieux sage, mélange de Jean-Paul II et de Dalaï-Lama, tenant des propos édifiants et lénifiants sur la paix et la concorde entre les peuples. De fait, il fut souvent prisonnier, dans sa correspondance comme dans ses déclarations, d'un insipide et répétitif prêchi-prêcha. Que faire, que dire d'autre, lorsque la sollicitation publique en appelle au personnage et non pas à l'individu ? Et voilà que, dans l'intimité d'une correspondance, au cœur du drame, il laisse déborder une rage que l'on imaginerait plus aisément sous la plume de Jean-Paul Sartre.

C'est alors qu'Einstein abandonne sa défroque de réfugié pour prendre la citoyenneté américaine. Six années se sont écoulées depuis qu'il a fui l'Allemagne nazie pour s'installer à Princeton. Aux yeux de l'administration, sinon du FBI, il est devenu naturalisable. En compagnie de sa belle-fille Margot et de sa secrétaire Helen Dukas, il prête serment sur la Constitution. Mais il reste plus que jamais un citoyen du monde. Ses accents se font churchilliens lorsqu'en décembre 1940 il s'adresse par la radio aux Anglais : « Chacun sait en Amérique que le combat de l'Angleterre est aussi celui de l'Amérique, un combat où il ne peut y avoir ni recul ni compromis. »

Einstein touche le fond du désespoir et pourtant les choses commencent à bouger. Roosevelt veut sortir le peuple américain de son isolationnisme, le mettre en ordre de bataille pour une guerre qu'annoncent la défaite de la France et la situation critique de la Grande-Bretagne. Pour mobiliser la science, il crée un Comité national de la recherche pour la défense qui coiffe désormais le Comité de l'uranium. Un empilement de commissions qui étouffe un peu plus les questions atomiques. Par chance, cette réorganisation confère la responsabilité du programme à un homme qui est le contraire même de Lyman Briggs, le président de l'Institut Carnegie, Vannevar Bush. Ingénieur, mathématicien, inventeur, universitaire, le nouveau patron a fait toute sa carrière dans le monde scientifique. Il en connaît les ressorts et mesure les enjeux. Signe tangible du changement, Szilard et Fermi reçoivent les crédits nécessaires pour réaliser leur projet de « pile atomique ».

À l'été 1940, alors que Washington est encore protégé par la distance atlantique, Londres se trouve sur la ligne de feu. L'allié français a conclu l'armistice, dans le ciel s'engage la bataille d'Angleterre. À la tête du pays, le Premier ministre promet « du sang et des larmes ». C'est un gouvernement de guerre qui apprend par le mémorandum Frisch-Peierls qu'il est possible de réaliser une bombe atomique. La réaction est quasi instantanée. En avril 1940, le comité MAUD réunit les plus grands atomistes afin d'organiser la recherche atomique à des fins militaires. Winston Churchill est tenu au courant des questions atomiques par son conseiller scientifique Frederick Lindemann et futur Lord Cherwell.

Au début du mois de juin, les deux collaborateurs de Joliot-Curie, Hans Halban et Lew Kowarski, arrivent à Londres. Ils n'apportent pas seulement l'acquis scientifique de la meilleure équipe au monde dans la physique nucléaire, ils offrent en prime les 200 litres d'eau lourde. En effet, lorsqu'ils ont quitté précipitamment la capitale avant l'arrivée des Allemands, ils ont reçu pour mission de protéger le stock qu'ils emportent dans leur voiture. Arrivés à Clermont-Ferrand, ils ne savent que faire de leur chargement et, pour le mettre en sûreté, l'enferment dans le coffre d'une banque avant de le placer dans une cellule de la prison ! Ils repartent bientôt pour la Grande-

Bretagne où les bidons seront remisés dans le château de Windsor. Quant à l'uranium de Joliot, il a pris la direction du Maroc où il sera récupéré par la France à la fin de la guerre.

À la fin de l'année, les scientifiques britanniques ont démontré qu'il est possible d'isoler l'uranium 235 et de faire la bombe décrite par Frisch et Peierls. C'est alors que le Premier ministre tranche : « Nous devons aller de l'avant. Il serait impardonnable de laisser les Allemands nous devancer. »

En 1940, les Britanniques devancent largement les Américains, mais leur pays doit supporter l'effort de guerre contre l'Allemagne et subit chaque nuit les bombardements de la Luftwaffe ; il n'est pas en état de poursuivre seul ces recherches. Pourtant, en dépit de sa situation critique, le gouvernement de Churchill hésite à conclure un véritable accord atomique avec les États-Unis. Il craint d'y perdre son avance et de se trouver relégué au rang de brillant second.

En Amérique, les exilés de la science perdent tout espoir. Wigner, qui est sur la brèche depuis 1939, n'y croit plus. Dans ses écrits de l'époque, son pessimisme rejoint celui de Szilard. « Quand je pense qu'Heisenberg et ses équipes ont eu trois années depuis la découverte de la fission. Trois ans de travail, avec tous les moyens nécessaires, avec leurs meilleures équipes, la mobilisation générale. Ils ont pris une telle avance que nous ne les rattraperons jamais. S'ils ont découvert le plutonium, ils pourront faire six bombes dès la fin de 1942. Et nous, dans le meilleur des cas, nous n'en fabriquerons certainement pas avant la fin de 1944. »

Il faudra attendre l'automne 1941, alors que la partie semble perdue, pour que survienne le retournement tant espéré. En Grande-Bretagne, les « atomistes » se persuadent que l'ampleur de la tâche dépasse les capacités britanniques, qu'il faut mobiliser le potentiel américain. L'un d'entre eux, Mark Oliphant, se rend aux États-Unis avec un sentiment d'absolue nécessité. Il se présente comme spécialiste des radars, ce qu'il est effectivement, mais s'intéresse à tout autre chose. Il apprend que le mémorandum Frisch-Peierls, mis sous le boisseau par Lyman Briggs, n'est toujours pas remonté jusqu'aux plus hautes autorités américaines. Il mobilise un physicien de renom, le prix Nobel, Ernest Lawrence. En octobre 1941, celui-ci parvient jusqu'à Vannevar Bush et lui fait connaître les conclusions du rapport MAUD. Dans les huit jours, Bush informe Roosevelt qui lui donne les pleins pouvoirs afin de mobiliser sans délai la science américaine. L'affaire est bouclée en quelques semaines et le président approuve un programme d'ensemble visant à la production d'armes atomiques. C'est le projet Manhattan qui voit le jour le 6 décembre 1941. Le lendemain, l'Amérique subit l'attaque du Japon à Pearl Harbor. Après trois années d'atermoiements, l'Amérique se lance enfin dans la course à la bombe. Les Anglais doivent se rendre à l'évidence : les Américains sont bien décidés à faire cavaliers seuls, ils n'entendent nullement construire une bombe anglo-américaine. Le même jour Albert Einstein, dans un message radiodiffusé à l'intention des Allemands, affirme : « Je suis particulièrement heureux d'être américain. »

*
* *

Le projet Manhattan prétend réussir le grand saut de la physique à la bombe. Sans escale et sans intermédiaire. Des universitaires et des chercheurs qui, la veille encore, taquinaient les particules, échafaudaient des théories, s'abîmaient dans des calculs, sont embarqués dans une entreprise militaire démesurée. Ils ne viennent pas jouer les « conseillers » aux fonctions mal définies mais tenir des responsabilités opérationnelles, maîtriser des processus industriels, se confronter à de véritables casse-tête technologiques, coopérer avec des ingénieurs, des sociétés privées. Ce basculement de la convivialité scientifique à la discipline militaire se fait en l'espace de quelques semaines. En tête des physiciens mobilisés : Szilard, Wigner, Fermi, Teller qui, tous, se voient confier d'importantes responsabilités dans le projet Manhattan.

Faut-il miser sur l'U 235 ou le plutonium ? Nul ne le sait. L'Amérique doit aller au plus vite pour devancer l'Allemagne nazie. Elle décide de tout faire en même temps. C'est un luxe qu'elle peut s'offrir. D'un bout à l'autre du pays, des installations colossales sont construites sur des technologies inédites, des travaux lancés dont les exécutants ignorent la finalité. Au total, 600 000 personnes travaillent à la bombe et 25 milliards de dollars seront dépensés en quatre ans.

Seul Einstein est tenu à l'écart, il ne participe pas à ces travaux, il n'en est même pas informé. Est-ce par conviction pacifiste qu'il a refusé de s'impliquer ? Il n'en est plus là. Dans le combat contre les nazis, il se veut mobilisable et mobilisé. En 1942, son ami George Gamow, un physicien d'origine russe, sollicite sa collaboration. Il a besoin de son aide pour mener à bien des études commandées par la Marine. L'acceptation est immédiate, assortie de la boutade réglementaire : « Pourvu que je ne sois pas obligé d'avoir une coupe de cheveux de marin... » Et le voilà qui étudie des systèmes électromagnétiques ou des dispositifs de charges creuses pour améliorer les torpilles sous-marines. Une étude préliminaire, non encore classifiée. Ne manifestant aucune répugnance, il fait de cette recherche militaire, si modeste soit-elle, un devoir civique. « Je ne travaillerai sur rien d'autre tant que la guerre durera », annonce-t-il. Dans un même élan, il renonce à ses vacances pour se consacrer tout entier à cette tâche.

D'une manière ou d'une autre, il veut participer au combat contre les nazis. À plusieurs reprises, il imagine et propose de nouveaux dispositifs pour améliorer la précision et l'efficacité des torpilles. Il presse les marins de les expérimenter. Il s'intéresse même à la défense antiaérienne ! Ses idées sont loin d'avoir renouvelé l'art du combat naval, mais cet engagement prouve qu'il accepterait de s'impliquer dans la recherche atomique et que, sans être un spécialiste, il pourrait se rendre utile. Encore eût-il fallu qu'on le lui demandât ! Or aucune proposition de ce genre ne lui est faite.

Pour beaucoup d'Américains, il « n'est plus dans le coup » et ne serait pas d'un grand secours. D'autant que, en raison de sa notoriété, il ne saurait occuper qu'un poste important lequel dépasserait ses compétences. Mais l'opposition la plus résolue vient de la sécurité militaire. À partir de 1942, le programme atomique est couvert du plus lourd secret. Même Harry Truman, le nouveau vice-président, n'est pas au courant ! Or le père de la relativité est, aux yeux du contre-espionnage, un personnage peu fiable, pour ne pas dire dangereux. J. Edgar Hoover, patron du FBI, le considère comme un communiste et le suspecte d'être un agent soviétique. La surveillance dont il fait l'objet ne se relâchera jamais et son dossier, alimenté par tous les ragots, toutes les malveillances, impose la méfiance, ne serait-ce qu'en raison de son épaisseur.

Au reste, pouvait-on intégrer dans un programme ultra-secret un personnage archiconnu ? Les agents allemands n'auraient eu qu'à le suivre à la trace pour remonter jusqu'aux laboratoires du projet Manhattan. Charles-Noël Martin pense même que les différents travaux confiés à Einstein pendant cette période n'étaient que des « missions bidons » pour donner le change aux agents allemands [3].

Cette mise à l'écart ne diminue en rien son engagement contre l'Allemagne nazie. En 1943, un Comité patriotique imagine de vendre aux enchères le manuscrit de son article « Sur l'électrodynamique des corps en mouvement » qui a fondé la relativité et consacré sa gloire afin de recueillir des fonds pour la Défense nationale. Einstein ne demande pas mieux, mais il est incapable de retrouver le document. Lors de sa rédaction en 1905, il n'imaginait pas la valeur historique qu'il prendrait un jour. Depuis lors, il en a perdu la trace dans l'inextricable désordre dont il n'a pas toujours le secret. Qu'à cela ne tienne, ne pourrait-il le réécrire de sa main ? L'idée lui semble plaisante mais le texte exact lui est sorti de l'esprit. Il prend la plume sous la dictée d'Helen Dukas, sa secrétaire, et s'étonne : « C'est cela que j'ai écrit ? Mais j'aurais pu le dire beaucoup plus simplement. » Mauvaise note pour Albert junior ! Il s'en tient néanmoins à la formulation initiale et le « vrai-faux » manuscrit de 1905 atteint la somme respectable de 6 millions de dollars lors de sa mise aux enchères le 3 février 1944 à Kansas City.

*
* *

Einstein soutient le projet Manhattan, mais il en aurait sans doute mal supporté les contraintes. Les « atomistes » passent de la convivialité scientifique à la discipline militaire sous la coupe du général Leslie Groves. Un organisateur hors pair, mais un caractère épouvantable, il ne conçoit d'ordres qu'accompagnés de coups de gueule, de menaces, d'injures et d'éructations. Les rapports d'Einstein, l'anarchiste, avec le tyrannique général Groves auraient généré quelques orages. Mais l'expérience ne sera jamais tentée.

3. Charles-Noël Martin, *Einstein*, *op. cit.*

Les méthodes expéditives du général ont au moins le mérite d'assurer un secret absolu. Pendant les trois années suivantes, Albert Einstein n'est pas plus informé que n'importe quel citoyen américain sur l'avancement des recherches atomiques. Il ne sait rien.

À vrai dire, il est moins obsédé par les progrès des Américains que par ceux des Allemands. Une interrogation qui hante tous les esprits. En août 1943, Édouard Teller a jeté le trouble dans l'état-major. Il affirme dans une note : « Il est possible que les Allemands arrivent à une production de deux gadgets [nom de code pour la bombe atomique] par mois. Cela mettrait l'Angleterre dans une situation extrêmement périlleuse. » Sans doute pense-t-il à des bombes radioactives, c'est-à-dire des bombes classiques bourrées de produits radioactifs, plutôt qu'à de véritables bombes à explosion. L'information est prise au sérieux et l'état-major décide que les troupes du débarquement seront équipées de compteurs Geiger afin de détecter les impacts de munitions radioactives. Pour leur part, les Américains ne s'engageront jamais dans cette voie qui permettait d'obtenir plus rapidement une première arme. Assimilée aux armes chimiques, la bombe radioactive est condamnée par la Convention de Genève. Tous les efforts se reportent sur la bombe explosive présumée moins inhumaine !

*
* *

Niels Bohr est bien loin des spéculations de la physique quantique. Lui aussi a plongé dans la « physique atomique ». Il est pris dans la guerre et ne pense qu'aux applications militaires de la fission en chaîne. En 1940, ignorant les risques liés à son ascendance juive, il est rentré dans un Danemark occupé par la Wehrmacht. Et voilà qu'en septembre 1941 s'annonce la plus inattendue de toutes les visites, celle de Werner Heisenberg. Comme toujours sous couvert de prononcer des conférences scientifiques. En réalité pour parler avec son vieux complice.

Ainsi Niels retrouve Werner à Tisvilde dans sa résidence secondaire proche de Copenhague. Quinze années plus tôt... en 1925-1927, combien de fois ont-ils discuté en se promenant dans les chemins forestiers sablonneux qui entourent la maison, ou encore dans cette pièce, devant cette cheminée ? Le mobilier a peu changé. C'est ici qu'ils ont interminablement débattu du principe d'incertitude, de la complémentarité, une pensée libre, sans nulle entrave, du maître et du disciple, unis dans une commune recherche de la vérité. Ils sont à nouveau réunis dans le même décor, mais dans une autre histoire.

Qu'il le veuille ou non, Heisenberg incarne la puissance occupante. Hier encore, son compagnon de voyage, le physicien allemand Carl-Friedrich von Weizsäcker, a menacé Bohr de dissoudre son institut s'il ne coopère pas avec les organisations allemandes. Le malaise est pesant. Lors des premiers contacts, dans l'appartement de Carlsberg, ils ont joué au chat et à la souris sans rien dire. Maintenant il faut parler. Heisenberg n'a qu'une confiance limitée dans la maison de Tisvilde. Les services allemands l'ont sans doute mise sous surveillance, mieux vaut aller se promener. Le repas terminé, il entraîne Niels pour une balade. Bien qu'ils se trouvent en tête à tête, Heisenberg parle à mots couverts, utilisant, comme il le reconnaîtra plus tard, des termes « d'une extrême prudence » et des « expressions assez vagues ». À force de sous-entendus, les deux hommes arrivent au malentendu parfait. « Vous m'avez compris, Niels ? » « Moi non plus, Werner. »

À croire Heisenberg, ce dernier aurait souligné qu'une arme atomique avait très peu de chances d'être réalisée durant cette guerre, et n'avait donc pas d'intérêt militaire ; à croire son interlocuteur, le savant allemand aurait affirmé que la bombe atomique serait l'arbitre du conflit en cours et qu'il lui consacrait tous ses efforts. Qui dit vrai ? Impossible de savoir puisque Heisenberg estime que Bohr était à ce point bouleversé qu'il n'entendait pas ce qu'on lui disait... En 1947, ils se retrouveront sous l'égide d'officiers britanniques pour tenter de reconstituer cette conversation et n'y parviendront pas.

À chacun sa vérité ! Le physicien allemand va jusqu'à remettre le dessin du réacteur nucléaire qu'il veut construire, un plan qui contient des erreurs. Erreurs involontaires prouvant un manque de compétence ou bien erreurs volontaires visant à intoxiquer le camp adverse ? Tout est à l'avenant. A-t-il voulu faire comprendre que le programme nazi ne pourrait aboutir, a-t-il voulu dissuader les Alliés de mener à bien leur projet ? Une chose, une seule, est certaine, l'amitié entre Heisenberg et Bohr est bien terminée.

De cette entrevue, le physicien danois retient que les Allemands n'ont guère progressé. Impression confirmée par divers canaux scientifiques.

En 1943, les nazis veulent s'assurer de sa personne, il n'a que le temps de s'enfuir avec la Gestapo à ses trousses. L'Intelligence Service, conscient que son arrestation tournerait au désastre, organise un raid spécial pour le récupérer. Un bateau de pêche le prend à son bord pour le faire passer du Danemark en Suède puis un avion de chasse vient le chercher pour le ramener en Angleterre. Vol mouvementé. Le physicien, dont le masque à oxygène ne fonctionne pas, est au bord de l'asphyxie. Le pilote découvre le drame au dernier instant, effectue un plongeon vertigineux et finit le vol au ras des flots, à pression atmosphérique normale. Bohr débarque sur le sol anglais en piteux état et, sitôt remis sur pieds, part pour les États-Unis. Il apporte des nouvelles plutôt rassurantes et fort bienvenues sur le retard du programme atomique allemand. Il n'empêche que la bombe nazie reste une hantise tout au long de ces années, elle semble à ce point vraisemblable que la moindre rumeur se transforme en information et fait monter d'un cran l'angoisse parmi les équipes du projet Manhattan.

En définitive, les armes nouvelles que les Allemands jettent dans la bataille à partir de 1944 sont les fusées, les V 2, et non pas les explosifs atomiques. Pour les Alliés, qui ne possèdent aucun matériel équivalent, elles prouvent que les ingénieurs allemands sont toujours capables de révolutions technologiques. La peur de voir une Wehrmacht défaite jouer son va-tout avec des armes nucléaires ou radioactives redouble. Jusqu'à l'extrême fin des combats, les scientifiques ne peuvent imaginer l'échec total de leurs homologues allemands. Ainsi Albert Einstein connaît-il une grande frayeur en décembre 1944 lorsque la Wehrmacht lance sa dernière contre-attaque. Il ne doute pas que cet ultime sursaut vise à gagner le temps nécessaire pour faire intervenir l'arme nucléaire sur le champ de bataille. Quelques jours plus tard, lorsque la résistance allemande s'effondre, il se persuade, *a contrario*, que l'Allemagne nazie ne dispose pas de la bombe atomique et qu'elle va perdre la guerre.

*
* *

En ce mois de décembre 1944, un ami d'Einstein, Otto Stern, lui rend visite à Princeton. Conseiller scientifique dans le projet Manhattan, il ne révèle rien sur l'avancement des travaux, secret défense oblige. En revanche, il décrit les effets terrifiants de la bombe en préparation et ne cache pas son propre désarroi face à une telle horreur. Or la victoire sur l'Allemagne nazie fait perdre à l'arme nucléaire la seule justification qu'elle ait jamais eue aux yeux d'Einstein. Les bonnes raisons de sa naissance ont disparu, reste l'effrayante réalité de son existence. La bombe atomique va prendre place dans les arsenaux sous le contrôle des états-majors. Poussée par la course aux armements, elle se répandra d'un pays à l'autre. Les États-Unis d'abord, ensuite l'Union soviétique, tous les autres après. Voici le cadeau que la physique laissera aux futures générations.

Insupportable soliloque ! Il est coupé des scientifiques, des « Hongrois » et des autres. Jamais pourtant il n'avait éprouvé un tel besoin de s'entretenir avec eux. Car le piège se referme, la cause devient prétexte et le moyen une fin. Que penser ? Que faire ?

En désespoir de cœur et de cause, le solitaire de Princeton se tourne vers son vieux complice, Niels Bohr. En ce mois de décembre 1944, il lui écrit une lettre comme l'appel au secours d'une humanité engagée sur une pente fatale. « Les hommes politiques, constate-t-il, n'ont pas conscience de la puissance de ces armes et ignorent, par conséquent, l'étendue de la menace. » Il ne voit de recours que dans les scientifiques. À eux de prendre leurs responsabilités. Mais un savant isolé ne peut rien, seule la communauté dans son ensemble pourrait peser. Il imagine un appel lancé par les savants du monde entier, soviétiques compris. Il rêve de ce grand rassemblement dont, deux ans auparavant, il écrivait à Harold Urey qu'il serait irréalisable. En 1942, il s'agissait de faire la bombe, en 1944, de la maîtriser. Le péril interdit la désespérance. Il conclut sa lettre par un appel pathétique : « Ne dites pas "impossible" après une première réaction, mais attendez un jour ou deux de vous être familiarisé avec cette idée. »

Bohr-Einstein, le couple terrible de la physique ! Ils ont passé tant d'heures, tant de jours à tenter de se convaincre. En public ou en privé. Sans jamais y parvenir. Cette querelle scientifique a tissé entre eux des liens indissolubles. Ils servent tous deux la même éthique, partagent la même exigence, la même intransigeance. Pas besoin de se consulter, ils communient dans cet humanisme qu'ils ne peuvent dissocier du progrès scientifique. Confronté à la tragédie atomique, Bohr devient un double d'Einstein. Ils se retrouvent frères siamois, chacun agissant comme l'autre et pour l'autre au miroir de leur parfaite symétrie.

Niels Bohr se précipite à Princeton et rencontre Einstein le 22 décembre 1944. Discussion chaleureuse mais lourde de sous-entendus, car Bohr, tenu par le secret, ne peut dire tout ce qu'il sait. Qu'importent les dernières nouvelles ! Dès lors que la menace nazie s'est estompée, l'échéance devient secondaire. Seule compte la certitude que le programme Manhattan sera mené à bonne fin et l'humanité entraînée dans l'ère nucléaire. Einstein croyait se battre contre le nazisme, il découvre qu'il s'est battu pour la bombe.

Niels Bohr a compris le changement radical qu'introduit le fait nucléaire. Désormais une grande ville peut être détruite en une seule frappe. Certains calculs donnent à penser qu'il ne s'agit que d'une première étape. D'autres réactions faisant intervenir des noyaux très légers comme celui de l'hydrogène pourraient être utilisées. Dans ce cas, la puissance dégagée serait pratiquement sans limites.

Avec de telles armes la stratégie doit être repensée. Celle-ci implique toujours la survie des belligérants. Or, un double bombardement pourrait fort bien ne laisser, de part et d'autre, que des espaces vitrifiés, des peuples morts, des pays rayés de la carte. Ainsi la bombe atomique devient-elle une arme de suicide, et quel peuple, quel gouvernement, peut consentir à sa propre disparition ? Ne pourrait-on imaginer que les États, sans renoncer aux armements hélas !, confèrent un statut particulier à celle-ci, qu'ils la neutralisent en quelque sorte ? N'est-ce pas ce qui est arrivé avec les gaz asphyxiants ?

Mais, poursuit le physicien danois, l'humanité croit toujours qu'elle va se servir des bombes atomiques comme des bombes classiques. Il appartient aux scientifiques de détromper les chefs d'État, de leur expliquer la nouvelle logique de l'arme nucléaire.

Albert Einstein suit avec passion le raisonnement de Niels. Tout cela lui convient. Mais cette idée ne vaut pas si longtemps qu'une seule puissance possède le monopole nucléaire. Niels Bohr estime, comme la plupart des scientifiques, que cette exclusivité ne durera guère plus de cinq ans. « Quand le livre de la nature est ouvert, tout le monde peut le lire. » Par malheur, les militaires, toujours aussi arrogants, s'imaginent qu'ils conserveront ce monopole pendant une vingtaine d'années. Une folie qui fausse la vision des gouvernants.

Pour Einstein, c'est toute la question. Les hommes sont-ils capables d'entendre un argument aussi raisonnable ? Ils ont toujours voulu jouer avec le feu, ils voudront aussi jouer avec le feu nucléaire. Un Hitler aurait-il hésité à lancer ses bombes sur Londres et Paris, si Heisenberg les lui avait fabriquées ? Au reste, le désarmement contrôlé n'a jamais marché.

Ces réserves, Bohr les connaît par cœur. Mais il refuse de s'abandonner au pessimisme, il veut croire que la terreur nucléaire va modifier les politiques et les comportements. Einstein reste sceptique. Ces grandes bureaucraties n'ont rien voulu entendre quand il s'agissait de construire la bombe, pourquoi auraient-elles l'ouïe fine maintenant qu'il s'agit de la maîtriser ?

Bohr termine sur une note de confiance et d'optimisme. « Ce sera difficile, mais croyez-moi, en Angleterre comme en Amérique, les hommes d'État sont responsables et pleinement conscients de la menace. »

Einstein ne sait que penser, mais sa confiance en Niels Bohr est totale. Rasséréné par sa chaleur convaincante, il prend la plume et jette quelques mots d'apaisement sur le papier à l'intention d'Otto Stern.

*
* *

En vérité, Niels Bohr se veut plus rassurant qu'il n'est rassuré. Il s'est déjà engagé dans cette voie et n'a guère réussi. Il a tenté d'en parler à Roosevelt qui l'a renvoyé sur Churchill. Il s'adresse à Lord Cherwell et, par son entremise, décroche un rendez-vous avec le Premier ministre pour le 16 mai 1944. L'entrevue se déroule au 10, Downing Street. Elle est surréaliste. Le physicien, pénétré par le sentiment de sa responsabilité, se projette dans l'après-guerre. Rien ne lui semble plus urgent que l'établissement d'un ordre atomique mondial. En face de lui, le Premier ministre d'un pays en guerre à la veille de la bataille décisive, celle du débarquement. Lorsqu'il pense à l'avenir, Churchill voit l'ennemi de demain qui se profile derrière l'allié d'aujourd'hui, la guerre future que cache la guerre présente. Malheureusement, Bohr ne peut lire dans les pensées churchilliennes.

Les présentations sont rapidement faites par Lord Cherwell, puis le savant prend la parole. Il s'exprime d'une voix sourde que la gravité de son propos vient encore assombrir, à la limite du compréhensible. Conscient que son anglais peut lui jouer des tours, il a longuement répété sa démonstration. Il attaque sur le constat : demain la bombe américaine, après-demain la bombe soviétique. Les conséquences : une terrifiante course aux armements nucléaires. La question : comment éviter une situation aussi dangereuse pour l'humanité ? Il en vient à sa proposition.

Si les Américains et les Britanniques mettent les Soviétiques au courant de ces travaux, s'ils partagent avec eux les secrets atomiques, alors il sera possible d'engager des négociations entre les deux camps. C'est ainsi que l'on pourrait instaurer une autorité internationale qui aurait en charge les applications civiles de l'énergie nucléaire pour le bonheur des peuples et qui pourrait contrôler et puis exclure ces terrifiantes applications militaires. Mais, conclut-il, cette proposition ne sera plus possible si les Alliés construisent et utilisent la bombe atomique sans en avertir leur allié soviétique.

Churchill n'en croit pas ses oreilles. Jamais il n'aurait imaginé pareille extravagance. Par respect pour son interlocuteur, il veut s'assurer qu'il a bien compris.

« Professeur Bohr, vous n'êtes pas en train de me dire que nous devrions livrer à Staline les secrets de la bombe atomique ? »

Bohr s'attendait à cette incompréhension. Il poursuit donc sa démonstration. À l'évidence, une telle démarche bouscule les relations internationales. Mais c'est précisément ce qu'il convient de faire puisque le monde va se retrouver dans une situation entièrement nouvelle. La bombe atomique, c'est l'arme de la terreur absolue, de la destruction totale, elle impose de nouveaux comportements. Il importe de ne pas attendre.

Churchill l'interrompt brutalement. Le chef de gouvernement

démocratique, respectueux de l'autorité scientifique, a cédé la place au chef de guerre incisif, impérieux, intraitable. Nul doute, à ses yeux, une telle proposition relève de la trahison, ou, à tout le moins, de l'inconscience. Il le dit sans ambages. Sa crainte, c'est que le cher professeur, perdu dans ses nébuleuses spéculatives, prenne des initiatives intempestives et mette en danger la sécurité même du programme atomique. Il lui intime, avec la plus grande sévérité, l'ordre de ne parler à quiconque de ces choses, lui rappelle qu'au moindre manquement, tout Niels Bohr qu'il est, il tomberait sous le coup d'une arrestation.

Tout est dit. Churchill s'extirpe de son fauteuil pour mettre un terme à l'entretien. Bohr s'efforce de reprendre son argumentation en soulignant que l'avenir de l'humanité se joue sur ces décisions.

Churchill n'y tient plus, il explose : « Vous me faites perdre mon temps avec vos foutaises ! » Il reconduit déjà ses visiteurs vers la sortie. Lorsque le physicien, en une ultime tentative, propose de faire parvenir un mémorandum sur le sujet, la réponse claque comme une gifle : « Cher Professeur, je serais très honoré. Mais à condition que vous n'y parliez pas de politique ! »

Sur ce, il met son interlocuteur à la porte de son bureau. Bohr est abasourdi. Lord Cherwell ne l'est pas moins. Il a beau connaître son patron, il l'a rarement vu réagir avec une telle brutalité. Churchill s'interroge : « Est-il complètement stupide, est-ce un agent soviétique ? » Il est loin d'écarter la seconde hypothèse. Cet illuminé, il faudra le surveiller de près !

Bohr veut croire que le moment était mal choisi, que Churchill n'était pas le bon interlocuteur, et profitant d'un séjour aux États-Unis en août 1944, il demande audience à Roosevelt. Là encore, sa renommée lui ouvre les portes de la Maison-Blanche. Il refait au Président l'exposé qui n'a pas eu l'heur de plaire à Churchill. À sa grande surprise, son interlocuteur, loin de s'en indigner, entame avec lui une discussion cordiale sur l'ordre international qui pourrait naître de la bombe atomique. Une heure d'entretien au total avec, en prime, un Président qui s'engage à soulever la question lors de sa prochaine rencontre avec le Premier ministre britannique.

Celle-ci est programmée pour le mois suivant dans la propriété de Roosevelt et ne se déroule pas vraiment comme aurait pu le souhaiter Niels Bohr. Les deux chefs d'État, non contents d'expédier sa proposition d'un revers de main, se penchent sur son cas. Avec beaucoup d'incompréhension. Churchill parle de ses soupçons, Roosevelt se souvient que, lors de leur entretien, le Danois a évoqué les liens d'amitié qui l'unissent à des savants soviétiques. Dans le mémorandum qui clôt les entretiens, l'idée de partager les secrets avec l'URSS est jugée « inacceptable », mais, *in cauda venenum* : « l'activité du professeur Bohr sera soumise à une enquête, et des mesures seront prises pour s'assurer qu'il n'est pas responsable de fuites de renseignements, en particulier vers l'URSS ». Et Bertrand Goldschmidt de préciser : « Churchill alla plus loin et voulut mettre le savant en résidence forcée, lui reprochant d'avoir, au sujet de cette affaire, commis des indiscrétions, qui frôlaient le "crime passible de la peine de mort"[4]. » Les amis de Bohr le tirent *in extremis* de cette fâcheuse situation, mais lui, inconscient des menaces churchilliennes, incapable d'imaginer la duplicité rooseveltienne, reprend ses démarches pour convertir à ses idées le locataire de la Maison-Blanche.

Einstein se rassure à bon compte en prenant pour argent comptant les paroles d'un frère d'armes aussi sincère, aussi candide que lui. Ils arrivent à cette heure de vérité où l'histoire leur échappe définitivement. De 1939 à 1945, savants et politiques ont fait ensemble un bout de fausse route. Les divergences, les oppositions et même les contradictions étaient rejetées à l'arrière-plan par le combat contre l'Allemagne nazie. Elles éclatent maintenant et révèlent un abysse d'incompréhension. Mais la partie n'est pas égale, puisque les politiques ont la bombe et n'ont plus besoin des savants.

*
* *

Roosevelt a pris des gants avec Niels Bohr pour des raisons de pures circonstances. Il sent que la fin du programme Manhattan provoquera des difficultés avec la communauté scientifique. Mieux vaut la ménager.

Au printemps 1945, l'Allemagne est défaite et les bombes sont en cours d'assemblage. À quelle fin ? À l'université de Chicago,

4. Bertrand Goldschmidt, *Les Rivalités atomiques*, *op. cit.*

travaillent de nombreux émigrés chassés d'Europe. C'est là que le 2 décembre 1942, Fermi a obtenu, pour la première fois, une réaction nucléaire contrôlée, bref, a fait marcher le premier réacteur nucléaire au monde. Construit selon les conceptions de Szilard, il s'agissait d'un assemblage de 40 000 blocs de graphite et 50 tonnes d'oxyde d'uranium. Un énorme empilement, une « pile atomique », selon la formule de l'époque.

Dès lors qu'ils maîtrisent la fission nucléaire contrôlée, les physiciens peuvent construire des réacteurs et irradier de l'uranium pour le transmuter en plutonium. L'équipe de Chicago s'est donc vu confier comme mission de produire le nouvel explosif de la bombe atomique. Elle a travaillé avec acharnement pendant deux années. Au début 1945, elle a terminé. C'est à Los Alamos que le plutonium est façonné en sphère creuse pour prendre place dans la bombe. Mission accomplie.

Les chercheurs s'interrogent sur la suite, ils ne sont pas les seuls. Dans l'entourage de Roosevelt, Vannevar Bush et même le ministre de la Défense, Henry Stimson, envisagent une négociation avec l'URSS. Ne pourrait-on arracher des concessions en échange de certains secrets atomiques ? L'inévitable Szilard devient l'âme de cette réflexion, vite transformée en contestation. La plupart des physiciens n'ont accepté ce « sale boulot », qu'à seule fin de vaincre l'Allemagne nazie, de prévenir une attaque nucléaire de sa part. Ces conditions de départ ne sont plus celles que l'on retrouve à l'arrivée. Les bombes que l'on assemble à Los Alamos n'ont rien « d'antinazi ». L'Allemagne a été défaite sans avoir jamais brandi la moindre menace nucléaire. Le Japon devrait finir par capituler à son tour. Les scientifiques jugent inacceptable que la bombe soit utilisée directement contre des populations japonaises, ils préconisent un accord avec les Soviétiques pour éviter la course aux armes nucléaires. Szilard écrit un mémorandum dans ce sens à l'intention du président.

La lettre arrive à Washington le 13 avril 1945. Roosevelt est mort la veille. Sitôt investi, le vice-président Harry Truman découvre la réalité du projet Manhattan qui lui avait été cachée. C'est un esprit carré qui vit de certitudes plus que d'interrogations, bien loin des subtilités intellectuelles de son prédécesseur. Pour lui, une bombe, c'est une arme de guerre faite pour être utilisée à la guerre, voilà tout.

Szilard s'empresse de solliciter un rendez-vous du nouveau président. Il est éconduit sans autre forme de procès. Il cherche une issue et, une fois de plus, il se tourne vers Einstein en ultime recours. Tous deux se retrouvent à Princeton au printemps 1945. Szilard le révolté est reparti en campagne. Après s'être battu pour sa bombe anti-allemande, il se bat désormais contre la bombe antijaponaise. Avec la même détermination. Intraitable, intransigeant, il se heurtait hier à l'indifférence des militaires, il défie aujourd'hui leur pouvoir. Le conflit est devenu si violent que le général Groves le verrait bien derrière les barreaux.

Léo Szilard ne parle pas à mots couverts. Il dit les choses. Les bombes sont en voie de finition et leur efficacité ne fait aucun doute. Dans les mois à venir, l'Amérique va être confrontée à des choix cruciaux. Doit-elle terminer la guerre sans utiliser l'arme nucléaire ? Doit-elle faire une démonstration nucléaire aux Japonais pour obtenir leur capitulation ? Doit-elle frapper directement un grand centre nippon ? Doit-elle se réserver le monopole du nucléaire ou bien le partager avec les Soviétiques pour mettre sur pied le nouvel ordre mondial ?

Harry Truman a été mis au courant par les responsables militaires qui ont présenté la bombe atomique comme une arme nouvelle destinée à frapper l'ennemi sitôt qu'elle serait opérationnelle. L'état-major américain n'est guère sensible à la rupture que représente l'introduction de l'arme nucléaire. En effet, il recourt au bombardement massif des villes par des bombes incendiaires. Après Dresde et Hambourg, ce sont maintenant les métropoles japonaises qui, les unes après les autres, sont rayées de la carte. Chaque raid provoque des dizaines de milliers de morts dans la population civile. La bombe atomique ne ferait jamais que réaliser avec un seul engin le « travail » de milliers de bombes incendiaires. Le résultat ne serait guère différent.

Quant au général Groves, il considère depuis le premier jour que le bombardement nucléaire constitue la phase ultime, nécessaire et triomphale du programme Manhattan. Il serait intolérable de voler sa victoire au peuple américain... et au général Leslie Groves en particulier.

Szilard ne doute pas que, si le débat était ouvert, il dissuaderait le président de suivre les « va-t-en-guerre ». Mais Truman n'a certainement pas eu connaissance du mémorandum qu'il avait adressé à Roosevelt et n'a sans doute jamais entendu un autre son de cloche que celui des militaires. Il se fait forcer la main sans même en avoir conscience. Comment parvenir jusqu'à lui ?

Il n'est pas question pour Einstein de renouveler son intervention de 1939. Il n'a pas participé au projet Manhattan et ne devrait même pas être au courant de ces affaires. La seule chose qu'il puisse faire, c'est prier Harry Truman de recevoir Léo Szilard. Mais est-il encore le bon portier de la Maison-Blanche ? Il en doute. Qu'importe, il faut tout essayer, même l'impossible. Einstein signe sa troisième lettre au président des États-Unis. Une lettre qui reste sans réponse. Szilard s'obstine encore. Il s'efforce de joindre le nouveau secrétaire d'État. Il essuie un nouvel échec. La filière Einstein-Szilard a fait son temps.

Le 6 août 1945, Einstein se trouve en vacances avec sa secrétaire Helen Dukas au bord du lac Saranac lorsque cette dernière entend à la radio les bribes d'un bulletin d'informations. Il est question d'une nouvelle arme qui aurait été utilisée contre le Japon. Elle en parle à Einstein qui comprend aussitôt et soupire : « Mon Dieu ! Quel malheur. »

Tout au long de la journée, des journalistes américains et étrangers téléphonent pour avoir une réaction du père de la relativité. Il refuse de répondre mais finit par s'entretenir avec l'un d'entre eux, Raymond Swing.

« L'humanité, explique-t-il, n'est pas prête pour l'ère nucléaire. » Mais il ne peut s'en tenir à ce constat désespéré. « Peut-être que la crainte suscitée par l'arme atomique obligera l'humanité à mettre de l'ordre dans ses affaires internationales, ce qu'elle ne fera jamais sans la pression de la peur. » Il évoque un gouvernement mondial qui serait seul détenteur des secrets nucléaires, seul à contrôler ces armes. L'heure est trop grave pour autoriser le pessimisme absolu.

CHAPITRE XIV

Le pèlerin de la paix

Ainsi la bombe nazie n'a jamais été qu'un fantasme d'exilés. Le cauchemar d'un Führer brandissant le feu nucléaire qu'une vaine frayeur. Einstein se retrouve le jouet de l'histoire. Par crainte d'une menace imaginaire, il a introduit dans le monde un péril bien réel, le pire de tous. Certes, il n'a pas pris la décision, pas même collaboré à la réalisation, mais il ne peut s'exonérer à si bon compte. S'il n'avait tenu qu'à lui, il aurait décidé, il aurait collaboré. À travers cette maudite lettre, la physique s'est donnée aux militaires et ses grands prêtres sont devenus les anges exterminateurs des conflits à venir. Qu'Édouard Teller prisonnier de son manichéisme simplificateur se soit laissé emporter, passe encore, mais lui, Einstein, lui qu'un demi-siècle de pacifisme militant, d'anarchisme incorruptible, devait prémunir contre ces pièges de la fin qui justifie les moyens, du péril extrême qui appelle l'union sacrée, oui, comment a-t-il pu se laisser berner par les faux-semblants, aveugler par les émotions ? Il a été floué, cela ne fait aucun doute, mais il a beau repasser le film des événements, il ne peut rien se reprocher. Le voilà pourtant culpabilisé. Comment imaginer que les physiciens allemands, soutenus par un pouvoir guerrier, ne parviendraient pas aux mêmes résultats que leurs collègues occidentaux, ignorés d'un pouvoir pacifique ? Comment faire courir un risque pareil au monde libre ? Oui, c'est cela la grande question : comment se fait-il que la bombe nazie n'ait jamais vu le jour ? Elle semblait inévitable, elle fut irréalisable. Les physiciens occidentaux découvrent peu à peu l'incroyable faillite de la physique allemande pendant la guerre.

*

* *

Pourtant, comme l'avait prévu Léo Szilard, les nazis n'ont pas perdu de temps. Dès mars 1939, ils se précipitent sur les communications de Frédéric Joliot-Curie annonçant dans *Nature* l'avènement de la fission en chaîne. Ils repèrent de même la communication de Bohr et Wheeler sur l'uranium 235. Dès le mois de septembre 1939, alors que les « atomistes juifs hongrois » tentent vainement d'alerter Roosevelt, les physiciens allemands se réunissent à Berlin autour de Werner Heisenberg qui revient des Amériques. Ordre du jour : la réalisation d'une bombe atomique. Ils explorent toutes les possibilités : faire fonctionner un réacteur, choisir entre l'eau lourde et le graphite, isoler l'uranium 235, etc. En décembre, Heisenberg remet un rapport au gouvernement. Certes, il pense davantage à la production d'énergie qu'à la réalisation d'une bombe, mais il suffit d'avancer dans la physique nucléaire pour progresser vers les applications militaires.

Le pouvoir nazi, qui ne comprend pas grand-chose à ces recherches, est enthousiasmé par les « destructions colossales » que provoquerait l'explosion nucléaire. « Il est capital que nous soyons en avance sur tout le monde », martèle Joseph Goebbels dans son journal. Un intérêt qui retombe lorsque les scientifiques demandent quelques années de délai. Les nazis misent sur des guerres éclairs et se concentrent sur les armes disponibles à très court terme. Ils laissent à la communauté scientifique le soin de la recherche atomique. Il n'existera jamais en Allemagne d'organisation, chapeautée par le pouvoir politique, à l'image du projet Manhattan.

À partir du printemps 1940, Heisenberg s'efforce de construire un réacteur nucléaire. Pour donner le change, le bâtiment-laboratoire de Berlin a été baptisé *La maison des virus*. Les Allemands, tout comme les Américains, s'interrogent sur le ralentisseur de neutrons : graphite ou eau lourde. L'étude est confiée à un universitaire de renom, le professeur Bothe de l'université d'Heidelberg, qui rend son verdict au printemps 1940. À partir d'expériences défectueuses et de calculs erronés, il condamne le graphite accusé d'avaler les neutrons au lieu de les ralentir. À la même époque, de l'autre côté de l'Atlantique, Szilard aboutit à la conclusion inverse. Par bonheur, il ne publie pas ce résultat. Or le jugement négatif du professeur Bothe ne sera jamais contesté. Respect de la hiérarchie universitaire oblige. Le graphite est donc éliminé au profit de l'eau lourde qui devient le talon d'Achille du programme allemand.

Dans cette société très hiérarchisée, très cloisonnée, les « professeurs » ont l'exclusivité de la science et tiennent à l'écart les industriels et les ingénieurs dont le savoir-faire leur serait pourtant bien nécessaire. Sans compter les querelles intestines qui divisent les moyens disponibles entre les équipes rivales et interdisent toute coordination des recherches.

De 1940 à 1942, Heisenberg ne progresse que lentement dans son projet de réacteur nucléaire. Faute de réunir les quantités nécessaires d'uranium et d'eau lourde, ses assemblages restent « sous-critiques », n'atteignant jamais le seuil au-delà duquel démarre la réaction en chaîne. Il en va de même pour l'enrichissement de l'uranium en isotope 235. Les essais mal conduits, avec des moyens insuffisants, ne donnent que des résultats décevants.

Lorsqu'en 1942 Heisenberg présente aux responsables nazis l'état des recherches sur l'uranium, il reste très prudent, presque pessimiste et demande plusieurs années avant la réalisation d'une arme atomique. C'est alors qu'Hitler décide de donner la priorité absolue aux recherches à court terme. L'Allemagne, sans en avoir véritablement conscience, renonce à l'arme nucléaire. Elle s'était pourtant lancée en avance, elle disposait de tous les atouts nécessaires, pourquoi n'est-elle jamais devenue une puissance atomique ?

La contingence a beaucoup joué. Tantôt dans un sens, tantôt dans un autre. En outre les chercheurs d'Amérique ont travaillé dans de meilleures conditions, à l'écart des opérations militaires. Autant de raisons qui ne suffisent pas à expliquer un tel échec.

*
* *

À l'évidence, les physiciens ont mieux travaillé en Amérique qu'en Allemagne, et, pour dire les choses plus simplement, ils étaient meilleurs. Figure emblématique de ce bienheureux fiasco, Werner

Heisenberg s'est révélé un très médiocre « atomiste ». Il n'a accroché son nom à aucune des inventions qui jalonnent la maîtrise de l'énergie nucléaire. Ses recherches n'ont jamais été au niveau de celles conduites par Frédéric Joliot-Curie, Otto Frisch, Léo Szilard ou Enrico Fermi. Faut-il s'en étonner ? Les spéculations physico-mathématiques qui donnèrent naissance à la mécanique quantique n'ont pas grand-chose de commun avec la physique appliquée. La recherche nucléaire le confronte à des problèmes de haute technologie auxquels il ne connaît rien. Autant confier le bistouri du chirurgien à un théoricien de la génétique. Il fut donc mauvais, le fait n'est pas contestable, mais a-t-il perdu la bataille ou planifié la défaite ?

Au lendemain de la guerre, il passe pour un triste sire. Complice des nazis, il a tenté de leur donner la bombe atomique ; mauvais physicien, il a été incapable de la construire. Dans les plaidoyers *pro domo* publiés tardivement, il s'efforce d'accréditer la thèse inverse. Adversaire des nazis, il a tout fait pour les empêcher de mettre au point la bombe ; physicien de génie, il a volontairement saboté son travail au risque de nuire à sa réputation. Bref, il serait l'organisateur d'un désastre qui dépassa toutes nos espérances. Est-ce crédible ?

Si Heisenberg a réellement joué ce jeu, il doit être considéré comme l'un des héros du XXe siècle, car il risquait, au mieux, de passer pour un mauvais physicien et, au pire, de finir en camp de concentration. Un tel héroïsme ne s'accorde guère avec le personnage. Un génie incomparable, mais pas un grand caractère. À partir de 1933, il passe des compromis avec la Gestapo, s'accommode des lois raciales, tout en s'efforçant de protéger des chercheurs « non aryens », refuse l'émigration, bref il collabore avec le régime nazi, comme des dizaines de millions d'Allemands, ce qui rend peu crédible cette résistance souterraine. Par opposition, Max Planck, homme de droite, conservateur et nationaliste, ne craint pas de s'opposer à Hitler. Un exemple qui inspire sans doute son fils lorsque celui-ci s'engage dans le complot contre Hitler et finit assassiné par les SS.

Non, Heisenberg n'est pas de cette trempe-là et les informations qu'il ne livre pas aux nazis sont moins dissimulées qu'ignorées. Il ne s'est jamais donné une claire vision de ce que pourrait être la bombe atomique. Il en était encore à évaluer la masse critique en tonnes ! Et, lorsque, prisonnier des Alliés, il apprend le bombardement d'Hiroshima, il suspecte une tentative d'intoxication. Il ne croit pas qu'une bombe ait pu être faite dans des délais aussi courts.

Dans l'échec nucléaire des nazis, il porte assurément une responsabilité. Ses recherches n'ont jamais été concluantes, ses rapports ont toujours été prudents, voire pessimistes. Entre l'incompétence et le sabotage, il existe peut-être une troisième voie, celle de la prudence. Dire que la bombe était possible à court terme, c'était s'exposer à l'intolérable pression d'un pouvoir nazi exigeant l'arme de la victoire. Dire qu'elle n'était pas réalisable avant la fin de la guerre, c'était, au contraire, l'assurance de poursuivre ses travaux en toute tranquillité. Toutes ces vérités se combinent plus qu'elles ne s'excluent.

L'actualité va de l'avant sans souci du détail ou même de l'exactitude. Elle fera d'Heisenberg le méchant savant qui s'est révélé incapable de mettre au point la bombe nazie et d'Einstein, le bon savant qui a donné l'arme nucléaire au camp de la liberté. Le piège était parfait, le père de la relativité ne peut s'en dégager. Il se retrouve prisonnier de l'épisode atomique qui le tourmentera jusqu'à sa mort. C'est, tout à la fois, l'individu, le physicien et le citoyen qui sont touchés.

*

* *

La presse est prise au dépourvu par Hiroshima. Elle doit commenter un événement dont elle ignore jusqu'au premier mot. Le réflexe est toujours le même : se raccrocher à des faits, et, si possible, à des gens connus. Apprenant que cette arme aurait été mise au point par des « savants », les journalistes se reportent sur le nom qui figure en tête de leur liste : Einstein. N'est-il pas naturel d'attribuer au même démiurge cette nouveauté scientifique aussi incompréhensible que la relativité ?

Avant tout démenti, ces billevesées ont déjà reçu une consécration officielle. En 1945, le général Groves et les conseillers scientifiques qui ont couvert le programme atomique d'une intraitable censure éprouvent le besoin de s'en expliquer. Ils entendent justifier les milliards qu'ils ont dépensés et, surtout, se décerner les lauriers d'une victoire annoncée. Sans attendre les bombardements d'Hiroshima et Nagasaki, ils rédigent un petit opuscule qui retrace l'histoire du projet Manhattan et fournit en prime des renseignements sur les armes nucléaires. Cette description générale du développement des méthodes pour utiliser l'énergie atomique à des fins militaires est diffusée auprès des journalistes dans les quarante-huit heures qui suivent l'explosion de Nagasaki. Elle fournit à la pelle des informations qui, huit jours plus tôt, étaient tenues pour secret d'État et qui intéressent au plus haut point les ambassades étrangères. Or, cette première présentation de la bombe s'ouvre sur une évocation du rôle joué par Einstein au double titre de l'équation $E = mc^2$ et de la lettre à Roosevelt.

Ce n'est ni la première ni la dernière fois que son incroyable célébrité lui vaut un tel excès dans l'honneur comme dans l'indignité. À son habitude, il s'étonne, et, pour tout dire, ne comprend pas que l'on puisse affabuler de la sorte. Car la trop fameuse équation n'implique, par elle-même, aucune explosion nucléaire.

Dès le 12 août 1945, répondant aux journalistes qui veulent lui imposer la paternité de la bombe, Einstein affirme haut et fort dans le *New York Times* : « Je n'ai jamais travaillé sur la bombe atomique, jamais. » Qu'à cela ne tienne ! il sera le père scientifique, le concepteur. À nouveau, il doit démentir : « Je ne me considère pas moi-même comme le père de la libération de l'énergie atomique. » Peine perdue, le mythe qui l'entoure résiste à toutes les dénégations. Le 1er juillet 1946, le *Time* lui donne la force de l'image. Il compose sa couverture avec le visage d'Einstein se détachant sur un champignon atomique dans lequel s'inscrit l'équation fatidique $E = mc^2$. Traduisez Einstein = Bombe. D'une mise au point à la suivante, il lui faut sans cesse ravauder une vérité qui ne tient plus à ses fils.

Dix ans plus tard, il doit encore la rétablir et, qui plus est, avec un historien, le fameux Jules Isaac des anciens manuels scolaires : « Vous supposez que j'aurais dû, en 1905, prévoir la possibilité de faire des bombes atomiques. Ceci est absolument impossible, puisque la réalisation d'une réaction en chaîne dépendait de faits expérimentaux qui pouvaient difficilement être imaginés en 1905. Et même si une telle connaissance avait été effective, il eût été ridicule d'essayer de dissimuler ce résultat particulier de la relativité restreinte. Dès lors que la théorie existait, la conclusion aussi existait, et ne pouvait être longtemps cachée... Il n'y a jamais eu là la moindre indication de quelque application technique de puissance. »

En revanche, sa lettre à Roosevelt pèse désormais comme un regret et un remords. Il doit sans cesse rappeler les conditions particulières de cette intervention. « Si j'avais su que les Allemands ne réussiraient pas à produire une bombe atomique, je n'aurais pas levé le petit doigt. » Il n'esquive pas sa responsabilité qui va parfois jusqu'à un aveu de culpabilité. « J'ai commis une seule erreur dans ma vie, écrit-il à son ami, le prix Nobel Linus Pauling, le jour où j'ai signé cette lettre au président Roosevelt. » Mais il assortit toujours ce remords de la même excuse absolutoire : « Si j'avais su que cette crainte n'était pas justifiée, ni moi ni Szilard n'aurions participé à l'ouverture de cette boîte de Pandore. Car ma méfiance des gouvernements n'était pas limitée à l'Allemagne. »

Il pourrait aussi rappeler que sa démarche n'a guère été suivie d'effets, mais il se garde d'insister sur ce point. L'échec n'a jamais été une bonne justification. Au reste, est-il assuré que ses interventions furent sans conséquences ? Certes les Américains se seraient dotés de l'arme nucléaire en tout état de cause, mais nous savons que le tragique de cette histoire tient au calendrier. Or la démarche d'Einstein a, peut-être, précipité le cours des événements. Si Roosevelt n'avait pas été alerté dès 1939, il aurait sans doute tardé quelques mois de plus. La bombe n'aurait été opérationnelle qu'en 1946, c'est-à-dire après la fin de la guerre, et n'aurait jamais été utilisée. La suite de l'histoire aurait été modifiée. Comment esquiver la question ? Comment donner une réponse ?

Quoi qu'il en soit, Einstein refuse de s'attribuer le mérite de l'énergie nucléaire, comme l'opprobre de la bombe. Mais une fois de plus son personnage public lui échappe et il devra, pendant les dix années qui lui restent à vivre, porter le poids si lourd d'une responsabilité qu'il sait n'être que très partiellement la sienne.

*

* *

Sa blessure la plus profonde vient de l'outrage fait à la science. Hier l'égale de la philosophie ou de la métaphysique, sa chère physique n'est plus qu'une fille soumise à la botte des militaires. Jamais il n'aurait imaginé un tel naufrage.

Comme lui, de nombreux physiciens découvrent *a posteriori* le bonheur d'être ignoré du pouvoir. Pendant un siècle, ils ont exploré le monde, lancé leurs hypothèses, réalisé leurs découvertes dans une totale liberté, une innocence immaculée. Ni politiques, ni industriels, ni militaires ne se souciaient des interminables discussions sur la réalité de l'atome, la nature corpusculaire ou ondulatoire de la lumière, le rayonnement du corps noir ou l'interprétation de la mécanique quantique.

Chemin faisant, leurs découvertes ont donné lieu à de nombreuses applications qui, par miracle, se sont toutes révélées bénéfiques. Mère de l'électricité et des télécommunications, la physique est devenue la déesse tutélaire du monde moderne et ses grands prêtres vivent dans le respect et l'admiration des fidèles reconnaissants. En outre, ces recherches ne coûtent pas bien cher. Einstein a pour habitude de dire que son laboratoire tient dans son chapeau. Il n'aime rien tant que ces « expériences de pensée » qui ont jalonné sa démarche intellectuelle. Ses collègues guère plus gourmands réalisent les plus grandes percées pour un coût dérisoire. Ni commanditaires, ni mécènes, ni financiers n'imposent leurs directives. Dans cette abbaye de Thélème, dont la connaissance seule délimite les contours, Einstein se distingue davantage par la forme que par le fond. Son laisser-aller détonne parfois, mais son exigence éthique est comprise et respectée de tous. Dans un tel milieu, ses opinions politiques n'ont rien de bien original et ses prises de position se distinguent surtout par cette célébrité qui les inscrit en lettres d'enseignes lumineuses.

Le monde militaire, lui, se situe aux antipodes de la communauté scientifique. Entre les savants dans leurs laboratoires et les ingénieurs dans leurs arsenaux, moins on se parle et mieux on se porte. Cet apartheid a volé en éclats. Pour la première fois, ce ne sont pas les militaires qui ont dérobé leurs secrets aux physiciens mais ces derniers qui, non seulement les ont alertés, mais, en outre, ont pris en main la fabrication de l'arme. Pendant le projet Manhattan, les scientifiques, prix Nobel ou jeunes thésards, sont plus nombreux, ont des responsabilités plus importantes, que les ingénieurs. Depuis la conception théorique jusqu'à la réalisation technique, la science a donné naissance à la bombe atomique. Une maternité dans laquelle elle a perdu son innocence.

Les chercheurs ont vite fait le deuil de leurs illusions. Ils découvrent que le paradis ne survit pas au péché originel et que l'âge d'or est toujours celui que l'on a perdu. Dès le printemps 1945, l'équipe de Chicago sait à quoi s'en tenir. La fin de son travail, c'est aussi la fin de son rôle. La suite de l'histoire ne lui appartient pas. Les scientifiques assistent impuissants au bombardement du Japon, ils voient se mettre en place la course aux armements nucléaires. Les politiques ne leur reconnaissaient aucun droit, fût-il de regard, sur le devenir de leur créature. Pis encore, la physique, pour prix de sa victoire, a vendu son âme. Elle a gagné cette guerre, elle gagnera les suivantes, les militaires l'ont compris et la mobilisent. À tout jamais. La discipline spéculative devient l'inépuisable source qui alimente les arsenaux avec les bombes H, les sous-marins nucléaires, les ordinateurs géants, les missiles intercontinentaux, les sophistications électroniques, etc. Une science militaire se met en place non moins riche de matière grise et de ressources financières que sa sœur civile.

Des physiciens parmi les plus notables refusent cette métamorphose et, plutôt que passer du bon docteur Jekyll au sinistre mister Hyde, désertent les terres maudites de la physique nucléaire. Szilard se retourne vers la biologie et l'étude des dauphins, Fermi se consacre à la recherche sur les rayons cosmiques, Wigner repart vers la physique quantique, etc. Seul Édouard Teller a véritablement trouvé sa voie. En complète rupture avec la communauté scientifique, il se lance dans le combat pour la bombe H, dont, quelques années plus tard, il revendique haut et fort la paternité. Pour sa plus grande satisfaction.

*

* *

Einstein, le plus illustre des savants, est aussi le plus déchiré. Il vit un cauchemar invraisemblable. Toute sa vie il a sacralisé la science, diabolisé les armées et le voilà impliqué dans la plus abominable des aventures guerrières. Il vit cette mutation de la science comme une profanation et trouve dans ses responsabilités particulières comme dans son universelle célébrité des raisons supplémentaires de s'engager. Au mois de décembre 1945, il est l'invité d'honneur du très sélect *American Nobel Center*. Un patronage idéal pour rappeler le fardeau qui pèse désormais sur la science. « Les physiciens se trouvent aujourd'hui placés dans une situation qui rappelle fortement le dilemme d'Alfred Nobel. Alfred Nobel avait découvert un explosif d'une puissance destructrice plus forte que tout ce qu'on connaissait jusque-là. Pour expier cet "exploit" et soulager sa conscience, il fonda un prix de la paix.

« Aujourd'hui, poursuit-il, les physiciens qui ont aidé à construire l'arme la plus puissante du monde sont tourmentés par un même sentiment de responsabilité, pour ne pas dire de culpabilité. [...] Nous autres physiciens, nous ne sommes pas des hommes politiques. Nous n'avons jamais songé à intervenir dans les affaires politiques. Mais nous savons certaines choses que les hommes politiques ignorent et nous considérons de notre devoir de les rappeler à leurs responsabilités. »

Il est parti en campagne, seule la mort pourra l'arrêter. En 1946, il est contacté par les physiciens, Szilard en tête, qui viennent de créer le « Comité d'urgence des savants atomistes » pour mettre le monde en garde contre le péril nucléaire. Einstein accepte de présider leur organisation. Une présidence militante et non pas honorifique. À plusieurs reprises, il publie études et éditoriaux dans le bulletin de l'association, il paie de sa personne pour, d'une tribune à l'autre, rappeler que : « Le refus de collaborer sur les questions militaires devrait être un principe moral essentiel pour tous les véritables savants. » Un appel dans le désert de la Guerre froide qui s'amorce. « Je me fais l'effet d'être une vieille horloge qui continue de battre dans une maison en feu », se lamente-t-il.

De fait, l'emprise des forces politiques, militaires et économiques se fait toujours plus pesante. En 1950, dans un « Message aux savants italiens », il revient à la charge avec l'énergie du désespoir : « L'homme de science en est au point où l'esclavage auquel l'a réduit l'État national le traîne vers un destin dont il ne pourra se délivrer. Et il est tombé assez bas pour obéir à des ordres de perfectionner encore les moyens de détruire complètement les hommes [...] N'a-t-il pas oublié sa propre responsabilité et sa dignité lorsque ses intentions s'orientaient uniquement vers l'intellect ? »

Les forces du vieux combattant déclinent, son énergie s'épuise, reste le désespoir. En 1954, dans une déclaration au *Reporter*, il lance une de ses phrases trop célèbres pour être honnêtes : « Si c'était à refaire, je me ferais plombier ! » Les commentateurs l'ont interprétée comme un aveu de culpabilité. Einstein écrasé par le péché de la bombe abjure la physique ! C'est beau comme l'Antique, mais totalement faux. Il faut lire l'intégralité de sa déclaration. « Si j'étais à nouveau un jeune homme et devais décider comment gagner ma vie, je n'essaierais pas de devenir savant, chercheur ou enseignant. Je choisirais plutôt de devenir plombier ou colporteur, afin de trouver cette modeste part d'indépendance dont on peut encore bénéficier dans les circonstances présentes. »

Il ne désespère pas de lui-même, père coupable de la bombe, mais d'une science asservie. À ses yeux, la quête de la connaissance ne peut s'épanouir que dans la liberté et l'innocence, à l'abri des pressions comme des tentations. Dès lors que le chercheur travaille sous les ordres et pour le profit de son commanditaire, il fait le pire des métiers. Car le pire ne s'atteint que dans la perversion du meilleur. Qu'importent les imprécations du vieux sage, la seule réponse que l'histoire a retenue, c'est celle du Syndicat des plombiers qui, au lendemain de sa déclaration, le fait membre d'honneur de la corporation !

*
* *

La science est asservie et la bombe est en liberté. C'est la deuxième hantise d'Einstein. Le nouvel âge nucléaire, legs apocalyptique de la science aux futures générations, engage les physiciens. Il traînera cette responsabilité jusqu'à sa mort comme une ombre pesante. « Le devoir solennel et transcendant des scientifiques est de faire tout ce qui est en notre pouvoir pour empêcher l'utilisation de ces armements. » Sa célébrité transforme ce devoir en obligation. En 1939, elle l'a enrôlé comme avocat d'une bombe virtuelle ; en 1945, elle en fait le procureur d'une bombe réelle.

Le retour de la paix réveille en lui le pacifiste. Il déteste plus que jamais le militarisme, le nationalisme et leur monstrueux produit, la guerre. Mais Hiroshima n'a pas moins changé le monde qu'Auschwitz et le pacifisme ne peut se contenter d'appeler à la fraternité universelle, il doit se mettre à l'heure atomique et proposer un nouvel ordre international. De leur côté, les autorités américaines cherchent à prévenir la dissémination... tout en préservant leur monopole, cela va de soi. En 1946, tandis qu'à l'ONU Soviétiques et Américains jouent la paix nucléaire au poker menteur et s'enlisent dans des discussions sans fin, l'US Navy prend sa revanche sur l'US Air Force en procédant à deux explosions sur l'atoll de Bikini. Un véritable show atomique qui, aux yeux du monde entier, met en scène la toute-puissance américaine. L'humanité cherche pour la bombe un mode d'emploi et, si possible, de non-emploi.

Einstein propose le sien dès novembre 1945 dans un article publié par *Atlantic Monthly*. Il se veut optimiste et réaliste tout à la fois. Puisque le retour à l'époque préatomique est impossible et la prolifération incontrôlée inacceptable, il ne reste qu'à transformer un comble d'horreur en espoir de renouveau. L'humanité, constate-t-il, devra vivre avec la menace nucléaire. « Peut-être est-ce mieux ainsi. Elle [la menace nucléaire] peut intimider la race humaine et la forcer à mettre de l'ordre dans ses affaires internationales, ce que, sans la pression de la peur, elle ne fera jamais. » Il ne propose pas la destruction des bombes et la renonciation générale à l'arme atomique. Trop irréaliste. « Je ne dis pas que les États-Unis ne doivent pas fabriquer et stocker la bombe, car je crois qu'il est de leur devoir de le faire ; ils doivent être capables de dissuader un autre pays de lancer une attaque atomique quand il possédera lui aussi la bombe. » Cette nécessaire dissuasion, il ne peut l'admettre que dans un nouvel ordre international. Les USA, détenteurs des armes et qui en partagent les secrets avec la Grande-Bretagne et le Canada, doivent constituer avec l'Union soviétique un gouvernement mondial dont ils seront en quelque sorte le bras armé. Seule l'autorité supranationale pourra détenir la force afin d'empêcher les guerres entre les nations. Car, Einstein n'en démord pas, c'est la souveraineté nationale qui est source de tous les malheurs. « Tant que la sécurité sera assurée par le biais de l'armement national, aucun pays ne sera prêt à renoncer aux armes susceptibles de lui assurer la victoire en cas de guerre. À mon avis, la sécurité ne peut être obtenue que par le renoncement à toute défense nationale. »

La souveraineté limitée des États et l'instauration d'un gouvernement mondial seul détenteur de la force militaire et nucléaire, il ne voit et ne verra jamais d'autre issue à la folie des hommes. La suite des événements ne fait que le renforcer dans cette conviction.

Les Américains commencent leur apprentissage de puissance nucléaire. Dans la maîtrise de l'arme, tout d'abord. Ils découvrent en 1947 qu'ils n'ont plus de bombes atomiques. Les installations nées du projet Manhattan, en dépit de leur gigantisme, n'étaient encore qu'artisanales et ne permettent pas une fabrication industrielle en série. D'autant que le départ des premières équipes de physiciens a paralysé la machine. Ils entreprennent de construire une véritable industrie nucléaire à des fins militaires mais, dans le même temps, ils s'efforcent de créer un ordre nucléaire mondial qui les prémunirait contre une prolifération incontrôlée. Longtemps encore, ils chercheront l'outil diplomatique miraculeux qui restreindrait la souveraineté nucléaire des autres, tout en préservant la leur.

Nouvelle interrogation : le passage à l'arme thermonucléaire, celle qui ne repose plus sur la fission de noyaux lourds, mais sur la fusion de noyaux légers. Tout est parti d'une intuition d'Enrico Fermi en 1942. Il imagine que la fusion de noyaux d'hydrogène pour former de l'hélium doit dégager l'énergie nucléaire en quantité. Mais cette réaction ne peut s'amorcer que dans des conditions extrêmes de température et/ou de pression. Des conditions, c'est le coup de génie de Fermi, qui pourraient être créées par l'explosion d'une bombe à fission. Pour Fermi ce n'est qu'une spéculation, pour Édouard Teller cela devient une révélation. Il se fait l'infatigable promoteur de cette « bombe H » et, du même coup, l'adversaire de Robert Oppenheimer qui estime préférable de s'en tenir à la fission. Le gouvernement hésite, les événements internationaux font pencher la balance.

L'alliance américano-soviétique qui a permis d'écraser l'Allemagne ne résiste pas à l'euphorie de la victoire. Avec le blocus de

Berlin, le monde bascule dans la Guerre froide. C'est alors qu'en août 1949 retentit le coup de tonnerre de Semipalatinsk. L'URSS vient de faire exploser sa propre bombe atomique ! Les Américains se croyaient maîtres du nucléaire pour une vingtaine d'années, ils sont rattrapés par les Soviétiques en quatre ans.

L'Amérique, en proie aux délires du maccarthysme, se jette à corps perdu dans la constitution d'un puissant arsenal nucléaire. Elle décide la construction de la bombe à hydrogène et multiplie les explosions expérimentales. Période folle. Une centaine d'essais sont effectués au Nevada sans souci des risques de contamination radioactive pour les populations. L'atome devient une attraction supplémentaire de Las Vegas. Les joueurs guettent au loin l'écho des explosions et se réjouissent lorsque leur puissance rend perceptible l'onde de choc et recouvre la ville de cendres radioactives ! Américains et Soviétiques veulent avoir toujours plus de bombes, toujours plus puissantes. La finalité même de cet arsenal est oubliée. Les deux Grands se trouvent emportés dans une course effrénée à la suprématie nucléaire. Course dans laquelle d'autres rêvent déjà de s'engager.

Einstein est épouvanté par cette escalade. En février 1950, dialoguant avec Eleanor Roosevelt à la radio, il prend nettement parti contre la bombe H : « Si cet objectif [la construction de la bombe H] est atteint, la contamination radioactive de l'atmosphère et par conséquent la destruction de toute vie sur terre deviendront techniquement possibles. Cette évolution a quelque chose de fantomatique tant elle paraît implacable... L'anéantissement universel se profile de plus en plus nettement comme le terme du processus. » Il ne peut voir dans ce délire nucléaire que la preuve par l'absurde de ses pronostics comme de ses analyses. « Si l'idée d'un gouvernement mondial n'est pas réaliste, alors il n'y a qu'une seule vision réaliste de notre avenir : l'anéantissement total de l'homme par l'homme. »

Intervenant au beau milieu des affaires d'espionnage, cette déclaration déclenche l'offensive du FBI. Trois jours plus tôt, les Britanniques ont arrêté un très authentique espion, le physicien Klaus Fuchs, qui travaillait sur les programmes militaires et n'a cessé d'informer les Soviétiques. La preuve est faite, le monde des atomistes est infesté d'agents soviétiques. En tête des suspects, Edgar Hoover place Einstein. Une vieille connaissance, l'Agence l'a toujours eu à l'œil, n'a cessé de multiplier les mises en garde à son endroit. Mais, cette fois, on n'en reste pas là. Hoover veut Einstein, qu'il considère tout à la fois comme « le père de la bombe atomique » et un dangereux agitateur. Ses fiches ne révèlent-elles pas qu'il a multiplié les prises de position depuis son arrivée aux États-Unis, qu'il appartient à trente-trois associations, toutes subversives aux yeux de Hoover. Voilà bien le profil du traître. Il lance ses limiers qui vont accumuler un dossier de mille huit cents pages. Le physicien est filé, écouté, surveillé. Le patron du FBI a une idée fixe : prouver qu'il existe un lien entre Einstein et Fuchs. À plusieurs reprises, il pense y arriver. Mais les dénonciateurs et faux témoins se récusent. Après cinq ans d'une enquête absurde autant qu'obstinée, l'Agence doit se rendre à l'évidence : le suspect est certainement un « mauvais Américain », mais sans doute pas un espion.

Einstein ne peut ignorer l'attention dont il est l'objet, d'autant que cette traque particulière s'ajoute au climat général de suspicion que crée le maccarthysme. Il retrouve la dérive de Weimar et fait le cauchemar d'une Amérique tournant le dos à la démocratie et glissant irrésistiblement vers le fascisme. Dans cette tension de Guerre froide, d'espionnage nucléaire, d'anticommunisme obsessionnel, ses prises de positions pacifistes le coupent de sa patrie d'adoption.

Les intellectuels et artistes sont contraints de déposer et de dénoncer devant les commissions du sénateur McCarthy. Einstein n'hésite pas à prôner la désobéissance civique : « Tout intellectuel convoqué devant l'un des comités devrait refuser de témoigner ; en d'autres termes, il doit se préparer à la prison et à la ruine économique... », écrit-il en prenant la défense d'un jeune enseignant révoqué pour avoir refusé de comparaître devant les inquisiteurs de l'anticommunisme.

Il se trouve entraîné dans une radicalisation qui l'éloigne toujours davantage de l'opinion américaine. « Je suis plus ou moins tombé en discrédit, écrit-il à son ami Besso, et cela me donne l'impression réconfortante de n'avoir pas trop négligé mon devoir. » Une enquête préliminaire est lancée en vue de lui retirer sa nationalité américaine.

*

* *

Une fois de plus, comme pour ses idées sur l'unification de la physique, ce sentiment d'avoir la raison à ses côtés l'isole dans une désespérante solitude. Il consacre une grande partie de son temps à l'action politique, il multiplie les écrits et les prises de positions. Sa méfiance vis-à-vis des grandes puissances ne cesse de croître. En 1945, il semblait placer ses espoirs dans un triumvirat USA-URSS-Grande-Bretagne. Une année plus tard, il les reporte sur des institutions supranationales qui devraient tout à la fois édicter une législation, rendre la justice et, au besoin, contraindre des États qui ne disposeraient plus de la force armée. Les Nations unies, institution débutante qui cherche encore sa voie, ne pourraient-elles devenir le berceau de cette autorité mondiale ? L'année suivante, il adresse une lettre ouverte en ce sens à l'Assemblée générale des Nations unies. Son souhait : que ce grand forum des peuples prenne le pas sur le Conseil de sécurité, qu'il devienne une sorte de Parlement mondial dont les membres seraient directement élus au suffrage universel.

Malheureusement, les Nations unies se révèlent incapables de se transformer en gouvernement mondial et d'assurer un ordre nucléaire. Einstein, qui nourrit bien des illusions sur la véritable nature de l'URSS, invite les savants soviétiques à rejoindre leurs collègues occidentaux pour faire pression dans ce sens. Il s'attire un refus en trois points, sculptés dans la plus parfaite langue de bois stalinienne. Son gouvernement mondial, répondent ses collègues russes, n'est qu'une ruse de l'impérialisme car il ne saurait fonctionner qu'au service du capitalisme américain. Einstein ne veut pas admettre que la Guerre froide et le totalitarisme communiste n'autorisent qu'un dialogue de sourds. Il entend, contre toute évidence, persuader ses interlocuteurs de dépasser l'affrontement capitalisme-communisme. « Je plaide la cause d'un gouvernement mondial parce que je suis convaincu qu'il n'y a pas d'autre moyen d'éliminer le plus terrible danger devant lequel l'homme se soit jamais trouvé. L'objectif d'éviter la destruction totale doit avoir la priorité sur tout autre. » De cet épisode, les Soviétiques retiennent qu'il est un agent de l'impérialisme, et les Américains, un agent soviétique. Ni les uns ni les autres ne peuvent concevoir qu'il soit un honnête homme luttant pour le salut de l'humanité. Cette catégorie-là n'existe pas dans les affrontements manichéens de la Guerre froide.

Einstein voit dans sa notoriété une obligation d'engagement et n'en finit pas de chercher la voie juste entre l'Ouest et l'Est. Dans les années 1948-1950, il doit résister aux sollicitations du couple Joliot-Curie qui joue de sa fibre pacifiste pour l'entraîner dans le Mouvement de la paix. Einstein, qui n'ignore pas l'orientation prosoviétique de ce pacifisme et flaire une « affaire quasi politique », refuse les multiples approches – remises de prix, présidence d'honneur, participations aux congrès – qu'imaginent les atomistes français pour récupérer sa gloire au service du camp communiste.

En 1950, il prend position contre la guerre de Corée et ne doute pas que l'agression soit venue du camp occidental. Mais il trouve « honteuse, de la part d'un scientifique », l'attitude de Frédéric Joliot-Curie qui, sans la moindre preuve, accuse les Américains d'utiliser des armes bactériologiques en Corée. À l'automne, ce sont les procès de Prague qui l'obligent à réagir : « Là-bas, comme dans l'Allemagne nazie, a été proclamé et appliqué le principe selon lequel l'individu face à l'État ne peut prétendre à aucun droit ni aucune protection. »

Entre les méthodes totalitaires du stalinisme et l'hystérie anticommunisme américaine, il doit suivre une ligne de crête, toujours près de chuter pour un pas de travers. Tous les intellectuels connaissent ces déchirements entre les blocs rivaux, entre les vérités antagonistes. Tous commettent des fautes d'appréciation. Seuls les indifférents furent infaillibles. Einstein a su résister aux séductions de tous les dogmatismes, il a contenu ses indignations dans les frontières de la raison, on aimerait pouvoir en dire autant de tous les grands esprits confrontés aux mensonges de la Guerre froide.

La désespérance s'abat sur le vieux combattant, qui, en dépit d'une santé chancelante, ne veut pas renoncer au douloureux privilège d'avoir raison. Comme il le confesse à son ami, l'écrivain Upton Sinclair : « Les gens sont sourds et bornés, incapables d'entendre la voix de la raison. Je le sais depuis longtemps mais cela ne m'a pas empêché de sombrer dans le besoin de prêcher. » Et, de fait, il se battra jusqu'à l'extrême limite de ses forces.

En juin 1954, lorsque éclate « l'affaire Oppenheimer », il s'engage à nouveau. Le savant qui a orchestré la mise au point de la bombe atomique se trouve sur la sellette. Au terme d'un procès inique qui jette la suspicion sur sa loyauté vis-à-vis de l'Amérique, il se voit démis de toutes ses fonctions. Einstein ne se contente pas de lui apporter son soutien. Il obtient que tous les professeurs de l'Institut des études avancées de Princeton se joignent à sa protestation. Il demande également la grâce des époux Rosenberg, bref, il fait tout ce qui peut déplaire à un « bon Américain ».

En février 1955, son ami, le mathématicien britannique Bertrand Russell, prend l'initiative de regrouper des savants célèbres autour d'un manifeste dénonçant le péril que le surarmement nucléaire fait courir à l'humanité. Einstein se rallie immédiatement à cette idée et demande à Niels Bohr de les rejoindre. Sa lettre commence de façon toujours exquise : « Ne froncez pas le sourcil, car ce n'est pas de notre vieille dispute de physiciens qu'il s'agit aujourd'hui, mais d'une question sur laquelle nous sommes exactement du même avis. » Sans doute, mais Bohr, lui, est encore plus épuisé, plus sceptique, qu'Einstein. C'est pourquoi, en dépit de leur accord politique, il décline l'invitation. Il ne croit plus que les savants puissent avoir la moindre influence sur les affaires du monde. Einstein, lui, signe l'appel de Bertrand Russell. Ainsi son nom sera-t-il associé au mouvement Pugwash qui naîtra de cette initiative[1].

*

* *

Association toute posthume hélas ! Einstein arrive en fin de route. Le 13 avril 1955, il ressent de grandes douleurs au ventre. Le diagnostic est facile. Un anévrisme abdominal a été découvert en 1950. La rupture, inévitable à terme, vient de se produire, entraînant une hémorragie interne. Il ne reste qu'un espoir : qu'elle soit de petite taille et se referme spontanément. Les médecins, inquiets, sont partisans d'une hospitalisation. Einstein refuse, il reste chez lui et, le lendemain, se sentant mieux, tente de reprendre ses occupations.

1. Le Manifeste Russell-Einstein fut publié à Londres le 9 juillet 1955. Il était signé par une douzaine de prix Nobel. À la suite de cet appel, une conférence de scientifiques eut lieu en 1957 à Pugwash au Canada. De cette réunion est né le mouvement Pugwash qui n'a cessé de lutter pour réduire les tensions et éviter les conflits dans le monde.

Amélioration passagère. La fissure ne se réduit pas et l'hémorragie continue. Le 15, le malade, dont l'état s'est brusquement aggravé, est conduit à l'hôpital de Princeton. La morphine seule parvient à calmer ses douleurs. Les chirurgiens proposent une greffe de l'aorte. L'opération vient d'être réussie à New York et pourrait être tentée sur l'illustre patient. Un transport d'urgence est organisé, mais Einstein ne veut pas de cette dernière chance. Il n'y voit qu'une de ces tentatives pour « prolonger artificiellement la vie » qu'il a toujours condamnées.

Hans Albert, qui vit en Californie, est arrivé par le premier avion. Le 16, il est au chevet de son père et s'efforce de le convaincre. En dépit des analgésiques qui réduisent sa lucidité, le vieil homme n'en démord pas. Il sait qu'il est perdu, qu'il va mourir et n'entend pas s'acharner à vivre. Sa sérénité impressionne tout au long de ces jours. Sitôt que les souffrances se calment, qu'il reprend ses esprits, il s'entretient de politique ou de physique, comme si de rien n'était. Et, lorsqu'il évoque sa fin prochaine, il plaisante pour réconforter son entourage. Einstein a toujours dit que la mort ne provoque en lui aucune frayeur. Mais il ne s'agissait encore que « d'expérience de pensée ». Parvenu au terme de son existence, il reste stoïque dans ses dernières heures et l'affronte sans peur. Le 18 avril au petit matin, une infirmière vient l'aider à retrouver son souffle. Il dit quelques mots en allemand qu'elle ne comprend pas, puis il rend son dernier soupir.

Le mort le plus célèbre du monde aurait dû avoir des obsèques grandioses, un mémorial imposant qui se serait transformé en lieu de pèlerinage. Einstein le savait et le refusait. Il avait pris toutes dispositions pour échapper à ce culte posthume. Fidèles à ses dernières volontés, ses exécuteurs testamentaires, Otto Nathan et Helen Dukas, n'organisent aucune cérémonie funèbre. Son corps est incinéré, ses cendres dispersées dans un lieu anonyme et secret. Ni pompes, ni funérailles, ni fleurs, ni couronnes, ni tombe, ni tombeau. Seule entorse à cette disparition totale, des médecins prélèvent son cerveau à l'insu de la famille. Ils s'imaginent que le secret de son génie pourrait se lire dans ses circonvolutions cérébrales !

Ce départ sans artifices, cette mort sans sépulture, c'est l'ultime geste d'Einstein pour se réapproprier son existence. Depuis un quart de siècle, il assume un personnage démesuré dans lequel il ne se reconnaît pas. Trahi par le destin qu'il avait défié, par le « Dieu » qu'il avait forgé, il porte la glorieuse dépouille de l'homme qu'il avait construit, auquel il s'était identifié : Einstein. Quel génie pervers a conçu, pour cet orgueilleux qui ne se reconnaissait qu'en lui-même, la plus cruelle des punitions : devenir cet autre à l'opposé de ce qu'il voulait être. L'ours solitaire est changé en célébrité mondiale, le « mauvais Juif » en leader sioniste, le pacifiste militant en avocat de la bombe, tandis que le premier des physiciens perd la reconnaissance des siens. Trop parfaitement maîtrisé pendant quarante ans, son destin lui a échappé, l'entraînant dans une histoire qui n'est pas la sienne. « Je serai moi et aucun autre », avait-il décidé. « Je est un autre », a tranché le destin. Face à la postérité, il se devait de rappeler que son héritage réside dans sa pensée, son travail, son itinéraire intellectuel, qu'il se perpétue dans l'œuvre de son esprit et non pas dans cette image plaquée sur son visage, comme un masque de carnaval.

*
* *

Au lendemain de sa mort, le mythe s'est imposé à la mémoire collective. Il s'est figé dans une photo : celle d'Einstein tirant la langue au soir de sa vie. Le savant facétieux apparaît si proche dans sa bonhomie, si lointain dans son génie. Seul le recul historique pouvait lui rendre son authenticité, sa complexité, son humanité. Un siècle s'est écoulé depuis l'année du miracle, un demi-siècle depuis sa mort, Einstein se révèle enfin tel qu'en lui-même son éternité le restitue.

Ses archives étaient atomisées dans des milliers de notes, de carnets, de lettres, d'articles, de pages de calcul, de brouillons et de textes pieusement conservés par Helen Dukas. Une sauvegarde matérielle dans le plus grand désordre intellectuel. Einstein, qui dédaignait son enveloppe charnelle, prend soin de ce legs intellectuel. Son mausolée ne pouvait être qu'un lieu de pensée vivante et non pas de marbre pétrifié. Il désigne l'université hébraïque de Jérusalem, l'institution qui reste la plus chère à son cœur, comme héritière finale de sa mémoire. Mais, dans un premier temps, il s'en remet à ses fidèles

Helen Dukas et Otto Nathan. Ce sont eux qui, de leur vivant, seront ses légataires, Jérusalem ne recevra les papiers et les droits qu'après leur disparition.

Pour les deux héritiers, la vénération du maître l'emporte sur toute autre considération. Pendant vingt-cinq ans, ils s'érigent en gardiens intraitables du souvenir einsteinien. Pas question de rendre publique la moindre information, le moindre document qui porte atteinte à l'image du grand homme. Les aspects les moins glorieux de son existence sont impitoyablement censurés et les curieux ou les impertinents se voient poursuivis en justice. Nulle statue, nul mausolée n'aurait pu figer l'image d'Einstein plus efficacement que cette mise en tutelle de sa mémoire.

En 1981, peu avant la mort d'Helen Dukas, les précieux documents contenus dans des dizaines de caisses sont transférés de Princeton à Jérusalem sous haute surveillance israélienne. Mais, entre-temps, a commencé le travail proprement historique, les *Collected Papers of Albert Einstein.* Colossale entreprise ! Le fonds à traiter représente les 40 000 pièces de l'héritage Einstein, sans compter 15 000 d'autres provenances. Les équipes scientifiques qui se sont mises au travail à Princeton, à Boston ou à Pasadena planifient une publication scientifique de 14 000 documents en 29 volumes. Les chercheurs ont repris, ligne à ligne, tous ces textes, les ont décryptés, classés, étudiés ; chaque épisode de sa vie fait l'objet de recherches, de véritables enquêtes, pour effectuer les recoupements indispensables afin d'en trouver la juste interprétation. Un demi-siècle après sa mort, les chercheurs n'en sont encore qu'au huitième volume ! Les personnages historiques qui ont fait l'objet de telles études posthumes se comptent sur les doigts de la main.

Au fil des années, des pans de sa vie sortent de l'ombre. Une mise au jour qui révèle des épisodes douloureux, parfois déplaisants, que ses premiers héritiers ignoraient ou préféraient garder secrets. Temps fort de cette redécouverte : en 1986, l'historien Robert Schulmann se lance sur la piste d'une correspondance entre Einstein et Mileva dont il connaît l'existence, mais qui ne figure pas dans le fonds disponible. Ces documents étaient restés entre les mains de la famille. Après de longues et délicates tractations, l'arrière-petit-fils d'Einstein remet la liasse de lettres et autorise une publication à laquelle Helen Dukas se serait certainement opposée. C'est ainsi que la figure de Lieserl sort de l'oubli et que l'histoire du couple Albert-Mileva retrouve sa véritable dimension humaine.

Grâce à ce travail historique, l'image édifiante du grand savant, génial dans ses intuitions, inébranlable dans ses convictions, superbe dans ses combats, laisse progressivement la place à celle, plus authentique, d'un personnage complexe, intransigeant ou opportuniste, généreux ou égoïste, génial ou décevant, révolutionnaire ou conservateur, et, au total, plus humain donc plus attachant.

À mesure que les historiens précisent et, parfois même, retouchent son image, les physiciens en modifient l'éclairage. Car la science a poursuivi son chemin pendant ce demi-siècle, confirmant ou infirmant les intuitions d'Einstein. De ce jugement rétrospectif, le père de la relativité se sort plutôt bien. Ses erreurs mêmes furent fécondes, nous le savons aujourd'hui. Mais son héritage le plus précieux ne réside pas dans ses découvertes. Dieu sait que, de la relativité à l'équivalence matière-énergie, elles sont admirables ! Elles le sont d'autant plus qu'elles s'épanouissent dans une foule de techniques qui, des lasers aux centrales nucléaires, marquent ce siècle du sceau d'Einstein. Et pourtant le trésor ultime ne se trouve pas dans cette moisson prodigieuse. Aux scientifiques, Einstein a donné un permis de penser illimité, il a posé le primat de la théorie, autorisant toutes les audaces, libérant toutes les imaginations. Einstein a enchanté la science en proclamant cette « joie de la pensée » qui ne cessa de l'émerveiller. La déchirure de la physique quantique ne s'explique pas autrement. Bohr, Born, Heisenberg et les autres savent qu'ils doivent leurs découvertes à la grande libération einsteinienne. Si « Dieu » ne s'était pas glissé entre le père fondateur et ses disciples, ils se seraient tous retrouvés sur les terres vierges de la physique quantique, ils auraient tous célébré le guide qui avait montré le chemin. En ce XXIe siècle débutant, des milliers de théoriciens se grisent des plus vertigineuses spéculations. Ces prodigieuses « explorations de pensée » les entraînent à des années-lumière de toute observation, de toute expérience. « Invente ! Il n'est fête perdue au paradis de la mémoire. » Que le poète, dont j'ai retenu le vers et oublié le nom, me pardonne, sans doute ne pensait-il pas que les équations aussi peuvent être de la fête. Cette liberté de l'esprit, c'est la marque des enfants d'Einstein.

Et comment, avec le recul d'un demi-siècle, douter de sa lucidité ?

L'histoire n'a-t-elle pas confirmé ses sombres pressentiments, justifié ses mises en garde ? La crainte de l'arme nucléaire et, plus généralement, du progrès scientifique, fait partie de notre inconscient collectif. Qu'il s'agisse de centrales nucléaires, d'intelligence artificielle, d'OGM ou de manipulations génétiques, nous oscillons toujours entre l'inquiétude et l'espoir. Comment imaginer que ces peurs n'existaient pas à la veille de la guerre, que les bienfaits du progrès étaient une évidence heureuse et indiscutée ?

De cette espérance, Einstein avait fait le socle de ses convictions. Il ne doutait pas que la recherche de la connaissance représentait pour l'humanité la voie du salut et les ratés du progrès des péchés de jeunesse. « Pourquoi cette magnifique science appliquée qui épargne le travail et rend la vie plus facile nous apporte-t-elle si peu de bonheur ? » se demandait-il dans les années trente ? « La réponse est simple : parce que nous n'avons pas encore appris à en faire un usage sensé. » En 1954, revenu de ses illusions, il s'en étonne auprès de la reine Élisabeth de Belgique : « Il est étrange que la science, qui jadis semblait inoffensive, se soit transformée en un cauchemar faisant trembler tout le monde. » Il doit se rendre à l'évidence : dans les secrets que l'homme vole à « Dieu », il y a beaucoup de savoir, beaucoup de pouvoir, très peu de sagesse.

Le pressentiment des années cinquante s'est transformé en certitude. Au règne de la physique sur le XXe siècle a succédé celui de la biologie sur le XXIe. Avec les mêmes enchaînements d'espoirs et de craintes, d'émerveillement et d'épouvante. Les biologistes s'interrogent sur le génome, comme les physiciens s'interrogeaient sur l'atome. L'Américain Fukuyama demande « un ordre biologique », comme Einstein réclamait « un ordre atomique ».

Mais la peur, pour utile qu'elle soit, n'est que le tout début de la sagesse et, en dépit de tous les « principes de précaution », nous devons vivre en danger de progrès. Un monde qui met la connaissance au service de la puissance et du profit n'est qu'un ersatz de civilisation. Ainsi l'histoire de ces cinquante dernières années confirme-t-elle tous les pressentiments, tous les avertissements d'Einstein. Son espérance fracassée, c'est aussi la nôtre. Tout homme s'est retrouvé comme lui orphelin d'une science qui aurait donné un sens à son existence, d'une raison qui serait devenue sa raison de vivre.

Héritage scientifique, héritage politique, mais aussi héritage personnel. Einstein a incarné jusqu'à l'outrance cet individualisme qui devient la marque première de nos sociétés. En ce sens, il est plus moderne que tous nos maîtres à penser et gourous médiatiques, plus moderne et plus convaincant, car son message s'incarne dans une vie, plutôt qu'il ne s'affiche dans des paroles. Tous nos provocateurs, nos imprécateurs, nos dénonciateurs et autres batteurs d'estrade ou papillons de sunlights ne sont que de très pâles et très bruyantes imitations d'Einstein. Le « créateur et rebelle » n'a jamais délégué son jugement, il a pensé par lui-même en ne laissant ce soin à aucun parti, aucune église, aucun groupe d'intérêts, aucune école de pensée. Seul, il a forgé son destin et n'a commis d'erreurs que les siennes. Car il fut loin d'être exemplaire en tout, nous épargnant la désespérante perfection des saints. C'est en cela aussi que son itinéraire personnel a valeur d'avertissement.

À l'opposé de l'exigence einsteinienne, la revendication individuelle se manifeste aujourd'hui dans l'égoïsme, l'irresponsabilité, l'incivisme. C'est le « tous pour moi et moi d'abord ». Un égocentrisme qui va de pair avec tous les conformismes. Plus on pense à soi, plus on pense comme les autres.

Einstein pratiquait l'anarchisme civique. Son refus de l'ordre établi l'investissait d'une écrasante responsabilité personnelle. La liberté qu'il revendiquait interdisait l'indifférence et créait l'obligation d'un engagement individuel et permanent, il en tirait plus d'exigences que de facilités, de devoirs que de droits. Il a connu la tentation et n'y a pas toujours résisté, il a superbement raté sa vie privée, en cela sans doute est-il plus proche de nous.

Me serais-je attaché au personnage d'Einstein s'il m'avait offert le seul portrait d'un savant illustre, d'une intelligence hors du commun, voire d'un homme trop admirable ? Je ne le pense pas. Le génie n'est jamais qu'un don, un gros lot du destin. Il m'inspire plus d'émerveillement que de respect. Et l'on connaît de ces géants de l'esprit qui furent des nains du caractère. Si Einstein avait cédé à cette facilité-là, il n'aurait été qu'une inhumaine machine à penser.

Certes, il a dû surmonter bien des obstacles dans ses quarante premières années, mais ce parcours impeccable sur le plan scientifique n'est guère concluant sur le plan humain. Voir Picasso peindre ses tableaux, Hugo écrire ses poèmes ou Mozart composer ses opéras nous confronte à des expériences extraterrestres. Si longtemps que de tels génies restent dans leur création, la victoire va de soi. Ainsi en est-il d'Einstein jusqu'au rendez-vous du destin en 1920. C'est alors qu'il doit affronter toutes les épreuves qu'il a refusées. Dans cette seconde vie, écrasé de gloire et de déchirements, il livre ses plus difficiles batailles. Il prend la mesure de la liberté humaine, affronte le tragique de sa destinée. Cette douloureuse obstination à mettre son action en conformité avec sa raison représente une superbe leçon de vie. C'est là, plus que dans la relativité, qu'il faut chercher son héritage. À nous, enfants de ce siècle sans avenir, de le recevoir. Sans bénéfice d'inventaire.

Chronologie

1879	Naissance, le 14 mars à Ulm, d'Albert, premier enfant d'Hermann et Pauline Einstein.
1880	La famille Einstein s'installe à Munich.
1881	Naissance de Maja, sœur d'Albert.
1888-1894	Albert entre au *Luitpold Gymnasium* de Munich pour faire ses études secondaires.
1894	La famille Einstein part s'installer en Italie. Albert reste seul à Munich pour finir sa scolarité.
1895	Au printemps, Albert quitte le *Luitpold Gymnasium* et rejoint sa famille à Milan. À l'automne, il échoue au concours d'entrée au *Polytechnicum* de Zurich.
1896	Fin des études secondaires au lycée d'Aarau. Albert Einstein entre au *Polytechnicum* de Zurich.
1896-1900	Études au *Polytechnicum*. Rencontre de Mileva Maric.
1900	Einstein obtient son diplôme du *Polytechnicum* de Zurich.
1901	Einstein devient citoyen suisse. Recherches d'un emploi. Publication dans les *Annalen der Physik* d'un mémoire sur la capillarité.
1902	Naissance de Lieserl, fille de Mileva Maric et Albert Einstein. Albert Einstein devient expert au Bureau de la propriété industrielle à Berne. Hermann Einstein meurt à Milan.
1903	*Janvier*. Albert Einstein épouse Mileva Maric. Le trio « Academie Olympia » : Conrad Habicht, Maurice Solovine, Albert Einstein.
1904	Naissance de Hans Albert, premier fils d'Albert et Mileva Einstein.
1905	L'année miraculeuse. Einstein publie cinq articles dans les *Annalen der Physik*. Deux sont consacrés aux atomes et aux molécules, un aux quanta, un à la relativité restreinte, un à l'équivalence matière-énergie : $E = mc^2$.
1906	Einstein est professeur auxiliaire à l'université de Berne.
1907	Einstein entreprend ses travaux sur la relativité généralisée.
1909	Einstein devient professeur à l'université de Zurich et démissionne du Bureau de la propriété industrielle. Einstein est fait docteur *honoris causa* à l'université de Genève. Einstein prend la parole au congrès scientifique de Salzbourg.

1910 Naissance d'Édouard, second fils d'Einstein.

1911 Einstein est nommé professeur à l'université de Prague.
Participation au premier congrès Solvay, à Bruxelles.

1912 Retour à Zurich. Einstein devient professeur au *Polytechnicum.*
Travail sur la relativité généralisée, en collaboration avec Marcel Grossmann.

1913 Einstein et Grossmann présentent une «Esquisse» de la relativité générale.
Einstein est contacté par Max Planck et accepte de venir à Berlin. Il devient membre de l'Académie royale de Prusse.

1914 Einstein s'installe à Berlin avec femme et enfants. Peu après, Mileva et les deux garçons retournent à Zurich.
Einstein reste à Berlin avec sa cousine: Elsa Löwenthal.

1915 Première prise de position publique d'Einstein: il cosigne un «Manifeste aux Européens», en faveur de la paix et de la coopération.
Version définitive de la relativité généralisée.

1916 Publication de l'article de synthèse sur la relativité généralisée.
Article consacré aux ondes gravitationnelles.
Einstein reprend ses travaux sur la théorie quantique. Il publie trois articles sur le sujet.
Le conflit s'envenime avec Mileva.

1917 Einstein s'attaque à la cosmologie et présente son modèle d'univers stable et fermé.
Einstein tombe malade, atteint de troubles hépatiques et gastriques.
Première théorie des quanta. Découverte de l'émission stimulée.
Einstein prend ses fonctions à la tête de l'Institut Kaiser Wilhelm.

1918 Einstein apporte son soutien à la nouvelle République de Weimar.

1919 Einstein divorce de Mileva et, trois mois plus tard, épouse sa cousine Elsa Löwenthal.
Lors de l'éclipse solaire, l'expédition britannique organisée par Eddington vérifie la déviation de la lumière prévue par la relativité généralisée.
À Londres, la Royal Astronomical Society annonce que les observations confirment les prédictions d'Einstein. Célébrité mondiale d'Einstein.

1920 Manifestations antisémites contre Einstein.
Mort de Pauline Einstein.
Conférences internationales.
Einstein apporte son soutien au Mouvement sioniste.

1921 Premier voyage aux États-Unis, avec Chaïm Weizmann, pour collecter des fonds destinés à la construction de l'université hébraïque de Jérusalem.

1922 Voyages d'Einstein en France et au Japon.
Einstein commence à travailler sur l'unification des champs électromagnétiques et gravitationnels.
Le prix Nobel de physique est décerné à Einstein pour ses travaux sur les quanta.

1923 Einstein en Palestine.

1924 Découverte de la mécanique ondulatoire par Louis de Broglie.
Vérification expérimentale du caractère ondulatoire de l'électron et du caractère corpusculaire des quanta de lumière.

1925 Voyage d'Einstein en Amérique du Sud.

1926 Publication des travaux d'Heisenberg sur la mécanique quantique, et de Schrödinger sur la mécanique ondulatoire.
Einstein s'oppose à la mécanique quantique et soutient la mécanique ondulatoire.
Début de la grande querelle avec Niels Bohr et Max Born : « Dieu ne joue pas aux dés. »

1927 Congrès Solvay. Controverse sur les bases de la physique quantique.
La majorité des physiciens suivent Niels Bohr et Max Born.

1928 Einstein est victime d'un malaise cardiaque.
Il est élu président de la Ligue des droits de l'homme.
Helen Dukas entre à son service.

1929 Einstein présente un premier essai de « Théorie unitaire des champs ».

1930 Congrès Solvay. Face à Niels Bohr, Einstein ne peut imposer son interprétation de la mécanique quantique.
Premier séjour en Californie au Caltech à Pasadena.

1931 Einstein doit renoncer à son univers stable et se rallie à l'univers en expansion.
Deuxième séjour au Caltech.

1932 Einstein est nommé professeur à l'Institut d'études avancées de Princeton.
Nouveau séjour aux États-Unis.

1933 Prise du pouvoir par Hitler. Einstein rentre en Europe mais ne retourne pas en Allemagne. Après un séjour en Belgique, il quitte définitivement l'Europe et part s'établir à Princeton.

1935 Einstein publie, en compagnie de Boris Podolsky et Nathan Rosen, le paradoxe EPR pour prouver l'insuffisance de la mécanique quantique.

1936 Mort d'Elsa Einstein.

1939 Einstein fait remettre au président Roosevelt une lettre pour attirer son attention sur la possibilité de fabriquer une bombe nucléaire.

1940 Einstein devient citoyen des États-Unis.

1945 Vaines tentatives pour prévenir l'utilisation de la bombe atomique.
Après Hiroshima, Einstein se défend d'être le père de la bombe.
Einstein lance ses premières mises en garde contre les armes nucléaires.

1946 Einstein accepte la présidence du « Comité d'urgence des savants atomistes ».
Il écrit une lettre ouverte à l'Assemblée générale des Nations unies pour l'exhorter à constituer un gouvernement mondial.

1948 Mileva Einstein meurt à Zurich.
Einstein souffre d'un anévrisme abdominal.

1952 Einstein refuse la présidence de l'État d'Israël.

1950-1954 Einstein condamne l'engagement américain en Corée. Il est poursuivi par le FBI. Il s'oppose au maccarthysme et prend la défense de Robert Oppenheimer.

1955 Il signe le manifeste lancé par son ami Bertrand Russell qui donnera naissance au mouvement Pugwash.
Il est victime d'une rupture d'anévrisme le 13 avril.
Einstein meurt le 18 avril 1955 à l'hôpital de Princeton.

Table

RÉALISATION : IGS CHARENTE-PHOTOGRAVURE À L'ISLE-D'ESPAGNAC
IMPRESSION : S.N. FIRMIN-DIDOT AU MESNIL-SUR-L'ESTRÉE
DÉPÔT LÉGAL : FÉVRIER 2004. N° 63883 (66753)
IMPRIMÉ EN FRANCE